W0087223

VÖLLIG LOSGELÖST

Gudrun Ziermann

Reise Know-How im Internet:

www.reise-know-how.de

- ▌ Aktuelle Reisetipps und Neuigkeiten
- ✚ Ergänzungen nach Redaktionsschluß
- ✖ Büchershop und Sonderangebote
- ➡ Weiterführende Links zu über 100 Ländern

eMail-Adresse des Verlags:

- ❯ **rkhhermann@aol.com**

Gudrun Ziermann

Panamericana Mexiko – Feuerland
in zwei Jahren:

VÖLLIG LOSGELÖST

IMPRESSUM

Gudrun Ziermann

Panamericana Mexiko – Feuerland
in zwei Jahren:
VÖLLIG LOSGELÖST

erschienen im
REISE KNOW-HOW Verlag

978-3-89662-365-2

1. Auflage 2009

Alle Rechte vorbehalten

– Printed in Germany –

© Helmut Hermann
Untere Mühle, D-71706 Markgröningen
rkhHermann@aol.com
Website von REISE KNOW-HOW:
www.reise-know-how.de

Umschlagkonzept: Carsten C. Blind, Asperg
Fotos: Tobias Groenen
Lektorat und Karten: Helmut Hermann
Buchgestaltung: Carsten C. Blind, Asperg
Druck u. Bindung: Pustet, Regensburg

Dieses Buch ist erhältlich in jeder Buchhandlung in Deutschland,
Österreich, Schweiz, Niederlande und Belgien
Bitte informieren Sie Ihren Buchhändler über folgende Bezugsadressen:
D: PROLIT GmbH, Postfach 9, 35461 Fernwald
        www.prolit.de (sowie alle Barsortimente),
CH: AVA-buch 2000, Postfach 27, 8910 Affoltern, www.ava.ch
A: Mohr Morawa Buchvertrieb GmbH, Postfach 260, 1011 Wien
NL, B: Willems Adventure, www.willemsadventure.nl
Wer im Buchhandel trotzdem kein Glück hat, bekommt
unsere Bücher auch über unsere Büchershops im Internet (s.o.)

Träume nicht dein Leben,
lebe deinen Traum

Tobias und ich waren Kinder der New Economy. Wir arbeiteten und lebten im World Wide Web, im virtuellen Zeit-Raum-Gefüge. Für uns gab es keinen Ladenschluss und keinen Feierabend. Wir waren rund um die Uhr online und 24 Stunden am Tag erreichbar. Wir analysierten, priorisierten, konzipierten, delegierten, diskutierten und hetzten von einem Termin zum nächsten. Wir führten ein Leben auf der Überholspur und rasten mit offenen Augen auf den Abgrund zu.

Höchste Zeit für eine Pause. Das Leben genießen. Grenzen überwinden. Den Horizont erweitern. Fremde Länder, Menschen und Kulturen kennenlernen. Reisen. Das war es, was wir wollten. Nicht einfach nur Urlaub machen und im Eiltempo Sehenswürdigkeiten abhaken, sondern Zeit haben für die vielen Geschichten, die das Leben schreibt.

Wir begannen, Pläne zu schmieden und Reiserouten zu zeichnen. Wir wollten so unabhängig wie möglich reisen. Also kauften wir uns einen Landrover Defender und bauten ihn zum Expeditionsmobil um. Mit zweitem Dieseltank, Wasser, Strom und Kühlbox. Wir schrieben „Pinguino-Tour" auf die Vordertüren und fuhren los. An einem regnerischen Tag Ende März 2006 stellten wir unser Fahrzeug in Bremerhaven auf die Fähre, um es drei Wochen später an der Ostküste der USA wieder in Empfang zu nehmen. Von einem Tag auf den anderen tauschten wir ein geräumiges Haus mit Garten gegen ein enges Auto mit Hubdach, einen geregelten Tagesablauf gegen Freiheit und Abenteuer.

INHALT

Reiseroute Südamerika

0 km 300 600 900 km

MEXIKO
Bienvenido heißt Willkommen

„Einen Ausreisestempel wollen Sie? So etwas gibt es hier an der südlichen Grenze nicht."

Der Beamte schüttelt irritiert den Kopf und lacht dabei, als wären wir die ersten Reisenden, die mit einem derartigen Ersuchen vor ihm stehen. Das braune Hemd spannt über seinem Bauch, als er sich im Stuhl zurücklehnt und die Arme hinter dem Kopf verschränkt. Seine Verwunderung ist nicht ganz unberechtigt. Schließlich gehört er zum Personal der US-Immigrationsbehörde und sitzt auf der amerikanischen Seite jener Grenze, die die USA von Mexiko trennt – oder besser: jener Grenze, die die Mexikaner von den US-Amerikanern trennt. Denn wer von den USA aus nach Mexiko reisen will, kann dies ohne jede Grenzformalität tun. Es gibt keinen Schalter, es gibt keine Ausweiskontrolle, und vor allem: Es gibt keinen Ausreisestempel.

„Warum gehen Sie nicht einfach auf der anderen Seite dieses Gebäudes durch die Drehtür?", schlägt er uns vor.

„Dann sind Sie in Mexiko. Fertig. Das war's. Sie wollen doch nach Mexiko?"

Natürlich wollen Tobias und ich nach Mexiko. Wir müssen sogar. Denn unser Touristenvisum besagt, dass wir uns exakt 90 Tage in den USA aufhalten dürfen, keinen Tag länger. Heute ist der 19. Juli, die 90 Tage sind um. Damit alles seine Richtigkeit hat, wollen wir nun die grünen Kärtchen, die wir bei der Einreise erhalten haben, wieder abgeben. Und am liebsten hätten wir auch gleich noch einen Ausreisestempel im Pass.

Während Tobias dem Beamten den Sachverhalt erläutert, drücke ich ihm die Karten in die Hand. Er betrachtet sie argwöhnisch mit weit von sich gestrecktem Arm, während er sich mit der freien Hand den Bauch reibt.

„Woher haben Sie die?"

„Philadelphia", antworten Tobias und ich wie aus einem Mund.

„Philadelphia", wiederholt der Beamte gedehnt und fährt sich mit dem Zeigefinger in den Hemdkragen. Als Tobias ihm das Einreiseprozedere für deutsche Touristen in die USA erklärt, bilden sich Schweißperlen auf seiner Stirn. Auch wir schwitzen. Es ist kurz nach Mittag, in dem Wüstenstädtchen Calexico kocht die Luft. Der Ventilator an der Decke kann die Hitze nur verteilen, aber nicht mindern. Auf einmal kommt Bewegung in die Sache. Der Officer erhebt sich von seinem Stuhl und sagt, er gehe jetzt den Chef fragen. Vorher aber gibt er uns unsere Kärtchen zurück.

Der Chef sei nicht da, komme aber sicher bald zurück, verkündet er kurz darauf. Wir rühren uns nicht von der Stelle.

Warum wir denn partout nicht durch die Drehtür gehen wollen, fragt er zum wiederholten Male. Er verstehe das gar nicht. Ich tausche einen kurzen Blick mit Tobias.

„Weil da draußen auf dem Parkplatz unser Auto steht und wir mit diesem Auto über die Grenze fahren wollen. Und dazu müssen wir erst noch ein paar Formalitäten erledigen. Aber vor allem anderen müssen wir …"

Der Beamte unterbricht uns: „Ihr amerikanisches Auto?"

„Nein, unser deutsches Auto."

Wir nutzen seine Schrecksekunde, um ihm erneut unsere Einreisekarten aufzudrängen. Er nimmt sie und inspiziert sie noch einmal von allen Seiten.

„Sie sind den ganzen Weg von Philadelphia bis hierher mit Ihrem deutschen Auto gefahren? So was Verrücktes habe ich ja noch nie gehört."

Der Chef lässt noch immer auf sich warten und der Beamte im braunen Hemd hat offenbar Lust auf einen kleinen Plausch. Wir tun ihm den Gefallen und berichten ausführlich, wie wir die USA einmal von Ost nach West durchquert haben, dass wir von Texas bis hoch an die kanadische Grenze und an der Westküste entlang wieder ganz in den Süden gefahren sind. Wir geraten ins Schwärmen, als wir von unserem Kanu-Ausflug in den Okefenokee-Sümpfen, von den Viehauktionen in Texas, den Carlsbad-Höhlen in New Mexiko, den farbenfrohen Canyons, den faszinierenden Wüsten in Utah, den schneebedeckten Bergen in Colorado und von den hundert Meter hohen Bäumen in den Redwoods erzählen.

„Und jetzt wollen Sie mit Ihrem deutschen Wagen nach Mexiko einreisen?", der Beamte lässt nicht locker. „Und danach?"

„Dann wollen wir weiter nach Belize, Guatemala, Honduras, Nicaragua, El Salvador, Costa Rica, Panama, von dort mit dem Schiff nach Ecuador und weiter nach Peru, Brasilien, Bolivien, Chile, Argentinien. Das Ziel unserer Reise heißt Feuerland. Tierra del Fuego."

„Tierra del Fuego!", der Beamte klopft sich vergnügt auf die Oberschenkel. „Die beiden kommen aus Deutschland und wollen mit ihrem deutschen Auto bis nach Feuerland fahren", erzählt der Beamte seinem Chef, als dieser endlich auftaucht.

Der Chef verzieht keine Miene. Noch einmal erläutern wir, dass wir zur Wahrung der Visumfrist unsere Einreisekarten gern beim Zoll abgeben möchten. Der Chef nickt verständnisvoll, nimmt die beiden Karten und legt sie auf den Tresen. Der offizielle Teil sei damit erledigt, ein Ausreisestempel im Pass nicht notwendig, erklärt er förmlich und wünscht uns noch viel Glück auf unserer Reise.

Nach drei Monaten USA und rund 20.000 gefahrenen Kilometern sind wir durchaus verwöhnt, was das Reisen angeht. Die USA sind ein Outdoor-Land. Die meisten Amerikaner verbringen jede freie Minute in der Natur. Man trifft sie beim Fliegenfischen, Jagen, Reiten, Kajakfahren, im Offroad-Gelände oder in den Nationalparks. Entsprechend gut ist auch die Infrastruktur. In Mexiko dagegen sei das alles ganz anders, sind wir mehr als einmal belehrt worden. Und sogar Mexikaner, die wir in den USA getroffen haben, haben uns vor ihren eigenen Landsleuten gewarnt.

„Sperrt alles zu und alles weg, lasst nichts auf dem Dach, packt alles in den Innenraum, lasst eure Sachen nie aus den Augen, traut niemandem, auch keinem Polizisten …"

Diese und ähnliche Ratschläge klingen uns im Ohr als wir zur mexikanischen Zollbehörde hinüber gehen.

„Weißt du denn, wie das Formular heißt, das wir für das Auto ausfüllen müssen?", frage ich Tobias.

Jetzt bereue ich es, dass ich mich im letzten Vierteljahr nicht dazu aufraffen konnte, einen Blick in meine Spanischbücher zu werfen. Ich bringe ein „Buenos días" hervor, lege unsere Pässe auf den

Tisch und setze mein smartestes Lächeln auf. Der Beamte nickt. Routiniert schiebt er uns die Touristenkarten über den Tresen. Anschließend erhalten wir im Büro nebenan die Erlaubnis, unser Fahrzeug temporär nach Mexiko einzuführen. Aufgeregt rollen wir über die Grenzlinie. Hier beginnt die eigentliche Reise, das Abenteuer, das Unbekannte. Ein Auto überholt uns wild hupend. Aus den offenen Fenstern winken vier Arme. Und aus vier Mündern ruft es uns entgegen: „Bienvenido – Willkommen in Mexiko!"

Die Suche nach dem Paradies

Die fast 2000 Kilometer lange, an einen Finger erinnernde Halbinsel *Baja California* brach einst vom mexikanischen Festland ab und driftet seitdem langsam, aber stetig immer weiter nach Westen. Sie empfängt uns mit 55 °C schwüler Hitze. Der heiße Fahrtwind drückt wie eine Wand durchs offene Autofenster. Die Hitze brennt auf der Haut, schmerzt in den Augen. Und die hohe Luftfeuchtigkeit treibt uns den Schweiß aus den Poren und durchnässt unsere Kleidung. Stundenlang fahren wir durch eine karge Wüstenlandschaft, ohne auch nur eine einzige Menschenseele zu sehen. Um uns herum nur braune, verbrannte Erde und verdörrte Büsche, die sich im Wind biegen. Hin und wieder ragen ein paar riesenhafte Kakteen zwischen dem Gestrüpp empor und lockern das triste Bild etwas auf. Die Baja California ist berühmt wegen ihrer faszinierenden Küstenlandschaften, der einsamen Buchten und der leeren Strände. Ein kleines Paradies auf Erden … Doch von all dem ist bislang noch nichts zu sehen. Stattdessen stoßen wir in regelmäßigen Abständen auf mehr schlecht als recht zusammengezimmerte Bretterbuden amerikanischer Dauercamper. Während der Sommermonate stehen die meisten Behausungen leer. Nur noch der zurückgelassene Müll zeugt von menschlicher Besiedelung.

Die beste Reisezeit für die Baja California sind die Monate Februar und März, dann ist die Hitze nicht ganz so brutal. Jetzt im Juli gleicht die Baja eher einem Backofen. Das Thermometer zeigt auch lange nach Sonnenuntergang noch immer über 40 °C. In unserem Hubdach steht die Luft. Tobias scheint das Klima nichts auszumachen. Er schläft tief und fest, während ich mich auf der Suche nach einer Liegeposition, die mich nicht ins Schwitzen bringt, unruhig hin und her wälze. Kurz nach Mitternacht schließlich setze ich mich in die geöffnete Hecktür und betrachte den Sternenhimmel, der hier in der Wüste besonders beeindruckend strahlt. Während ich mir mit einem Buch Luft zufächere, zieht eine Sternschnuppe übers Firmament. Ich wünsche mir Regen. Ungefähr zur gleichen Zeit bewegt sich der tropische Sturm „John" mit einer Geschwindigkeit von 10 Meilen pro Stunde auf die Südspitze der Baja California zu.

An der Bahía Concepción wollen wir uns ein paar Tage die Sonne auf den Bauch scheinen lassen, im türkisblauen Meer baden und faulenzen. Um der Hitze im Inneren unseres Fahrzeugs zu entfliehen, breiten wir kurzerhand unsere Isomatten unter einer palmwedelgedeckten *palapa* aus und schlafen im Freien. Am Abend des dritten Tages steht ein Gewitter direkt über der Hügelkette neben uns. Mehrere Stunden blitzt und donnert es, ohne dass sich das Unwetter vom Fleck bewegt. Dann zieht es über die Berge ins Landesinnere. Müde und erleichtert legen wir uns schlafen und werden etwa eine Stunde später ziemlich unsanft geweckt. Das Gewitter kommt zurück und steht jetzt genau über uns. Ein heftiger Wind peitscht uns die Sandkörner ins Gesicht, so dass wir kaum noch etwas sehen.

„Wenn ich es dir sage, dann rennst du so schnell wie möglich zum Auto!", schreit Tobias, um das enorme Donnern zu übertönen.

Ein gleißend heller Strahl gebündelter Energie durchschneidet den Sand nur wenige Meter vor mir. Starr vor Angst kauere ich mich auf den Boden.

„Los!" schreit Tobias bereits zum zweiten Mal.

Ich nehme all meinen Mut zusammen und stürze ins Auto. Im Sekundentakt schlagen die Blitze links und rechts von uns ein. Der ganze Strand ist taghell erleuchtet. Ich kralle meine Hände so fest in ein Handtuch, dass die Knöchel weiß hervortreten. Wir sitzen in der Falle. Die Zufahrt zum Strand ist eine schmale und steile Sandpiste – bei diesem Sturm unmöglich befahrbar. Doch hier unten, keine fünf Meter vom Wasser entfernt, geben unser Auto und der stählerne Dachgepäckträger eine hervorragende Zielscheibe für die Blitze ab. Das erste Mal in meinem Leben verspüre ich Todesangst. Da hilft es auch nicht, dass Tobias versucht, mir das Prinzip des Faradayschen Käfigs zu erläutern. Im Gegenteil. Plötzlich drängt sich mir die Frage auf, ob unser Auto durch das Hubdach und die zwischen Dach und Rahmen eingesetzte Zeltplane nicht vielleicht sogar seine Eigenschaft als Faradayscher Käfig verloren hat. Eine halbe Stunde dauert das Unwetter, dann ist der Spuk mit einem Schlag vorbei. Das Gewitter ist nicht etwa weitergezogen, es hat sich einfach aufgelöst.

Der nächtliche Schrecken steckt uns noch in den Knochen, als wir am nächsten Morgen die Zelte abbrechen. Ohne viele Worte zu verlieren, sind wir uns einig, dass wir nicht länger an diesem Strand bleiben.

Es regnet in Strömen als wir in Bajas größter Stadt La Paz ankommen. Die Kanalisation kapituliert angesichts der Wassermassen und spuckt eine übelriechende braune Brühe aus, die schonungslos das schachbrettartige Straßennetz überflutet. Doch noch etwas anderes strapaziert unsere Geruchsnerven. Nachts am Strand werden wir, ohne es zunächst überhaupt zu wissen, Zeugen eines seltenen Naturschauspiels: Immer wieder dringen seltsame, schmatzende Geräusche an unser Ohr und rauben uns den Schlaf. In der Luft hängt ein übler Gestank nach totem Fisch, der das Atmen schwer macht. Gleich mit den ersten Sonnenstrahlen inspizieren wir den Strand, doch nichts deutet mehr auf die Geschehnisse der letzten Nacht hin. Des Rätsels Lösung bekommen wir ein paar Tage später präsentiert, als wir mit eigenen Augen sehen, wie sich Tausende von Humboldt-Kalamaren im seichten Wasser direkt vor der Küstenlinie tummeln. Die Bucht ist voller rotbrauner Leiber, die an die Oberfläche drängen. Das Meer scheint zu kochen und zu brodeln. Die Kopffüßler, die normalerweise in tieferen Gewässern zu finden sind, waren wahrscheinlich zum Jagen nach oben gekommen, weil in den wärmeren Wasserschichten in der Regel reichere Beute auf sie wartet. Von den Wellen und der Strömung ans Ufer getrieben, versuchen die Tiere nun, sich wieder ins offene Meer zu retten, indem sie Wasser erst ansaugen und dann ausstoßen, sich also den Rückstoß zur Fortbewegung zunutze machen. Doch es sind einfach zu viele, so dass sie sich gegenseitig behindern und den Fluchtweg blockieren. Unzählige Kadaver liegen am Strand und vertrocknen langsam und qualvoll in der Sonne. Allmählich wird uns klar, dass das Schmatzen, das wir in der Nacht gehört hatten, die „Todesschreie" der Kalamare gewesen waren.

Die Invasion der Tintenfische hat sich herumgesprochen. Jung und Alt ist auf den Beinen, um Kalamare zu fangen. Mit den Händen fischen die Kinder die zappelnden Tiere aus dem Wasser und tragen sie an Land, wo sie von den Eltern gleich an Ort und Stelle mit einem scharfen Messer küchenfertig zerlegt werden. Des einen Freud, des anderen Leid. Mit der Fähre setzen wir aufs mexikanische Festland nach Los Mochis über.

Auf Abwegen durch den Kupfercanyon

Die *Barranca del Cobre,* jenen berühmten Kupfercanyon im Norden Mexikos, hatte ich mir ganz anders vorgestellt: wie einen Graben. Vielleicht auch wie einen Krater. Mit einem Weg, der über den Rand nach unten in einen Grabenbruch führt. Ich hatte blanke Felswände erwartet, rote, sandige Erde, eine staubtrockene Landschaft, in der hin und wieder ein paar Kakteen für Abwechslung sorgen. Ich weiß nicht, wie dieses Bild in meinem Kopf zustande gekommen ist. Fest steht nur, dass es nicht stimmt.

Wenn Touristen das größte Schluchtensystem Nordamerikas besuchen, dann tun sie dies für gewöhnlich, indem sie jenen Zug besteigen, der einmal quer durch die Berge und durch das Schluchtensystem der Sierra Tarahumara zwischen Los Mochis und Chihuahua pendelt. Die Fahrt mit dem berühmten *El Chepe* gehört zu den spektakulärsten Zugfahrten der Welt, nicht zuletzt deshalb, weil sich der Zug von knapp Meeresspiegelniveau 2400 Meter in die Höhe schraubt, 37 Brücken über- und 87 Tunnel duchquert, und in einem der Tunnel sogar um 180 Grad wendet. Der Höhepunkt der Strecke jedoch ist der Blick vom Aussichtspunkt Divisadero, 1200 Meter nach unten auf den Río Urique.

Glaubt man den Landkarten, so existiert keine Straße, die einmal quer durch den Kupfercanyon führt. In Wirklichkeit gibt es natürlich eine. Doch die Lebensader, die jene Menschen, die tief im Zentrum des Canyons zu Hause sind, mit den Städten am Rande der Schlucht verbindet, ist zu dünn, um im Maßstab eins zu einer Million noch ins Auge zu fallen. Nur ein schmaler Weg, gerade breit genug für ein Fahrzeug, führt in engen Serpentinen über unzählige, dicht bewachsene Hügelketten. Wie ein langer Regenwurm windet sich der Weg die grünen Hänge hinauf, umgeht die zerklüfteten Schluchten, die abrupt in die Tiefe stürzen, umrundet die schroffen Felsnasen, deren glatte Wände im Sonnenlicht rot schimmern. 2000 Höhenmeter überwindet der Regenwurm, verschnauft eine Weile in den lichten und kühlen Kiefernwäldern, die das Bergplateau überziehen, um dann wieder jäh abzufallen, hinunter ins subtropische Tiefland, in Täler, die so dicht mit Palmen und Bananenstauden bewachsen sind, dass kein Sonnenstrahl bis zum Boden durchdringt. Während der Regenzeit, wenn unter dem Druck der ins Tal strömenden Wassermassen große Teile des Weges nachgeben und einbrechen, sind viele Dörfer und Gehöfte gänzlich von der Außenwelt abgeschnitten. Irgendwo zwischen Choix, einer kleinen Stadt nordwestlich des Canyons, und Urique, jener Stadt am tiefsten Punkt des Schluchtensystems, liegt La Reforma. Wenn alles gut geht, müssten wir diesen Ort von Choix aus in zwei bis drei Stunden erreichen. Von dort sollen es dann noch einmal zwei Stunden bis Urique sein.

Es ist feucht und schwül, als wir mit unserem Landy in die ausgewaschene Lehmpiste einbiegen. In der Nacht zuvor hat es geregnet. Der rote Untergrund ist feucht und schlammig. Oben in den Baumwipfeln hängen noch die Nebelschwaden.

„Ist das der Weg nach La Reforma?", fragen wir jeden, den wir treffen.

Die Frauen tragen rote, gewebte Röcke, weiße Blusen und rote Schultertücher. Die Männer, schon weniger traditionell gekleidet, stecken meist in Jeans und Cowboystiefeln. Die *Rarámuri*, eine

Weg durch den Kupfercanyon, Mexiko

indigene Minderheit, die in der Sierra Tarahumara lebt, sind freundlich, aber zurückhaltend.

Je weiter wir in das Schluchtensystem eindringen, desto schlechter wird der Weg und desto langsamer kommen wir voran. Immer wieder müssen wir aussteigen, Steine und Äste zur Seite räumen oder Löcher zuschaufeln. Mehr als einmal biegen wir falsch ab, weil der Weg direkt im Flussbett verläuft und es keine Reifenspuren gibt, die erkennen lassen, wo es lang geht. Erst jetzt merke ich, dass uns schon lange kein anderes Fahrzeug mehr begegnet ist. Die Menschen transportieren ihre Güter auf Eselskarren oder gehen zu Fuß.

„Wie weit ist es noch bis nach La Reforma?", frage ich einen alten Mann mit Lasso über der Schulter und Machete in der Hand. Er schiebt seinen Stetson-Hut aus der Stirn und wendet sein wettergegerbtes Gesicht nach oben zur Sonne. Mit ein bisschen Glück, meint er, könnten wir es heute noch schaffen.

Ich kann mit einer solchen Antwort nicht umgehen.

„Wie viele Stunden?", hake ich nach und zeige auf meine Armbanduhr.

Der alte Mann zögert. Er selbst trägt keine Uhr, braucht vermutlich auch gar keine.

„Zwei", antwortet er unsicher.

Zu diesem Zeitpunkt sind wir bereits eine Stunde unterwegs.

Ein anderer Mann, den wir kurz darauf nach dem Weg fragen, bittet mich, zu warten. Er holt seinen Nachbarn herbei, der einige Brocken Englisch spricht. Von ihm erfahren wir, dass die Straße in einen Fluss mündet und wir mit der Fähre ans andere Ufer übersetzen müssen.

Als wir am Fluss ankommen, ist von einer Fähre weit und breit nichts zu sehen. Also warten wir. Wir warten eine Stunde. Wir warten zwei Stunden. Gerade als wir wenden wollen, hören wir in der Ferne ein Motorengeräusch.

„Wie weit ist es noch von der Anlegestelle am anderen Ufer bis La Reforma?", frage ich den Bootsführer.

„Nicht mehr weit", antwortet er lächelnd. „Dreimal müsst ihr noch durch den Fluss. Ihr habt Glück, dass der Regen noch nicht wirklich eingesetzt hat und der Fluss noch gut zu queren ist. In zwei Stunden seid ihr dort."

Eine Stunde später legen wir ab. Der Bootsführer musste erst noch Motoröl aus dem Dorf holen.

Als wir La Reforma erreichen, sind seit unserem Aufbruch etwas mehr als acht Stunden vergangen. Der Ort liegt am Ende eines subtropischen, engen und feuchten Talkessels, umgeben von steil aufragenden und mit Moos überzogenen Felswänden. Kein einziger Sonnenstrahl umspielt die Häuser. Das gesamte Dorf liegt im Schatten. Es riecht nach Nässe und Moder. Der Fluss teilt La Reforma in zwei Hälften. Auf der einen Seite des Flusses befinden sich die Kranken- und die Polizeistation. Auf der anderen Seite liegen die Wohnhäuser der etwa 300 Einwohner, kleine Hütten mit Wellblechdächern. Seit kurzem gibt es eine Fußgängerbrücke, die die beiden Seiten miteinander verbindet, erzählt uns Abram, den wir vor dem Laden treffen, voller Stolz. Früher musste man durchs Wasser waten, wenn man zum Arzt wollte, heute gelangt man trockenen Fußes hinüber. Was mit dem Krankenwagen sei, will Tobias wissen.

Abram hebt die Schultern. „Wenn das Wasser so hoch steht, dass der Krankenwagen nicht mehr durchkommt, ist auch der Weg nach Choix nicht mehr befahrbar."

Ich frage ihn, wovon die Menschen im Ort leben.

Sein ausgestreckter Arm beschreibt einen Kreis. „Siehst du die Berge?"

Ich kneife die Augen zusammen und glaube, auf den steilen Hängen winzige Terrassenfelder zu erkennen. Es fällt mir schwer zu glauben, dass sich in dieser exponierten Lage überhaupt Pflanzen halten können, aber dass dort oben Menschen von Hand die Felder bestellen, erscheint mir geradezu unmöglich.

„Die Felder dort auf den Hängen liefern uns alles, was wir zum Leben brauchen", fährt Abram fort. „Früchte, zum Beispiel Bananen, außerdem Mais, Bohnen und Marihuana."

Der Anbau von Drogen ist illegal. Ich weiß das und Abram weiß das auch. Doch hier in diesem Dorf, meilenweit entfernt von jeder größeren Stadt, unerreichbar für den Arm des Gesetzes, haben die Menschen ihre eigene Vorstellung von Gut und Böse, von Richtig und Falsch. Für sie ist es wichtig, dass jeder den für ihn vorgesehenen Platz in der Dorfgemeinschaft einnimmt, dass jeder arbeitet und sich niemand auf Kosten der anderen ausruht. Jeder hat seinen Beitrag zu leisten im täglichen Überlebenskampf aller. Jede einzelne Stunde des Tages wird genutzt, denn Zeit ist knapp. Und doch zugleich so unbedeutend.

„Wann fahrt ihr weiter?", fragt Abram unvermittelt.

„Morgen früh."

„Das ist gut", antwortet er. „Vor zwei Tagen hat ein Bagger den Weg zur Mine geebnet."

„Wie lange werden wir bis Urique brauchen?", fragen wir.

„Zwei Stunden", erwidert er mit fester Stimme.

Wir werfen einen Blick nach oben. Über uns stehen dunkle Wolken. Es beginnt zu nieseln. Bald wird der Regen einsetzen.

Abram hatte nicht übertrieben. Nach dem Abzweig ist der Weg tatsächlich breit und eben, ganz ohne Schlaglöcher, dafür jedoch ziemlich steil und durch den nächtlichen Regen rutschig wie

Schmierseife. Der nasse Lehm verklebt das Profil unserer Reifen, so dass wir vor allem in den Kurven achtgeben müssen, nicht die Bodenhaftung zu verlieren. Nach einer Stunde haben wir ganze fünf Kilometer zurückgelegt. Umkehren, so lange es noch geht? Keiner von uns wagt es, diesen Gedanken auszusprechen. Keiner von uns ist erpicht darauf, die gestrige Strecke noch einmal zurückzulegen. Also fahren wir weiter. Auch dann noch, als die Piste wieder schlechter wird. Als wir wieder einmal mit Schwung aus einem Flussbett heraus auf die Böschung brechen, stehen wir plötzlich mitten in einem Geröllfeld. Große, lose Felsbrocken liegen kreuz und quer. Abriebspuren lassen erkennen, dass an den Steinen schon etliche Fahrzeuge aufgesessen sind. Wir steigen aus und laufen die Strecke ab, versuchen, wenigstens die dicksten Brocken zur Seite zu räumen. Doch der Weg wird dadurch nicht besser. Jetzt ist Konzentration gefragt. Ich postiere mich vor dem Fahrzeug und dirigiere Tobias mit meinem Daumen mal nach links, mal nach rechts, den Blick fest auf die Reifen geheftet. Viel lieber würde ich jetzt die Augen schließen, um gar nicht erst mit ansehen zu müssen, wie Tobias das Fahrzeug Zentimeter für Zentimeter über den steinübersäten Acker zirkelt. Eine halbe Stunde brauchen wir für die 100 Meter. Spätestens jetzt ist klar, dass es kein Zurück mehr gibt.

Aber sind wir überhaupt noch auf dem richtigen Weg? Ein paar Meter weiter entdecke ich eine Hütte im Wald. Kinder toben durch den spartanisch angelegten Vorgarten. Eine Frau steht in der offenen Eingangstür und fegt die Stufe. Tobias und ich steigen aus. Als die Frau uns sieht, ruft sie mit schriller, ängstlicher Stimme ihre Kinder ins Haus. Sie selbst steht hinter der Tür, jederzeit bereit, uns diese vor der Nase zuzuschlagen.

„Hola, buenos días, señora", grüße ich freundlich, um ihr die Angst zu nehmen. Ich frage, ob sie den Weg nach Urique kennt. Sie nickt. Ihre Antwort kommt zögerlich. Ich verstehe kein Wort. Tobias holt Stift und Papier aus dem Auto. Sie soll uns doch den Weg aufmalen, gebe ich ihr zu verstehen. Wieder nickt sie, dann zeichnet sie zielstrebig Wege, Abzweigungen und Orte auf das Blatt. Ihre Karte ist die einzige, die wir von dieser Gegend jemals besitzen sollten. Und sie stimmt bis ins letzte Detail.

Es dämmert bereits, als wir die ersten Häuser von Cieneguita, einem winzigen Ort oben auf dem Plateau, passieren. Heute haben wir 71 km in acht Stunden zurückgelegt.

Je höher wir kommen, desto kühler und trockener wird es. Während an der Küste und in den Fluss- und Talsohlen subtropische Vegetation vorherrschte, fahren wir jetzt durch sonnendurchflutete, würzig duftende Kiefernwälder. Unter uns, mehr als tausend Meter tiefer, fließt der Río Urique, jener Fluss, der einst so mächtig war, dass er Felsbrocken mit sich gerissen und tiefe Canyons gegraben hat. Tief unten in der Schlucht liegt Urique. Der Weg ist steil, kurvenreich und gefährlich, wie die vielen Kreuze mit den Namen Abgestürzter mahnend belegen. Langsam und vorsichtig tasten wir uns von einer Kehre zur nächsten. Und dann sind wir da, nach rund 300 Kilometern und vier Tagen Fahrt. Erschöpft lassen wir uns am Flussufer nieder und betrachten still die Hänge um uns herum. Hier in den Bergen und Tälern der Sierra Tarahumara leben die Rarámuri, abgeschieden und isoliert vom Rest Mexikos. Sie leben von der Jagd und vom Ackerbau. Selbst die kleinsten Flecken auf den steilen Berghängen sind mit Mais und Bohnenpflanzen bestellt. Die Rarámuri haben sich den harten Lebensbedingungen perfekt angepasst.

„Americana?", fragt mich der Ladenbesitzer, während er die Avocados in eine Tüte packt.

Als er hört, dass ich Deutsche bin, hellt sich seine Miene auf. Endlich hat er jemanden gefunden, mit dem er sich über die kürzlich in Deutschland stattgefundene Fußball-Weltmeisterschaft unterhalten kann – denkt er. Doch ich muss ihn enttäuschen. Die WM ist komplett an mir vorbei gezogen.

Die letzte Etappe unserer Kupfercanyon-Tour ist reine Erholung, verglichen mit dem, was hinter uns liegt. Endlich müssen wir nicht mehr unsere ganze Aufmerksamkeit dem Stück Erde unmittelbar vor unseren Reifen widmen, sondern können die Blicke wieder schweifen lassen.

Der Abschnitt zwischen Urique und Creel ist verhältnismäßig dicht besiedelt. Je näher wir Creel kommen, desto größer sind die Ortschaften und desto wohlhabender wirken sie. Immer wieder

kommen uns Minibusse entgegen, die die einzelnen Orte miteinander verbinden. In Bahuichivo treffen wir schließlich sogar auf *El
Chepe,* den berühmten Zug. Nur ein paar wenige Touristen sitzen
in den Waggons, dafür aber jede Menge Mexikaner. Kein Wunder,
der Zug ist sicherlich die einfachste und bequemste Art zum
Durchqueren der Sierra Tarahumara.

Die nächsten eintausend Kilometer hinter Creel Richtung Südosten bieten dem Auge wenig Abwechslung. Drei Tage fahren wir
durch die Sierra Madre Occidental, durch Berge und Täler, durch
Farm- und Weideland. Dann tauchen wir ein in eine andere Welt
und schlagen ein anderes Kapitel in Mexikos Geschichtsbuch auf.

Koloniales Erbe

Auf Erlass des spanischen Königs Philipp II. wurden die Städte
der Neuen Welt im Gitterraster angelegt. Alle 110 bis 120
Meter kreuzen sich die Straßen im rechten Winkel, dazwischen
liegen die Häuserblocks, die *cuadras.* In der Mitte sind ein oder
zwei Blocks für die zentrale Plaza ausgespart, an der die Kathedrale
steht, flankiert vom Gouverneurs- bzw. Regierungspalast sowie
von den herrschaftlichen *palacios* angesehener Kaufleute und
wohlhabender Bürger. Der Baustil der Häuser orientiert sich an der
spanischen Architektur, die ihrerseits viele maurische Merkmale
aufweist. Alle Stadtpaläste haben *patios,* schöne Innenhöfe mit
Arkadengängen und gekachelten Springbrunnen. Freittreppen
führen ins Obergeschoss. An der Außenfassade der Häuser bestimmen riesige Portale, schmiedeeiserne Balkone, Säulen und
Pfeiler aus massivem Holz sowie ein meist farbenfroher Anstrich
das Bild. Doch wer denkt, Kolonialstädte würden alle gleich aussehen, der irrt. Das koloniale Erbe Mexikos hat viele Gesichter.
Jede Stadt hat ihren eigenen Charme und ihre eigene Geschichte.

Berichte über Silbervorkommen in den Bergen von Zacatecas
lockten 1531 die spanischen Konquistadoren hierher. Die Silber-
adern die sie fanden waren so ergiebig, dass Zacatecas, nach
Mexico City, schnell zur wirtschaftlich zweitwichtigsten Stadt des

Landes aufstieg. Die einst bedeutendste Mine, *El Edén,* ist heute tagsüber attraktiver Anziehungspunkt für Touristen und des nachts unterirdische Disco für die Einheimischen. In den engen Gässchen der Stadt herrscht reges Leben. Doch ganz gleich, wie eilig es jemand hat, von den Mexikanern versäumt es niemand sich zu bekreuzigen, wenn er sich der Kathedrale nähert – selbst dann nicht, wenn er keinen Blick für ihre üppig verzierte Fassade übrig hat. Wir lassen uns eine Weile treiben, genießen das Flair der Stadt und stärken uns im Mercado bei *Comida corrida,* einem preiswerten Mittagsmenü. Nachmittags, so stellen wir fest, geht es in der Stadt beschaulicher zu. Nichts ist mehr zu spüren von der Geschäftigkeit des Vormittags. Allmählich leeren sich die Straßen und Gehwege, dafür füllen sich die Bänke der Plazas. Eine Stadt hält Siesta.

Ganz anders dagegen präsentiert sich uns **Aguascalientes.** Zwei Wochen sind es noch bis Maria Himmelfahrt, doch die Feierlichkeiten sind bereits in vollem Gange. Auf der Plaza vor der Kathedrale führen prächtig kostümierte Tänzer alte Aztekentänze auf. Auf dem Kopf jonglieren sie einen pompösen Federschmuck. Ihre fantasievollen Perlenketten klappern im Takt zu den rhythmischen Klängen der kleinen, mit Körnern gefüllten Kalebassen. In den Nebenstraßen bieten Stände leckere Köstlichkeiten an, *tostadas* mit Salat und Salsasoße gibt es da, aber auch *tortillas* mit Käse gefüllt und natürlich alle möglichen Naschereien für die Kinder.

Es ist schon dunkel, als wir auf dem Parkplatz vor dem ehemaligen olympischen Sportgelände unser Nachtquartier aufschlagen. Wir wollen es uns gerade gemütlich machen, als es an der Scheibe klopft. Draußen stehen zwei junge Männer mit verlegenem Lächeln. Sie hätten unser „Alemania"-Schildchen gesehen, und da einer von ihnen ein bisschen Deutsch spricht, würden sie sich gern mit uns unterhalten, erklären sie umständlich. Die beiden sehen nicht aus wie Ganoven, und so klappen wir also unser Hubdach wieder zu und gehen zusammen essen. Wir haben so viel Spaß, dass uns Martín anschließend noch zu sich nach Hause einlädt. Er wohnt bei seinen Eltern, in einem äußerlich wenig ansprechenden Wohnviertel, hinter einer grauen Mauer mit Stahltor. Hinter der tristen Fassade jedoch verbirgt sich ein entzückendes Häuschen mit einem winzigen, aber liebevoll gestalteten Innenhof. Wir holen ein paar Flaschen Bier aus dem Auto, Martíns Vater stellt eine Flasche Mezcal dazu – es verspricht, eine lange Nacht zu werden. Und eine interessante obendrein. Denn Martíns Familienmitglieder sind Angehörige einer der noch wenigen Maya-Ethnien in Mexiko, die überwiegend im Süden des Landes leben. Während Martíns Vater uns Bilder der Maya-Ruinen, alte Pfeilspitzen, Tongefäße, Kochutensilien und Musikinstrumente zeigt, richtet seine Mutter schon mal das Gästebett für uns.

Am nächsten Morgen wartet ein landestypisches Frühstück auf uns: „Chilaquiles", das sind mit Tomaten und Käse überbackene Tortillastückchen, außerdem „Nopales", die angebratenen Blätter des Feigenkaktusses, und „Frijoles refritos", in Schweineschmalz gebratenes Bohnenmus. Dazu gibt's „Atole", ein schmackhaftes Maisgetränk.

Wir haben uns noch nicht einmal gesetzt, da fragt Martíns Vater auch schon: „Wollt ihr euer Bier jetzt gleich oder erst nach dem Frühstück?"

Er hat gehört, dass Deutsche zu jeder Gelegenheit Bier trinken und möchte uns nun vor unserer Weiterfahrt unbedingt noch den „Cocktail des Hauses" probieren lassen. Hierfür nimmt er den Saft zweier Limetten, etwa 6 cl Tomatensaft, einen Schuss Chilisoße, eine Flasche eiskaltes Corona-Bier und mischt alles gut durch. Fertig ist die *Michelada estilo aguascalientes*.

Guanajuato, eine alte Minenstadt, wurde in ein trockengelegtes Flussbett inmitten eines Talkessels gebaut. Als die kleinen verwinkelten Straßen dem Verkehrsaufkommen nicht mehr gewachsen waren, hat man den Verkehr kurzerhand unter die Erde verlegt, inklusive der Parkhäuser. Die Stadt ist unterhöhlt und mit unzähligen Tunnels durchzogen, der Vergleich mit einem Schweizer Käse liegt nahe. Auf dem Weg zur „Callejón del Beso", dem Kussgässchen, das so schmal ist, dass man sich nur aus dem Fenster zu lehnen braucht um die Nachbarin von gegenüber zu küssen, erregt ein ungewöhnliches Schild unsere Aufmerksamkeit. „Bitte keinen Müll abladen, es laufen Touristen vorbei", prangt mahnend an einer Häuserwand.

Über **Querétaro,** jener Stadt, in der 1810 Mexikos Unabhängig-keitskampf seinen Anfang nahm, fahren wir weiter nach Bernal, um dort auf den „Peña de Bernal" zu steigen, nach dem Ayers Rock und Zuckerhut der angeblich drittgrößte Monolith der Welt. Denn dies, so sagt der Volksmund, verleihe ein langes Leben. Bernal selbst ist ein entzückender Ort, in den ich mich auf Anhieb verliebe. Farbenfrohe Fassaden mit aufwendigen Stuckornamen-ten rahmen die Plaza ein. Der Baustil mutet maurisch an. Hinter den Eingangsportalen der bunten Häuschen verbergen sich Innenhöfe mit gekachelten Wänden und zierlichen Brunnen. Aus einer der Nebenstraßen dringt leise Musik, und in der Luft hängt der Duft von frischen Maistortillas. Genauso habe ich mir eine me-xikanische Kleinstadt vorgestellt.

Sonntag ist der Tag, an dem in **Guadalajara,** Mexikos zweit-größter Stadt und Hochburg der Mariachi-Musik, die „Charrea-das", die berühmten Reiterspiele, stattfinden. Reiter verschiedener Haciendas treten im Wettbewerb gegeneinander an, um ihre Kunst-fertigkeit im Umgang mit Pferd und Lasso unter Beweis zu stellen.

Reiterspiele in Guadalajara

Die Reiter, die mit ihren reich verzierten Gürteln und den breitkrempigen Sombreros ein echter Augenschmaus sind, müssen ihr Pferd aus dem Galopp heraus möglichst schnell zum Stehen bringen, einen Stier und ein Pferd mit dem Lasso einfangen und, als Höhepunkt der Darbietungen, beim „Paso de la muerte", dem Todesschritt, im Galopp von einem Pferd aufs andere überwechseln. Ein faszinierendes Schauspiel, bei dem man auch noch auf den zweiten Blick viele interessante Details entdeckt. So tragen die modernen Cowboys von heute fast alle ein Handy am Gürtel und telefonieren schon mal, während sie mit der anderen Hand das Lasso schwingen.

Und der Tequila fließt nicht nur auf der Zuschauertribüne in Strömen, auch der eine oder andere Reiter spült sich zwischen den Darbietungen damit die Kehle. Auch uns dürstet es allmählich nach einer Kostprobe des berühmten Agavenschnapses. Zeit für einen Abstecher nach Tequila, jenem Ort, dem das wohl bekannteste mexikanische Exportgut seinen Namen verdankt.

Schon weit vor Tequila färbt sich die Landschaft auf einmal blaugrün. Zu beiden Seiten der Straße erstrecken sich schier endlose Felder, auf denen nichts anderes angebaut wird als blaue Agaven. „Comida por el cuerpo, Tequila por la alma – Essen für den Körper, Tequila für die Seele", steht auf der Wand eines Gebäudes. Na, wenn das so ist … Mit dem festen Vorsatz, unserer Seele etwas Gutes zu tun, marschieren wir in die größte und älteste Tequila-Destillerie der Stadt. Zu spät, die nächste Führung gibt's erst morgen früh. Kein Problem für uns. Wir übernachten vor der Fabrik in einer Parklücke.

Das Fabrikgebäude ist ein prächtiges altes Kolonialstilgebäude. Deckenhohe Holztüren mit schweren Eisenbeschlägen verbinden die Räume miteinander. Der Boden ist gekachelt. Im Innenhof plätschert ein dekorativer Springbrunnen, und in den alten Kellergewölben lagern riesige Holzfässer.

„Tequila" ist, genauso wie „Champagner", ein geschützter Begriff. Nur Destillate, die aus dem mexikanischen Bundesstaat Jalisco stammen und aus der blauen Agave gewonnen werden, dürfen sich offiziell „Tequila" nennen. Sieben Jahre wächst die

Agaven-Lager in der Tequila-Destillerie

blaue Agave auf den Feld[...] erst dann wird sie geerntet. N[...] die Agavenherzen, die mit den gekappten Blattansätzen ausse-hen wie überdimensionale, höl-zerne Ananas, werden weiter verarbeitet. Sie kommen in ei-nen Ofen und werden erhitzt, damit sich die enthaltene Stärke in Zucker umwandeln kann. Dann werden sie gepresst, der gewonnene Saft fermentiert und anschließend zweimal destilliert. So erhält man schließlich rei-nen Tequila mit einem Alkoholgehalt zwischen 55 und 80 Prozent. Da er so nicht verkauft werden darf, wird der Tequila mit Wasser verdünnt, bis er nur noch etwa 41 Prozent Alkohol hat. An-schließend wird er in Eichenfässern gelagert. So erhält er eine braune Färbung und wird weicher im Geschmack. Davon dürfen wir uns gleich an Ort und Stelle selbst überzeugen, denn nach je-dem Produktionsschritt gibt's ein Schlückchen zum Probieren. Oder zwei oder drei. Gut gelaunt verlassen wir die Fabrik. An eine Weiterfahrt ist erst einmal nicht zu denken. Wir gehen im Mercado essen. Tequila por la alma. Comida por el cuerpo.

Am Fuß der Vulkane

Wir haben das kleine Taraskendorf Angahuan noch nicht ein-mal betreten, da werden wir schon von *caballeros* umringt, die uns eine Pferdetour zum Vulkan Paricutín verkaufen wollen. Doch da wir gar nicht vorhaben, diesen relativ kleinen Vulkan zu be-steigen, ist mit uns in dieser Hinsicht kein Geschäft zu machen. Stattdessen brechen wir zu Fuß auf zu den Resten des Dorfes Parangaricutiro. Eine Weile laufen wir durch Wald und über grüne Hügel, doch schon bald kommen die ersten Lavafelder in Sicht. Erstarrte Lava ist dunkelgrau bis schwarz, uneben und scharfkantig.

en, nicht aus Versehen in eine der tiefen und
reten.

...usbruch des Vulkans Paricutín im Jahre 1943
...)orf unter den Lavamassen verschüttet. Sämt-
...unter meterhohen, erstarrten Lavamassen be-
graben. Einzig und allein der Kirchturm und eine Mauer des
Kirchenschiffs sind noch zu sehen und ragen gespenstisch aus dem
schwarzen Gestein hervor. Die Bewohner des Dorfes konnten zum
Glück rechtzeitig evakuiert werden, doch was wird wohl in ihren
Köpfen vorgegangen sein, als sie nach der Katastrophe an den
Unglücksort zurückkehrten und als einziges Überbleibsel ihres
Heimatortes lediglich Reste der Kirche vorfanden?

Der Nationalpark Nevado de Toluca, wartet mit einer ganz besonderen Attraktion auf, einem 4690 Meter hohen Vulkan, zu
dessen Kratersee man mit dem Auto hochfahren kann. Eine holprige und enge Schotterpiste ohne seitliche Befestigung führt zum
Krater und endet schließlich bei den Lagunen auf 4216 Metern. Die
letzten 400 Höhenmeter bis zum Gipfel müssen zu Fuß bestritten
werden. Schon nach wenigen Schritten müssen wir uns eingestehen, dass unser Landy mit der dünnen Luft auf dieser Höhe weit
weniger Probleme hat als wir. Schnaufend quälen wir uns den
Trampelpfad am Kraterrand entlang und kraxeln keuchend das
letzte Stück bis zum Gipfel hoch. Unsere Mühe wird mit einem sa-
genhaften Ausblick belohnt: In weiter Ferne ragt der bekannteste
Vulkan Mexikos, der Popocatépetl, aus den Wolken. Daneben
sieht man den Iztaccíhuatl liegen. Kaum zu glauben, wie klar und
sauber die Luft hier oben ist. Schnell nehmen wir noch ein paar
Atemzüge auf Vorrat – denn unser nächstes Ziel ist Mexico City.
Und das heißt bekanntlich Smog, so weit das Auge reicht.

Eigentlich hatten wir vor, die Millionenmetropole großzügig zu
umfahren. Aber unser Fahrzeug macht uns einen Strich durch die
Rechnung. Schon lange klappert und scheppert es vorne links. Als
Tobias sich endlich dazu durchringen kann, dem Geräusch auf den
Grund zu gehen, stellt er fest, dass die Gummilager der vorderen
Stoßdämpfer quasi nicht mehr vorhanden sind. Beim Landrover-
Händler in Mexico City ist man allerdings über unser Reparatur-

Ersuchen gar nicht erfreut. Man verkaufe keine Diesel-Fahrzeuge, erklärt man uns, ohne näher auf unsere Frage einzugehen, was das denn mit den Stoßdämpfern zu tun habe. Nach einigem Hin und Her und dem Herauszupfen des ohnehin schon kaputten Gummis teilt man uns mit, dass mit etwas Glück das entsprechende Ersatzteil in sechs Wochen da sein könnte. Wir machen auf dem Absatz kehrt und halten in dem Straßengewirr Ausschau nach einem Laden mit der Aufschrift „Amortiguadores", Stoßdämpfer. Als wir einen solchen schließlich in einem ziemlich schäbigen Stadtteil finden, nehmen sich sofort drei Mechaniker der Sache an. Zehn Minuten später steht der Weiterfahrt zu den Pyramiden von Teotihuacán nichts mehr im Wege. Theoretisch. Praktisch müssen wir dazu jedoch auf die andere Seite der Stadt. Ein Unterfangen, das mehrere Stunden in Anspruch nehmen wird. Über der Hauptstadt hängt eine undurchsichtige, gelbe Dunstglocke. Schon nach kurzer Zeit spüren wir ein Kratzen im Hals. Ein schmieriger Staubfilm liegt auf unserer Haut. An den Ampeln warten Verkäufer auf die nächste Rot-Phase. Sie bieten vom Feuerzeug bis hin zum eingeschweißten Mittagessen so ziemlich alles an, was der Markt hergibt. Bettler auf Krücken, mit nur einem Bein, humpeln zwischen den Fahrbahnen von Auto zu Auto und riskieren ihr Leben für ein paar Münzen. Auf den flachen Hausdächern entlang der Straße haben sich Obdachlose aus Planen und Pappkartons ein provisorisches Zuhause gezimmert. Gleich daneben wirbt ein Plakat für Hundefutter. Welch böse Ironie.

„Teotihuacán" bedeutet „Heimat der Götter". Die Azteken, die um das Jahr 1250 n. Chr. von Nordwesten kommend ins zentralmexikanische Hochlandbecken eingewandert waren, fanden die Stadt bereits verlassen vor und glaubten, Götter hätten die Pyramiden und Tempel erschaffen. Sie benannten die beiden größten Pyramiden nach Sonne und Mond und erklärten die Anlage zum Kultzentrum für ihre Götter, von denen die wichtigsten der Schöpfungsgott Quetzalcóatl, die gefiederte Schlange, und der brillengesichtige Wassergott Tláloc waren.

Dass Teotihuacán einst die größte und bedeutendste Stadt des alten Amerika gewesen sein soll, glauben wir von der ersten

Sekunde an, da wir die Anlage betreten. Die schnurgerade, 40 Meter breite und zwei Kilometer lange „Straße der Toten" bildet die Hauptachse der Stadt und ist gesäumt mit einer schier unendlichen Anzahl an Gebäuden, Strukturen und Pyramidenplattformen. Die Sonnenpyramide, die erste, die wir auf unserem Rundgang erreichen und erklimmen ist 70 Meter hoch und die drittgrößte Pyramide der Welt. Die Mondpyramide liegt ganz am Ende der Straße und ist niedriger als die Sonnenpyramide, obwohl das durch das leicht ansteigende Gelände nicht so erscheint. Atemlos kommen wir oben an – und staunen. Ganz Teotihuacán liegt uns zu Füßen. Die Gebäude, die von unten monumental erscheinen, wirken von hier oben klein und zierlich. Die Menschen gleichen bunten Stecknadelköpfen. Am Horizont erhebt sich unscharf und unvermittelt eine Hügelkette aus der Ebene. Dahinter lässt gelber Dunst die Hauptstadt Mexiko City erahnen. Ich wende mich nach Süden. Dort liegen noch weitere Städte der Azteken und dort liegt auch die Welt der Maya irgendwo hinter den Vulkanen …

Als wir entlang einer Straße östlich der Hauptstadt die ersten Hinweisschilder sehen, die vor Aschebomben und herabstürzenden Felsbrocken warnen, wissen wir, dass wir uns dem schneebe-

Blick von der Mondpyramide über Teotihuacán

deckten und noch immer aktiven Vulkan Popocatépetl nähern. Zwischen 1347 und 2001 ist der „Popo" 22 Mal ausgebrochen, eine Besteigung des Vulkans deshalb momentan nicht möglich. Aus der Krateröffnung quellen kleine weiße Rauchwolken und ziehen sich kranzförmig um den Gipfel. Schneefelder an den Hängen lassen den Popo in der Sonne glitzern. Die eine Seite ist etwas flacher als die andere. Sein nicht minder berühmter Nachbar dagegen, der Vulkan Iztaccíhuatl, ist bereits erloschen. Man sagt, er hätte die Form einer liegenden Frau, doch so sehr ich mich auch anstrenge, ich kann in dem grauen Gestein beim besten Willen keine weiblichen Formen ausmachen. Wir beschließen, uns das mal aus der Nähe anzusehen. Ein kleiner schwarzer Hund schließt sich uns an. Ohne müde zu werden, rennt er Stunde um Stunde neben uns her über die grünen Wiesen, ignoriert den Wind und den einsetzenden Schneefall, wartet geduldig auf uns, wenn wir Blumen betrachten, Gesteinsformationen bewundern, Fotos machen. Als wir wieder am Auto sind, bekommt er unsere Brot-Sticks, die wir seit Monaten mit uns herumfahren und nur deshalb gekauft hatten, weil wir sie irrtümlich für chinesische Nudeln gehalten hatten. Dem Hund scheinen sie zu schmecken, ebenso der Kuh, die plötzlich auftaucht und ihm dieses Futter streitig macht. Der Hund flüchtet winselnd unters Auto. Tobias steigt aus und will die Kuh verjagen. Die macht einen Bogen und rammt ihre Hörner gegen unser Auto. Klarer Fall von Rinderwahnsinn.

Die beiden Vulkane Popocatépetl und Iztaccíhuatl trennen das Hochtal von Mexico City von jenem, in dem Puebla liegt. Von der 2,3-Millionen-Einwohner-Stadt Puebla, Heimat der VW-Werke in Mexiko, sind wir angenehm überrascht. Der Verkehr in der Innenstadt hält sich in Grenzen, das Zentrum ist übersichtlich, die Atmosphäre angenehm und entspannt. Wir schlendern durch die Straßen, kaufen ein, gehen essen und brechen schließlich zu einer Bergbesteigung der besonderen Art auf. Da wir den Weg zum Vulkan Cuexcomate nicht auf Anhieb finden, fragen wir einen Polizisten und werden mit Polizeieskorte bis zum Fuß des Vulkans geleitet. Mit schnellen Schritten stürmen wir den Gipfel des kleinsten Vulkans der Welt: ganze 13 Meter hoch. Leider nicht mehr aktiv.

Anschließend besuchen wir noch die Vulkane *La Malinche* und *Pico Orizaba*, letzterer ist mit 5610 Metern der höchste Berg Mexikos. Dann fahren wir weiter Richtung Oaxaca.

Brennende Luft

Die Ausgrabungsstätte Monte Albán vor den Toren der Stadt Oaxaca erinnert stark an die Anlage von Teotihuacán. Monte Albán ist kleiner, ohne hohe Pyramiden, dafür mit zwei großen Plattformen und vielen Tempelbauten. Monte Albán war die Hauptstadt des Zapotekenreiches, das sich bereits 1000 v. Chr. über weite Teile Südmexikos erstreckte. Ihre fantasievollen Figurengefäße aus Terrakotta, die in Grabkammern gefunden wurden, lassen darauf schließen, dass die Zapoteken wahre Künstler waren, was die Herstellung von Keramiken betrifft. Die Funde aus dem Grab Nummer sieben, unter anderem der berühmte, mit Türkisen besetzte Totenkopf, können im Museum Cultural in Oaxaca bewundert werden.

Fünf Wochen reisen wir nun schon durch Mexiko. Doch in Oaxaca werden wir zum ersten Mal mit der seit der Präsidentschaftswahl im Juni unseres Reisejahres angespannten politischen Situation des Landes konfrontiert.

Das erste was wir von Oaxaca sehen sind brennende Autoreifen. Zusammen mit gerolltem Stacheldraht, Wellblechzäunen und umgekippten Mülltonnen blockieren sie die Straßen und Zufahrtswege

Der schneebedeckte Vulkankegel des Popocatépetl

ins Zentrum der Stadt. In der Luft hängt der ungesunde Geruch verbrannten Gummis. Die Fassaden der Häuser sind mit Parolen besprüht. Doch niemand scheint daran Anstoß zu nehmen. Die Autofahrer manövrieren ihre Fahrzeuge gelassen um die Hindernisse herum, die Fußgänger steigen einfach darüber hinweg. Was ist hier los?

Ich frage nach und erfahre, dass vor drei Monaten die Lehrer mit der Forderung nach höheren Gehältern in Streik getreten sind. Inzwischen sei die Situation jedoch eskaliert und zu einer allgemeinen Revolte gegen den Gouverneur des Bundesstaates Oaxaca geworden, dem man Korruption vorwirft. Nun will man, dass er sein Amt niederlegt. Doch Ulises Ruiz Ortiz, der seit zwei Jahren im Amt ist, also noch vier weitere Amtsjahre vor sich hat, denke gar nicht daran, zu gehen, sondern habe erst sich selbst außerhalb der Stadt in Sicherheit gebracht und dann sämtliche Regierungsbeamte und Polizisten abgezogen.

In der Sprachschule, in der wir uns für einen einwöchigen Spanischkurs angemeldet haben, versichert man uns, dass erstens die Sprachlehrer arbeiteten und zweitens für Touristen keine Gefahr bestehe, sofern sie sich nach Einbruch der Dunkelheit nicht mehr auf den Straßen blicken ließen.

Gehen oder bleiben? Wir bleiben. Gehen können wir immer noch. Allerdings wollen wir nicht in der Stadt übernachten, schon gar nicht im Auto am Straßenrand. Wenige Kilometer nördlich der Stadt, gleich hinter dem Vorort San Felipe, liegt der Nationalpark Benito Juárez. Wir finden einen hübschen Stellplatz direkt hinter dem Eingangstor. Der Besitzer des kleinen Ladens neben der Schranke freut sich, dass er Gesellschaft hat. Ganz anders die beiden Polizisten, die plötzlich vor uns stehen. Im Nationalpark liegen mehrere kleine Ortschaften, und damit nachts niemand unbemerkt in diese Dörfer einfallen kann schieben sie Wache an der Schranke. Es kostet uns eine Menge Überzeugungsarbeit, ehe sie uns glauben, dass wir harmlose Touristen sind. Mehr als einmal erkundigen sie sich bei uns, wie lange wir bleiben wollen. Als wir von fünf bis sechs Tagen reden, legen sie zwar die Stirn in Falten, widersprechen jedoch nicht. Noch nicht.

In der Nacht weckt mich Motorengeräusch. Ich spitze durch unser Dachfenster und sehe, wie mehrere Fahrzeuge aus den Dörfern kommend die Schranke passieren. Auf den Ladeflächen und Dachgepäckträgern transportieren sie Baumaterial und Autoreifen. Ein paar Stunden später kehren sie ohne ihre Fracht wieder zurück. Sind das die „Blockaden-Errichter"? Unverbindlich und durch die Blume fragen wir die beiden Polizisten. Sie winken ab. Zwei Tage später teilt man uns mit, dass wir nicht länger im Nationalpark übernachten könnten. Zu gefährlich. Zu unsicher. Zu viele Probleme. Wir diskutieren eine Weile, geben uns dann aber geschlagen und ziehen in den Trailerpark am Stadtrand.

In der Zwischenzeit nutzen wir die sechs Stunden Unterricht am Tag dafür, unseren Wortschatz, auch unseren politischen, zu erweitern.

In Oaxaca treffen zwei prekäre politische Situationen, die im Grunde nichts miteinander zu tun haben, aufeinander und erhitzen gleichermaßen die Gemüter, so dass jede Situation zur Eskalation der jeweils anderen beiträgt. Was die Präsidentschaftsnachfolge angeht, so schwebt der Vorwurf des Wahlbetrugs in der Luft. Zehn Wochen nach der Wahl steht noch immer kein Sieger und damit kein neuer Präsident fest. Die Wahlergebnisse von Manuel López Obrador, Kandidat des demokratischen PRD (Partido Revolución Democrática), und Felipe Calderón, Kandidat der liberalkonservativen PAN-Partei (Partido de Acción Nacional), lagen dicht beieinander, doch gemäß der Auszählung ging die Mehrzahl der Stimmen an Calderón. Obrador sprach daraufhin von Wahlbetrug und erklärte sich selbst zum Wahlsieger. Das Oberste Gericht, das über eine erneute Auszählung der Stimmen hätte entscheiden sollen, erklärte sich für nicht zuständig. In wenigen Tagen jedoch, am 1. September, soll Vicente Fox Quesada, der derzeitige Präsident und Mitglied des PAN, seinen Nachfolger bekanntgeben. Er selbst kann maximal bis Ende des Jahres im Amt bleiben. Spätestens dann braucht Mexiko einen neuen Präsidenten.

Der Gouverneur von Oaxaca, Ulises Ruiz Ortez, gehört dem PRI (Partido Revolucionario Institucional) an, jener Partei, die in der Zeit von 1946 bis 2000 alle Präsidenten gestellt hatte, seit dem

Machtwechsel im Jahr 2000 aber an Bedeutung verloren hat. Ihm wird vorgeworfen, mehrere Millionen US-Dollar unterschlagen zu haben und die indigene Bevölkerung Mexikos zu benachteiligen. Der Streik der Lehrer und ihre Forderung nach mehr Geld war nur der Tropfen, der das Fass zum Überlaufen gebracht hat. Nun demonstrieren die Bürger Oaxacas tagsüber auf dem Zócalo, dem zentralen Platz im Zentrum der Stadt, für Gleichberechtigung und gegen den Gouverneur. Die APPO, eine Art Popular-Parlament, hat die Radiosender der Stadt besetzt und sendet rund um die Uhr. Nachts verbarrikadieren sie die Zugangswege zu den Sendern und ihren Häusern, um sich vor Staatswillkür und Übergriffen zu schützen. Nur wenige Tage vor unserer Ankunft, so erzählt man uns, sei es in Oaxaca zu einer Schießerei gekommen, als Militärtruppen eine Versammlung stürmten. Dabei sei ein Mann getötet worden. In Oaxaca herrscht der Ausnahmezustand. Die völlige Abwesenheit von Polizei macht sich jedoch nur im vollständigen Ignorieren roter Ampeln bemerkbar. Ansonsten wirkt die Stadt erstaunlich friedlich und entspannt. Wir bewegen uns frei und ungezwungen durch die Straßen, schlendern über den Zócalo, vorbei an den Demonstranten, die unter Planen und hinter Plakaten die Blockaden bewachen, wir umrunden Straßensperren, fotografieren ungeniert und ungehindert und parken unser Auto in der Innenstadt. Beim Mittagessen im Mercado – wir schlagen uns gerade mit den lokalen Spezialitäten *mole negro,* einer dunklen, sämigen Soße auf Schokoladenbasis, die meist zu Hühnchen gegessen wird, und *tlayudas,* riesigen, knusprig gebackenen Tortillas, belegt mit Salat, Avocados und *quesillo,* einem würzigen Fadenkäse, den Bauch voll –, fragt man uns nach unserer Meinung zur momentanen Situation. Wir geben uns diplomatisch. Einerseits kann man niemandem verübeln, angesichts der Korruption entsprechend zu handeln. Andererseits zieht der Protest für Oaxaca enorme wirtschaftliche Einbußen nach sich. Niemand isst mehr abends in den Restaurants, niemand geht nach Einbruch der Dunkelheit ins Kino. Es finden keine Zócalo-Konzerte mehr statt. Die Touristen bleiben aus.

Als schließlich Verhandlungsgespräche anstehen, kommt es zu einer erneuten Demonstration: Dieses Mal bleiben einen ganzen

Tag lang alle Geschäfte und Einrichtungen der Stadt, vom Bäcker bis zum Zahnarzt, geschlossen, von vielen Häuserfassaden wehen weiße Fahnen. Auf diese Weise verleihen die Bewohner der Stadt ihrem Wunsch nach einer schnellen und gewaltfreien Lösung und der Rückkehr der Normalität Ausdruck.

Unser Sprachkurs endet am 1. September, jenem Tag, an dem der neue Präsident bekannt gegeben werden soll. In Mexico City und Oaxaca sind Demonstrationen geplant. Für den „Mega-Marsch" in Oaxaca erwartet man 100.000 Teilnehmer, die – wir vernehmen es mit Staunen und erkennen plötzlich die Zusammenhänge – sich in San Felipe, unserem ersten Übernachtungsplatz, treffen, um von dort aus ins Zentrum zu marschieren. Wir könnten es schaffen, die Stadt noch vor dem Marsch zu verlassen. Aber ein solches Spektakel wollen wir uns eigentlich auch nicht entgehen lassen. Wir mischen uns unter die Schaulustigen und werden Zeugen wie Menschen aus dem ganzen Bundesstaat Oaxaca friedlich gegen den Gouverneur demonstrieren. Und das in einer Stadt, in der es keine Polizei mehr gibt. Der Zug zieht durch die Straßen, vorbei an parkenden Autos. Und obwohl viele der Demonstranten vermummt sind und Schlagstöcke bei sich tragen, geht keine einzige Scheibe zu Bruch, wird kein einziges Auto demoliert. Bemerkenswert. Aus der Zeitung erfahren wir am nächsten Tag, dass statt der erwarteten 100.000 Demonstranten 300.000 an dem Marsch teilgenommen haben. Außerdem lesen wir, dass der „alte" Präsident die Verkündigung des Wahlergebnisses verschoben hat. Erst viel später, an dem Tag, an dem wir Mexiko verlassen werden, erfahren wir, dass die Wahl entschieden ist. Mexikos neuer Präsident heißt Calderón.

Auf den Spuren der Maya

Chiapas, der südlichste mexikanische Bundesstaat, gilt in den Augen vieler nördlich lebender Mexikaner als rückständig. In keinem anderen Bundesstaat Mexikos gibt es so viele Analphabeten und Arbeitslose wie hier. Und nirgends ist der Anteil an indigener Bevölkerung höher. Chiapas ist anders als der Rest des Landes. Das merken wir bereits wenige Meter nach der Staatengrenze. Die Menschen hier sind offener, wissbegieriger.

„Woher kommt ihr?" – „Wie habt ihr das Auto übers Meer gebracht?" – „Wie lange seid ihr schon unterwegs?"

Die Dörfer und Städte durch die wir kommen wirken aufgeräumt und einladend. Die Straßen sind in erstaunlich gutem Zustand und zudem sauber. Im Gegensatz zu vielen anderen Regionen Mexikos liegt hier so gut wie kein Müll am Straßenrand. Dafür erinnern in regelmäßigen Abständen Schilder daran, dass das Verunreinigen und Zumüllen der Landschaft mit einer empfindlich hohen Geldstrafe belegt wird. Derartige Strafandrohungen sehen wir in Mexiko zum ersten Mal.

Die Straße führt über endlose, grüne Hügelketten. Nebelschwaden hängen in den Bäumen. Die Temperaturen steigen. Die Luftfeuchtigkeit auch. Mit jedem Kilometer, den wir zurücklegen, kommen wir dem Regenwald ein Stückchen näher. In Chiapas' Hauptstadt, Tuxtla Gutiérrez, legen wir einen Zwischenstopp ein, um den dortigen Zoo zu besuchen und uns einen Überblick über die Flora und Fauna zu verschaffen. Danach wissen wir zumindest, welchen Tieren wir im Regenwald lieber nicht begegnen möchten.

Immer dichter wird der Regenwald um uns herum. Fast die ganze Provinz Chiapas ist voller subtropischer Vegetation. „Wie sieht es da drin aus?", ist die Frage, die uns beschäftigt. Wir lassen das Auto stehen und gehen der Frage zu Fuß nach.

Bereits nach den ersten Metern sind wir absolut gefangen von der Schönheit des Waldes um uns herum. Tausend verschiedene Grüntöne hüllen uns ein. Hin und wieder dringt ein Sonnenstrahl durch das dichte Blätterwerk nach unten und blendet unsere Augen, die gerade versuchen, sich an das schummrige Dunkel zu gewöhnen. Der Boden ist feucht und rutschig. Von den Blattspitzen tropft Wasser. Doch noch viel interessanter als die üppige Vegetation wirkt auf mich die ungewohnte Geräuschkulisse. Über mir in den Zweigen kreischen Papageien und singen mir unbekannte Vögel mit kristallklarer Stimme ihr Lied. Von Zeit zu Zeit unterbricht ein lautes Zirpen den Gesang. Mit zusammengekniffenen

Augen suche ich das Grün um mich herum nach den Sängern und Schreihälsen ab. Ohne Erfolg. Die Tiere des Regenwaldes sind Meister darin, sich in dem Spiel von Licht und Schatten unsichtbar zu machen.

Von San Cristóbal de las Casas aus liegt eine Strecke von 500 Kilometern vor uns, von der wir zwei Dinge wissen: Es gibt auf ihrer gesamten Länge, immer dicht an der guatemaltekischen Grenze entlang und durch Tropenwälder, keine einzige Tankstelle, dafür aber eine hohe Anzahl von Militärkontrollposten. Ersterem sehen wir gelassen entgegen, denn dank des eingebauten Zusatztanks hätten wir selbst für die doppelte Distanz ausreichend Diesel an Bord. Letzteres dagegen stellt unsere Geduld auf eine harte Probe. Neugierig öffnen die Soldaten unsere Schränke, ungläubig staunen sie über kalte Getränke in der Kühlbox, lächelnd heben sie die bunten Polster der Sitzbänke hoch, detailverliebt rütteln sie an den Schutzgittern der vorderen Scheinwerfer und angestrengt entziffern sie Marke und Modell unseres Fahrzeugs.

„Wir suchen nach Waffen", verrät uns der Kommandant.

„Und nach Drogen", schiebt er hinterher.

Mit keinem von beiden können wir dienen. Aber selbstverständlich sind wir freundlich und hilfsbereit. Und natürlich ist es reiner Zufall, dass ab dem zweiten Militärposten den Soldaten beim Öffnen der Hecktür zuallererst unsere dreckige Wäsche entgegenfällt.

Die Ruinen von *Yaxchilán* liegen mitten im Urwald am Ufer des Río Usumacinta und sind nur mit dem Boot erreichbar. Etwas länger als eine halbe Stunde dauert die Fahrt flussabwärts auf dem braunen Gewässer. Zu beiden Seiten prallt der Blick an einer undurchdringlichen grünen Blätterwand ab. Das Ufer zu unserer Rechten gehört bereits zu Guatemala. Ab und zu spitzen ein paar strohgedeckte Hüttchen aus dem Dickicht. „Das also ist Guatemala", denke ich.

Unser Boot kracht gegen die schlammige Uferböschung und wir springen an Land. „Wow", ist das erste, was mir als Kommentar einfällt, als ich die Maya-Stätte betrete. Yaxchilán gäbe eine perfekte Filmkulisse für Indiana Jones ab. Es ist heiß und stickig. Es riecht nach feuchtem Laub und Moder. Das Sonnenlicht, das durch

Flussufer mit Hütten – unterwegs nach Yáxchilan

das Blätterdach fällt und ein sich sanft hin- und her schaukelndes Muster auf den Oberflächen der Tempel hinterlässt, verleiht der gesamten Anlage eine mystische Atmosphäre. Die Bauten sind zerfallen und mit dunklem Moos überzogen. In den Fugen zwischen den Steinen wächst Gras. Urwaldriesen klammern sich mit ihren Wurzeln an den Mauerresten fest.

Auf einmal durchschneidet ein markerschütterndes Geschrei die Stille. Brüllaffen hangeln sich über unseren Köpfen von Ast zu Ast und beäugen uns neugierig.

Wir folgen den Trampelpfaden durch den Urwald, gelangen so von einer Ruine zur nächsten. Steile Treppenstufen führen schließlich hinauf zum alten Königspalast.

In der Welt der Maya drehte sich alles um die Götter. Noch heute zeugen die Überreste der Stuckornamente an den Wänden und Decken der Tempel und Paläste von alten Riten und Praktiken. Um die Gunst der Götter zu erlangen, wurden Opfer dargebracht, wenn nötig auch Menschenopfer. Bei mehreren hundert unterschiedlichen Gottheiten, zum Beispiel für Naturkräfte und Naturgewalten, für Regen, Sonne, Tod, Leben, für die Himmelsrichtungen und die Himmelskörper, kann man sich leicht vorstellen, dass

Yáxchilan, Laberinto

die Priesterschaft, die für eine gute Beziehung zu den Gottheiten verantwortlich war, mitunter ganz schön ins Schwitzen kam. Bis jetzt ist noch nicht endgültig geklärt, warum die Maya zwischen 750 und 900 n. Chr. plötzlich ihre Städte verließen. Am wahrscheinlichsten gilt heute die These der ökologischen Katastrophe, die die Maya zur Aufgabe ihres Reiches zwang.

Nur wenige Kilometer von der Bootsanlegestelle, von der aus die Boote nach Yaxchilán starten, entfernt, liegt die Tempelanlage *Bonampak,* die wegen der bunt bemalten Wände im Inneren des „Templo de las Pinturas" zu Ruhm gelangt ist. Die Darstellungen zeigen Szenen aus dem höfischen Leben, Opferhandlungen und Siegesfeiern. Doch leider sind die Wandmalereien nicht mehr so gut erhalten, wie wir gedacht hatten. Die hohe Luftfeuchtigkeit in den Gemäuern hat den Kunstwerken stark zugesetzt, und so ist mitunter eine gehörige Portion Fantasie vonnöten, um in den Farbflächen die Umrisse von Königen, Tänzern oder Gefangenen zu erkennen.

Eine echte Augenweide dagegen ist unser Taxifahrer. Der Weg vom Eingangstor bis zu den Tempelanlagen führt durch ein Waldgebiet, das den Lacandonen gehört, einer kleinen Maya-Ethnie.

Die Lacandonen haben das Geschäft mit den Touristen entdeckt. Wer die Anlage von Bonampak besuchen will, ist gezwungen, die kurze Strecke, die durch ihr Territorium führt, mit einem Taxi oder Shuttle-Bus zurückzulegen. Unser Fahrer ist ein Lacandone wie aus dem Bilderbuch: kleinwüchsig, schmächtig, mit schmalem Gesicht und schulterlangen, pechschwarzen Haaren. Er trägt Jeans, legt sein Mobiltelefon auch während der Fahrt nicht aus der Hand und navigiert seinen alten, klapprigen Wagen so rasant über die Schlaglochpiste, dass jeder Formel-1-Pilot vor Neid erblassen würde.

Beim Verlassen der Anlage fällt uns ein Junge auf, der seinen Kopf merkwürdig schief hält und auf beiden Augen unnatürlich stark schielt. Schielen gehörte zum Schönheitsideal der alten Maya. Da nicht jeder schiefäugig zur Welt kommt, half man früher der Natur ein wenig nach, indem man den Säuglingen kleine Kugeln direkt vor die Augen hängte. Eine (Un-)Sitte, die auch heute noch im Land der Maya von einigen praktiziert wird.

Die nächste Maya-Stätte auf unserer Route ist *Palenque*. Sie liegt ähnlich wie Yaxchilán mitten im Regenwald, ist aber weitaus besser erhalten bzw. restauriert und entsprechend eindrucksvoll. Es ist bereits Mittag, als wir uns zu Fuß zu den Ruinen aufmachen. In der Nacht zuvor hat es geregnet, nun verdunstet die Feuchtigkeit in der Mittagshitze. Die Erde, das Gras, die Blätter der Bäume – alles gibt Feuchtigkeit ab. Um uns herum dampft es. Ich spüre, wie mir das Atmen mit jedem Schritt schwerer fällt. Auf meiner Haut bildet sich ein nasser Film aus Schweiß und Wassertropfen. Meine Haare kleben an der Kopfhaut. Und auf meinen Fingerknöcheln platzen die ersten Hitzebläschen.

Nur ein kleiner Teil der Maya-Stätte Palenque kann besichtigt werden, denn nur etwa zehn Prozent aller Bauwerke sind bis heute überhaupt freigelegt worden. Der Großteil der Anlage liegt noch immer unter den grasbewachsenen Hügeln verborgen. Der Weg führt durch ein Waldstück, am Fluss entlang und vorbei an einigen Wasserfällen. Schon hier treffen wir auf die ersten Überreste von Wohnhäusern. Wir befinden uns sozusagen am „Stadtrand" von Palenque. Die Weitläufigkeit der Anlage vermittelt ein gutes Bild davon, wie groß die Stadt einst gewesen sein muss. Trotzdem ist

Palenque weder die größte noch die bedeutendste Maya-Stätte Mexikos. Aber für uns, das steht schon jetzt fest, ist sie eine der schönsten.

Über Campeche, einer malerischen Stadt am Meer, die mit ihren bunten Häuschen und den Resten eines Forts karibisches Flair verströmt, gelangen wir nach Edzná, einer weiteren Maya-Stätte. Trotz der Hitze, die wie Blei auf uns lastet, steigen wir die steilen Stufen des 32 Meter hohen „Edificio de los

Palenque: Turm des »Palacio«

Cinco Pisos", des Gebäudes der Fünf Stockwerke, hinauf und genießen den Ausblick. Unter uns erstreckt sich eine schier endlose, grüne Fläche. Kein Hügel weit und breit. Auf den aufgeheizten Treppenstufen sitzen Iguanas und strecken ihre Köpfe in die Sonne. Die Echsen sehen aus wie kleine Drachen. Bewohner einer längst versunkenen Welt.

Aus den Augenwinkeln sehe ich, wie sich etwas Rot-Schwarz-Geringeltes einer von Tobias' Trekkingsandalen nähert. Es dauert eine Weile, bis mein Gehirn die Information verarbeitet.

Ich schreie: „Vorsicht!" und rudere wie wild mit den Armen.

Tobias macht einen Schritt nach vorne, das bunte Band schlängelt sich in die gleiche Richtung. Nur wenige Millimeter trennen Tobias' große Zehe vom Kopf der Schlange, die, scheinbar genauso erschrocken wie er, schnell das Weite sucht. Mir ist ganz schlecht vor Schreck, denn ich habe diese Schlange schon einmal gesehen, im Zoo von Tuxtla Gutiérrez. Es ist eine Korallenschlange, von der es zwei Arten gibt, die sich zum Verwechseln ähnlich sehen. Eine ist extrem giftig, die andere eher harmlos. In diesem Augenblick habe ich keine Ahnung, welche der beiden gerade ins Gebüsch verschwindet. Erst ein paar Tage später, in Belize, werde ich eine Eselsbrücke lernen, um die beiden Schlangen auseinander zu halten: „Red and yellow kills a fellow. Red and black is safe for Jack". Wenn also auf den roten Streifen gleich der schwarze folgt, besteht keine Gefahr. Folgt dagegen erst ein gelber und dann der schwarze, sollte man sich in Sicherheit bringen.

Uxmal ist eine sehr schöne, gut erhaltene und weitläufige Anlage. An vielen Bauwerken sind noch Teile der ursprünglichen Verzierungen und Farbreste erhalten, so dass man einen guten Eindruck vom ehemaligen Glanz der Strukturen vermittelt bekommt. Und mit jeder Freske, mit jedem Stuckornament, mit jeder Stele, die ich betrachte, nimmt in meinem Kopf das Bild der Maya-Kultur schärfere Konturen an.

Die frühen Maya waren zweifellos die bedeutendste Hochkultur Mesoamerikas. Sie verfügten über eine äußerst komplexe Schrift, sie rechneten im Vigesimalsystem, kannten die Null und konnten mit nur drei Zeichen – einem Punkt für die 1, einem Balken für die 5 und einer Muschel für die 0 – jede Zahl und Zahlenmenge darstellen. Sie besaßen exakte astronomische Kenntnisse und hatten zwei Kalendersysteme, den Sonnenkalender und den Ritualkalender. Sie hatten eine hierarchische Gesellschaftsstruktur und eine nicht minder komplexe Götterwelt. Doch bei aller Bewunderung für die Kultur der Maya, für ihre Bauten, Kunstwerke und Fertigkeiten, darf man nicht vergessen, dass das, was wir heute sehen, im Wesentlichen die dekretierten Hinterlassenschaften einer kleinen herrschenden Oberschicht sind, die ohne die Zwangs- und Fronarbeit von Bauern, Sklaven und Kriegsgefangenen gar nicht erst entstanden wären. Einige der erhalten gebliebenen Fresken halten einem eindrucksvoll vor Augen, wie wenig ein einzelnes Menschenleben in dieser Gesellschaft zählte. So wurden zum Beispiel Kriegsgefangene zu menschlichen Bällen zusammengeschnürt und zur Belustigung steinerne Treppen hinuntergerollt. Ein grausamer Spaß.

Ursprünglich sollten die Ruinen von Uxmal den Schlussstrich unter unsere Tour durch die Welt der mexikanischen Maya setzen. Aber hat man die Welt der Maya wirklich gesehen, wenn man nicht in Chichén Itzá war? Wir werden es nicht wissen, bevor wir diese Anlage nicht gesehen haben.

Der kleine Ort Piste liegt zwei Kilometer vor den Ruinen und besteht im Wesentlichen aus einer Straße und einer Unmenge an Hotels. Als wir nach einem Campingplatz fragen, bietet man uns erst den Parkplatz eines Motels und danach einen Platz in einem Garten an, beides ohne Infrastruktur, beides gegen Bezahlung. Allmählich verstehen wir, weshalb die Menschen im Norden Mexikos ärmer sind als die vielerorts vom Tourismus lebenden Bewohner der Yucatán-Halbinsel. Im Norden des Landes war es als Zeichen der Gastfreundschaft selbstverständlich, Fremden kostenlos einen sicheren Stellplatz für die Nacht zu gewähren, auf Yucatán jedoch bekommt man als Tourist nichts geschenkt. Wir landen schließlich in einem Hotel, wo wir für acht US-Dollar nicht nur den Trailer-Park, sondern auch die Toiletten, Duschen, den Garten und den Pool nutzen dürfen. Als wir nach der Zufahrt zum Campingplatz fragen, stellen wir erstaunt fest, dass wir bereits darauf parken. Der groß ausgeschilderte und angepriesene Trailer-Park ist nichts anderes als der Grünstreifen vor der Eingangstür. Wahrscheinlich haben wir ihn nur deshalb übersehen, weil er knöcheltief unter Wasser steht.

Obwohl die teilweise rekonstruierte große Pyramide von Chichén Itzá sehr sehenswert ist und viele der Reliefs an den Bauwerken noch sehr gut erhalten sind, beeindruckt uns die gesamte Anlage nicht so sehr wie die von Palenque oder Uxmal. Sie ist weitaus überlaufener als alle anderen Ruinen und die Wege innerhalb der Anlage verdienen allesamt die Bezeichnung „Straße der Händler". Den Touristen scheint es zu gefallen. Tütenweise schleppen sie ihre Souvenirs zurück zum Tour-Bus. Und man könnte den Eindruck gewinnen, die Maya-Bauwerke werden von ihnen lediglich als nette Kulisse für einen Einkaufsbummel wahrgenommen.

Als wir abends erschöpft am Pool liegen und keiner von uns beiden Lust verspürt, zum Schlafen in das überhitzte Auto zu gehen, spricht Tobias das aus, was ich seit einiger Zeit denke.

„Ich wünschte, ich wäre in Patagonien."

Doch bis Patagonien ist es noch weit. Erst einmal sollte es weitergehen nach Belize.

BELIZE
Sub Umbra Floreo

Wir sind noch keine halbe Stunde in Belize unterwegs, da ertappe ich mich dabei, dass ich denke: „Belize ist anders. Belize gefällt mir." Jedes Häuschen, egal ob aus Stein oder aus Holz, hat einen kleinen Vorgarten, in dem ein perfekt gepflegter Rasen das Bild dominiert. Aber noch etwas ist anders. Belize ist das einzige Land in Zentralamerika, in dem Englisch gesprochen wird. Letzteres ist eindeutig ein Relikt aus der Vergangenheit des Landes. Wie der Rasen vielleicht auch.

Belize war einmal eine britische Kolonie. Erst 1981 wurde aus „British Honduras" die unabhängige Nation Belize. Auf einer Fläche, die in etwa so groß ist wie das Bundesland Hessen, leben heute gerade mal 320.000 Einwohner. Englisch ist zwar die offizielle Landessprache, im Alltag werden jedoch noch etliche andere Sprachen gesprochen. Spanisch zum Beispiel, oder Kreolisch. Die indigene Bevölkerung spricht Maya, jede Region, jedes Dorf hat sein eigenes Idiom. Die Garifunas dagegen, jene Abkömmlinge von karibischen Inselbewohnern und ehemaligen afrikanischen Sklaven, sprechen eine einzigartige Mischung aus karibischen und afrikanischen Sprachen, angereichert mit ein bisschen Englisch und Französisch. Angesichts dieser Sprachenvielfalt verwundert es nicht, dass das Motto des Landes ein lateinisches ist. „Sub Umbra Floreo", heißt es auf der Flagge des Landes. „Ich blühe im Schatten" – angeblich eine Anspielung auf den Mahagonibaum, der einst eine wichtige Rolle für die inländische Wirtschaft spielte.

Unser erstes Ziel in Belize trägt den wohlklingenden Namen „Bermudian Landing". Wir wollen dort das „Baboon Wildlife Sanctuary" besuchen, ein Projekt, das sich für den Schutz der Brüllaffen und den Erhalt deren Lebensraumes einsetzt. Die Mitarbeiter des Projekts arbeiten auf Freiwilligenbasis, die Einnahmen kommen den sieben Dörfern zugute, die Land für das Projekt zur Verfügung gestellt haben. Wir treffen Fallet Young, den Manager des Projekts, und verabreden uns mit ihm für den nächsten Morgen zum Rundgang durch den Regenwald, um die Brüllaffen aus nächster Nähe zu sehen. Gerade als wir uns auf dem Gelände des Besucherzentrums häuslich niedergelassen haben, erscheint ein junger Mann, der sich als unser Guide vorstellt und abkassieren will. Doch wir haben schon bei Fallet gezahlt. Obwohl wir uns wundern, denn Fallet hatte nichts von einem Guide erwähnt, messen wir dem Vorfall keinerlei Bedeutung bei. Ein großer Fehler, wie sich wenig später zeigen wird.

In der Nacht, wir schlafen wie üblich im Hubdach unseres Landys, wackelt plötzlich das Fahrzeug. Dann dringt ein gedämpftes Klopfen und Klappern an unser Ohr. Sofort sind wir hellwach. Da versucht jemand in unser Auto einzubrechen. Während ich nervös nach dem CS-Gas taste, lugt Tobias vorsichtig aus dem Fenster und erkennt im nächtlichen Ruhestörer unseren angeblichen Guide wieder. Dieser schlägt mit einem Brett gegen den Zeltstoff unseres Hubdaches, steigt sogar blitzschnell die Leiter an der Hecktür hoch, bis er mit uns auf Augenhöhe ist, und fordert mit bedrohlich flüsternder Stimme Geld ein. Nur das Moskitonetz trennt uns voneinander. Ich bin starr vor Schreck. Immer wieder haben Tobias und ich überlegt, wie wir uns in einer solchen Situation verhalten sollen. Jede Nacht liegen neben unseren Matratzen sowohl Messer als auch CS-Gas griffbereit. Für Notfälle. Nun ist er eingetreten, der Notfall. Ich spüre die Spraydose in meiner Hand. Ich bräuchte nur den Zeigefinder nach unten drücken. Ich zögere, bin unschlüssig. Was, wenn auch der Angreifer eine Waffe bei sich trägt? Wie reagiert jemand, dem man die Augen verätzt? Womöglich steigern die Schmerzen sogar noch seine Aggression? Solche und ähnliche Fragen schießen mir noch durch den Kopf, während Tobias bereits handelt und den ungebetenen Gast einfach anschreit. Von dem Geschrei werden die Hunde in der Nachbarschaft nervös und fangen an zu bellen. Von dem Lärm wiederum wacht Fallet Young auf, der uns sofort zu Hilfe eilt und den Einbrecher in die Flucht schlägt. Zurück bleibt das Brett, aus dessen Unterseite, das sehen wir erst jetzt, spitze Nägel ragen. Im Schein der Taschenlampen inspizieren wir das Fahrzeug. Wie durch ein Wunder hat der Landy keinen einzigen Kratzer abbekommen.

Mexiko – Belize – Guatemala – El Salvador – Honduras

Fallet Young hat den Einbrecher erkannt. Es ist derselbe junge Mann, der schon mehrmals in den Souvenirshop des Besucherzentrums eingebrochen ist. Fallet will die Polizei rufen. Dafür muss er mit dem Fahrrad in den Ort radeln, zur nächsten öffentlichen Telefonzelle. Doch unter der Notrufnummer hebt niemand ab. Die Polizeistation im Nachbarort versucht er gar nicht erst anzurufen, denn der Polizist dort hat kein Auto und kann deshalb gar nicht kommen. Stattdessen schickt Fallet seine Frau los, damit sie ihre Schwester in Belmopan, der Hauptstadt, anruft und diese bittet, ihrerseits einen Notruf abzusetzen und die Polizei in Ladyville zu verständigen. Dort nimmt man den Anruf zwar entgegen, lehnt es aber strikt ab, nachts nach Bermudian Landing zu fahren. Aus Sicherheitsgründen. Die Beamten sichern jedoch zu, gleich am nächsten Morgen einen Streifenwagen vorbeizuschicken.

In der Zwischenzeit ziehen wir um und parken unser Fahrzeug zentraler im Ort. Obwohl wir uns ziemlich sicher sind, dass der nächtliche Besucher kein zweites Mal auftauchen wird, will sich der Schlaf nicht wieder einstellen. Bis zum Morgengrauen unterhalten wir uns darüber, dass der Zwischenfall auch anders hätte ablaufen können. Eine einfache Zeltplane ist nicht wirklich ein Hindernis für jemanden, der versucht, in ein Fahrzeug einzudringen. Ein scharfes Messer würde den Stoff ohne Schwierigkeiten durchdringen. Vielleicht wäre ein Fahrzeug mit einem festen Aufbau, einer kompakten Wohnkabine, doch besser gewesen? Es ist müßig, darüber zu diskutieren, denn die Wahl des Fahrzeugs lässt sich nun nicht mehr ändern.

Müde und nach dem Schrecken der vergangenen Nacht noch immer etwas angespannt, brechen wir am nächsten Morgen wie geplant zu unserer Tour durch den Regenwald auf. Doch die Brüllaffen schlafen noch. Bäuchlings lümmeln sie auf den Ästen über uns, mit baumelnden Pfoten, den Kopf auf eine Astgabel gestützt und den langen Greifschwanz fest um das Blattwerk gewickelt. Wir sind mucksmäuschenstill, um die Tiere nicht zu wecken. Doch irgendwann öffnet das erste schwarze Knäuel die Augen, blinzelt, entdeckt uns, blinzelt noch einmal. Vorbei ist's mit der Ruhe. Allmählich kommt Bewegung in die Affenbande. Es ist Zeit fürs Frühstück. Brüllaffen sind Vegetarier und ernähren sich von Blättern und Früchten.

Geschickt hangeln sie sich von Ast zu Ast und springen scheinbar mühelos von einem Baum zum nächsten. Ihren Namen verdanken die Brüllaffen ihrem dunklen, kehligen Gebrüll, das kilometerweit zu hören ist. Als Resonanzkörper dient ihnen dabei ein stark vergrößerter Kehlkopf. Diese Brüllaffen jedoch machen ihrem Namen keine Ehre, denn sie geben nicht den kleinsten Laut von sich.

Auch die Polizei lässt nichts von sich hören. Nachdem der versprochene Streifenwagen mittags um zwölf noch immer nicht aufgetaucht ist, beschließen wir, auf der Polizeistation im Nachbarort Anzeige zu erstatten.

Der Polizist sitzt in einem großen, karg eingerichteten Raum hinter einem hölzernen Tresen und lauscht nervös den Dingen, die wir ans Licht bringen. Hinter ihm an der Wand steht ein eingestaubtes Trimm-dich-Rad, daneben ein staubfreies Fernsehgerät. Einen Computer oder eine Schreibmaschine gibt es nicht. Handschriftlich nimmt er unsere Aussage zu Protokoll. Zweimal. Denn auch Kohlepapier gibt es nicht. Als wir ihm den Namen des Übeltäters nennen, wirft er den Stift aus der Hand und lehnt sich in seinem Stuhl zurück.

„Oh Mann", ruft er in dem für Belize so typischen Singsang aus. „Dieser Typ hat nur Scheiße im Hirn. Es vergeht keine Woche, in der der Kerl nicht irgendeinen Blödsinn anstellt."

Der Polizist notiert sich unsere eMail-Adressen sowie unsere Handynummer und verspricht, uns auf dem Laufenden zu halten. Wir hören nie wieder etwas von ihm. Erst eineinhalb Jahre später, wir sind zu diesem Zeitpunkt in Südamerika unterwegs, erreicht uns eine eMail eines anderen Reisenden, der uns mitteilt, dass der Übeltäter mittlerweile tatsächlich hinter Gittern sitzt.

Der Charme des Maroden

Dangriga, eine Kleinstadt an der Karibikküste, hat schon bessere Zeiten gesehen. Von den ehemals bunten Fassaden der karibischen Stelzenhäuser blättert die Farbe ab. Durch die Ritzen der Holzlatten pfeift der Wind. Die verwitterten Veranden biegen sich unter der Last der Schwerkraft und drohen jeden Moment zu kippen. Die Einwohner Dangrigas verbringen den Tag in der Hängematte oder im Schaukelstuhl. Sie unterbrechen ihren Müßiggang nur, um eine weitere Flasche Bier aus dem ohnehin nicht funktionierenden Kühlschrank zu holen oder um lautstark über die Straße hinweg mit den Nachbarn den neuesten Klatsch und Tratsch auszutauschen.

„Fünfzehn Jahre habe ich in den USA gelebt", erzählt uns eine Frau. Sie hat das Haar kurz geschnitten und ist gekleidet wie eine echte Lady. Nur der Hut fehlt.

Warum ist sie zurückgekommen?

„Ich wollte Balast abwerfen", sagt sie und es klingt wie eine Selbstverständlichkeit.

„Wer braucht schon Wolkenkratzer, Einkaufszentren, Leuchtreklamen und den ganzen Kram? Man kann auch glücklich sein ohne jeden Tag vor der Glotze zu sitzen. Und hier", sie zeigt nach allen Seiten, „hier habe ich alles, was ich zum Glücklichsein brauche: Sonne, Meer, Palmen."

Die Sonne steht schon hoch am Firmament, als sich Armando auf den Weg in die 130 Kilometer entfernte Hauptstadt macht. Vorsichtig manövriert er seinen Wagen über die holprige Piste, die Placencia mit Belmopan verbindet und aus ihm völlig unverständlichen Gründen „Highway" genannt wird. Armando will Baumaterial kaufen für ein neues Holzhäuschen direkt am Meer. Vier Cabañas stehen bereits auf seinem Grundstück und dienen den Touristen als Unterkunft. Nun hat er sich entschlossen noch eine fünfte zu bauen. Armando stammt aus Kuba, doch von dort ist er bereits in jungen Jahren weg, in die USA. Seit etwas mehr als zwanzig Jahren lebt er nun schon in Placencia, einem Zweitausend-Seelen-Dorf an der Küste Belizes. Zwanzig Jahre sind eine lange Zeit, und in dieser Zeit hat sich vieles verändert in Placencia. Der Fortschritt hat Einzug gehalten und mit ihm der Tourismus. Mittlerweile gibt es fließend Wasser und Strom im Ort. Den tragbaren Stromgenerator, den Armando damals aus den USA mitgebracht hatte, wirft er nur noch selten an, eigentlich nur noch dann, wenn mal wieder ein Sturm über die schmale Landzunge fegt und dabei einen der Strommasten umknickt. Das Sumpfgebiet hinter seinem Haus ist verschwunden und mit ihm die Krokodile, die darin gelebt haben. Der dichte Urwald, der einst die gesamte Landzunge bedeckt hatte, wurde nach und nach gerodet um Platz zu schaffen für einfache Unterkünfte, Hostels und Herbergen, später für immer größere Luxushotels und zum Schluss auch für die Privatvillen reicher US-Amerikaner, die nun sukzessive die restlichen

Lücken entlang des Küsten-
streifens füllen und den öffentlichen Zugang zum Meer auf ein
Minimum reduzieren. Mit dem
Beginn des Baubooms und dem
stetig anwachsenden Tourismus
sind auch die Preise gestiegen.
Vor zwanzig Jahren, als Armando in ganz Nord- und Zentralamerika nach einem geeigneten
Altersruhesitz direkt am Meer
gesucht hatte, war jenes Stückchen Land in Belize das einzige
gewesen, das er sich hatte leisten können. Heute würde er einen mehr als hundertfach höheren Preis dafür erzielen.

In Placenica

Es gibt auch Dinge, die sich im Laufe der Zeit nicht geändert
haben. So ist Armando zum Beispiel für die Dorfgemeinschaft noch
immer ein Fremder. Nach wie vor begegnen ihm die Garifunas mit
Misstrauen. Und nach wie vor wählt Armando seine Bekannt-
schaften mit Sorgfalt aus. Als Armando auf den Manatee-Highway
einbiegt, kommt ihm ein grüner Landrover Defender mit ausländischem Kennzeichen entgegen. Armando schmunzelt, denn das
ist die Art des Reisens, die ihm auch gefällt. Nur zu gerne würde
er sich mit den Reisenden unterhalten. Einen kurzen Augenblick
überlegt er, ob er stoppen und sie ansprechen soll. Doch dann
fährt er weiter. Er will nicht aufdringlich wirken.

Wir hatten gehofft, in der Umgebung von Placencia einen freien
Strandabschnitt zu finden, der mit dem Auto befahrbar ist, müs-
sen jedoch bald einsehen, dass dies ein aussichtsloses Unterfangen
ist. In Placencia selbst gibt es nur eine einzige Straße, und zwischen
der und dem Meer liegen unzählige Unterkünfte aller Preisklassen.
Außerhalb des Ortes liegen die Luxushotels, die den Zugang zum
Strand durch hohe Mauern abschirmen. Kein Weg, nicht einmal ein
Trampelpfad, führt hinunter ans Wasser.

Als Armando aus Belmopan zurückkehrt, traut er seinen Augen kaum. Auf seinem Grundstück steht der grüne Landrover Defender, dem er heute Morgen begegnet war. Die beiden Reisenden, denen das Fahrzeug gehört, sitzen unter einer Palme direkt am Meer. Ein zweites Mal lässt er sich die Gelegenheit zu einer Unterhaltung nicht entgehen.

Wir verstehen uns sofort. Wir verstehen uns so gut, dass Armando uns spontan zum Essen einlädt und wir diese Einladung gern annehmen. Als ich sehe, welche Köstlichkeiten Armando für uns auf den Tisch zaubert, wundere ich mich, woher er die ganzen Lebensmittel hat. Unser eigener Versuch, etwas Essbares zu erstehen, war schlichtweg daran gescheitert, dass die drei Läden des Ortes nur eine stark eingeschränkte Auswahl an Produkten hatten und davon auch noch die Mehrheit weit über dem Verfallsdatum lag. Zwischen gebratener Banane, kubanischer Paella und Guavenpaste verrät mir Armando sein Geheimnis. Wie viele der Einwohner Belizes ernährt auch er sich hauptsächlich von dem was in den Gärten wächst. Er fährt aufs Meer hinaus um Fische zu fangen und hält sich in einem Becken neben dem Haus Krabben. Alle anderen Lebensmittel, Getreide, Milchprodukte, Fleisch, Teigwaren, Gemüse und so weiter importiert er aus Miami.

„Das Zeug, das die hier verkaufen, kann doch keiner essen", schimpft er. „Die Milch zum Beispiel ist meist schon sauer, bevor sie überhaupt in den Laden kommt. Die begreifen einfach nicht, dass die Kühlkette nicht unterbrochen werden darf. Das interessiert die aber auch nicht."

Wenn er „die" sagt, dann meint er die Garifunas, auch wenn die Läden im Ort überwiegend von chinesischen Familien betrieben werden. Aber von den Garifunas hat er keine gute Meinung. Was andere als durchaus erstrebenswerte, gemächliche Lebensart empfinden, ist in seinen Augen schlicht Faulheit.

Eine hohe Meinung hat Armando dagegen von den Mennoniten, die in der Nähe von San Ignacio leben. Immer wenn er einen Lkw braucht, um etwas zu transportieren, holt er sich diesen von den Mennoniten. Die seien nämlich die einzigen, die überhaupt Lkw hätten. Und die einzigen, die über einen Maschinenpark für Metallbearbeitung verfügten. Und das, wo doch Mennoniten an sich dafür bekannt sind, dass sie streng nach alten Traditionen leben und jede technologische Entwicklung ablehnen?

Als Armando mein ungläubiges Gesicht sieht, schiebt er hinterher: „Das sind keine normalen Mennoniten. Das sind moderne Mennoniten."

San Ignacio, eine Kleinstadt im Westen Belizes, ist vollkommen auf die Bedürfnisse der Durchgangsreisenden aus aller Welt eingerichtet. Die Restaurants und Cafés haben sich auf Sandwiches und Hamburger spezialisiert. Die Läden bieten Kunsthandwerk und Kitsch in allen Preislagen und Gewichtsklassen feil. In den Bars stehen neben internationalen Biersorten auch Cocktails zur Auswahl, meistens auf der Basis von Rum, denn der ist hier fast preiswerter als trinkbares Wasser. Auch hier sind die Supermärkte fest in chinesischer Hand. Die Asiaten lächeln nur selten hinter ihrer Registrierkasse hervor. Fünf Jahre lang müssen sie in Belize leben und arbeiten, erst dann dürfen sie legal in die USA einwandern. Belize ist also für viele Asiaten nur eine Zwischenstation, der Supermarkt lediglich die „Fahrkarte" für die Reise ins Land der unbegrenzten Möglichkeiten – und dieses Ticket wird nach Ablauf der Frist einfach ans nächste Familienmitglied weitergereicht.

Etwa 70 km südlich von San Ignacio und nur wenige Kilometer von der guatemaltekischen Grenze entfernt, liegt die archäologische Stätte Caracol. Zwei Stunden dauert die Fahrt bis zu den Maya-Ruinen auf einer holprigen Schlaglochpiste. Interessanterweise sind die letzten zehn Kilometer der Strecke asphaltiert. Doch wer so weit gekommen ist, der hat sich bereits so sehr an das Rütteln und Schütteln gewöhnt, dass ihm das Asphaltband, das sich durch den Regenwald windet, eher wie ein Fremdkörper erscheint.

Auf halber Strecke zwischen San Ignacio und Caracol versperrt uns ein Militärposten den Weg. Ab hier geht es nur mit bewaffneter Eskorte weiter, teilt man uns mit. Ein halbes Jahr zuvor wurden mehrere Tourbusse von Banditen überfallen, ein Mann ist dabei ums Leben gekommen, ein anderer wurde schwer verletzt. Die Hemmschwelle für den Gebrauch von Schusswaffen ist gerade bei organisierten Banden extrem niedrig und genau das macht diese Gruppen, von denen man vermutet, dass sie aus Guatemala über die nahe Grenze kommen, so gefährlich und unberechenbar. Zur Abschreckung hat man nun ein Eskort-System sowie regelmäßige Militärpatrouillen eingeführt und außerdem am Eingang der Ruinen dauerhaft bewaffnete Soldaten postiert.

Caracol, wörtlich „Schnecke", liegt mitten im Regenwald und wurde erst 1938 entdeckt. Anfangs hielt man die Ruinen für Reste eines relativ unbedeutenden Zeremonie-Zentrums. Doch die Anlage, die ihre Blütezeit von etwa 330–860 n. Chr. erlebte, gehört, das weiß man inzwischen, zu den größten Maya-Stätten überhaupt. Aufschluss darüber brachte der 1986 gefundene Altarstein, der den Sieg Caracols über Tikal beschreibt, das einst als mächtigster Maya-Stadtstaat galt.

Ungestört wandern wir durch die Anlage und genießen wieder einmal die Urwald-Atmosphäre sowie die unbeschreibliche Ruhe fernab jeder Zivilisation. Keine Autoabgase, kein Motorenlärm, kein Gehupe, keine Souvenirverkäufer stören das Erlebnis. Um uns herum herrscht einfach nur Stille – wenn man von ein paar zwitschernden Vögeln absieht. Viele der Ruinen sind noch unter Grashügeln verborgen und warten darauf, freigelegt zu werden. Ein Archäologen-Team hat seine Zelte in einer Ecke unter Bäumen aufgeschlagen. Einzelne Stelen liegen vor Sonne und Regen geschützt unter einem Plastiksegel. Einige von ihnen sind schon identifiziert und mit kleinen grünen Schildchen versehen. Was werden die Ausgrabungen wohl noch alles zutage fördern? Welche Pracht liegt hier wohl noch verborgen?

Ob wir wollen oder nicht, wir müssen uns losreißen von den Stelen, Tempeln und Pyramiden. Zurück in die Stadt muss im Konvoi gefahren werden. Ein Militärfahrzeug, zwei Minibusse und wir stehen vor dem Tor. Nervös tritt der Soldat von einem Bein aufs andere und fordert uns umständlich auf, doch bitte so lange den Konvoi anzuführen, bis das notwendige zweite Begleitfahrzeug zu uns stößt. Wir kennen den Grund. Da das Militär in Belize ebenfalls grüne Landrover Defender fährt, könnten Banditen uns ohne weiteres für ein Militärfahrzeug halten. Ob das gut ist oder schlecht, sagt der Soldat nicht dazu. Also fahren wir an der Spitze. Ein komisches Gefühl. Alle paar Sekunden schaue ich hinter mich, ob die anderen noch folgen. Am Straßenrand entdecke ich in unregelmäßigen Abständen zu kleinen Haufen aufgeschichtete Steine. Steinmännchen? Hier? Was sollen die wohl markieren? Die waren doch vorher noch nicht da, oder? Kurz vor einer scharfen Linkskurve überholt uns endlich das zweite Begleitfahrzeug. Auf der Ladefläche des Pickups sitzen drei Soldaten mit Maschinengewehren und grimmigem Gesichtsausdruck. Angestrengt spähen sie ins Gebüsch. Aber da ist nichts. Unbehelligt kommen wir am Militärposten an. Ab jetzt sind wir wieder auf uns gestellt.

Für den nächsten Tag haben wir eine Tour zur Höhle „Actun Tunichil Muknal" gebucht. Ich bin ein bisschen beunruhigt, als ich höre, dass wir mit Helmen und Stirnlampen ausgerüstet durch brusttiefes Wasser waten müssen und die Höhle innen noch unberührt, also sozusagen naturbelassen ist, ohne künstliches Licht und ohne geebnete Wege. Spelunking ist nicht gerade die ideale Freizeitbeschäftigung für jemanden, der schon in einem normal großen Fahrstuhl klaustrophobische Anfälle bekommt. Aber am Ende siegt dann doch die Neugier, denn tief im Inneren der Höhle sollen einzigartige Schätze verborgen liegen. Alte Maya-Stämme haben einst die Höhle als Ort für religiöse Zeremonien genutzt und dabei Opfer, auch Menschenopfer, dargebracht. Die Reste davon, Tongefäße und Skelette, befinden sich noch immer in der Höhle.

Das Wasser erscheint mir zunächst angenehm erfrischend, als wir durch den Eingang in die Höhle schwimmen. Wir waten durch unterirdische Flüsse und Seen, zwängen uns durch enge Felsspalten und balancieren über scharfkantige Felsbrocken. Vorbei an fantastischen Tropfstein-Formationen geht es immer tiefer hinein in die Höhle. Unser Guide, der seit sieben Jahren Touristen in die Höhle führt und nach dem eintausendsten Besuch aufgehört hat zu zählen, findet seinen Weg durch das steinerne Labyrinth blind. Um es uns zu beweisen, bittet er uns, die Stirnlampen auszuschalten. Bis zu diesem Augenblick hatte ich keine Vorstellung davon, wie schwarz Schwarz sein kann. Eine vollkommene Dunkelheit umgibt mich, legt sich mir zentnerschwer auf die Brust und raubt mir die Luft zum Atmen. Hand in Hand tapsen und stolpern wir durch die Höhle. Jedes Gefühl für Zeit verschwindet, so dass mir die wenigen Sekunden in absoluter Dunkelheit wie eine Ewigkeit vorkommen. Ich bin froh, als um mich herum nach und nach die Lichter wieder angehen. Im hinteren Teil der Höhle müssen wir unsere Schuhe ausziehen und barfuß weiterlaufen, um nicht aus Versehen die fragilen Relikte der Vergangenheit mit unseren klobigen Sohlen zu zerstören. Zu viele Touristen vor uns haben durch unachtsames Umherlaufen bereits einen beträchtlichen und nicht wieder gutzumachenden Schaden angerichtet. Überhaupt ist es ein Wunder, erzählt uns der Guide, dass noch so viel erhalten ist, wo doch die Touristen immer mehr statt weniger werden. Ursprünglich war der Zugang zur Höhle streng limitiert. Es gab acht Tour-Guides, die jeweils maximal acht Personen pro Tag in die Höhle bringen durften. Mittlerweile gibt es dreiundzwanzig Guides. An ganz schlimmen Tagen trampeln also über einhundertundfünfzig Personen im Gänsemarsch durch die Höhle, nur wenige Zentimeter entfernt von den kostbaren Artefakten.

Und dann ist es soweit. Wir betreten die Räume, die den Maya als zeremonielle Orte dienten. Im schwachen Schein unserer Stirnlampen wirkt die Szenerie gespenstisch. Überall um uns herum liegen Tongefäße und Überreste menschlicher Skelette. Unsere eigenen Schatten hüpfen über die Wände und vermitteln uns einen Eindruck davon, wie einst die Maya-Priester über dem offenen Feuer sitzend, berauscht vom beißenden Rauch und dem Aroma halluzinogener Kräuter und Drogen, ihre Ahnen heraufbeschworen haben. Doch der Höhepunkt der Höhlentour befindet sich in einer Kammer, die etwas oberhalb in der Wand liegt. Sie birgt das einzige komplett erhaltene Skelett einer geopferten Frau. „Princess", oder auch „Crystal Lady" wird sie von den Einheimischen genannt, weil ihre Knochen voll und ganz mit glitzernden Kalkkristallen überzogen sind. Wie benommen taumeln wir nach drei Stunden in der Dunkelheit wieder ins Sonnenlicht. Erst jetzt merke ich, wie kalt es in der Höhle war.

Moderne Mennoniten

Auf einer handbetriebenen, hölzernen Fähre, auf der gerade mal drei Autos Platz haben, überqueren wir den Fluss und finden uns plötzlich in einer anderen Welt wieder. Wir sehen strohblonde Kinder mit blauen Augen, Frauen in langen, geblümten Kleidern und Männer in langen blauen Hosen, die von altmodischen Hosenträgern gehalten werden. Vor hübsch angestrichenen Häusern blühen bunte Blumen, über den ordentlich angelegten Feldern steht ein strahlend blauer Himmel. Eine Idylle wie aus dem Bilderbuch. Fast könnte man den Eindruck gewinnen, hier sei die Zeit stehen geblieben. Doch dann hupt uns ein Quad aus dem Weg und eine Frau mit weißer Haube auf dem Haar und einer dreiköpfigen Kinderschar auf dem Rücksitz prescht an uns vorbei, dass es nur so staubt. Ein Stück weiter lässt ein junger Mann seine Enduro steigen, wohl um seiner Angebeteten zu imponieren. Über den Straßen hängen Werbeplakate und ein Schild verheißt High-Speed-Internet. Moderne Mennoniten. Armando hatte Recht.

Die Mennoniten sind eine im 16. Jahrhundert aus niederländischen und norddeutschen Täufergruppen hervorgegangene Religionsgemeinschaft. Ihr Name geht zurück auf den Priester Menno Simons, der einst eine unabhängige Gruppe Gläubiger um sich scharte. Die Mennoniten lehnen neben Wehrdienst, Staat und Staatskirche auch die Kindertaufe ab, da sie die Ansicht vertreten, die Taufe dürfe nur an jemandem vollzogen werden, der sich bewusst für diesen Schritt entscheidet. Sie führen eine Erwachsenentaufe durch und werden deshalb, fälschlicherweise, auch Wiedertäufer genannt. Da sie auf Grund ihrer Weltanschauung weder bei den politischen noch bei den religiösen Oberhäuptern eines Staates gern gesehen waren, mussten sie immer wieder ihre Heimat verlassen und von einem Land zum nächsten ziehen. In der Regel zogen sie dorthin, wo man ihnen die Anerkennung ihrer Lebensweise zusicherte.

Der Ort Spanish Lookout wurde 1978 von 75 Mennoniten-Familien, die aus Mexiko eingewandert waren, gegründet. Die Siedler rodeten ein Stück Urwald und machten das Land urbar.

Die Landwirtschaft war anfangs ihre Haupteinnahmequelle. Doch schon bald verlegte man sich auf Milchwirtschaft und Rinderzucht. Die Gruppe der Mennoniten gehörte zu den sogenannten „Modernisten" und lehnte die Nutzung von Maschinen nicht kategorisch ab. Heute betreiben die Mennoniten in Spanish Lookout den einzigen Maschinenpark des Landes und obendrein die einzige Molkerei.

Doch bei weitem noch nicht alle Mennoniten haben die moderne Technologie und den Fortschritt für sich entdeckt. Auch unter den Bewohnern von Spanish Lookout gibt es noch konservative Gläubige, die per Hand und mit dem Ochsenkarren ihre Felder bestellen, und die zu Fuß gehen, statt mit einem Auto zu fahren.

Einer der konservativen Mennoniten spricht uns an. Auf Deutsch. Denn obwohl die Mennoniten im Geschäftsleben Englisch sprechen, pflegen sie zu Hause noch immer ihre ursprüngliche Sprache, ein Deutsch, das dem Plattdeutschen entstammt. Dass hier zwei Welten aufeinander treffen, merken wir sehr schnell an den Fragen, die er uns stellt. Ob sich die Deutschen noch vermehren, will der Mann mit dem hageren Gesicht und dem Backenbart wissen, und ob noch kräftig Ackerbau und Landwirtschaft betrieben wird. Als er hört, dass viele unserer Nahrungsmittel inzwischen aus anderen Ländern importiert werden, fragt er erstaunt, ob es dadurch nicht zu Seuchen und Krankheiten käme. Unseren Einwand, dass sterile Verpackungen und entsprechende Konservierung für eine hygienische Reinheit der Lebensmittel sorgen, versteht er nicht. Für ihn sind Lebensmittel nur dann rein, wenn sie frisch vom Feld kommen. Schöne heile Welt.

GUATEMALA
Land der Gegensätze

„Fahrt immer mit verriegelten Türen und lasst die Fenster zu. Haltet unterwegs nicht an, erst recht nicht, wenn ihr an einer Unfallstelle vorbeikommt, denn es könnte eine Falle sein. Nehmt niemanden mit, auch keine Kinder oder alten Frauen. Wenn das Fahrzeug vor euch plötzlich ohne Grund langsamer wird, haltet Abstand und schaut in den Rückspiegel, ob hinter euch noch ein anderes Fahrzeug fährt. Es könnte sein, dass man versucht, euch einzukeilen und zu stoppen. Falls man euch überfällt, dürft ihr keinen Widerstand leisten, denn die Banditen sind garantiert bewaffnet."

Diese und ähnliche Ratschläge eines Bekannten, der Verwandte in Guatemala hat und selbst schon mehrere Male durch dieses Land gereist ist, kommen mir in den Sinn, als wir die Grenze überqueren. Obwohl ich mich auf die Landschaft, die Natur, die bunten Märkte und die Menschen freue, bin ich nervös. Zu viele negative Geschichten habe ich schon gehört von diesem Land, in dem erst vor zehn Jahren ein sechsunddreißig Jahre andauernder, grausamer Bürgerkrieg zu Ende gegangen ist.

Bereits in den 1940er-Jahren formierten sich in Guatemala erste Widerstände gegen die herrschende Diktatur, die Unterdrückung der indigenen Landbevölkerung und die damit einhergehenden Landenteignungen. In den 60er-Jahren schließlich bildeten sich innerhalb der unterdrückten Bevölkerung Guerillagruppen heraus, die sich für eine Gleichberechtigung der Indígenas einsetzten. Die Regierung, unterstützt durch Militär und Polizei, hat daraufhin in Säuberungsaktionen über vierhundert Dörfer ausradiert. Mehr als 200.000 Menschen wurden von den Tötungskommandos brutal ermordet. Zwar existiert seit 1996 ein Friedensvertrag, der den Indígenas offiziell die gleichen Rechte zuerkennt wie dem Rest der Guatemalteken, allerdings ist noch immer deutlich das Wohlstandsgefälle zu spüren, das sich zwischen der reichen Stadt- und der armen Landbevölkerung manifestiert. Während ein Drittel der Bevölkerung mit weniger als zwei US-Dollar am Tag auskommen muss,

Landleben in Guatemala

leben fünf Prozent der Bevölkerung, hauptsächlich in der Region um Antigua und Guatemala City herum, ein Leben im Luxus. Dennoch gibt es kleine Fortschritte. Seit 2006 darf in den Schulen neben Spanisch auch wieder die indigene Sprache unterrichtet werden. Doch trotz offizieller Schulpflicht schicken noch längst nicht alle ihre Kinder auch dorthin. Vor allem bei den armen Campesinos ist es üblich, dass die Kinder ab einem Alter von fünf Jahren bei der Arbeit auf dem Feld mithelfen. Diese Kinder, die weder lesen noch schreiben lernen, werden später nur schwer eine vernünftige Arbeit finden. Als Analphabeten sind sie zudem von vielen Informationen abgeschnitten und schließen sich oft mangels Bildung oder mangels Selbstbewusstsein der Meinung anderer an. Ein Teufelskreis, aus dem die arme Bevölkerung allein nur schwer herausfinden wird. Vielleicht hilft es, dass nach und nach auch abgelegene Dörfer mit Strom und Wasser versorgt werden – und dass Straßen gebaut werden.

Die Stimmen der Geister

Ohne Zwischenfälle erreichen wir Tikal am späten Nachmittag. Es ist die Zeit, in der sich die Besucher der riesigen Maya-Metropole langsam dem Ausgang zuwenden, die Pauschaltouristen massenweise zurück zu ihren Bussen strömen, die Wege sich leeren und Ruhe einkehrt. Zumindest für einen kurzen Augenblick. Denn sobald die Sonne den Horizont berührt, das grelle Licht des Tages einem sanften Goldton weicht und die Hitze allmählich auf ein erträgliches Maß zurückgeht, erwacht der Regenwald erst richtig zum Leben. Wir sitzen auf den Stufen einer Pyramide und schauen in den Sonnenuntergang. Über uns in den Baumwipfeln raschelt es. Brüllaffen springen aufgeregt von Ast zu Ast und stoßen kehlige Schreie aus. Papageien kreischen um die Wette. Mitunter ist die Geräuschkulisse so laut, dass wir unser eigenes Wort nicht mehr verstehen. Unter die bekannten mischen sich neue Geräusche und Laute, von denen wir nur hoffen können, dass sie von Tieren stammen. Tikal, das heißt übersetzt: „Der Ort, an dem die Geisterstimmen ertönen".

Die Maya-Stadt wurde bereits im 7. Jahrhundert v. Chr. besiedelt und entwickelte sich auf Grund ihrer günstigen Lage rasch zu einem wichtigen Handelszentrum sowie zu einem bedeutenden kulturellen und religiösen Zentrum des Tieflands. Unter der Herrschaft des Königs „Große Jaguartatze" konnte im 4. Jahrhundert n. Chr. schließlich die nahegelegene Stadt Uaxactún erobert werden. Tikal stand auf dem Höhepunkt seiner Macht. Eineinhalb Jahrhunderte später wurde Tikal von Caracol, jenem Zentrum im Hinterland Belizes, besiegt. Im gleichen Jahr hatte auch der nördliche Rivale Calakmul Tikal besiegt. Doch Tikal erholte sich nochmals, ehe es um 950 endgültig aufgegeben wurde.

Die Geister schlafen noch, als wir am nächsten Morgen kurz vor Sonnenaufgang durch die weitläufige Anlage spazieren, hin zu den Pyramiden, von deren Spitzen sich der

Ceiba-Baum in Tikal

ganze Regenwald überblicken lässt. Nebelwolken wabern zwischen den Ruinen umher, suchen sich ihren Weg nach oben, bleiben noch einmal kurz im Blattwerk der Bäume hängen, bevor sie sich in Nichts auflösen. Unter den wenigen Frühaufstehern herrscht eine fast andächtige Stimmung als die ersten Bauten aus dem Nebel auftauchen. Tikal hat etwas Mystisches an sich, dem man sich nicht entziehen kann.

Von der Vergangenheit in die Gegenwart ist es manchmal nur ein kleiner Schritt. Wir verlassen Tikal Richtung Süden. Die Straße hat uns wieder. Vorbei am Lago Petén Itzá, über Poptún und Fray Bartolomé fahren wir nach Lanquim. An einer Weggabelung halten wir an, um nach dem Weg zu fragen. Auf einem Stein mitten in der Straße sitzen zwei Männer. Ich halte ihnen die Karte aus dem Reiseführer unter die Nase und deute auf den Ort, den wir erreichen wollen.

„Eine Landkarte", ruft einer der beiden Männer erstaunt aus und versetzt seinem Nachbarn einen Stoß in die Rippen.

„Schau doch nur, sie hat eine Landkarte."

Im Nu sind wir umringt von einer Menschentraube. Finger deuten auf Wörter und Orte. Strecken werden nachgezeichnet. Hände deuten mal nach links, mal nach rechts. Ab und zu schüttelt einer empört den Kopf. Scheinbar herrscht nicht immer Einigkeit darüber, wo die Orte liegen.

Tikal-Pyramide,
eingehüllt in
Nebelschwaden

„Lanquim?", fragt plötzlich einer. Die Frage gilt mir. Ich nicke. „Nach rechts", sagt er.

Der Mann auf dem Stein gibt mir ehrfurchtsvoll das Buch mit der Karte zurück und ich lächle ihm noch einmal freundlich zu. Eigentlich hätte ich mir denken können, dass Landkarten hier kein Alltagsgegenstand sind.

Die Strecke durch die Berge ist landschaftlich einmalig. Die unbefestigte Straße führt über grüne Hügelketten, vorbei an Ackerflächen, auf denen Maispflanzen in Reih und Glied stehen. Wie kleine Vogelnester kleben die kleinen Strohhütten der Bauern an den Hängen, umgeben von subtropischem Wildwuchs. Genau so hatte ich mir Guatemala vorgestellt. Grün und hügelig. Vor allem aber grün. Ich kann mich gar nicht satt sehen an dieser Farbe.

Die Männer, denen wir unterwegs begegnen, winken uns zu und pfeifen zum Gruß. Wann immer wir einen von ihnen nach dem Weg fragen, erklärt man uns wortreich, wo es lang geht und nimmt sich Zeit für ein kleines Schwätzchen. Anders hingegen verhält es sich mit Frauen und Kindern. Nur wenige von ihnen grüßen uns. Die meisten flüchten mit Kind und Kegel ins Haus, sobald sie uns erblicken. Unter Teilen der Landbevölkerung hält sich hartnäckig das Gerücht, reiche Gringos kämen nach Guatemala, um Kinder von armen Indígena-Familien zu entführen und diese als ihre eigenen Kinder aufzuziehen.

Von Lanquim fahren wir direkt weiter nach Semuc Champey, dem „Ort, an dem das Wasser in der Erde verschwindet". Und tatsächlich ist der Fluss, der eine tiefe Schlucht ausgewaschen hat, auf einmal weg, abgetaucht unter eine riesige Steinplatte. Das Wasser bearbeitet die Platte von allen Seiten. Von unten hat es bereits eine Höhle in den Fels gebrochen und fließt auf der einen Seite hinein, auf der anderen wieder heraus. Oben auf der Platte haben Hochwasserfluten und Regengüsse den Stein ausgewaschen und Becken geformt. Natürliche Pools, die zum Baden einladen.

Als wir zum Aussichtspunkt aufsteigen, erfahren wir, was es heißt, in der Regenzeit durch den Regenwald zu laufen. Es regnet. Nein, es schüttet. Das Wasser fällt in einer solchen Wucht auf uns herunter, dass man meinen könnte, jemand würde über uns ein ganzes Meer auskippen. In weniger als einer Sekunde sind wir nass bis auf die Haut. Die Erde unter uns verwandelt sich in ein riesiges Schlammloch. Eine halbe Stunde später lacht wieder die Sonne. Doch nun tropft bei jedem Schritt, den wir in dem dichten Gebüsch machen, das Wasser von den Blättern und Ästen auf uns herab. Und wieder duschen wir unfreiwillig. Die Sonne lässt den Wald dampfen. Ich fühle mich wie in der Sauna nach dem Aufguss.

Über Cobán und Chisec fahren wir Richtung Playa Grande und Laguna Lachuá. Dort, im abgeschiedenen Grenzgebiet zur mexikanischen Provinz Chiapas, mitten im Regenwald, soll es eine Kaffeeplantage geben, auf der man übernachten kann. Die Straße ist in einem erbärmlich schlechten Zustand. Die Brücken über den Fluss sind notdürftig mit losen Brettern befestigt. Von Baufahrzeugen abgesehen, begegnet uns nur selten ein Auto. Die Menschen hier sind arm. Die meisten von ihnen wohnen in einfachen Holzhütten, ohne Fußboden, ohne Fenster, ohne Türen. Eine Decke vor dem Eingang schützt vor neugierigen Blicken. Hühner und Schweine gehen in den Hütten ein und aus, Kinder suhlen sich im Dreck. Hierher verirren sich sicherlich nicht oft Touristen – noch dazu mit einem eigenen Fahrzeug. Entsprechend hoch ist die Aufmerksamkeit, die uns zuteil wird. Überall wo wir auftauchen, werden wir freundlich und mit großem Hallo begrüßt. Viele versuchen, sich mit uns zu unterhalten. Und sobald jemand ein paar Worte Englisch spricht, wendet er diese an – ohne Rücksicht darauf, ob sie in den Kontext passen oder nicht.

Wir brauchen für die Strecke länger als wir dachten, und so fahren wir schon bald in völliger Dunkelheit. Von einer Kaffeeplantage ist nichts zu sehen. Wir befürchten, einen falschen Abzweig erwischt zu haben und halten an einem Kiosk, der einzigen beleuchteten Hütte weit und breit. In dem winzigen Raum hinter der Tür hat sich die halbe Dorfgemeinschaft versammelt, um fernzusehen. Es läuft Fußball. Der Ladenbesitzer macht ein gutes Geschäft.

„Hier links und dann immer geradeaus. Nach drei Kilometern kommt ein beleuchteter Strommast. An dem biegt ihr rechts ab", beschreibt man uns den Weg.

Wir fahren drei Kilometer. Wir fahren fünf Kilometer. Nach sieben

Kilometern fragen wir erneut. Man schickt uns zurück. In etwa vier Kilometern sollen wir links abbiegen, an der Laterne. Wir machen kehrt. Entlang der Straße gibt es viele Strommasten. Aber keine einzige Laterne. Wir können den Abzweig nicht finden. Mittlerweile ist es schon spät in der Nacht. Das Fahren im Dunkeln strengt an. Müde und enttäuscht vertagen wir die Kaffeefinca und suchen uns einen Stellplatz im Busch.

Am nächsten Morgen machen wir uns bei Tageslicht erneut auf die Suche nach der mysteriösen Straßenlaterne. Und siehe da, exakt an der Dreikilometermarke baumelt eine Lampenfassung vom Strommast herunter. Allerdings unbeleuchtet, weil ohne Glühbirne. Gegenüber führt ein schmaler Pfad in den Wald und endet nach wenigen Metern tatsächlich auf dem Gelände einer Kaffeeplantage. Doch die Finca ist längst verlassen, die verfallenen Häuschen schon halb zugewachsen.

„Wer hat dir denn von dieser Kaffeefarm erzählt?", frage ich. „Keiner. Ich habe Bilder davon im Internet gesehen. Allerdings sah sie da noch besser aus", antwortet Tobias grinsend.

Das Internet, auch so ein Ort, an dem Geisterstimmen ertönen.

Zwischen Chisec und Cobán gibt es zwei Höhlen, die für Touristen offen sind. Die erste heißt in der Sprache der Q'eqchi'-Mayas *Juq'il*, was übersetzt „Höhle der Luft" bedeutet. Tatsächlich weht uns bereits am Eingang eine frische Brise entgegen. Wie in der Höhle in Belize gibt es auch hier keine begradigten Wege, keine Aussichtsplattformen, kein künstliches Licht. Dafür aber Stalaktiten in rauen Mengen. In mehreren Reihen hintereinander hängen sie von den Decken herab, manche reichen bereits bis zum Boden. Im Licht unserer Stirnlampen schimmern sie in den unterschiedlichsten Farbnuancen, von Gelb über Rosa bis hin zu Violett, und wirken eigenartig zart und zerbrechlich. Die Durchgänge von einem Raum in den nächsten sind eng und schmal, der Boden unter unseren Füßen feucht und glitschig. Wir müssen aufpassen, nicht aus Versehen einen der Tropfsteine zu berühren. Das Fett unserer Hände würde die Oberfläche regelrecht versiegeln, der Kalk nicht mehr am Stein haften bleiben. Der Stalagmit bzw. Stalaktit würde aufhören zu wachsen.

Die zweite Höhle heißt *B'omb'il Pek,* „Bemalter Stein". Um zu ihrem Eingang zu gelangen, muss man etwa achtzig Meter auf einer steilen Holzleiter hinabsteigen oder sich von einer Plattform aus abseilen. Wir hangeln uns die Leiter hinab, deren Sprossen von der Feuchtigkeit glatt und morsch sind, und gelangen schließlich zu einem riesigen Felsüberhang. Von hier führt eine schmale Röhre in zwei dahinter liegende Säle, in denen sich alte Felsmalereien an den Wänden befinden. Wie eng der Durchgang ist, sehe ich erst, als ich genau davor stehe. Sofort meldet sich mein klaustrophobisches Ich zu Wort und versetzt mich in Panik. Das Loch im Felsen ist nicht viel größer als die Öffnung einer Kloschüssel. Nichts auf der Welt kann mich dazu bewegen, da durchzukriechen. Da hilft weder gutes Zureden noch die Gewissheit, dass der Gang lediglich zwei Meter lang ist. Ganz anders Tobias. Nach einigen erfolglosen Anläufen – mit dem Kopf zuerst oder doch lieber mit den Füßen voran – schiebt er sich auf der Seite liegend durch die Röhre. Als er zurückkommt, ist er über und über mit Schlamm bedeckt. Die Wandmalereien, drei etwa handtellergroße Zeichnungen, befinden sich in einer Kuppelhalle von enormen Ausmaßen. Nachdem man sich durch eine zweite Röhre, noch enger als die erste, geschoben hat, steht man auf einem schmalen Felsvorsprung, der abrupt in einen tiefen, dunklen Schlund abfällt. Oben an der Decke hängen Fledermäuse. Von unten wachsen Stalagmiten empor.

„Spektakulär", so Tobias' Urteil. Und er meint damit eher die Kuppelhalle als die Zeichnungen.

Buntes Treiben

Die Straße von Cobán Richtung Uspantán führt in steilen Serpentinen durch die Berge und ist, wenn man von wenigen Ausnahmen absieht, in einem ausgezeichneten Zustand. Trotzdem kommen wir nur langsam voran, weil es wegen unzähliger Baustellen immer wieder zu langen Wartezeiten kommt. Der Verkehr an den Engstellen wird nicht per Ampelschaltung geregelt, sondern durch fahnenschwingende Personen an beiden Enden der

Baustelle. Diese Personen jedoch stehen nicht über ein Funkgerät oder ein Walkie-Talkie miteinander in Kontakt, sondern regeln den Verkehr streng nach Uhr: Eine Stunde lang darf in die eine Richtung gefahren werden, die nächste Stunde dann in die andere. Baufahrzeuge dürfen immer fahren. In beide Richtungen.

Todos Santos, ein Ort in den Bergen der Sierra de los Cuchumatanes, ist unter Reisenden hauptsächlich wegen der Tracht seiner männlichen Einwohner berühmt. Die Männer tragen rot-weiß gestreifte Hosen aus einem dicken Wollstoff, ein aufwendig besticktes Hemd, darüber eine ebenfalls bestickte, kurze blaue Jacke und natürlich Hut. Leider hat ein tragischer Zwischenfall, der sich im Jahr 2000 ereignete, ebenfalls dazu beigetragen, dass Todos Santos in aller Munde war. Damals waren ein japanischer Tourist und sein Fahrer von den Bewohnern des Ortes zu Tode gesteinigt worden, weil – so sagt man –, der Tourist beim Ablichten eines kleinen Mädchens wohl etwas übereifrig zugange war. Obwohl sicherlich ein Einzelfall, stehen natürlich Ursache und Wirkung in keiner Relation. Den Fotoapparat gut verborgen machen wir uns auf den Weg durch den Ort. Viel gibt es nicht zu sehen. In jedem zweiten Haus werden Sprachkurse angeboten, in jedem dritten zusätzlich Ausritte in die nähere Umgebung. Ein typischer Touristenort.

Da ist Totonicapán schon eher nach unserem Geschmack. Es ist Freitagabend als wir durch die engen Straßen dieser abgelegenen Kleinstadt fahren. Da am nächsten Tag ein großer Wochenmarkt auf der Plaza stattfindet, scheidet diese als Übernachtungsplatz aus. Schon jetzt beziehen die ersten Obst- und Gemüselaster ihre Plätze. In den Straßen der Stadt herrscht Parkverbot. Wir sind zunächst ratlos. Doch dann erinnert sich Tobias daran, am Ortseingang das Gebäude der Freiwilligen Feuerwehr sowie der Ambulanz gesehen zu haben. Dort wird der „Kollege aus Deutschland" freudestrahlend begrüßt und sofort herumgeführt. Tobias, in Deutschland als ehrenamtlicher Rettungssanitäter unterwegs, inspiziert die Fahrzeuge und die Ausrüstung.

„Alles auf dem neuesten Stand", nickt er anerkennend.

Über die erwartungsvoll dreinblickenden Gesichter der umstehenden *bomberos* zieht sich ein Strahlen. Es sei Ehrensache, dass wir hier übernachten könnten, meint der Schichtleiter, und weist uns persönlich in die Parklücke ein. Selbstverständlich dürfen wir auch die sanitären Einrichtungen, die Küche und den Fernsehraum benutzen. Alles kein Problem. Nur als wir vom Abendessen zurückkommen und sagen, wir hätten das neu gebaute Stadt-Theater nicht gesehen, runzelt der Chef besorgt die Stirn. Kurzerhand verfrachtet er uns in eines der Feuerwehrautos – und auf geht's zur Stadtrundfahrt!

Am nächsten Morgen mischen wir uns zeitig unters Volk, damit wir möglichst viel vom bunten Markttreiben mitbekommen. Hier werden keine Souvenirs angeboten, auch kein Kunsthandwerk, eigentlich überhaupt keine unnützen Dinge. Auf diesem Markt versorgen sich die Bewohner der umliegenden Orte mit allem, was sie zum Leben brauchen. Die Händler haben Stoffe, Kleidung, Haushaltsartikel und Werkzeuge vor sich auf dem Boden ausgebreitet. In großen geflochtenen Körben werden tropische Früchte, Gemüse, Reis und Mais in allen nur erdenklichen Sorten und Farben sowie getrocknete Fische und Hühner angeboten. Letztere wechseln meist in unverderblicher Form, also lebend, den Besitzer. In den Straßen riecht es nach frischen Kräutern, der süße Duft reifer, aufgeschnittener Papayas und Ananas weht uns um die Nase und wird bereits an der nächsten Ecke vertrieben vom strengen Geruch blutigen Fleisches. Dazwischen drängt sich immer wieder das würzige Aroma von frisch zubereitetem Essen aus den Garküchen. Als Schutz vor dem Regen haben die Marktfrauen und Händler Plastikplanen über ihre Waren gespannt. Doch wenn wie heute die Sonne scheint, dann tauchen die roten und blauen Planen die gesamte Marktszenerie in ein absonderliches, unnatürliches Licht. Frauen balancieren gekonnt große Körbe auf dem Kopf, während im Tragetuch auf ihrem Rücken friedlich der Nachwuchs schlummert. Männer schleppen schwere Säcke auf den Schultern, be- und entladen Lkw und Busse. Überall herrscht geschäftiges Treiben.

Doch der schönste und farbenprächtigste Markt des ganzen Landes, so steht es unisono in jedem Reiseführer, soll der von *Chichicastenango* sein. Schon weit außerhalb des Stadtzentrums sind die Straßen abgesperrt, werden Busse und Pkw von Männern

Markt in Guatemala

mit gelben Westen zu freien Parklücken gelotst, drücken eifrige Kinder den gerade angekommenen Besuchern Visitenkarten und Prospekte von Hotels und Restaurants in die Hand.

Der Marktplatz, der unterhalb der Kirche liegt, quillt aus allen Nähten, die Marktstände ergießen sich über die gesamte Stadt und zwischen den Reihen schiebt sich eine einzige riesige Menschentraube langsam dahin. Der Markt ist völlig überlaufen. Aber er ist sehenswert. Angesichts der vielen bunten Trachten und der farbenfroh gewebten Stoffe und Tücher gehen uns fast die Augen über. Jedes Dorf hat seine eigene Tracht, eigene Farben und Muster. Oft sind es nur geringe Abweichungen im Webmuster, die allerdings genügen, um einem Eingeweihten auf den ersten Blick zu verraten, mit wem er es zu tun hat.

Auf den Treppenstufen vor der Kirche Santo Tomás sitzen Frauen und binden Blütenstengel und Blumen zu Sträußen zusammen. Der Dunst von verbrennendem Weihrauch hängt in der Luft und hüllt diesen Teil des Marktes in Nebel. Staunend sehen wir zu, wie einzelne Familien im Mittelgang der Kirche nach altem Maya-Brauch, im Schein der Kerzen und unter Darbietung von Opfergaben, ihre Vorfahren anrufen, die unter dem Kirchenboden begraben liegen. Abgehalten wird der Gottesdienst vom katholischen Priester. Hier in Chichicastenango verschmelzen uralte, magische Maya-Riten und Katholizismus zu einer einzigartigen Mischung.

Ein Blick auf die Marktbuden genügt, um zu erkennen, dass hier der Tourismus das Geschehen und das Geschäft dominieren: hölzerne Masken, Keramikvasen und Tontöpfe, Stofftaschen, lederne

Geldbörsen, bestickte Gürtel und natürlich jede Menge Blusen, Röcke, Hosen, Jacken – aus gewebten Stoffen, verziert in traditionellen Mustern, doch in Form und Größe ganz und gar auf westliche Touristen zugeschnitten. Ich bin nicht auf der Suche nach Souvenirs, sondern lasse mich einfach treiben. Um mich herum vermischen sich die Stimmen und Rufe zu einem melodischen Singsang. Ab und zu dringen ein paar spanische Brocken an mein Ohr. Hin und wieder sogar ein paar deutsche. Immer wieder übertönt ein Marktschreier mit seiner Litanei „A trés Quetzales, trés Quetzales, trés Quetzales" das Stimmengewirr. Ich lausche gebannt den fremden Lauten. Die indigene Bevölkerung spricht untereinander kein Spanisch, sondern ihre jeweilige Maya-Sprache. Auch hier gibt es von Dorf zu Dorf Besonderheiten im Wortschatz und in der Aussprache. Was jedoch allen Maya-Sprachvarianten gemeinsam ist, sind die Knacklaute. In der Schrift werden sie durch einen Apostroph dargestellt. Ausgesprochen klingen sie wie Zungenschnalzen, nur dass sie eben nicht isoliert auftauchen, sondern mitten im Wort.

Zwei Frauen sitzen auf dem Gehweg, mit dem Rücken an die Hauswand gelehnt. Sie sticken und weben. Ein paar Meter weiter stehen ein paar Männer und unterhalten sich. Sie lachen. Wohin ich auch blicke, immer und überall blicke ich in freundliche, lächelnde Augen. Es ist schön, dass diese Menschen noch lachen können, nach allem, was sie im Bürgerkrieg durchgemacht haben.

Der Kulturschock trifft uns in *Panajachel* am Lago Atitlán. Noch bevor wir das Ufer des Sees erreichen, noch bevor wir einen Blick auf die Vulkankegel, die das Seeufer säumen, erhaschen können, springen uns schon die ersten Werbeplakate der Luxushotels an. In der Stadt selbst sieht es nicht besser aus. An den wenigen Stellen, an denen kein Hotel, kein Restaurant, keine Bar und keine Reise-Agentur um Kunden wirbt, befinden sich Souvenirstände, Klamottenläden und Kunstgalerien. Und um wirklich jeden Quadratzentimeter im Dienste des Touristen zu nutzen, bieten Straßenhändler, meist Kinder, ihre Waren auch noch auf den Wegen entlang des Seeufers feil. Wir flüchten, raus aus diesem künstlichen Ort, auf die andere Seite des Flusses. Dort machen wir die Bekanntschaft von Miguel. Er ist Amerikaner, Hippie der alten Garde und kritischer Betrachter des Weltgeschehens – allem voran des Geschehens, das sich außerhalb des Sichtbaren vollzieht. Laut Maya-Kalender, so verrät er uns, befinde sich die Welt gerade in einer schwierigen Phase. Die Venus kreuzt die Sonne – oder so ähnlich –, und in den nächsten Jahren werde sich herausstellen, ob es mit dem Planeten Erde bergauf oder bergab gehe. Er glaubt fest daran, dass die Welt bald untergeht. Wir hegen noch einen Funken Hoffnung. Obwohl wir eifrig die unterschiedlichen Szenarien mit ihm diskutieren, ist Miguel dennoch enttäuscht. Er hatte andere Besucher erwartet. Von weiter weg. Jenseits der Milchstraße.

Als ich die Augen wieder öffne, befinde ich mich auf der anderen Seite des Sees, in San Pedro de la Laguna. Der obere Teil des Ortes gehört den Einheimischen. Der untere Teil am Seeufer ist für die Ausländer reserviert. Die Bewohner der beiden Teile kommen nur selten miteinander in Kontakt, eigentlich nur dann, wenn es gilt, Geschäfte zu machen. Wir wollen den Berg „Nariz del Indio" besteigen, der so aussieht wie er heißt, nämlich wie eine riesige Nase. Pedro, unser *guía,* den wir notgedrungen anheuern mussten, weil man ohne Führer die Wege nicht benutzen darf und angeblich auch sofort überfallen wird sobald man einen Schritt von der Hauptstraße abweicht, ist mindestens dreißig Jahre älter als wir, legt aber ein Tempo vor, als wäre der Teufel persönlich hinter seiner Seele her. Dabei versuchen lediglich zwei keuchende Gringos, mit ihm Schritt zu halten.

Der Weg auf den Gipfel ist steil und glitschig und die Luftfeuchtigkeit ist so hoch, dass man Angst haben muss, beim Atmen zu ertrinken. Während wir also sozusagen um unser Leben kämpfen, rennt Pedro ungerührt weiter. Ohne Pause. Den Weg, der mit zweieinhalb Stunden angegeben war, legen wir in eineinhalb Stunden zurück. Als wir den Gipfel erreichen, stehen wir quasi auf Augenhöhe mit dem Gipfel des Vulkans San Pedro. Für zehn Minuten. Dann verschwindet der 3020 Meter hohe Berg hinter einer dichten Wolkenwand. Pedro grinst übers ganze Gesicht und deutet auf seine Armbanduhr. Natürlich hatte er es gewusst. „Die Wolken", sagt er, „kommen immer um diese Zeit!"

Der Präsident weilt in der Stadt. *La Antigua* befindet sich im Ausnahmezustand. Soldaten, bis an die Zähne bewaffnet, patrouillieren durch die Straßen. Polizisten haben einen Ring um die Plaza gebildet und die Verwaltungsgebäude hermetisch abgeriegelt. Wohin man auch blickt, überall schaut man in Gewehrläufe.

„Die Stadt ist sicher", sage ich zu Tobias. „Lass uns in einer Nebenstraße parken und übernachten."

„Die Stadt ist unsicher und gefährlich", sagt der Polizist, den wir um Rat fragen.

Mit Polizeieskorte werden wir zum Polizei-Parkplatz begleitet. Hier, hinter hohen Mauern und im Schatten eines Guavenbaums, beziehen wir Quartier. Von hier starten wir zu unseren Ausflügen in die Stadt.

La Antigua, „die Alte", wurde 1543 als Hauptstadt der spanischen Besitzung Guatemala gegründet und hieß ursprünglich „La Muy Noble y Muy Leal Ciudad de los Caballeros de Santiago del Reino de Goathemala". Als 1776 ein Erdbeben die Stadt zerstörte, wurde die Hauptstadt verlegt, ins heutige Guatemala City. Die ehemalige Hauptstadt jedoch wurde nach und nach wieder aufgebaut und ist seit 1944 Unesco-Weltkulturerbe.

La Antigua hat Charme. Kopfsteinpflaster in allen Straßen, bunte Fassaden, pittoreske Patios und eine Unmenge an Kirchen bestimmen das Stadtbild. Ein ideales Ambiente, und so beschließen wir, wieder einmal für ein paar Tage die Schulbank zu drücken und unsere Spanischkenntnisse zu vertiefen.

El Jefe, der Polizeichef, ist erst gar nicht erfreut, als er hört, wie lange wir bleiben wollen. Um ihn milder zu stimmen, zeigen wir ihm unseren Landy von außen und von innen. Er findet unser

Straßenszene in La Antigua

Schlafzimmer komfortabel, er staunt über unseren Kühlschrank und nickt anerkennend als er unsere Küche, einen zweiflammigen Campingkocher, in Augenschein nimmt. Und dann erteilt er uns schließlich seinen Segen. Wir dürfen bleiben, so lange wir wollen. Um seinen Worten Nachdruck zu verleihen, zitiert er die gesamte Mannschaft zum Rapport und verkündet seine Entscheidung. Von nun an werden wir in der Stadt von jedem Polizisten gegrüßt. Sogar aus den Polizei-Tuk-Tuks, den dreirädrigen Motorrollern mit Kabine, schallt uns im Vorbeifahren ein fröhliches „Hola" entgegen. Ich kann mich nicht erinnern, mich schon jemals in einer Stadt so sicher gefühlt zu haben.

Interessanterweise stoßen wir bei fast allen Guatemalteken, denen wir von unseren positiven Erfahrungen mit der Polizei erzählen, auf Unverständnis. Viele denken noch mit Schaudern an die unrühmliche Rolle, die die Polizei im Bürgerkrieg gespielt hatte. Doch die heutigen Polizisten haben nichts mehr mit ihren korrupten Kollegen von einst zu tun. Vor einigen Jahren wurde in Guatemala eine komplett neue Polizei geschaffen. Neue Leute, neue

Uniformen, neue Polizeiwagen. Jeder Polizist trägt seinen Namen und seine Dienstnummer auf dem Hemd und kann so ganz einfach identifiziert und, falls er sich nicht korrekt verhält, auch angezeigt werden. Die Polizisten strahlen Selbstbewusstsein und Autorität aus. Sie wissen, dass ihre Aufgabe darin besteht, Sicherheit zu schaffen, statt Angst auszulösen. Und sie sind sich ihrer Verantwortung bewusst.

In der Umgebung von La Antigua gibt es zwei aktive Vulkane, *Fuego* und *Pacaya*. Beide sind zu weit von der Stadt entfernt, um ihr bei einem Ausbruch etwas anhaben zu können. Größer ist da schon die Gefahr, die durch Erdstöße und Erdbeben droht. Doch die Menschen hier lernten mit dieser Furcht zu leben. Oder sie zu ignorieren. Evakuierungsräume gibt es keine. Sobald die Erde erzittert, laufen die Menschen ins Freie, weit weg von allen Mauern und Masten, die einstürzen könnten. Aber sie bleiben in Sichtweite ihres Hauses und kehren sofort zurück, sobald die Erde sich beruhigt hat. Die meisten Menschen, so erzählt mir meine Spanischlehrerin und meint dabei die Indígenas, würden sich ohnehin niemals evakuieren lassen. Viel zu groß ist ihre Angst, dass in ihrer Abwesenheit das Haus geplündert wird. Die meisten Familien achten darauf, dass immer jemand zu Hause ist, dass das Haus nie leer und unbewacht ist. In der Regel sind es die Frauen, die das Haus hüten. Sie sind für den Haushalt zuständig, sie erziehen die Kinder, sie kochen und waschen. Die Mädchen helfen der Mutter, umsorgen den Vater und die Brüder, manchmal auch noch den Großvater, den Onkel und andere männliche Verwandte. Nicht immer ändert sich für sie die Situation, wenn sie heiraten. Oft ziehen sie zur Familie des Mannes und gehen dort dann der Schwiegermutter zur Hand.

Auf den ersten Blick erscheint es, als lägen Welten zwischen der armen, indigenen Bevölkerung und der reichen, weißen Oberschicht. Erst auf den zweiten Blick werden Parallelen deutlich und wirken dann geradezu grotesk. Auch die Reichen haben Angst davor, ihre Häuser unbewacht zu lassen, sie stellen Sicherheitspersonal ein, richten Wachhunde ab und spannen Stacheldraht um ihre Anwesen.

In Guatemala leben etwa zwölf Millionen Menschen. Nur etwa drei Millionen davon sind Steuern zahlende Arbeiter und Arbeitnehmer. Über 70 Prozent der erwirtschafteten Leistungen finden in der sogenannten Schattenwirtschaft statt, in den Verkaufsbuden am Straßenrand, auf den Märkten und in den provisorischen Werkstätten und Läden am Stadtrand.

Während die reiche Oberschicht in ihren Häusern noch nicht einmal ein Fenster verbreitern kann ohne Anträge zu stellen und Gebühren zu entrichten, schreitet keine fünfhundert Meter entfernt die willkürliche Landnahme voran. Wo immer es eine freie Stelle in der Natur gibt, wird eine Wellblechhütte errichtet. Ohne Genehmigung und vor allem ohne Kanalisation. Abwasser wird in den nächsten Fluss oder See geleitet, Müll einfach auf die Straße geworfen. Und so wird ein schönes Land nach und nach verschandelt. Ein bisschen Wellblech auf der einen Seite. Ein bisschen Stacheldraht auf der anderen.

Was uns angeht, so hat uns Guatemala, trotz aller Gegensätze, vielleicht auch gerade deswegen, längst in seinen Bann gezogen. Wir nehmen uns fest vor, wieder zu kommen. Wegen der Ruinen, dem Regenwald, der Farben, der Menschen. Vor allem wegen der Menschen.

EL SALVADOR
Sonne im Herzen

Im Oktober 2006 warnt das Auswärtige Amt ausdrücklich vor Reisen nach El Salvador. In keinem Land Zentralamerikas sei die Überfall- und Mordrate höher als hier, heißt es auf der Website. Vor allem auf den Zufahrtsstraßen zu den Vulkanen, an den Stränden und auf den Hauptverkehrsstraßen kommt es immer wieder zu bewaffneten Überfällen auf Touristen. Doch unsere Entscheidung steht bereits fest: Wir nehmen nicht den direkten Weg von Guatemala nach Honduras, wir fahren durch El Salvador!

Seit Juli 2006 gibt es ein Abkommen zwischen Guatemala, El Salvador, Honduras und Nicaragua, das das Reisen innerhalb dieser vier Länder erleichtert. 90 Tage lang darf man als Tourist die Grenzen zwischen diesen Ländern beliebig überschreiten, ohne Grenzformalitäten, ohne Touristenkarte, ohne Bürokratie, ohne Kosten. Einfach Pass vorzeigen, fertig – sofern man nicht mit dem eigenen Fahrzeug reist. In diesem Fall muss man sich noch immer an den Grenzen eine Einfuhrgenehmigung für das Fahrzeug ausstellen lassen.

El Salvador befand sich bis 1992 im Bürgerkrieg. Doch wenn wir das nicht wüssten, wir würden es nicht merken. Im Land selbst ist davon nichts zu spüren und nichts zu sehen. Nahezu alle Straßen sind asphaltiert und gut befahrbar. Auch die Wohnhäuser und öffentlichen Gebäude sind in einem erstaunlich guten Zustand. Jedes noch so abgelegene Dorf ist an die Wasser- und Stromversorgung angeschlossen. Fast jeder Ort hat seine eigene Schule.

Viel zu sehen gibt es in El Salvador allerdings nicht. Und das was es zu sehen gäbe, versteckt sich bei unserer Ankunft hinter dichten Wolken. Weder der Vulkan Izalco noch der Vulkan San Salvador zeigen sich. Keine einzige Felsnase, keine Kontur, kein Schatten lässt auch nur erahnen, dass sich hinter der Wolkenwand ein Berg verbirgt.

Im Gegensatz zu seinen Nachbarn Guatemala und Honduras hat El Salvador keine großen Maya-Stätten vorzuweisen, sondern nur ein paar kleine, unbedeutende Ruinen. Es gibt keine artenreichen Regenwaldregionen, nur einige wenige Nationalparks. Auch keine prunkvollen Kolonialstädte, nur eine Handvoll verschlafener Kleinstädte.

Doch El Salvador hat etwas anderes: Menschen, die Zuversicht ausstrahlen – Menschen mit Sonne im Herzen! Schon in Guatemala waren wir positiv überrascht, wie freundlich uns man dort begegnet ist. In El Salvador jedoch sind wir angesichts der Offenheit und des Frohsinns der *salvadoreños* tatsächlich sprachlos: Wo immer wir auftauchen, ruft man uns von den Feldern, vom Straßenrand oder aus den Häusern ein fröhliches „Hello, how are you?" zu. Und wer kein Englisch kann, grüßt uns in seiner Landessprache: „Hola amigo – Hallo, mein Freund".

Die Marktfrau in Sonsonate, bei der wir Obst kaufen, streichelt meinen Arm und erzählt mir von ihren Kindern zu Hause. Dann packt sie mir augenzwinkernd noch ein paar Früchte extra in die Tüte.

Der Wärter des „Centro de Obreros" am Lago Coatepeque, eines Erholungsheims für Regierungsbeamte und deren Familien, lässt uns anstandslos innerhalb der Anlage übernachten. Obwohl wir keine schriftliche Genehmigung des Arbeitsministeriums in San Salvador vorzeigen können, wie eigentlich erforderlich, dürfen wir sämtliche Einrichtungen der Anlage kostenlos nutzen. Als ich ihm zum Dank etwas von unserem Obst schenke, überreicht er uns den Schlüssel für eine Cabaña, damit wir es bequemer haben.

Bei unserem Streifzug durch Suchitoto, einem pittoresken Städtchen mit kolonialem Charme, kommen wir an einer Schule vorbei. Die Fenster stehen offen, wir riskieren einen Blick ins Klassenzimmer und winken den Schülern zu. Alle, einschließlich des Lehrers, winken lächelnd zurück.

Als wir uns auf der Polizeistation nach dem Weg nach Chalatenango erkundigen, macht man sich dort gar nicht erst die Mühe, uns die Route zu erklären, man schickt einfach einen Polizisten auf dem Motorrad voraus, der uns den Weg weist.

Fünf Tage fahren wir durch El Salvador. Von Las Chinamas über die „Ruta de las Flores", jene berühmte Blumenstraße, die jedes

Jahr ab Oktober von bezaubernden Blüten gesäumt ist, fahren wir nach Sonsonate, weiter über den Nationalpark Cerro Verde, am Lago Coatepeque entlang, nach Suchitoto, und von dort über Chalatenango, La Palma bis El Poy – immer mit dem Gefühl, dass fünf Tage viel zu wenig sind für dieses Land. Eigentlich müssten wir länger bleiben. Nicht der Natur wegen, nicht der Städte wegen, sondern um die Menschen kennenzulernen. Doch unser Zeitplan erlaubt uns keinen längeren Aufenthalt. Es ist bereits Ende Oktober. In sechs Wochen wollen wir uns in Costa Rica mit Freunden treffen. Und so bleibt unser Abstecher nach El Salvador, dem kleinsten Land Zentralamerikas, leider nur ein Kurzbesuch.

HONDURAS
Der Stahlpreis steigt

Die Einreise nach Honduras stellt unsere Geduld auf eine harte Probe. Dabei sind unsere Pässe bereits nach wenigen Minuten abgestempelt.

„Wenn Sie einreisen wollen, dann bezahlen Sie. Das ist eine Verordnung."

Die Dame hinter der Glasscheibe hat offensichtlich wenig Lust, mit Ausländern über Einreisegebühren zu diskutieren. Auf einem kleinen Zettel hat sie fein säuberlich vier einzelne Posten aufgelistet und die Preise aufaddiert. „912 Lempiras" stehen da unterm Strich. Weil mir das zu hoch erscheint, frage ich nach, ob ich die Verordnung sehen könnte. Statt einer Antwort ernte ich nur einen verständnislosen Blick. Wer in Zentralamerika reist, braucht vor allem eins: Geduld. Also erkläre ich der Dame geduldig, dass sicherlich eine schriftliche Verordnung existiere, aus der die Höhe der Gebühren ersichtlich ist. Und dieses Schreiben würde ich gern sehen.

„Es gibt kein Schreiben", ist die knappe Antwort.

Woher sie denn dann wisse, wie hoch die Gebühren für die einzelnen Posten seien, hake ich nach.

„Weil es eine Verordnung ist."

Jetzt werde ich langsam ungeduldig. Der Zettel auf dem Schreibtisch enthält unter anderem einen Posten, der „Dokumente" heißt. Ob ich die Formulare kaufen muss, bevor ich sie ausfüllen kann, frage ich spitz. Doch die Dame lässt sich durch meinen Sarkasmus nicht aus der Ruhe bringen. Das sei eben so, erklärt sie mir schnippisch. Ob ich jetzt endlich zahle?

„Nein", antworte ich. „Ich zahle erst, wenn ich die Verordnung gesehen habe."

Daraufhin wendet sich die Dame anderen Tätigkeiten zu.

Eine halbe Stunde später, von einer Verordnung ist weit und breit nichts zu sehen, wage ich einen erneuten Vorstoß, schließlich liegen unsere Fahrzeugpapiere noch immer auf der anderen Seite der Glasscheibe. Als hätte die Dame nur auf ein Stichwort gewartet, winkt sie einen Kollegen herbei, drückt ihm die Unterlagen in die Hand und bedeutet uns, ihm zu folgen. Wir gehen, ohne Auto, über die honduranische Grenze. Dort in einem anderen Büro schreibt ein anderer Beamter andere Gebühren neben die gleichen Posten. In Summe sind es jetzt nur noch 850 Lempiras. Der Typ sperrt unsere Dokumente in seine Schreibtischschublade. Es mache keinen Sinn, die Dokumente auszufüllen, erklärt er uns lächelnd, denn wir könnten die Gebühren ohnehin erst in eineinhalb Stunden bezahlen. Die Bank hat zu. Mittagspause. Jetzt ist es auch mit Tobias' Geduld zu Ende. Es fallen böse Worte, von denen „Bananenrepublik" noch das harmloseste ist. Ohne Erfolg.

Als die Bank schließlich öffnet, sitzt der Beamten noch immer beim Mittagessen. Tobias schreitet zur Tat, holt den Landy und droht, den Schlagbaum umzufahren, wenn nicht bald etwas passiert. Tatsächlich eilt jemand mit unseren Papieren in der Hand herbei, von denen ich annahm, sie lägen noch immer in der Schublade. Wir folgen der Dame zur Bank, allerdings nicht zu jener Bank, die die letzten eineinhalb Stunden geschlossen hatte, sondern zu einer anderen, die durchgehend geöffnet hat, aber für einen Unwissenden von außen nicht als Bank zu erkennen ist. Der Bankangestellte wirft einen Blick auf unsere Papiere und verlangt schließlich 740 Lempiras von uns. Jetzt müssen noch Kopien aller Papiere, Formulare und Quittungen gemacht werden – und zwar je zwei Stück von jedem Blatt. Und dann noch einmal je zwei von allen Durchschlägen. Ich verkneife mir die Frage, was der Staat Honduras mit so viel Papier vorhat zu tun, um die Einreise nicht kurz vor dem Finale doch noch zu gefährden. Nach 5 Stunden und 30 Minuten Spießrutenlaufens fahren wir am Schlagbaum vorbei nach Honduras.

Nach fünfzig Metern versperrt uns ein Polizist den Weg. Ich befürchte das Schlimmste. Honduras ist bekannt für seine korrupten Polizisten, für fingierte Polizeikontrollen und überteuerte Strafzettel bei nicht ordnungsgemäßer Ausstattung des Fahrzeugs. Vorsorglich haben wir sowohl den Feuerlöscher als auch das Warndreieck griffbereit unter unseren Sitzen verstaut. Wie wir später erfahren, hätte uns das wenig geholfen, denn die Polizei verlangt mittlerweile zwei Warndreiecke.

Der Polizist interessiert sich nicht für unser Fahrzeug. Er will auch kein Geld von uns. Er schenkt uns eine Straßenkarte von Honduras und wünscht uns eine angenehme Reise.

Gesichter aus Stein

Seit langem schon freuen wir uns auf die Maya-Ruinen von Copán, die im Osten Honduras' kurz vor der Grenze zu Guatemala liegen. Weil die Stadt im gesamten Maya-Raum sehr bedeutsam war und sie auch die voraussichtlich letzte Maya-Stätte ist, die wir auf unserer Reise besuchen, nehmen wir uns viel Zeit für die Besichtigung.

Zu sehen gibt es ohnehin mehr als genug. Gleich hinter dem Eingang, auf dem zentralen Platz, befinden sich mehrere Stelen aus dem 8. Jahrhundert mit fein gearbeiteten Reliefs. Die ausdrucksstarken Gesichter der Figuren haben es mir besonders angetan. Keines gleicht dem anderen. Einige blicken schwermütig in die Ferne, andere wirken siegessicher und selbstbewusst. Es gibt Gesichter mit übergroßen Augen, spitzen Nasen und nicht alle haben menschliche Züge. Manchen stellen auch stilisierte Affen dar.

Lange sitzen wir am Fuß der Hieroglyphentreppe und betrachten die Inschriften der 63 Stufen. Die Treppe ist eines der umfassendsten Hieroglyphenwerke der Maya-Kultur. 2200 Zeichen berichten von der Geschichte Copáns zwischen 553 und 753 n. Chr., von politischen Ereignissen und von Herrschaftsfolgen.

Der Ballspielplatz, der in keiner Maya-Stadt fehlt, ist der zweitgrößte überhaupt. Bis heute weiß man nicht genau, welchen Regeln das Ballspiel der Maya folgte. Es wird angenommen, dass die Spieler den Ball mit der Hüfte oder dem Arm durch einen Ring schlagen mussten. Die

Punktezählung ist nicht bekannt. Auch welche Funktion die Markiersteine hatten, weiß man nicht. Und ob die Verlierer tatsächlich den Göttern geopfert wurden, ist reine Spekulation.

Wie all die anderen Maya-Stätten so strahlt auch Copán etwas Mystisches, Geheimnisvolles aus. Und Ruhe.

Wir verlassen Copán und machen uns auf den Weg an die Karibikküste. Ich habe die Augen geschlossen, bin gerade kurz davor, ins Reich der Träume abzudriften, da werde ich durch eine Vollbremsung unsanft geweckt. Eine Rolle Stacheldraht, quergespannt über beide Fahrbahnen, blockiert den Weg. Ein paar Kinder haben die Rolle fest im Griff und strecken uns nun ihre Händchen entgegen. Die Dreikäsehochs wollen Geld dafür, dass sie die Straße räumen. Wir stoßen zurück und umfahren das künstliche Hindernis großräumig im Acker. Wozu hat man denn einen Geländewagen?

Ein paar Kilometer weiter zwingen uns Schlaglöcher enormen Ausmaßes zum Abbremsen. In einiger Entfernung sitzen Menschen am Straßenrand. Ein Kind springt auf, greift zur Schaufel und schippt eine Ladung Sand in eines der Löcher. Mit ausgestreckter Hand wartet es darauf, dass es von uns für die Mühe belohnt wird. Keine fünf Minuten später wiederholt sich das Schauspiel. Wieder sind es Frauen, vor allem alte Frauen, und kleine Kinder, die versuchen, mit dieser kleinen Gefälligkeit den Autofahrern gegenüber die Haushaltskasse etwas aufzubessern. Da wir uns, was Trinkgeld angeht, so verhalten wollen wie die Einheimischen, beobachte ich, wie andere Verkehrsteilnehmer sich verhalten. Lkw- und Busfahrer werfen meist ein paar Münzen aus dem Fenster. Pkw-Fahrer jedoch schließen ihre Fensterscheiben und fahren ohne anzuhalten weiter. Ich habe ein Problem damit, Kindern Geld zu geben. Zu leicht werden diese von ihren Familien zum Geldeintreiben ausgenutzt und, statt zur Schule, auf die Straße geschickt.

„Nach links!", schreie ich und schlage Tobias, der gerade versucht, sich im Schilderwald von San Pedro Sula zurechtzufinden, vor Aufregung auf die Schulter. Vor uns auf der Fahrbahn klafft ein riesiges Loch. Es ist ein Gully – nur leider ohne Deckel. Während ich noch meinem Ärger darüber Luft mache, wie verantwortungslos es ist, Gullydeckel zu entfernen, muss Tobias schon wieder einen Haken schlagen, um das Fahrzeug nicht in der Kanalisation zu versenken. Gullydeckel scheinen hier Mangelware zu sein, denn sie fehlen überall. In ganz San Pedro Sula gibt es keinen einzigen Gullydeckel. Warum das so ist, hat einen ganz einfachen Grund. Aber den erfahren wir erst sehr viel später.

In Omoa an der Karibikküste hoffen wir andere Reisende zu treffen. Doch außer uns beiden gibt es im ganzen Ort noch genau zwei weitere Touristen. Mit dem einen gehen wir abends essen. Der andere ist ein junger Mann aus Guatemala, der mit seinem Kajak die Küste entlang fährt. Er wird nachmittags am Strand von Omoa überfallen und ausgeraubt. Die Sicherheitslage in Omoa ist bedenklich. Seit einem Jahr, so erzählt man uns, kommen fast keine Touristen mehr hierher. Zum einen liege das an der neuen, gut ausgebauten Straße, die direkt am Ort vorbei zur guatemaltekischen Grenze führt und einen Zwischenstopp in Omoa nicht mehr notwendig macht. Zum anderen gibt es rund um Omoa keine Sehenswürdigkeiten, die einen längeren Aufenthalt rechtfertigen würden. Und auch die Strände sind zwar ganz nett, aber weit entfernt von den Traumstränden, wie man sie von Postkarten kennt. Die im ganzen Land herrschende Korruption und die Kriminalität tun ein Übriges, um das Geschäft mit dem Tourismus zu behindern. So sollte zum Beispiel in Omoa ein Kreuzfahrthafen gebaut werden. Die Finanzierung, die Pläne, alles war bereits geklärt, als die Regierung aus undurchsichtigen Gründen beschloss, wenige Meter vom geplanten Kreuzfahrthafen entfernt ein Erdgaslager zu errichten. Aufgrund der erhöhten Gefahr gibt es nun keinen Kreuzfahrthafen in der Stadt und damit auch keine Kreuzfahrttouristen. Und auch die anderen Touristen bleiben entweder ganz weg oder verlassen den Ort nach einer Nacht wieder. Wer einen Ausflug in die Umgebung machen will, wird von den Einheimischen angehalten, nichts außer einer Flasche Wasser mitzunehmen, weil er unter Garantie überfallen wird. Wenn man nichts dabei hat, so sagen die, die es gut mit einem meinen, dann kann einem auch nichts genommen werden. Aber wer will schon sein Leben riskieren? Die Fensterläden der Hotels sind geschlossen. Die Terrassen der Restaurants sind leer. An jedem zweiten Gebäude hängt ein Zettel „Zu Verkaufen", doch keiner will hier investieren. Alle wollen weg.

„Der Ort stirbt", erzählt uns ein Einheimischer mit versteinerter Miene. „Das ganze Land geht allmählich den Bach runter."

Er klingt verbittert, so wie viele Honduraner. Man merkt den Menschen an, wie sehr sie unter der instabilen Situation ihres Landes leiden.

Das erste Mal auf unserer Reise können wir uns mit einem Land nicht anfreunden. Honduras gefällt uns nicht. Und mit den Menschen werden wir auch nicht richtig warm. Aber wir wollen kein voreiliges Urteil fällen über ein Land, das wir erst seit ein paar Tagen kennen. Und so beschließen wir, eine Pause einzulegen, eine Weile auszusetzen mit dem Reisen. In La Ceiba suchen wir uns ein Hostel, in dem wir unseren Landy für drei Wochen unterstellen können. Wir selbst setzen mit der Fähre über nach Utila. Wir wollen die Gelegenheit nutzen, auf der Insel, die bekannt ist für ihre unzähligen Tauchbasen, unsere Ausbildung zum Divemaster zu beenden.

Auf Tauchstation

Als wir auf Utila ankommen, regnet es. Die Straßen der Insel stehen knöcheltief unter Wasser. Es riecht nach Kloake. Auch nach zwei Tagen, als die Sonne wieder scheint und die Insel halbwegs trocken ist, hängt noch immer ein muffiger, modriger Geruch über der Insel und in unseren Klamotten.

Da wir als Teilnehmer des Divemaster-Kurses kostenlos tauchen dürfen, nutzen wir jede Gelegenheit für einen Tauchgang. Sobald es unser straffer Stundenplan aus Unterricht, theoretischen sowie praktischen Prüfungen und Mitarbeit auf der Tauchbasis zulässt, tauchen wir ab. Unter Wasser erwartet uns eine Welt, die alles andere in Vergessenheit geraten lässt. Unterhalb des Meeresspiegels gibt es keinen Straßenlärm, keine Hupkonzerte, keine Polizisten, keine Zöllner, keine bettelnden Kinder, keine nervenden Händler, keine Hektik, keinen Stress, keine negativen Gedanken. Schwerelos und leicht schweben wir an bunten Korallenriffen entlang, bewundern die majestätischen Bewegungen der Adlerrochen, die an uns vorbeiziehen, bestaunen Schildkröten, Moränen und Barracudas. Fasziniert gleiten wir an den Rümpfen versunkener Schiffe hinab. Und begeistert folgen wir den Rufen der Delphine, die uns begleiten. Unter Wasser wird es uns nie langweilig. Ganz anders dagegen über Wasser. Utila hat nicht viel zu bieten, keine schönen Strände, keine Sehenswürdigkeiten oder Attraktionen, keine Touranbieter. Dementsprechend haben auch die Touristen nichts zu tun und hängen entweder apathisch in einer der Tauchbasen oder in einem der Cafés herum – meist barfuß und mit einer Flasche Bier in der Hand. Wenn sie nicht gerade trinken oder tauchen, schlendern sie ziellos durch die Straßen und schauen den Einheimischen beim Domino-Spiel zu. „Kill only time", steht unter dem Logo einer Tauchbasis. Nichts liegt uns ferner als die Zeit totzuschlagen. Zeit ist in unseren Augen kostbarer als alles Geld der Welt. Wir sind froh, als wir den letzten Test bestanden haben, die Ausbildung zum Divemaster abschließen und die Insel verlassen können.

Doch so einfach ist das nicht. Die Fähre fährt nicht, weil der Hafen in La Ceiba wegen heftigen Sturms geschlossen ist und dies voraussichtlich auch noch die ganze Woche sein wird. Das Flugzeug fliegt nicht, weil die Landebahn in La Ceiba unter Wasser steht. Wir lassen uns trotzdem auf die Warteliste setzen und haben Glück. Noch am selben Tag gibt der Flughafen in La Ceiba grünes Licht. Mit dem Taxi fahren wir zum Flughafen auf Utila, der aus einer einzigen asphaltierten Bahn besteht, ohne Abfertigungshalle, ohne Tower, ohne Schranke, ohne alles. Die Flugtickets kaufen wir direkt auf der Start- und Landebahn von einer Dame, die eigens zu diesem Zweck mit einem Golfwägelchen angefahren kommt und die Vordrucke per Hand ausfüllt. Eigenhändig laden wir unser Gepäck in die Maschine. Zwanzig Minuten später sind wir in La Ceiba, vierzig Minuten später haben wir unseren Landy wieder, drei Stunden später schließlich und endlich sind Lenkrad, Schränke und Schuhe vom Schimmel befreit, der sich während unserer Abwesenheit, vermutlich aufgrund der hohen Luftfeuchtigkeit, im Innenraum unseres Fahrzeugs breit gemacht hatte. Es gießt noch immer in Strömen. Der Monsunregen hat uns erwischt.

Wo Schatten ist, muss auch Licht sein

Die Strecke von Trujillo über San Esteban bis nach Juticalpa wird von den Einheimischen noch immer *Camino de la muerte,* „Straße des Todes", genannt. Bis vor kurzem konnte man hier nur im Konvoi fahren, um sich vor Überfällen zu schützen. Heute muss man nur noch den Regen fürchten, der die unbefestigte Straße binnen kürzester Zeit in eine Schlammstrecke verwandelt und ihr Befahren nahezu unmöglich macht. Obwohl es die letzten drei Tage ununterbrochen geregnet hat, wählen wir diese Route in den Süden des Landes.

Die Strecke führt durch die Berge, vorbei an kleinen Ortschaften, an Äckern und Weideflächen. Die Menschen hier wirken wesentlich entspannter als an der Küste. Wir überqueren den Bergrücken und finden uns urplötzlich in einem trockenen und gemäßigten Klima wieder. Pinienwälder säumen den Weg, das Thermometer zeigt plötzlich nur noch 15 °C.

Eigentlich hatten wir vor, auf direktem Weg an die nicaraguanische Grenze zu fahren. Doch hier, am Rande der berühmt-berüchtigten *Moskitia,* jenem schier undurchdringlichen Regenwaldgebiet im Osten Honduras, versöhnen wir uns mit diesem Land. Die Legende erzählt, dass irgendwo inmitten des Dschungels eine „Weiße Stadt" liegt. Mehrere Male soll sie bereits aus dem Flugzeug heraus gesichtet worden sein, doch bisher waren alle Versuche, diesen geheimnisvollen Ort über Land zu erreichen, erfolglos. Kurzzeitig spielen wir mit dem Gedanken, einen Abstecher in die Moskitia zu machen. Auf unserer Straßenkarte ist ein dünner Weg von Juticalpa bis nach Puerto Lempira eingezeichnet. Doch niemand kann uns sagen, in welchem Zustand dieser nach den Regenfällen der letzten Tage ist. Wir wollen nicht riskieren, womöglich unsere Freunde versetzen zu müssen, die ja extra wegen uns schon bald aus Deutschland anreisen. Und so verschieben wir das Abenteuer Moskitia auf ein andermal, auf eine andere Reise.

Wir wandern durch den Nationalpark La Tigra, der zu den artenreichsten Gebieten des ganzen Landes zählt, wir besuchen die Tabakfabriken in Danlí und verlieben uns auf Anhieb in die Kleinstadt Yuscarán, die mit ihren verwinkelten Gässchen, den weiß gekalkten Mauern und den dunkel gestrichenen Holzballustraden einen ganz eigenen Charme versprüht. Der Osten Honduras gefällt uns sehr viel besser als der Westen. Hier ist nichts von der Kriminalität und der Korruption des Westteils zu spüren. Doch es gibt sie auch hier, die Korruption.

„Für 25.000 US-Dollar kannst du dir die honduranische Staatsbürgerschaft kaufen", erzählt uns Jochen, der Deutschland schon vor Jahren verlassen hat, um sich in Honduras ein neues Leben aufzubauen.

„Das ist nichts anderes als Korruption. Nur eben legalisiert."

Wir berichten ihm von unseren Eindrücken, von der Armut, die im Westen des Landes größer zu sein scheint als im Osten.

Er nickt: „Wenn du siehst, wieviel Entwicklungshilfe allein Europa leistet, dann fragst du dich schon, warum es dem Land noch immer schlecht geht. Honduras dürfte nicht arm sein. Aber der größte Anteil der Gelder landet in privaten Taschen."

Woran er das festmacht, will ich wissen.

„Straßen, Brücken, Gebäude, die schon seit langer Zeit geplant sind, werden einfach nicht gebaut. In den Krankenhäusern gibt es keine Medikamente, in Schulen keine Lehrer, in den Dörfern keinen Strom …"

„Entlang der Straße stehen überall Strommasten", unterbreche ich ihn, „aber es fehlen die Kabel. Wir haben zwar jede Menge dieser großen hölzernen Baukabeltrommeln gesehen, doch auch die hatten keine Kabel aufgewickelt."

Jochen lacht, dann klärt er uns auf. Die ostasiatische Industrie boomt und benötigt irrsinnige Mengen an Metallen aller Art für ihre Produktion. Aus diesem Grund sind die Preise für Rohstahl, Eisen oder Kupfer weltweit gestiegen. Und das wiederum ist der Grund dafür, dass geschäftstüchtige Menschen alles einsammeln, was aus Metall ist, es einschmelzen und anschließend wieder verkaufen. Es ist also kein Zufall, dass überall im Land Kabel verschwinden oder Gullydeckel fehlen.

Jetzt lacht auch Tobias. Und am Ende stimme sogar ich mit ein, obwohl ich bei dem Gedanken an unsere halsbrecherischen Ausweichmanöver wegen offener Kanallöcher noch immer Gänsehaut bekomme. Honduras hat sich uns in den ersten Tagen wahrhaftig von seiner Schattenseite präsentiert. Doch wo Schatten ist, da ist eben auch Licht.

NICARAGUA
Warten auf bessere Zeiten

Es gibt Länder auf dieser Erde, von denen wir ein mehr oder weniger konkretes Bild im Kopf haben. Und obwohl wir noch nie einen Fuß in sie gesetzt haben, sind sie uns doch auf eine bestimmte Art und Weise vertraut. Wir kennen sie, oder glauben sie zu kennen, aus Filmen, Romanen, Erzählungen und Reiseberichten. Was meine Vorstellung von Nicaragua anging, so glich sie einem weißen Blatt Papier. Es gab nichts, was mir spontan zu diesem Land einfiel. Nach einigem Nachdenken wäre ich in der Lage gewesen, zwei Worte aufs Papier zu schreiben. Das eine Wort war „Kaffee", das andere „Ortega", ein Name, der just in dem Moment, da wir nach Nicaragua einreisen, in aller Munde ist. Im November 2006 gewinnt Daniel Ortega die Präsidentschaftswahlen. Auf ihm ruhen nun alle Hoffnungen. Er soll für ein besseres Nicaragua sorgen – obwohl er das Land bereits einmal in eine Krise geführt hat.

Als 1977 die Sandinisten den Diktator Samoza zu Fall brachten und daraufhin im Jahre 1979 selbst die Macht übernahmen, saß Daniel Ortega im Regierungsausschuss. Unter der Herrschaft der Sandinisten wurden Bildungskampagnen ins Leben gerufen, das Gesundheitssystem ausgebaut und eine Landreform durchgeführt, im Zuge derer das Land an Kleinbauern und Kooperativen verteilt wurde. In den 90er-Jahren kehrten jedoch die einst ins Exil geflohenen Großgrundbesitzer zurück und forderten die Rückgabe ihrer Ländereien. Die Sandinisten hatten es seinerzeit unterlassen, vielleicht auch einfach vergessen, die Besitztitel der Ländereien umzuschreiben und die Namen der neuen Eigentümer einzutragen. Die ungeklärten Besitzverhältnisse führten zu Rechtsstreits, von denen viele noch immer nicht geklärt sind, und zur Landflucht.

Estelí, unsere erste Station in Nicaragua, ist eine geschäftige, hektische und wenig einladende Stadt. Wie immer steuern wir die Plaza, den Dreh- und Angelpunkt jeden Lebens in zentralamerikanischen Städten, an und finden uns unvermittelt in einer

Kundgebung wieder, die die Rechte der Frauen zum Thema hat und zu einer Ehe ohne Gewalt mahnt. Schon seit Guatemala begleiten uns diese Kampagnen. All die bemalten Häuserwände, die Plakate und Flugblätter, die auf den Eingangstüren der Bars, Restaurants, Läden und an Bushaltestellen kleben, lassen keinen Zweifel daran, dass es in den Ländern des „Machismo" noch ein weiter Weg zur Gleichstellung der Geschlechter ist. Nach außen hin ist der Mann der Boss der Familie, doch hinter den Kulissen sind es oft die Frauen, die sich um Familie und Lebensunterhalt kümmern. Sie fertigen Körbe, Decken, Kleidung an, verkaufen Essen oder Souvenirs, kümmern sich um die Erziehung der Kinder, versorgen Großeltern, Onkel und Tanten, füttern die Tiere und halten Haus und Hof in Ordnung.

Hilfe zur Selbsthilfe

Für die Fahrt nach Jinoteca und Matagalpa wählen wir eine Strecke durchs Hinterland, abseits der üblichen Touristenroute. Zunächst führt der Weg durch duftende Pinienwälder. Ab und zu sehen wir durch die Äste einen Vulkankegel spitzen. Bald darauf schaukeln wir auf abenteuerlichen Pisten durch eine knochentrockene Steppenlandschaft. Stundenlang sehen wir nichts anderes als rote Erde, grüne Büsche, blauen Himmel. Dann stehen wir vor einem Abzweig. Links schlängelt sich der Weg durchs Gestrüpp den Hügel hinauf, rechts den Hügel hinunter. Weder Karte noch GPS helfen weiter. Wir warten. Auf eine göttliche Eingebung. Auf einen Blitz aus heiterem Himmel. Auf den Reiter, der sich langsam nähert. Es ist schwer zu sagen, wer älter ist, das Maultier oder sein Reiter. Beide sind nur noch Haut und Knochen. Beide haben eine graue Farbe. Der alte Mann sagt etwas, das ich nicht verstehe. Er hat nur noch einen Zahn im Mund, seinen kleinen Kopf hat er mit einem riesigen Turban umwickelt. Ich frage, welcher Weg auf die Hauptstraße nach Jinoteca führt, aber wieder verstehe ich ihn nicht. Da kommt der Alte ganz nah heran und klopft auf meinen rechten Arm. Diesen Weg sollen wir nehmen. Wir biegen rechts ab.

Die Strecke ist schlecht, erinnert an einen Pferdepfad. Hier ist schon lange kein Auto mehr gefahren. Die Dörfer, die wir passieren, bieten ein Bild grenzenloser Armut. Aus Ästen und Zweigen haben sich die Menschen eine Behausung gebaut. Pappkartons dienen als Wände, eine Plastikplane als Dach. Männer, Frauen und Kinder sitzen vor ihren Hütten auf der Erde. In den Dörfern gibt es keinen Strom. Ich erinnere mich, dass wir an einem Wasserspeicher vorbeigekommen sind, also muss es zumindest eine Wasserversorgung geben.

„Sieh doch nur!"

Tobias deutet auf mehrere Kloschüsseln, die deplaziert zwischen den Bäumen stehen. Teilweise sind die Reste der zugehörigen Klohäuschen noch zu erkennen – und manchmal auch das Logo der Entwicklungshilfe-Organisation, die sie finanziert und gebaut hat. Doch meistens steht außer der Schüssel nur noch das Fundament. Die Wellblechdächer wurden als Wind- und Wetterschutz neben die Hütten gestellt, aus den Backsteinen hat man Öfen gebaut und die Holztüren der Klohäuschen mussten vermutlich als Feuerholz herhalten. Nur für die Kloschüsseln hat niemand mehr Verwendung. Ich schwanke zwischen Lachen und Weinen.

Tobias sieht das Ganze pragmatisch: „Wenn das Klo stabiler und von höherem Standard ist als die Hütte, in der ich lebe, dann würde ich an ihrer Stelle auch ins Klohäuschen ziehen."

Die Straße, die von Jinoteca über Matagalpa Richtung Küste führt, windet sich wie eine silbergraue Schlange durch bewaldete Berge hinunter in eine grüne Ebene. Unten angekommen streckt sie sich der Länge nach dem Meer entgegen. Doch kurz bevor sie es erreicht, teilt sie sich. Links geht es nach León, unserem nächsten Ziel.

Die Stadt León wurde 1524 am Fuß des Vulkans Momotombo gegründet und 1610 bei einem Ausbruch des Vulkans zerstört. Von „León Viejo", dem alten León, stehen heute nur noch ein paar spärliche Mauerreste. 32 Kilometer davon entfernt wurde die Stadt neu aufgebaut.

León, eine Universitätsstadt, wirkt am Sonntagnachmittag wie ausgestorben. Eine drückende Hitze lastet auf den Gebäuden und

Straßen. Aus den bunten Häuserzeilen dringt kein Ton nach außen. Die breiten, im rechten Winkel angeordneten Straßen sind menschenleer. Erst als die Sonne untergeht, erwacht León zum Leben. Suppenstände und Pizzabuden werden auf der Plaza aufgebaut, unter den Bäumen kuscheln Liebespaare, Blasorchester ziehen durch die Straßen, vor der Kulisse der majestätisch in den Himmel aufragenden Kathedrale stellen Jugendliche ihre Kunstfertigkeit auf dem Zweirad zur Schau, Familienväter kaufen ihren Söhnen einen Hot dog und ihren Töchtern rosafarbene Zuckerwatte.

Einen Block hinter der Kathedrale liegt der Mercado, der Obst- und Gemüsemarkt. Bereits früh am Morgen herrscht in dem Labyrinth aus Gassen, Verkaufsständen, Garküchen und Tischen ein dichtes Gedränge. Wir suchen uns einen Platz auf den schmalen Holzbänken, zwischen einer Gruppe von Schulkindern, die hier noch schnell frühstücken, bevor sie zum Unterricht gehen. Sofort stecken die Schüler die Köpfe zusammen und tuscheln aufgeregt. Der Mann, der uns eben noch gefragt hat, was wir essen wollen, rennt zwischen den anderen Ständen hin und her, um Gläser für uns zu organisieren. Davon, dass wir wie alle anderen auch aus

Leben in Nicaragua

Plastikbechern trinken können, will er nichts hören. Seine Frau schaufelt uns die Teller bis zum Rand voll mit *gallo pinto*, einer Mischung aus Reis und Bohnen. Dazu gibt's ein Stück Ziegenkäse, eine frittierte Kochbanane und ein Spiegelei. Tobias schmeckt's. Er genehmigt sich noch einen Nachschlag. Wir haben eine lange Fahrt vor uns.

Im Nordwesten des Landes ragt eine kleine Landzunge in den pazifischen Ozean hinein. Links erstreckt sich das Meer, rechts schließt sich die Küste von Honduras an, das der Spitze gegenüberliegende Ufer gehört bereits zu El Salvador. Aus der Mitte der Landzunge erhebt sich der 860 Meter hohe Vulkan Cosegüina. Von seinem Kraterrand hat man einen fantastischen Blick auf den Golfo de Fonseca und die Küstenstreifen der Nachbarländer. Der Weg führt durch dichten, trockenen Regenwald. Das gesamte Gebiet um den Vulkankegel herum ist ein Naturreservat, ein durch US-Entwicklungsgelder finanziertes Projekt, um die Natur vor Raubbau zu bewahren und um die Meeresschildkröten, die am Strand ihre Eier ablegen, vor den Menschen zu schützen. Doch trotz aller Zäune und Schilder werden noch immer Bäume gefällt, um Häuser daraus zu bauen. Noch immer holen die Menschen tagsüber Feuerholz aus den Wäldern und gehen nachts auf die Jagd. Und auch die Meeresschildkröten, so berichtet uns der Ranger im Visitor Center in El Rosario, können dieses Jahr nicht geschützt werden. Dazu müsste man nachts den Strand bewachen, denn die Tiere kommen bei Dunkelheit an Land, um ihre Eier abzulegen. Und die Bewachung ginge nur mit Taschenlampen. Die jedoch werden mit Batterien betrieben, und dafür sei gerade kein Geld da. Vielleicht nächstes Jahr. Im gleichen Atemzug verlangt der Ranger von uns 18 US-Dollar für die Übernachtung auf dem Rasen des verwahrlosten Visitor Centers und für den Eintritt ins Naturreservat. Heilige Wut ergreift mich. Von dem Geld kann er viele Batterien kaufen.

„Das Projekt wurde von den USA ins Leben gerufen", klärt uns der Ranger auf. „Die Amerikaner haben auch die Rangerstation gebaut und unsere Leute geschult. Doch nun fehlt das Geld, um den Betrieb am Laufen zu halten."

„Warum?" will ich wissen.

„Es kommen keine Besucher, weil wir keine Straße haben", ereifert sich der Ranger. „Überall im Land bauen sie asphaltierte Straßen. Nur hier nicht. Die Straße, die hierher führt, ist eine Zumutung. Ein Schlagloch neben dem anderen."

„Warum hat man die Straße nicht gleich ausgebaut, als das Projekt ausgeführt wurde?", nerve ich noch einmal.

„Weil Straßen nicht aus Entwicklungsgeldern finanziert werden", mischt sich Tobias ein. „Straßenbau fällt in eine andere Zuständigkeit."

Der Ranger lächelt gequält und kickt mit dem Fuß eine Plastikflasche ins Gras. Die Mülltonne steht keine zwei Meter von ihm entfernt. Es liegt mir auf der Zunge, zu fragen, warum das Projekt nicht auch ohne Touristen durchgeführt wird. Die Tatsache, dass die Besucher ausbleiben ist schließlich keine Rechtfertigung dafür, dass ein geschützter Wald abgeholzt wird oder dass es Schildkröteneier zum Frühstück gibt. Aber ich schlucke die Frage hinunter, denn die Antwort ist offensichtlich. Mir sind auf der Herfahrt die windschiefen Hütten aus halb vermoderten Holzplanken mit palmwedelgedeckten Dächern nicht entgangen. Darf man von den Menschen, die hier leben, wirklich erwarten, dass sie ihre Umwelt schützen? Wie soll man jemandem plausibel erklären, dass er keinen Baum fällen darf, wenn er Holz zum Kochen braucht? Wie soll jemand Verständnis für den Schutz von Schildkröten aufbringen, wenn er selbst nicht einmal sauberes Wasser zum Trinken hat? Wieso soll jemand eine Rangerstation, die für Touristen gebaut wurde, in Ordnung halten, wenn er selbst in einem Bretterverschlag lebt?

Geschichten-Erzähler

Es war einmal eine Hexe namens Chacitutique. Sie lebte im Inneren des Vulkans Masaya, und immer wenn sie wütend war, spuckte sie Feuer und schleuderte Steine über den Kraterrand. Dann wussten die Chorotega-Indianer, dass es an der Zeit war, der alten Hexe wieder ein paar Jungfrauen zu opfern. Das war lange bevor die Spanier kamen. Die Spanier wussten nichts von einer Hexe. Aber sie glaubten an den Teufel. Und als sie am Krater des Vulkans standen, waren sie sich sicher, den Eingang zur Hölle gefunden zu haben. Sie nannten den Vulkan „Boca del Infierno", Höllenschlund, und errichteten auf einer Felsnase über dem Krater ein Kreuz, damit der Teufel seine Wohnung fortan nicht mehr verlassen konnte.

Eine asphaltierte Straße führt hoch bis zum Kraterrand des Vulkans Masaya. Beißende Schwefeldämpfe steigen aus dem 180 Meter tiefen Krater und hüllen die gesamte Umgebung ein. Schilder warnen davor, länger als zwanzig Minuten hier zu verweilen. Und wirklich spüren wir schon nach wenigen Minuten ein leichtes Kratzen im Hals. Trotzdem können wir uns nicht von diesem brodelnden Kessel losreißen. Wir warten bis der Wind dreht, die Schwefelwolken von uns weg treibt und den Blick frei gibt auf dieses Loch inmitten des karstigen Gesteins. Auf dem Boden des Kraters soll flüssige Magma brodeln. Ein bedrohliches Grollen kommt aus der Tiefe und mischt sich plötzlich mit schrillem Gekreische. In der Abenddämmerung kommen die grünen Papageien zurück, die in den Felsvorsprüngen der Kraterwand nisten. Schreiend ziehen sie über unsere Köpfe hinweg, mitten durch die Schwefelwolken hindurch, auf die andere Seite des Kraters. Ihnen scheinen die giftigen Dämpfe nichts auszumachen.

Südlich von Masaya treffen wir auf die Panamericana und werden kurz darauf von einer Polizeistreife angehalten. Angeblich seien wir mit 80 Kilometern an einem 45-km/h-Schild vorbeigerauscht. Wir haben nichts gesehen. Also drehen wir um und lassen uns das „Schild" zeigen. Mit weißer Farbe steht auf der Fahrbahn: „45 km/h – Escuela". Kein Schild also. Und übrigens auch keine Schule, denn es ist Sonntag. Das stört den Polizisten nicht im Geringsten. Er droht damit, uns einen Strafzettel über 100 US-Dollar auszustellen und den Führerschein einzuziehen, bis wir die Strafe gezahlt hätten. Als wir weder Geld noch Führerschein hergeben, droht der Polizist an, uns zu verhaften und ins Staatsgefängnis nach Managua zu bringen. Das Spiel beginnt. Die Spielregeln sind immer die gleichen. Am Ende gewinnt derjenige, der die meiste Geduld aufbringt. Was uns angeht, so haben wir alle Zeit der Welt. Doch natürlich erklären wir dem Polizisten, wir hätten überhaupt keine Zeit zur Bank zu gehen, um den Strafzettel zu bezahlen, da wir uns bereits auf dem Weg zur Grenze befänden und das Land heute noch verlassen wollten. Der Polizist zeigt sich verständnisvoll, räumt ein, dass man die Angelegenheit auch anders regeln könnte. Ausnahmsweise könnten wir die Strafe bei ihm direkt begleichen. Bar. Jetzt heißt es, verhandeln. Als sich der Polizist und Tobias schließlich auf einen Betrag von 10 US-Dollar einigen, habe ich bereits heimlich und unbemerkt den Geldbeutel leer geräumt. Demonstrativ zeige ich dem Polizisten unsere letzten Münzen, umgerechnet etwa 3 Dollar. Mehr haben wir nicht mehr, erkläre ich mit unschuldigem Lächeln und notiere mir seine Dienstnummer. Der Polizist steht nun vor der Wahl, das Geld zu nehmen oder Ärger mit seinem Vorgesetzten zu bekommen. Er nimmt das Geld. Wir hatten nichts anderes erwartet.

Aus dem Ei geschlüpft

Wir sind natürlich noch nicht auf dem Weg zur Grenze, sondern unterwegs zum Meeresschildkröten-Reservat „La Flor", kurz hinter San Juan. Die Saison, in der die Wasserschildkröten hier am Strand ihre Eier ablegen, ist schon fast zu Ende, nur noch einzelne Tiere kommen nachts an Land. Dafür schlüpfen jetzt bereits die ersten Jungen. Und zwar auch ausschließlich nachts. Etliche Male laufen Tobias und ich den kilometerlangen Strand auf und ab und können bald nur noch mit Mühe unsere Augen offen halten. Wir überlegen schon, für ein kurzes Nickerchen ins Auto zurückzugehen, als wir einen kleinen Schatten neben unseren Füßen bemerken, der sich aufs Wasser zubewegt. Mit einem Schlag sind wir hellwach. Wir verfolgen die Spur der kleinen Meeresschildkröte zurück und stehen schon bald vor einem Nest, aus dem Hunderte von kleinen, etwa handtellergroßen Schildkröten krabbeln und sich auf ihre erste große Wanderung Richtung Meer begeben. Das Glitzern der Wasseroberfläche im Mondlicht dient ihnen dabei als

Orientierungshilfe. Es ist ein weiter Weg für die kleinen Schildkröten, und immer wieder müssen sie eine Verschnaufpause einlegen. Nur schwer widerstehen wir dem Drang helfend einzugreifen, denn die Schildkröten-Babys sollen aus eigener Kraft das Meer erreichen. Sie müssen schließlich ihre Muskeln stärken, um gegen die Strömung und die Wellen anschwimmen zu können. Für die Kleinen sind die ersten Minuten nach der Geburt ein Kampf auf Leben und Tod. Vögel kreisen über dem Strand, Hunde streifen umher, alle auf der Suche nach einem Leckerbissen. Die Schildkröten, die das Meer erreichen, sind dort sofort den nächsten Gefahren ausgesetzt. Wenn sie Pech haben, landen sie in den Mägen von Raubfischen, in Schiffsschrauben oder Kochtöpfen. Nur etwa zehn Prozent erreichen das fortpflanzungsfähige Alter und können an den Strand ihrer Geburt zurückkehren, um dort ihre Eier abzulegen.

Irgendwann holt uns die Müdigkeit ein. Wir schleppen uns zu unserem Fahrzeug zurück und schlafen auf der Stelle ein. In dieser Nacht träume ich von Schildkröten, von kleinen, dunkelgrauen, ledrigen Schildkröten …

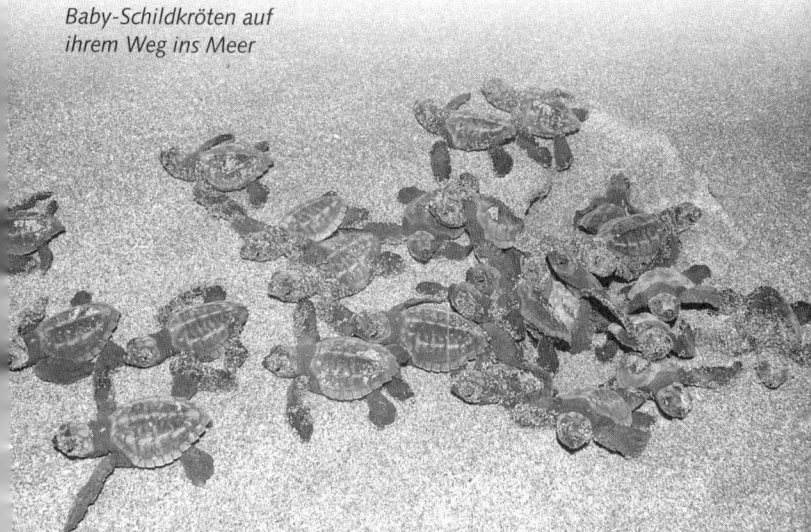

*Baby-Schildkröten auf
ihrem Weg ins Meer*

COSTA RICA
Pura Vida

Costa Rica hat mit dem Rest Zentralamerikas ungefähr so viel gemeinsam wie ein Apfel mit einer Glühbirne. Wir ahnen dies bereits als wir die Grenze erreichen. Hier geht es ruhig und gesittet zu. Keine Kinder, die ihre Nasen an unseren Scheiben plattdrücken und darum wetteifern, unser Fahrzeug bewachen zu dürfen. Keine „Tramitadores", die uns gegen ein kleines Trinkgeld durch die Grenzbürokratie schleusen wollen. Stattdessen höfliche Beamte, die uns unseren Platz in der Schlange weisen. Leider ist auch vom sonstigen Temperament der Zentralamerikaner wenig zu spüren – und so dauert der Grenzübertritt, obwohl er zügig und ohne Probleme vonstatten geht, trotzdem drei Stunden.

Die „Ticos", wie sich die Costaricaner nennen, sind ein gemütliches Volk. Und ein wohlhabendes obendrein. Costa Rica ist das kleinste, aber auch das reichste Land in Zentralamerika. Was also hat Costa Rica, was die anderen Länder nicht haben? Die Frage lässt sich einfach beantworten: Costa Rica hat Touristen und Investoren. Etwa 70% der für private Nutzung zur Verfügung stehenden Landfläche gehören Ausländern. In erster Linie sind es Amerikaner, Deutsche und Schweizer, die sich in Costa Rica niedergelassen haben und sich nun mit den zahlreichen Touristen eine goldene Nase verdienen. Der Tourismus ist in Costa Rica seit Jahren Wirtschaftsfaktor Nummer eins und hat dem Kaffee längst den Rang abgelaufen. Jedes Jahr strömen über eine Million Touristen ins Land, die meisten davon in den Monaten Dezember bis Februar. Anders als in den Nachbarländern trifft man hier nur selten Rucksackreisende, sondern überwiegend reiche Amerikaner mit Mietwagen und gut organisierte europäische Reisegruppen. Costa Rica, so verrät uns der Inhaber eines Hostels, legt keinen Wert auf Individualtouristen, denn mit denen lässt sich kein Geld verdienen. Wohlhabend sollen sie sein, die Reisenden, die nach Costa Rica kommen. Und willig, Geld auszugeben. Je mehr desto besser. Costa Rica ist mitnichten ein Billig-Reiseland. Doch nicht nur das Preisniveau trennt Costa

Rica von seinen Nachbarn. Als einziges zentralamerikanisches Land hat Costa Rica die Armee abgeschafft und das Schulsystem extrem ausgebaut, nur noch jeder zwanzigste Costaricaner kann nicht lesen und schreiben. Über die Hälfte der Ticos wohnt in Städten. Ihr Lebensmotto lautet „Pura vida – pures Leben".

Wir haben noch drei Tage Zeit, bevor wir unsere Freunde aus Deutschland treffen und wollen ein bisschen das Hinterland erkunden. Doch die Ausflüge gestalten sich als Hindernislauf. Im Norden Costa Ricas hat es die letzten drei Tage ohne Unterbrechung geregnet. Die Zufahrt zum wenig besuchten Nationalpark Guanacaste ist ab Santa Cecilia unbefestigt, steil und matschig. Der nasse, rot glänzende Lehmboden hat die Konsistenz von Schmierseife. Innerhalb weniger Sekunden ist unser Reifenprofil komplett zu. Und dann passiert's: Tobias gibt Gas, um eine kleine Steigung hochzufahren, die Reifen drehen durch, der Landy stellt sich quer in den Feldweg, nichts geht mehr. Da helfen weder Untersetzung noch Differenzialsperre. Ich steige aus und versuche zu schieben, sehe meine Selbstüberschätzung allerdings sofort ein, als sich der Landy mit drei Tonnen Gewicht auf mich zuschiebt. Zum ersten Mal in den nunmehr acht Monaten Reisedauer holen wir also unsere Waffleboards vom Dach. Ob es Zufall ist, dass diese wabenartigen Bretter die gleiche Farbe haben wie der lehmige Untergrund? Wir sind noch vier Kilometer vom Eingang des Nationalparks entfernt, als wir endgültig umdrehen müssen.

Einen Tag später steuern wir den Nationalpark Rincón de la Vieja an. Tiefe Rillen durchziehen die steinharte und schneeweiße Kalkstein-Piste, die sich bergauf, bergab durch einen dichten Nadelwald schlängelt. Wieder stoßen wir auf ein Hindernis. Ein umgefallener Baum hat sich in den Ästen eines anderen Baumes verfangen und hängt nun quer über der Straße – leider so tief, dass wir mit dem Dachgepäckträger stecken bleiben. Tobias holt die Machete raus und schlägt sich die Durchfahrt frei. Auf der Motorhaube stehend, hebe ich schließlich die letzten Äste vorsichtig über unsere am Dachgepäckträger angebrachten Frontscheinwerfer, während Tobias sich Millimeter für Millimeter vorwärts tastet. Bis jetzt finde ich Autofahren in Costa Rica ziemlich anstrengend.

Uli und Moni, unsere Freunde aus Deutschland, haben neben Autoersatzteilen, Geschenken, Briefen und Fotos auch jede Menge Fragen im Gepäck. Wie geht es den beiden? Sind sie gesund? Haben sie genug zu essen? Und die wichtigste Frage von allen: Vertragen sich die beiden noch? Drei Wochen haben sie Zeit, Antworten zu finden auf die Fragen von Freunden und Familie. Viele tun sich schwer mit der Vorstellung, dass wir wie Nomaden durch die Lande zu ziehen, dass die Erfahrungen und Eindrücke einer solchen Reise für uns mehr wert sind, als eine gesicherte Existenz. Und sie haben Angst, dass gemeinsames Reisen auf so engem Raum für so lange Zeit nicht etwa verbindet, sondern im Gegenteil den Wunsch nach Alleinsein fördert.

Seit acht Monaten leben Tobias und ich nun schon „auf der Straße". In unserem rollenden Zuhause fehlt es an nichts. Es gibt ein „Badezimmer" mit Campingklo und Außendusche, eine „Küche" mit zweiflammigem Campingkocher und einer Kühlbox, es gibt eine Sitzecke, ein „Schlafzimmer" mit Panoramafenster, und wenn wir die Markise aufstellen, haben wir sogar eine überdachte Veranda. Allerdings lässt es sich nicht leugnen, dass es in unseren vier Wänden ziemlich eng zugeht: Wenn der eine Zähne putzt, kann der andere nicht gleichzeitig Kaffee kochen. Wenn sich Dinge nicht an ihrem gewohnten Platz befinden, dann heißt es, eine Kiste nach der anderen rausholen, aufmachen, durchsuchen, zurückräumen. Doch mit der Zeit hat sich eine gewisse Routine eingestellt. Immer gleiche Handgriffe sorgen für einen reibungslosen Ablauf bei sich wiederholenden Handlungen. Und schließlich hat das enge Aufeinandersitzen auch positive Seiten. Eine zufällige Berührung beim Herausholen einer Box, ein Klaps auf den Po beim gemeinsamen Bettenmachen … es gibt viele Momente, in denen wir uns näherkommen …

Feuerberge

Am Morgen nach der Wiedersehensfeier machen wir uns mit unseren Freunden auf den Weg zum Vulkan Poás. Doch schon nach wenigen Metern zwingt ein Schrei aus dem hinteren Teil des

Wagens Tobias zur Vollbremsung. Auf Ulis Oberschenkel sitzt ein schwarzer Skorpion. Der blinde Passagier ist schnell an die frische Luft befördert. Alle atmen auf, nur Uli ist ein bisschen blass um die Nase.

In zahllosen Kurven windet sich die Straße aus dem Tal, vorbei an Ackerland, später durch Nadelwälder, bis hoch zum Vulkan. Wir erreichen den Kraterrand gerade noch rechtzeitig, um einen Blick auf die türkisfarbene Kraterlagune und die dampfenden Fumarolen zu erhaschen, bevor die ersten Wolken aufziehen und den Berg innerhalb weniger Minuten verschwinden lassen. Der Kraterrand selbst ist steinig und kahl, doch nur wenige Meter entfernt erstreckt sich dichter und dunkler Nebelwald.

Am nächsten Tag wartet schon der nächste Vulkan auf uns. Durch winzige Ortschaften, die aus nicht sehr viel mehr als einer baumbestandenen Plaza, einer dominanten Kirche und ein paar Straßen im Schachbrettmuster bestehen, fahren wir zum Nationalpark Braulio Carillo, um den Vulkan Barva zu besichtigen. Die Straße führt vorbei an zahllosen Kaffeeplantagen. An den mannshohen, dunkelgrünen Sträuchern hängen kleine, runde Beeren. Die meisten sind noch grün, ein paar wenige bereits dunkelrot. Wir steigen aus und pflücken einige der reifen Kaffeekirschen. Sie schmecken süß und erfrischend und bergen in ihrem Inneren zwei Bohnen. Um Kaffee zu erhalten, bräuchten wir nun nichts weiter zu tun, als die Bohnen zu trocknen, zu rösten, zu mahlen und anschließend aufzukochen.

Als wir den Lago Arenal erreichen, sieht es zunächst ganz danach aus, als würde uns der Blick auf den feuerspuckenden Vulkan Arenal verwehrt bleiben. Schwere, graue Wolken hängen kurz unterhalb des Gipfels. Hin und wieder fallen ein paar Regentropfen. Fasziniert schauen wir dem Wolkenspiel zu. Über uns in den Bäumen versucht ein Tukan im aufkommenden Wind das Gleichgewicht zu halten. Mit seinem zu groß geratenen Schnabel sieht er aus, als würde er jeden Moment vornüber kippen. Sein Ruf klingt nicht wie der eines Vogels, eher wie das Kläffen eines heiseren Hundes.

Wir wollen uns gerade damit abfinden, dass wir auf das eindrucksvolle Schauspiel glühender Lava verzichten müssen, da klart es auf. So schnell es der Landy und die Schotterpisten erlauben, rasen wir auf die Rückseite des Berges, jene aktive Seite, von der aus man nach Sonnenuntergang die Lava sehen kann – sofern eben keine Wolken den Blick verdecken und sofern der Berg überhaupt ausbricht. Der 1633 Meter hohe Arenal, der erst seit 1968 wieder spuckt, zählt zwar zu den aktivsten Vulkanen der Welt, doch seine Eruptionen sind unregelmäßig und unvorhersehbar. Wir stoppen auf der Straße, die zum ehemaligen Observatorium führt. Tief aus dem Inneren des Berges dringt ein dumpfes Grollen an unser Ohr. Und gegen den schwarzen Nachthimmel zeichnet sich deutlich die rote Lava ab, die seitlich am Berg herabrollt. Ab und zu reißt der Lavastrom ab. Funken sprühen und brennende Bälle springen durch die Luft. Ein paar Meter weiter unten setzt die zähflüssige Masse dann ihren Weg fort. Mit angehaltenem Atem verfolgen wir das Schauspiel. Dann schiebt sich eine Wolkenwand vor den Berg – und weg ist er. Aber der Eindruck, einen kleinen Vulkanausbruch miterlebt zu haben, bleibt.

Bei Tageslicht betrachtet, erinnert die Gegend um den Vulkan, speziell entlang des Ufers des Arenalsees, an einen Freizeitpark für Erwachsene. Die Hotels sind nicht einfach nur Hotels, sondern Themenparks. Da gibt es wasserspeiende Vulkane im Miniformat und sogar eine Nachbildung der Schweiz – inklusive Eisenbahn und Kuhherde. Sollte sich der Vulkan bedeckt zeigen, kann man sich die Zeit mit allerlei Aktivitäten vertreiben: Canopy, Hängebrücken, Reiten, Raften, Climbing, Hiking, Kajakfahren, Schmetterlings- und Schlangenfarmen ... Alle Anlagen sind, ganz im nordamerikanischen Stil, perfekt angelegt, um auch den weniger risikofreudigen Touristen ein Gefühl von Abenteuer zu vermitteln.

Eine Farbe: Grün

Auf dem Weg nach Monteverde lauert uns eine Gruppe Wegelagerer auf. *Coatimundis,* jene drolligen Nasenbären mit langer, spitz zulaufender Schnauze und zu kurz geratenen Beinen, stehen am Straßenrand, den langen, geringelten Schwanz kerzengerade in die Höhe gestreckt, aufgeregt die vorbeifahrenden Autofahrer um Leckerbissen anbettelnd. Während die Männchen Einzelgänger sind, leben die Weibchen mit den Jungen in Gruppen von zwanzig bis dreißig Tieren zusammen. Wir nutzen den Hunger der Tiere schamlos aus, um ein paar Fotos zu schießen, behalten aber unsere Kekse für uns. Schließlich finden die Nasenbären, die sich überwiegend von Früchten und Insekten ernähren, hier in den Wäldern genug Nahrung.

Keine Nasenbären, dafür aber Brüllaffen, Tapire, Jaguare und Faultiere gibt es in den Bergnebelreservaten Monteverde und Santa Elena. Man muss allerdings schon eine gehörige Portion Glück oder einen geübten Blick haben, um die Tiere in dem Blätterdickicht des Bergnebelwaldes auch tatsächlich zu entdecken. Die beiden Reservate liegen nur wenige Kilometer voneinander getrennt im Nordwesten des Landes auf einer Höhe von 1000 bis 1600 Metern über dem Meeresspiegel. Beide Reservate sind sich sehr ähnlich, was die Tier- und Pflanzenwelt angeht. Das Reservat Santa Elena jedoch ist jünger, nicht so bekannt und dadurch weniger überlaufen. Ausgestattet mit Regenjacken, Gummistiefeln und Fotoapparat machen wir uns auf den Weg nach Santa Elena. Die üppige Tropenvegetation versetzt uns bereits auf den ersten Metern in Verzückung. Jeder Quadratzentimeter in diesem Nebelwald ist mit Pflanzen bedeckt. Zwischen den Wurzeln der Bäume wachsen Farne. An den Stämmen ranken sich Kletterpflanzen empor. Oben in den Baumwipfeln und auf den Ästen haben sich Epiphyten angesiedelt. Die wichtigste Regel im schweigsamen Kampf ums Überleben lautet: Je weiter oben, desto mehr Licht.

Auch wir schwingen uns empor, allerdings nicht am Stahlseil hängend, auch wenn Canopy-Touren hier der letzte Schrei sind, sondern auf Hängebrücken, die ganz neue Perspektiven eröffnen. Plötzlich müssen wir nicht mehr unsere Köpfe in den Nacken legen, um von unten einen Blick auf die Baumwipfel zu erhaschen, sondern blicken von oben auf das Blätterdach herab. Exotische Blüten, bunte Schmetterlinge, farbenfrohe Vögel … Immer wieder halten wir inne und bewundern die zahllosen Farbtupfer, mit denen die Natur diesen grünen Kosmos gesprenkelt hat. Grün. Müsste ich dem Land Costa Rica eine Farbe zuweisen, dann würde ich Grün wählen. Soweit das Auge reicht, ist hier alles grün. Doch mit der Zeit unterscheidet das Auge ungeahnte Nuancen dieser Farbe: das saure Grün der Limetten, das mehlige Grün der Bananenblätter, das zarte Grün eines Tukanschnabels, das rauchige Grün der Tabakpflanzen, das saftige Grün von Moos und so weiter. Dem Grün sind hier keine Grenzen gesetzt. Das Motto Costa Ricas, *Pura vida,* bekommt hier im Bergnebelwald erst richtig Sinn.

Der Ruf des Abenteuers

Um ins Orosí-Tal zu gelangen müssen wir an der Hauptstadt San José vorbei. Wir nutzen diese Gelegenheit, um dort auf dem Campingplatz vorbeizuschauen und Liz und Colin zu treffen. Die beiden Engländer sind mit ihrem Pickup-Camper unterwegs und suchen jemanden, mit dem sie sich einen Container für die Verschiffung des Fahrzeugs von Panama nach Südamerika teilen können. Schnell werden ein paar Eckdaten bezüglich Verschiffung besprochen. In Panama, so verabreden wir uns, sehen wir uns wieder.

San José selbst umfahren wir so großzügig wie möglich. Von mehreren Seiten haben wir nun schon gehört, dass man dort als Tourist mit eigenem Fahrzeug ein willkommenes Opfer von Räuberbanden ist. Ihre Vorgehensweise ist simpel: Während man an einer roten Ampel wartet, wirft einem jemand im Vorbeigehen Nägel vor die Reifen oder schlitzt eines der Hinterräder auf. Wenn dann der Fahrer am Straßenrand hektisch versucht, seinen Reifen zu wechseln, wird er von einem Passanten, der Hilfe anbietet, abgelenkt, während die restlichen Mitglieder der Bande das Auto ausrauben. Wer in Costa Rica einen Leihwagen mietet, wird in der Regel darauf hingewiesen, unter keinen Umständen mit einem platten Reifen zu stoppen, sondern bis zur nächsten Werkstatt weiterzufahren. Nach einer Stunde sind wir dem Gewirr der Umgehungsstraßen entkommen – mit unversehrten Reifen und ohne Verluste.

Das Orosí-Tal ist ein zwar malerisches, doch auch sehr eng bebautes und dicht besiedeltes Gebiet, verglichen mit dem Rest des Landes. Wir übernachten direkt im Ort Orosí und starten von hier aus zu unseren täglichen Exkursionen.

Zuerst geht es entlang des Flusses, über den Staudamm, vorbei an Kaffee- und Zuckerrohrplantagen zum 3328 Meter hohen Vulkan Turrialba. Vom Abzweig der Hauptstraße sind es noch 14 km auf einer schlechten Schotterpiste bis hoch zum Aussichtspunkt. Uli und Moni halten sich tapfer auf den hinteren Plätzen, doch dann macht der Landy schlapp und dreht in einer Steilkurve durch. Er ist mit seinen 3,2 Tonnen Gewicht einfach zu schwer, um diese Steigung auf dem sandigen Untergrund zu bewältigen. Also steigen wir drei Kilometer vor dem Ziel aus und bezwingen den Gipfel zu Fuß. Oben genießen wir einen atemberaubenden Ausblick in den Hauptkrater des zum Teil noch aktiven Vulkans und beobachten, wie der Nachbarvulkan, der Irazú, allmählich hinter einer Wolkendecke verschwindet. Natürlich steigen wir in den Krater des Turrialba hinab und laufen den kurzen Weg bis zum Aussichtspunkt, von dem man bis zur Karibikküste schauen kann. Tatsächlich sehen wir ganz hinten am Horizont, ganz am Ende einer blassgrünen Ebene, einen blauen Streifen zwischen Himmel und Erde. Das muss das Meer sein.

Als nächster Punkt steht Rafting auf dem Reventazón auf dem Programm. Als wir erfahren, dass unter Raftern und Kajakern die Abschnitte Pascua und Florida zu den Weltklasse Top Ten Sektionen gehören, verschweigen wir, dass unsere letzte Rafting-Erfahrung Jahre zurück liegt. Todesmutig stürzen wir uns ins Abenteuer. Gleich in der ersten Stromschnelle wird unser kleines Schlauchboot hochgehoben. Es tanzt eine Weile auf dem Wellenkamm, fällt nach unten und kracht frontal gegen einen Felsblock. Der Aufprall ist so stark, dass unser Guide aus dem Heck des Bootes nach vorne geschleudert wird und zwischen uns fällt. Zum Glück sind wir lernfähig und meistern die folgenden Stromschnellen schon weitaus geschickter – bis Uli dann irgendwann meint, über Bord gehen zu müssen. Am Ende des Tages sind wir nass bis auf die Knochen, einige von uns haben ein paar blaue

Flecken, andere einen gewaltigen Sonnenbrand, aber alle sind wir stolz auf unsere Leistung.

Auf dem Weg nach San Isidro passieren wir kurz vor dem Abzweig zum „Cerro de la Muerte", dem Gipfel des Todes, auf knapp 3300 Meter Höhe den höchsten Punkt der Panamericana in Zentralamerika, bevor wir ein paar Kilometer weiter am „Mirador de Quetzales" Halt machen. Die besten Chancen, einen der sagenumwobenen Maya-Göttervögel zu sehen, hat man hier im Januar und Februar, wenn die Vögel höhere Gefilde aufsuchen, um ungestört zu brüten. Dann sitzen manchmal bis zu dreißig dieser Vögel paarweise zusammen in einem einzigen Baum. Obwohl es erst Mitte Dezember ist, haben wir Glück. Mit seinem blau-grünen Gefieder ist der Quetzal zwar zwischen den Blättern nur sehr schwer auszumachen, doch sein roter Bauch und seine lange Schwanzfeder verraten ihn am Ende dann doch. Der einsame Quetzal, der nahezu reglos hoch über uns auf einem Ast sitzt, ist ein dankbares Fotomotiv.

In San Isidro trennen sich unsere Wege für kurze Zeit. Uli und Moni fahren mit dem Bus an die Küste, während Tobias und ich den Gipfel des Cerro Chirripó in Angriff nehmen. 3800 Meter ist er hoch, der höchste Berg Costa Ricas. Von seinem Gipfel kann man die Karibik auf der einen und den Pazifik auf der anderen Seite sehen. Das wollen wir uns nicht entgehen lassen, also melden wir uns im Büro der Nationalparkverwaltung an und reservieren einen Übernachtungsplatz im Refugio unterhalb des Gipfels – denn den Chirripó kann man nicht in einem Tag besteigen. Am ersten Tag geht es vom Ort San Gerardo, der 1300 Meter über dem Meeresspiegel liegt, auf einem 14 Kilometer langen Weg bis zum Refugio auf 3400 Meter. Der Weg führt die ersten zehn Kilometer durch dichten Bergnebelwald, immer steil nach oben. Der Aufstieg ist mühsam. Mit jedem Schritt fällt das Atmen schwerer. Ich komme mir vor, als würde ich durch ein Dampfbad wandern. Die letzten vier Kilometer oberhalb der Baumgrenze sind nahezu schattenlos und auch kein rechter Spaß. Völlig durchgeschwitzt kommen wir wenige Minuten vor Sonnenuntergang im Refugio an. Hier oben ist es eisig kalt. Nachts herrschen Temperaturen um die 2 °C.

Auf dem Gipfel des Cerro Chirripó

Am nächsten Morgen starten wir kurz nach Sonnenaufgang zum Gipfelsturm. Die meisten sind schon vor uns los – die Touristen aus Europa deshalb, um auf dem Gipfel sitzend zu erleben, wie die Sonne über der Karibik aufgeht, die Einheimischen, um das Eis, das sich nachts am Ufer der Bäche und in Pfützen gebildet hat, noch anfassen zu können, bevor es in der Sonne schmilzt. Der Weg zum Gipfel zieht sich. Noch einmal sechs Kilometer sind zu bewältigen, das letzte Stück geht es steil bergauf. Oben angekommen haben wir nur kurz Zeit, den fantastischen 360-Grad-Blick zu genießen, denn schließlich müssen wir noch 20 Kilometer bis ins Dorf absteigen. Obwohl wir uns beeilen, schaffen wir es nicht vor Einbruch der Dunkelheit. Die letzten Kilometer des Weges tasten wir uns durch den stockfinsteren Wald. Der Boden ist feucht und schmierig vom Regen. Um uns herum knackt und knistert es in den Bäumen. Der Schein unserer Stirnlampen erhellt nur einen winzigen Fleck vor unseren Füßen.

„Du wolltest doch immer eine Nachtwanderung durch den Urwald machen", versucht Tobias mich aufzumuntern.

Das stimmt. Doch plötzlich lege ich keinen gesteigerten Wert mehr darauf, nachtaktive Tiere zu treffen.

Erschöpft erreichen wir unser Auto und kochen uns erst einmal eine heiße Suppe. Kraftnahrung. Selbst wenn wir gewollt hätten, wäre keine weitere Übernachtung im Refugio möglich gewesen, denn die 60 Schlafplätze des Refugios waren restlos ausgebucht. Der Park, der Wanderwege für jeden Geschmack bietet, ist ein sehr beliebtes Wandergebiet der Ticos.

„5W40", buchstabiere ich aufgeregt, während Tobias an der Tankstelle in San Isidro Diesel nachfüllt. „Ist das nicht das Motorenöl, das wir seit Wochen erfolglos suchen?"

Seit Nicaragua hatten wir immer wieder in jeder Tankstelle, in jedem Supermarkt nach diesem synthetischen Öl für unseren Landy gefragt. Und immer wieder hatte man uns auf die nächst größere Stadt oder gar das Nachbarland verwiesen. Und hier, völlig unerwartet, steht das dringend benötigte Öl einfach so in der Vitrine. Wir nutzen die Chance und lassen gleich an Ort und Stelle einen Ölwechsel machen.

„Acht Liter", sagt Tobias und deutet auf die Flaschen.

Der Mechaniker nickt, bockt das Auto auf, öffnet die Ablassschraube und lässt das Öl ab. Die Flaschen mit dem neuen Öl stehen fein säuberlich aufgereiht auf einem Metallfass neben unserem Auto.

„… drei, vier, fünf, sechs, sieben", zähle ich. Ich zähle noch einmal nach. Es bleiben sieben.

„Wir brauchen acht Liter, nicht sieben. Sieben sind zu wenig", erkläre ich dem Mechaniker. Er winkt ab. Alles in Ordnung, meint er, sieben Liter wären genug. Tobias schüttelt den Kopf. Nein acht. Nein sieben. So geht das eine Weile hin und her, bis der siebte Liter schließlich eingefüllt ist und der Messstab anzeigt, dass die Füllmenge knapp unter dem Minimum liegt. Ein achter Liter wäre kein Luxus. Er möge doch noch einen weiteren Liter Öl einfüllen, bittet Tobias den Mechaniker. Auf einmal werden alle nervös. Der Mechaniker telefoniert aufgeregt. Ein Kollege schaut im Lager nach. Dann fahren zwei andere Mechaniker mit dem Wagen weg und kommen wenig später mit leeren Händen zurück. Es gibt keinen achten Liter Öl. „Nada", nichts. Auch nicht „mañana", morgen. Neues Öl gibt es frühestens in drei Tagen.

Wir haben noch einen Liter Öl als eiserne Reserve, den wir später auf dem Supermarkt-Parkplatz einfüllen. In dem gleichen Supermarkt finden wir dann übrigens gleich mehrere Flaschen unseres Motorenöls – und stocken vorsichtshalber unseren Vorrat auf. So unnötig dieser „Zwischenfall" auch war, so sympathisch macht er mir trotz allem das Land. Beweist er doch auf charmante Art und Weise, dass Costa Rica eben doch zu Zentralamerika gehört.

In Matapalo, einem Strandort an der Pazifikküste, treffen wir Uli und Moni wieder. Wir hatten eigentlich vorgehabt, gemeinsam noch ein paar Ausflüge in die Umgebung zu machen, ein paar der Nationalparks und Naturreservate entlang der Küste zu besuchen, doch die Hitze scheint unseren Unternehmungsgeist zu lähmen. Als wir in unserer Unterkunft, die wir uns zur Feier der Weihnachtsfeiertage mal gönnen, die Boogie-Boards fürs Body-Surfing entdecken, werfen wir spontan alle Ausflugspläne über den Haufen und stürzen uns in die Fluten.

Und dann heißt es Abschied nehmen. Erst von unseren Freunden, dann von Costa Rica. Entlang der Küstenstraße fahren Tobias und ich zur Grenze nach Panama. In den nächsten Tagen wird unsere Hauptbeschäftigung die Organisation der Fahrzeug-Verschiffung nach Südamerika sein.

PANAMA
Von Küste zu Küste

Panama – schon der Klang dieses Namens lässt das Fernweh erwachen. Das Land bildet den südlichsten Teil der zentralamerikanischen Landbrücke und ist mit einer Fläche von 77.082 km^2 nur rund zehn Prozent größer als Bayern.

Fällt der Name Panama, dann denken die meisten spontan an den gleichnamigen Hut. Doch der breitrandige Panamahut, stammt, obwohl er auch in Panama vielerorts getragen wird, ursprünglich aus Ecuador.

Einigen wird General Noriega noch ein Begriff sein, der durch seine Drogengeschäfte mit Kolumbien und seine dubiosen Machtspiele als Chef des Geheimdienstes einen zweifelhaften Ruf erlangt hat. Mit seiner Verhaftung und seiner Verurteilung durch ein amerikanisches Gericht im Jahr 1992 wurde der Konflikt zwischen Panama und den USA endgültig beigelegt.

Dafür sorgt etwas anderes immer wieder für Spannungen: der Panamakanal. 1881 von den Franzosen begonnen, wurde der Kanalbau acht Jahre später eingestellt, da die französische Kanalbaugesellschaft zwischenzeitlich durch einen Bestechungsskandal bankrottgegangen war. Erst 1904, nach der Gründung der Isthmus-Kanal-Kommission durch den amerikanischen Präsidenten Roosevelt, wurde der Bau zur Verbindung des Pazifiks mit der Karibik wieder forciert und 1914 schließlich fertiggestellt. Insgesamt 75.000 Arbeiter haben mitgeholfen, das Projekt der Superlative zu verwirklichen. Über 200 Millionen Kubikmeter Erde wurden bewegt. Für den berühmten Culebra-Durchstich wurde gar ein kompletter Bergrücken von 96 Meter Höhe auf über 13 Kilometer Länge bis auf Meeresspiegelniveau abgetragen. Das heutige Ergebnis ist 81,6 Kilometer lang, 153 Meter breit, 12 Meter tief – und damit nur von circa 90 Prozent aller Frachtschiffe ohne Probleme befahrbar. Deshalb wird derzeit über eine Verbreiterung des Kanals, über eine Begradigung jenes Culebra-Durchstichs und eine Vergrößerung der Schleusen diskutiert, um die Kapazität der Durchfahrt und damit auch die Einnahmen zu erhöhen. Die Panamaer sind geteilter Meinung über dieses Projekt der Zukunft. Auf Plakaten lesen wir immer wieder „Der Kanal ist für alle da", manchmal aber auch nur ein einfaches „Nein".

„Nein" kreuzt der Grenzbeamte auf dem Einreiseformular an, als Antwort auf die Frage, ob wir Obst und Gemüse mit uns führen. Ich war die Antwort schuldig geblieben, nachdem unsere Kühlbox mal wieder randvoll mit Lebensmitteln aller Art ist. Den Beamten scheint das nicht weiter zu interessieren. Er lächelt nur, als ihm beim Öffnen der Hecktür eine Kokosnuss vor die Füße rollt. Das sei ja schließlich kein Obst, meint er und erklärt die Inspektion für abgeschlossen. Wir dürfen einreisen. Samt Kokosnuss.

Die Lücke in der Panamericana

Auch wenn es auf manchen Landkarten so scheint als ob – es gibt keine Straßenverbindung zwischen Panama und Kolumbien. Die Panamericana, jene länderübergreifende Straße, die den Norden Alaskas mit dem Süden Feuerlands verbinden soll, endet 55 km hinter Panama City in Chepo. Von hier führt eine Schotterpiste noch einmal weitere 230 Kilometer nach Süden bis in den Ort Yaviza. Hier ist endgültig Schluss, denn ab hier beginnen Sumpfgebiete. Die Sümpfe der Provinz Darién können zwar theoretisch in der Trockenzeit von Dezember bis März zu Fuß und mit Booten durchquert werden, die letzte mir bekannte Durchquerung mit Fahrzeugen liegt allerdings vierzig Jahre zurück. Für uns und alle anderen Reisenden, die von Zentral- nach Südamerika wollen, heißt das: ab aufs Schiff. Wir haben uns schon vor unserer Abreise aus Deutschland über Möglichkeiten informiert und beschlossen, unseren Landy von Panama City aus nach Ecuador zu verschiffen. Aber erst nächstes Jahr. Denn Silvester steht vor der Tür, und auch hier wird zwischen den Feiertagen nur sporadisch gearbeitet. Wir rechnen nicht damit, dass die Reedereien und Verschiffungsagenturen noch vor dem Jahreswechsel auf unsere Anfragen antworten.

Wir nutzen die Zeit für einen Abstecher in die kühlen Bergregionen rund um Boquete und zum Nationalpark Barú. Der Vulkan Barú ist mit 3475 Metern der höchste Berg Panamas. Der
Aufstieg auf den Gipfel dauert etwa acht Stunden. Aufgrund des
noch nicht ganz abgeklungenen Muskelkaters der letzten Bergbe-
zwingung begnügen wir uns damit, den Barú von unten anzusehen und durch den Ort Boquete zu schlendern, wo wegen der
Höhenlage eine angenehme Temperatur herrscht. Kein Wunder
also, dass nahezu die gesamte Umgebung von amerikanischen
Investoren aufgekauft worden ist und nun in adretten Wohnparks
jede Menge Altersruhesitze für wohlhabende amerikanische
Senioren zum Verkauf stehen. In der Luft hängt der Duft nach
Kaffee. An den Berghängen reihen sich unendliche Kaffeeplantagen aneinander. Dicht an dicht unter schattigen Bäumen gedeiht
hier feinster Hochlandkaffee. Frauen in bunten Trachten tragen
die roten Kaffeekirschen in großen, handgeflochtenen Körben hinunter ins Tal.

Doch Panamas Exportgut Nummer eins ist nicht der Kaffee, sondern die Banane, vor allem die der Marke *Chiquita*. In Almirante an
der Karibikküste werden die Früchte auf Frachtschiffe verladen. In
unserer Vorstellung rollen Tonnen von Bananen auf offenen Güter-

Panamas Exportgut Nr. 1: Bananen

waggons von den Plantagen zur Küste. Doch in Almirante müssen wir uns eines Besseren belehren lassen: Die Schienen sind zugewachsen, die Bananen werden in geschlossenen und gekühlten Containern auf Lkw in den Hafen transportiert und direkt auf die Schiffe verladen. Almirante selbst ist eine typische karibische Hafenstadt. Dicht gedrängt stehen die bunten Stelzenhäuschen nebeneinander. Die Farbe blättert von den Holzlatten, die Veranda ist meist schon eingestürzt und auch die Balkone sind leicht abschüssig. Von den Wellblechdächern hängen Plastikbojen. Auf dem Fluss rotten bunte Fischerboote vor sich hin. Der ganze Ort wirkt marode und vernachlässigt. Wer nicht im Schaukelstuhl auf der Veranda vor sich hindöst, lotst Touristen zu den Wassertaxis, die von hier aus übersetzen auf die vorgelagerten Inseln, die „Bocas del Toro".

Tobias und ich wollen den Jahreswechsel am Strand verbringen, und zwar auf der Pazifikseite, auf der Azuero-Halbinsel, die gemeinhin als Wiege der panamesischen Kultur gilt. Mit jedem Kilometer, den wir uns der Halbinsel nähern, verändert sich die Landschaft. Wir verlassen das tropisch feuchte Klima der Bergnebelwälder und finden uns plötzlich in einer trockenen, heißen Ebene wieder, in der nur noch vereinzelt Bäume stehen. Wir fahren vorbei an unendlichen Weideflächen, auf denen hin und wieder Baumstümpfe aus dem Gras ragen. Die Wälder wurden abgeholzt, der Wind fegt ungehindert übers Land, die Spuren der fortschreitenden Bodenerosion sind deutlich sichtbar. 150 Kilometer sind es vom Abzweig auf der Panamericana bis zur Spitze der Halbinsel. Aber wegen der streng kontrollierten Geschwindigkeitsbegrenzungen dauert es drei Stunden bis wir endlich die *Playa Venaó* erreichen. Die malerische, langgezogene Bucht mit dem dunklen Sandstrand ist wegen der meterhohen Wellen vor allem bei Surfern beliebt. Am Strand selbst geht es erstaunlich ruhig zu. Keine laute Musik. Keine Strandpartys. Keine Betrunkenen. Kein Feuerwerk. Und leider auch keinen Fisch. Denn das einzige Restaurant am Strand, an und für sich ein Fischrestaurant, bietet ausgerechnet an Silvester Gulasch an. So kochen wir also zum letzten Mal in diesem Jahr selbst. Es gibt Spaghetti mit in Öl gerösteten Cashew-Kernen und Knoblauch, dazu Rotwein aus dem Tetrapak.

Die eigentliche Silvesterparty steigt am Neujahrstag. In Chitré steppt der Bär. Der ganze Ort ist auf den Beinen. Jung und Alt tanzt zu Techno-Rhythmen auf der Plaza. Freiwillige Helfer stehen auf Tankfahrzeugen und spritzen Wasser aus riesigen Feuerwehrschläuchen in die Menge, um die Tanzenden vor Überhitzung zu schützen. Unser Thermometer zeigt 52 Grad Außentemperatur. Prosit Neujahr!

Bevor wir endgültig nach Panama City fahren, statten wir noch dem Ort El Valle einen Besuch ab. Der Ort liegt wie gemalt im Krater eines längst verloschenen Vulkans und ist wegen seines gemäßigten Klimas ein beliebtes Ausflugsziel der Panamaer. Von den unzähligen Wanderungen, die in der Umgebung möglich sind, entscheiden wir uns lediglich für einen kurzen Spaziergang zum „Piedra pintada", dem Bemalten Stein, einer Felszeichnung aus präkolumbischer Zeit. Kaum steige ich aus dem Auto, da werde ich auch schon von Kindern umringt, die mir ihre Dienste als Führer anbieten. Tobias und ich lehnen dankend ab. Auf einem breiten, asphaltierten Wanderweg gelangen wir nach nur 5 Minuten Gehzeit zu einem überhängenden Felsblock. Dort steht ein etwa achtjähriger Knirps und erklärt einem jungen Pärchen die Malereien.

„Dieser Kreis hier", er deutet auf eine verschlungene Acht, „beschreibt den Eingang und den Ausgang einer Höhle." Das Pärchen nickt ehrfürchtig und voller Staunen.

„Das alles", erklärt der Kleine stolz und breitet seine Arme aus, „ist eine Landkarte."

Nun staune auch ich. Sind doch meines Wissens nach die Zeichnungen im Fels bis heute noch nicht entschlüsselt worden. Vielleicht hätten die Wissenschaftler, anstatt in ihren dunklen Kammern über dem Rätsel zu brüten, einfach eine Tour bei einem der Dorfjungen buchen sollen.

Auf dem *Puente de las Americas,* jener berühmten Amerikabrücke, die zu den größten Stahlbrücken der Welt zählt, und die die beiden Teile Panamas links und rechts des Kanals miteinander verbindet, überqueren wir den Panamakanal und fahren hinein nach Panama City. Der Yachtclub Balboa auf dem Causeway, jener beim Bau des Kanals künstlich aufgeschütteten Landzunge, gilt als Treffpunkt für Reisende. Wir drehen unsere Runden auf dem Parkplatz, aber weit und breit ist kein anderes Reisemobil zu sehen. Und auch der Yachtclub sieht nicht so aus, wie man sich einen Yachtclub für gewöhnlich vorstellt, sondern eher wie ein Strandcafé. Gibt es etwa noch einen anderen Yachtclub desselben Namens? Noch einmal überprüfen wir die Koordinaten, die uns andere Reisende gegeben haben. Aber es stimmt, wir sind richtig.

Als wir abends nach dem Einkaufen zurückkehren, steht zu unserer Überraschung tatsächlich ein Camper auf dem Parkplatz. Und zu unserer großen Freude prangt unübersehbar das Schweizer Kreuz auf der Tür. Sofort werden Bierflaschen geköpft und Erlebnisse ausgetauscht.

Am nächsten Tag, als wir unsere eMails checken, stellen wir fest, dass wir auf unsere Anfragen an die entsprechenden Reedereien und Verschiffungsagenturen lediglich eine einzige qualifizierte Antwort erhalten haben. Die Agentur teilt uns mit, dass sie ein Schiff für uns hat. Allerdings fährt es nicht nach Ecuador.

Wir rufen Liz und Colin, die beiden Engländer, an. Sie sind mittlerweile auch in Panama angekommen, aber noch etwa hundert Kilometer von Panama City entfernt.

„Good news", ruft Tobias aufgeregt ins Telefon.

„In sechs Tagen geht ein Container-Schiff. Der Zielhafen liegt allerdings nicht in Ecuador, sondern ist Cartagena, Kolumbien."

Es entsteht eine lange Pause, in der weder Tobias noch Colin etwas sagen. Ich halte den Atem an.

„Okay, lasst mich erst mit Liz sprechen. Ich melde mich morgen", antwortet Colin schließlich und legt auf.

Keine fünf Minuten später läutet das Handy. Es ist Colin.

„Kolumbien geht klar."

Noch am selben Nachmittag treffen wir uns zu viert im Büro des Verschiffungsagenten und machen Nägel mit Köpfen. Den folgenden Tag verbringen wir damit, den notwendigen Papierkram zu erledigen. Dazu müssen wir erst auf die Polizei, damit diese überprüfen kann, ob unsere Fahrzeuge in einen Unfall verwickelt waren und überhaupt ausreisen dürfen. In Colins Zollpapieren hat sich ein Fehler eingeschlichen. Zwei Ziffern der Motorennummer sind vertauscht. Der Polizist kennt kein Erbarmen und versichert uns, dass er keine Ausnahme machen kann. Für niemanden. Auch für uns nicht. Auch nicht heute. Nie. Also drehen wir eine Korrekturschleife, fahren erst zum Zoll, lassen uns dort das Dokument neu ausstellen und kehren damit zur Polizei zurück. Der Beamte lächelt und schickt uns über die Straße in ein anderes Büro, in dem wir auf die neuen Papiere warten sollen. Zwei Stunden später halten wir sie in Händen. Colins Name ist falsch geschrieben.

„Das macht nichts. Das ist schon in Ordnung so", sagt die Dame nach einem prüfenden Blick auf die Uhr. Es ist Mittagszeit. Aber nun sind wir es, die kein Erbarmen kennen. Das Ändern und erneute Einholen der entsprechenden Unterschrift dauert nur wenige Minuten. Wie schnell doch manche Dinge erledigt sind, wenn der Magen knurrt.

Danach geht's zurück zum Zoll, um die Fahrzeuge aus den Pässen austragen zu lassen. Da wir nicht auf dem Frachtschiff mitfahren können, sondern ein Flugzeug nehmen, brauchen wir die Erlaubnis, ohne Fahrzeuge das Land zu verlassen. Die Dame hinter dem Schreibtisch lächelt, als sie uns sieht. Sie hat versprochen, auf uns zu warten und unsere Angelegenheit zu erledigen, bevor sie in die Pause geht. Sie hat gerade angefangen, die Daten aus dem Polizeiformular in ein neues Formular zu übertragen, als die Tür aufgeht. Ein alter Mann steckt schüchtern seinen Kopf herein. Über der Schulter hat er Papierstreifen hängen.

„Entschuldigung", flötet die Dame hinter ihrem Schreibtisch hervor und winkt den Losverkäufer zu sich. Dann beginnt sie akribisch und mit einer Engelsgeduld Streifen für Streifen nach ihren Glücksnummern zu durchforsten. Wir machen es uns derweil auf den Besucherstühlen bequem. Fortuna hat Vorrang, da kann man nichts machen.

Die Agentin der Verschiffungsagentur kann es gar nicht fassen, als wir am Nachmittag mit fertigen und vor allem korrekten Papieren bei ihr im Büro stehen. Normalerweise geht das nicht so schnell, erklärt sie kopfschüttelnd. Wir hätten wohl außerordentliches Glück gehabt. Die beiden Schweizer stoßen zu uns. Auch sie haben inzwischen alle Dokumente, die sie brauchen. Auch sie verschiffen nach Kolumbien. Mit dem gleichen Schiff wie wir, jedoch im Gegensatz zu uns nicht im Container, sondern RoRo, also *roll-on, roll-off.*

Warten auf den Tag X

Geschlossen macht sich unsere kleine internationale Reisegruppe auf den Weg ins Altstadtviertel von Panama City, nach *Casco Viejo.* Die Altstadt liegt auf einer Halbinsel, direkt zwischen dem Armenviertel der Stadt und dem Geschäftsviertel. An den alten Kolonialbauten nagt deutlich der Zahn der Zeit, doch einige sind bereits restauriert und lassen erahnen, wie prunkvoll es hier einst ausgesehen haben mag.

Wir besuchen das Kanal-Museum und anschließend die Miraflores-Schleusen. Täglich werden etwa 35 große Frachtschiffe durch den Kanal geschleust. Die Kanalgesellschaft schickt dazu Lotsen an Bord der Schiffe, die die Durchfahrt überwachen. Fasziniert sehe ich dem Heben und Senken der Schiffe zu. Kritisch beäuge ich die Containerberge, die sich an Deck der Frachter stapeln. Schon bald wird auch unser Landy in einem solchen Container stehen.

Um uns abzulenken, starten wir zu einem Ausflug nach Portobelo. Der „schöne Hafen" verdankt seinem Namen keinem geringeren als Christoph Kolumbus, der vom Anblick der malerischen Bucht und dem türkisblauen Wasser wohl ebenso angetan war wie heute wir. Nach einem Rundgang durch die Stadt und entlang der Festungsmauern fahren Tobias und ich weiter zur Gatún-Schleuse. Der riesige Gatún-Stausee entstand beim Culebra-Durchstich, der prekärsten Stelle beim Bau des Kanals, weil hier am Culebra-Bergrücken die kontinentale Wasserscheide verläuft.

Der Tag X, der große Tag der Verschiffung, beginnt mit einer Verspätung. Statt wie geplant um 10 Uhr kommen wir erst gegen 11.30 Uhr im Hafengelände in Colón an. Dort bereitet man sich jedoch schon auf die Mittagspause vor. Wir bekommen einen Inspektionstermin beim Zoll für 13 Uhr genannt und einen

Fahrzeug-Verschiffung nach Kolumbien.

Verladetermin für 13.30 Uhr. Der Hafen schließt um 16 Uhr. Hoffentlich schaffen wir das. Doch unsere Sorge ist unbegründet. Pünktlich um 13.32 Uhr startet Tobias den Motor, um den Landy in den Container zu fahren – und passt gerade mal so durch die Tür. Wäre der Container nur zwei Zentimeter niedriger, hätten wir unseren Dachgepäckträger abbauen müssen. Dann fährt Colin seinen Camper in den Container. Der Camper ist wesentlich breiter als der Landy. Er ist sogar so breit, dass Colin die Fahrzeugtür nicht mehr aufbringt. Er muss durch das Fenster aussteigen, über die Motorhaube klettern und sich unter dem Fahrzeug durchhangeln.

Eine Stunde später sitzen wir im Expressbus zurück nach Panama City. Wir verbringen noch eine Nacht im Hotel, wir gehen noch einmal schnell ins Internet und zum Friseur, bevor wir ins Flugzeug steigen. Mir ist ein bisschen flau im Magen. Kolumbien. Um dieses Land hatten wir eigentlich einen großen Bogen machen wollen.

KOLUMBIEN
Komm' und sei mein Gast

Vor etwa 65 Millionen Jahren hat sich das Gebirge der Anden aufgefaltet und das Amazonasbecken abgesenkt. Die nach Westen driftende amerikanische Kontinentalplatte, die auf die pazifische Platte traf, sowie vier Eiszeiten schufen Gebirgszüge, Hochebenen und Täler und formten die spektakuläre Landschaft Südamerikas. Kolumbien wird in Nord-Süd-Richtung gleich von drei Anden-Gebirgsketten durchzogen. Die niedrige Westkordillere verläuft parallel zur Pazifikküste und vereint sich in Pasto, kurz vor der Grenze zu Ecuador, mit der Zentralkordillere und der Ostkordillere zum Doppelgebirgszug der Cordillera Real. Trotz seiner abwechslungsreichen Landschaft, der schneebedeckten Bergspitzen, der 1600 Kilometer langen Karibik- und der 1300 Kilometer langen Pazifikküste, trotz der malerischen Kolonialstädtchen und der interessanten archäologischen Stätten, ist Kolumbien kein klassisches Reiseland. Mit durchschnittlich 45 Entführungen pro Monat führt Kolumbien eine traurige Statistik in Sachen Kidnapping an. Zeitungsmeldungen und Berichte von Opfern schrecken ab. Niemand möchte den gefürchteten Guerilla-Truppen in die Hände fallen.

Wie groß die Gefahr tatsächlich ist, lässt sich für uns im Vorfeld nur schwer abschätzen. Aus Sicherheitsgründen wollen wir gemeinsam mit Liz und Colin im Konvoi fahren. Zwei Wochen, so hatten wir ausgerechnet, müssten reichen um Kolumbien zu durchqueren. Doch es sollte anders kommen.

Während unser Fahrzeug noch im Container über die Wellen schaukelt, reisen wir schon mal per Flugzeug nach Kolumbien ein. Mit gemischten Gefühlen, Furcht und Neugierde gleichermaßen, betrete ich in Cartagena südamerikanischen Boden. Die erste Überraschung lässt nicht lange auf sich warten: Im Laden an der Ecke gibt es Mineralwasser mit Kohlensäure zu kaufen. Und in der Kneipe nebenan mixt man leckere Caipiriñas. Ich bin noch keine 24 Stunden im Land, da beginnt Kolumbien bereits, mir zu gefallen.

Cartagena de las Indias, wie die Stadt mit vollem Namen heißt, war während der Zeit der spanischen Besetzung der wichtigste Hafen und die bedeutendste Festung der Neuen Welt. Von hier wurden Gold und Edelsteine ins spanische Mutterland verschifft. Heute ist die einmalig schöne Altstadt von Cartagena Unesco-Weltkulturerbe und dank der restaurierten Gebäude eine Kolonialstadt wie aus dem Bilderbuch.

Bunte Häuserfassaden leuchten in kräftigem Gelb, Orange und Rot mit der karibischen Sonne um die Wette. Die Balkone, die über den Straßen hängen, haben gedrechselte Balkongeländer aus dunklem Holz, und die schweren, hölzernen Eingangsportale zieren Türknaufe und Beschläge aus Eisen. Feudale Pferdekutschen mit samtbezogenen Sitzen bahnen sich ihren Weg durch die gepflasterten Gassen. Eifrige Kutscher zeigen in- und ausländischen Fahrgästen stolz die Sehenswürdigkeiten: die vielen hübsch angelegten Plazas mit den Straßencafés und Eckkneipen, die Kirchen, die mit ihren zweifarbigen Türmchen aussehen wie aus der Zuckerbäckerei, die herrschaftlichen Häuser, die die Straßen säumen. In der Altstadt herrscht geschäftiges Treiben. Straßenverkäuferinnen balancieren große, mit exotischen Früchten gefüllte Körbe auf dem Kopf. Andere schenken aus bunten Thermoskannen süßen Kaffee in winzigen Bechern aus. *Tinto,* nennt man den kleinen Schwarzen hierzulande. Kolumbien ist endlich mal ein Kaffeeland, in dem Kaffee nicht nur angebaut, sondern auch konsumiert wird. An einer anderen Ecke werden *arepas* gebraten, mit Käse gefüllte Maisfladen. Es gibt nichts, was es hier nicht gibt. Frischgepresste Fruchtsäfte. Frischen Fisch. Pizza aus dem Steinofen. Eis in der Waffel. Und Kommunikation im Minutentakt. Wer ein Mobiltelefon besitzt, verleiht dieses gegen Gebühr an jemanden, der keines hat, aber dringend telefonieren muss. Um zu verhindern, dass der Kunde mit dem Telefon am Ohr im nächsten Hauseingang verschwindet, haben die „Telefon-Verleiher" ihre Geräte an die Kette gelegt und diese wiederum an ihrem Gürtel festgemacht. Einige von ihnen haben zehn oder mehr Telefone im Einsatz und sehen mitunter aus wie der Mittelpfeiler eines Kettenkarussels. Das Geschäft mit der Kommunikation scheint ein lukratives zu sein.

Koloniale Häuserfassaden in Cartagena

Nach Sonnenuntergang halten die Künstler Einzug auf den Plazas. Dann wird Musik gemacht und getanzt. „Cumbia", so heißt der von Trommeln begleitete Rhythmus und die Musik, bei der Frauen in kurzen Röcken aufreizend mit den Hüften wackeln. „Vallenato" dagegen nennt man die traurig-ironischen Balladen, in denen es meistens um nicht erwiderte Liebe geht.

Auch in den Straßen rund um das Hotel, in dem wir uns einquartiert haben, dreht sich alles um die Liebe – wenn auch in anderer Hinsicht. Nicht gerade die beste Gegend und dazu noch jede Menge zwielichtiger Gesellen, die sich in dunklen Nischen herumdrücken … Unwillkürlich beschleunigen wir unsere Schritte, als wir abends ins Hotel zurückkehren. Doch niemand will uns etwas Böses. Die Menschen, egal welcher Schicht und Profession sie angehören, sind freundlich und entspannt.

Montagmorgen, acht Uhr. Gemeinsam mit Liz und Colin machen wir uns auf den Weg in den Containerhafen, um unsere Fahrzeuge abzuholen.

„Das ist alles sehr kompliziert. Das dauert mindestens fünf Tage", bedauert uns die Dame an der Rezeption und bietet an, uns unsere Zimmer bis zum Nachmittag zu reservieren. Auch uns sind die Schreckensgeschichten anderer Reisender bekannt. Auto aufgebrochen und ausgeraubt, Container aufs falsche Schiff geladen, von Bord gefallen, unauffindbar … Auf das Schlimmste gefasst betreten wir das Büro der Reederei.

„Ihre Agentur in Panama hat die Seefrachtgebühren nicht an uns überwiesen", teilt man uns dort mit, was im Klartext heißt, dass wir unsere Fahrzeuge nicht auslösen können. Man bietet uns Kaffee an. Scheinbar geht man davon aus, dass die Angelegenheit länger dauert. Doch nach ein paar Telefonaten mit der Agentur in Panama ist alles geklärt. Ein dummes Missverständnis.

Mit noch immer leicht erhöhtem Puls marschieren wir ein paar Häuser weiter zur Zollbehörde, wo wir Formulare ausfüllen, Kopien anfertigen und warten. Dann geht's weiter ins Hafengelände. Auch hier müssen wir Formulare ausfüllen. Auch hier werden Kopien von allen greifbaren Dokumenten angefertigt. Auch hier warten wir eine halbe Ewigkeit auf einen Stempel und eine Unterschrift.

Es ist bereits spät am Nachmittag, als wir uns endlich auf den Weg zur Entladezone machen. Tobias hat den Autoschlüssel schon griffbereit in der Hosentasche. Doch der Wärter am Tor will nur die beiden Fahrzeughalter, in unserem Fall also Colin und mich, durchlassen. Ich greife zu einer Notlüge und erzähle, dass das Fahrzeug zwar mir gehöre, ich aber gar nicht fahren könne. Es wirkt. Alle vier dürfen rein. Zwei Stunden später stehen die Fahrzeuge auf dem Hof, die Zolldokumente sind ausgefüllt und unterschrieben, jetzt fehlt nur noch die schriftliche Erlaubnis zur Ausfahrt aus dem Hafengelände. Weitere eineinhalb Stunden später, es ist bereits dunkel, halten wir auch diese in Händen. Der Angestellte in der Entladezone nimmt uns das Papier ab und betrachtet es skeptisch.

„Das genügt nicht. Da fehlt noch ein Stempel."

Colin lässt sich mit einem Aufschrei des Entsetzens in einen Stuhl fallen. Doch wir haben keine Wahl. Wir lassen den Angestellten mit unseren Dokumenten entschwinden und warten erneut. Eine halbe Stunde später kommt der Angestellte zurück. Mit neuen Dokumenten. Ohne Stempel. Dafür mit einem Stempelkissen. Wir sollen unsere Fingerabdrücke aufs Papier drücken. Zähneknirschend tun wir, was man von uns verlangt, denn wir wollen jetzt nur noch eins: endlich in unsere Fahrzeuge einsteigen und fahren.

Kurz vor 21 Uhr ist es schließlich soweit. Wir rollen vom Hafengelände. Auf einem Parkplatz treffen wir die beiden Schweizer. Auch sie haben ihr Auto wieder. Wir holen die Bierdosen aus der Kühlbox und stoßen auf unseren Erfolg an: Geschafft – in „nur" zwölf Stunden.

Ein Land und seine Menschen

Zunächst geht es ein Stück zu sechst an der Karibikküste entlang. Die beiden Schweizer wollen weiter nach Venezuela. Colin, Liz und wir begleiten sie ein Stück, bevor wir dann bei Santa Marta nach Süden Richtung Bogotá abbiegen werden.

Unser erstes Ziel in Kolumbien ist ein Schlammloch, etwa 50 Kilometer östlich von Cartagena. „Totumo" heißt der Schlammvulkan, in dessen kleinem Krater eine graubraune, blubbernde Masse zum Verjüngungsbad einlädt. Und tatsächlich fühlen wir uns, einmal ein- und untergetaucht, sofort in unsere früheste Kindheit zurückversetzt und planschen albern in dem zähen Brei herum, bevor wir uns schließlich in der nahen Lagune, die dem Kraterloch in Konsistenz und Farbe schon ziemlich ähnlich ist, mühsam wieder säubern. In der Zwischenzeit sind unsere Fahrzeuge die Sensation schlechthin und beliebtes Fotomotiv.

Als Hellmuth uns anspricht, zeugen nur noch ein paar eingetrocknete Reste der zähen braunen Masse auf Gesicht und Armen von unserer Schlammschlacht. Hellmuth stört das nicht. Er macht mit seiner Familie ganz in der Nähe Urlaub und lädt uns ein. Seine Kinder seien neugierig auf unsere Reisestorys und er habe außerdem deutsche Wurzeln, sagt er. Zwei Argumente, denen wir uns nicht verwehren können.

Wenig später parken zwei Pickup-Camper und ein Landy auf dem gepflegten Rasen der exklusiven Ferienanlage direkt am Meer, während wir selbst bei Hellmuth und Familie auf der Veranda sitzen, Rum trinken, Nudeln essen, Anekdoten zum Besten geben und viel lachen. Hellmuth, der an einer privaten Universität in Medellín doziert, sei kein typischer Kolumbianer, verrät er uns, er trinke keinen Alkohol, esse nur wenig Fleisch und er tanze nicht gern. Nun, was den letzten Punkt angeht, so dominieren hier wohl eher seine deutschen Gene.

Als wir uns am nächsten Morgen verabschieden, müssen wir Hellmuth und seinem Schwager Felipe versprechen, sie in Medellín zu besuchen.

In Santa Marta, dem Ferienziel der wohlhabenden kolumbianischen Mittelschicht, verlassen wir die Küste und biegen in Richtung Bogotá ab. Die Straße führt am Fuß der Ostkordillere entlang. Gnadenlos brennt die Sonne auf uns herab und heizt die Fahrzeuge auf. Die Weideflächen links und rechts des Weges sind braun, das Gras bereits verdörrt. Im Abstand von etwa hundert bis zweihundert Metern stehen Soldaten im Schatten der Bäume. Alle schwer bewaffnet. Alle schrecklich freundlich. Keiner von ihnen stoppt uns, aber alle winken uns zu. Ihre Gegenwart bereitet uns Sorgen, denn zum Spaß werden sie sicherlich nicht den ganzen Tag in der Gluthitze stehen. Sollen sie abschreckend auf die Guerilla-Truppen wirken, die entlang der Strecke ihr Unwesen treiben? Oder wollen sie die Bevölkerung beruhigen und demonstrieren, dass die Regierung nach vielen Jahren der Unruhe die Lage nun endlich im Griff hat?

Dabei hatte alles so vielversprechend angefangen.

In den 1920er-und 30er-Jahren führt Kolumbien Sozialreformen durch, die dem damaligen europäischen Standard entsprechen und zum Beispiel erstmals Arbeitnehmerrechte manifestieren. Diese Reformen werden in den 40ern jedoch wieder rückgängig gemacht. Es kommt zum Bürgerkrieg und in dessen Verlauf zur Vertreibung und Verarmung der Indígenas und der Landbevölkerung. Als sich schließlich die liberalen und konservativen Kräfte zur „Nationalen Front" zusammenschließen und sich in der Regierung abwechseln wollen, ist deren Sozialpolitik allerdings wieder eine konservative und entspricht nicht den Bedürfnissen der Landbevölkerung. Eine linksgerichtete Gegenbewegung, die sich für die Gleichstellung der sozial Schwächeren einsetzt, die FARC, formiert sich. Der FARC folgen die ELN, eine Gegenbewegung der reichen Oberschicht, sowie weitere politische Splittergruppen.

In den 1980er-Jahren schließlich bilden sich die Drogenkartelle in Medellín und Cali. Sie agieren im Untergrund und bieten denen, die für sie arbeiten wollen, eine gute Verdienstmöglichkeit. Die anderen halten sie durch gezielte Gewaltaktionen auf Distanz. Als die USA, die Kolumbien für den ansteigenden Drogenkonsum verantwortlich machen, von der kolumbianischen Regierung fordern, gegen die Kartelle vorzugehen, schließen sich die Kartelle mit den Guerilla-Gruppen zusammen. Die Kooperation zwischen den Drogenkartellen und der FARC ist ein Geben und ein Nehmen. Die Guerillas können mit Drogengeschäften ihre Untergrundkämpfe finanzieren und halten als Gegenleistung für die Kartelle die Bevölkerung in Schach. In der Zwischenzeit führt die Regierung immer wieder Friedensverhandlungen mit den Guerilla-Gruppen. Die Mehrheit der bewaffneten Gruppen legt die Waffen nieder und zieht als „Demokratische Allianz" in die verfassunggebende Versammlung ein. 1991 erhält Kolumbien eine der modernsten und fortschrittlichsten Verfassungen des gesamten amerikanischen Kontinents, die – wie ehemals von der FARC gefordert –, die Menschen ungeachtet ihres Wohlstandes oder Bildungsniveaus gleichstellt. Damit ist der ideologische Gedanke der Gegenbewegung obsolet geworden. Trotzdem wollen die Mitglieder der FARC, die nun nichts anderes mehr ist als eine kriminelle Vereinigung, nicht in ein „normales" Leben zurückkehren. Sie versuchen weiterhin, ihre Existenz durch Drogengeschäfte zu sichern. Gegen Geld schützen sie Drogenfelder, zwingen aber gleichzeitig die Bauern in den Bergen, statt Gemüse Coca-Pflanzen anzubauen. Und sie entdecken eine weitere Einnahmequelle: Lösegeldforderungen nach Entführung reicher Kolumbianer und Ausländer.

Die Bevölkerung leidet. Die Regierung setzt auf Dialog als Strategie gegen die Terrorgruppe. Ohne Erfolg. Doch dann wird Uribe, dessen Vater von den Guerillas im Juni 1983 ermordet worden war,

Präsident, und plötzlich weht ein anderer Wind im Land. Uribe verfolgt eine Politik der harten Hand. Er baut die Polizei- und Militärpräsenz im ganzen Land aus und stellt die öffentliche Sicherheit wieder her – erst in den Ballungszentren, dann auch in den ländlichen Gegenden.

Die Guerillas sind in die Berge zurückgedrängt. Dort stellen sie zwar für die Bevölkerung keine unmittelbare Bedrohung mehr dar, aber aktiv sind sie nach wie vor. Und so beruhigend wir die vielen Soldaten entlang der Hauptverkehrsstraßen einerseits auch empfinden, sind wir uns doch bewusst, dass ein gewisses Restrisiko nach wie vor vorhanden ist.

Friedlich döst das Kolonialstädtchen Girón in der Mittagshitze. Die braunen Dächer und Ballustraden können das gleißende Sonnenlicht, das von den weißen Fassaden reflektiert wird, nicht wirklich dämpfen. Unwillkürlich kneifen wir die Augen zusammen. Wir sind die einzigen, die zu dieser Zeit auf den schiefen, gepflasterten Gassen unterwegs sind. Ab und zu klingt das Geklapper von Geschirr aus einem der dunklen und kühlen Restaurants. Wer kann, wartet mit seinen Erledigungen bis zum Nachmittag und hält stattdessen während der heißesten Zeit des Tages lieber Siesta.

Doch noch hat die europäische Mentalität in unserem Kopf die Oberhand und treibt uns weiter. Weiter nach Süden, entlang des Chichamocha-Canyons. Immer wieder halten wir an und wagen den Blick tief hinunter in die breite Schlucht, auf deren Grund sich der Fluss wie eine silbrig glänzende Schlange fortbewegt. So begeistert sind wir von dem Panorama, dass wir am Chichamocha-Nationalpark, einem neu gebauten Freizeitpark für die ganze Familie, fragen, ob wir auf dem Parkplatz übernachten dürfen. Weder die Dame im Tickethäuschen noch die Polizisten aus der Polizeistation nebenan finden unser Anliegen seltsam.

„Kein Problem", lautet die spontane Antwort, „herzlich willkommen in Kolumbien."

Also machen wir es uns auf dem Parkplatz bequem, packen sogar unsere Campingtische und -stühle aus. Die Besucher, die zu ihren Autos oder zum Bus zurückkehren, bestaunen uns neugierig.

Immer wieder werden wir angesprochen und gefragt, ob man ein Foto von unseren Fahrzeugen machen darf. Als die letzten Besucher den Park verlassen haben, kommt der wachhabende Polizist zu uns herüber und stellt sich vor. Er möchte die Gelegenheit nutzen und an uns seine englischen Sprachkenntnisse ausprobieren. Schließlich kommen hier nicht viele Ausländer vorbei.

Camping ist in Kolumbien sehr populär. Vor allem an Wochenenden. Dann wird die gesamte Familie eingepackt, inklusive der Geschwister, Tanten, Onkels usw. Man fährt gemeinsam an einen Fluss oder an einen See zum Baden, stellt die Zelte auf und wirft den Grill an. Zufällig ist gerade Sonntag, als wir an einem Fluss in der Nähe von San Gil auftauchen. Sofort werden wir umringt, mit Fragen bombardiert und zum Essen eingeladen. Während die Männer akribisch darauf achten, dass die Gäste aus Europa stets etwas zum Trinken in Händen halten, zaubern die Frauen ein köstliches Mahl auf die Picknick-Decke. Es gibt gegrilltes Rindfleisch, gebackene Leber, Kartoffeln, Yucca, Maiskolben und Guacamole. Wie selbstverständlich werden wir in den Kreis einer kolumbianischen Großfamilie aufgenommen.

„Ward ihr schon einmal in Kolumbien?", will Fernando wissen.

Wir schütteln verneinend die Köpfe. Fernando nickt. Er weiß um den schlechten Ruf seines Landes.

„Wie gefällt euch Kolumbien?", fragt er deshalb besorgt und freut sich, als wir einstimmig in Begeisterungsstürme ausbrechen.

„Was gefällt euch am besten?", hakt er nach.

Wir brauchen nicht lange zu überlegen. Die Menschen sind es, die Kolumbien zu etwas Einmaligem machen und dafür sorgen, dass sich dieses Land positiv aus der Menge der anderen bislang bereisten Länder abhebt. Es ist die Offenheit, mit der die Kolumbianer auf Fremde zugehen, ihre ehrliche, uneigennützige Hilfsbereitschaft und Liebenswürdigkeit, die sie Ausländern zuteil werden lassen.

Fernando nickt. Und dann endlich bringt er sein eigentliches Anliegen zur Sprache: „Fühlt ihr euch sicher in Kolumbien?"

Von einem Augenblick auf den anderen ist es still. Alle Augen sind erwartungsvoll auf uns gerichtet.

Ja, wir fühlen uns sicher. Genau genommen sogar sicherer als in einigen anderen Ländern unserer Reise. Wir fühlen uns sicher, weil die Neugier und das Interesse, das uns von den Menschen entgegengebracht wird, uns und unserer Kultur gilt, nicht unserem Geld. Wir fühlen uns sicher, weil man uns wie Freunde behandelt, nicht wie anonyme Goldesel, die Devisen ins Land bringen. Und wir fühlen uns sicher, weil wir spüren, dass die Menschen, die hier leben, sich von den Aktivitäten der Guerillas distanzieren, sich mehr Sicherheit und Normalität für ihr Land wünschen.

Fernando und Reinaldo tauschen vielsagende Blicke. Dann erzählen sie uns, dass die Situation in Kolumbien in den letzten fünf Jahren, seit Uribe Präsident ist, deutlich besser geworden sei. Früher zum Beispiel, sei die Straße zwischen Bogotá und Medellín nicht befahrbar gewesen. Viel zu unsicher. Dann aber hatte Uribe zu Beginn seiner Regierungszeit zu einer ungewöhnlichen Aktion aufgerufen. Er legte Uhrzeiten fest, zu denen sich die Autos zu einem Konvoi sammeln sollten und ließ diesen Konvoi durch das Militär eskortieren. Gegen einzelne Fahrzeuge hätten die Guerillas etwas ausrichten können, nicht aber gegen Hunderte von Fahrzeugen. Auch auf den Straßen Richtung Pazifikküste rief Uribe zu Konvois auf und ermöglichte somit den Kolumbianern erstmals ein sicheres Reisen innerhalb ihres eigenen Landes.

Fernando und Reinaldo wollen nicht nur über ihr eigenes Land sprechen, sondern auch über das ferne und fremde Europa. Fernando kennt Europa bisher nur aus dem Fernsehen, aber, so verrät er uns, er würde gern einmal selbst nach Deutschland oder England reisen, um mit eigenen Augen zu sehen, wie die Menschen dort leben. Es fällt mir schwer, ihn zu einer solchen Reise zu ermuntern. Was würde passieren? In Deutschland würde ihn vermutlich niemand spontan zum Essen einladen. Wahrscheinlich würde ihm niemand Hilfe anbieten. Und womöglich würde sich auch niemand mit ihm unterhalten, selbst dann nicht, wenn er sich bemühte, ein paar Brocken Deutsch zu sprechen. Aber ich will ihn nicht entmutigen und behalte deshalb ich meine Gedanken lieber für mich.

Bevor die Familie abends ihre Zelte abbricht, werden noch etliche Erinnerungsfotos geschossen und wir müssen versprechen, in

den nächsten Tagen noch einmal in den Läden der Brüder vorbeizuschauen. Nichts leichter als das. Die beiden handeln mit Autoersatzteilen.

Barichara und Guane, zwei wunderschöne, verschlafene Städtchen,
erinnern an Orte aus Romanen des kolumbianischen Schriftstellers
Gabriel García Márquez. Entlang der gepflasterten Straßen reihen
sich weiß getünchte Häuschen aneinander wie Perlen auf einer
Schnur. Von den grün gestrichenen Doppeltüren aus Holz steht die
äußere offen, die innere, in der Regel auf halber Höhe geteilt, ist
meist nur unten geschlossen und oben ebenfalls offen, damit zumindest ein bisschen Wind ins Innere des Hauses dringt. Auch hier
ist zur Mittagszeit kaum ein Mensch auf den Straßen zu sehen. Aus
den „Sodas", den kleinen Straßenrestaurants, in denen sich die
Männer zum Mittagessen treffen, dringt leise Musik. Es riecht nach
gebratenem Fleisch.

Die Straße nach Villa de Leyva führt zunächst am Boden eines
engen Tals entlang. Erst hinter Arcabuco ändert sich plötzlich die
Landschaft und nimmt fast schon hochalpine Züge an: weit aus-
laufende, flache Bergrücken, breite, helle Täler. Die Vegetation
wird spärlicher. Die Temperaturen sinken. Wir klettern hinauf auf
2600 Meter.

Villa de Leyva liegt etwas tiefer, auf 2200 Meter Höhe und ist ein
beliebtes Wochenend-Ausflugsziel der Kolumbianer aus den umliegenden Städten. Das Herzstück des Ortes ist die etwas zu groß
geratene, baumlose, gepflasterte Plaza. Mit dem unscheinbaren
maurischen Brunnen in der Mitte und den gelb und orange gestrichenen Steinhäusern, die sie von vier Seiten einrahmen, wirkt
sie wie eine ideale Filmkulisse für mexikanische Western. Auf der
Bank vor dem Laden dösen zwei Frauen im Schatten. Gegenüber
vor der Cafetería beobachten zwei Männer, auf ihre Stöcke gestützt, ein Liebespärchen, das gemütlich vorbeischlendert. Ein paar
Meter weiter sitzen Männer in einer Bar, vor ihnen auf dem Tisch
steht eine Reihe leerer Bierflaschen. Wir setzen uns an den Neben-
tisch, bestellen einen Kaffee und lauschen ihren Erzählungen.

Cafetería in Villa de Leyva

Arepas, kleine Fladen aus süßem Mais, *buñuelos,* Teigkügelchen mit Fleisch und Ei gefüllt, *panela,* heißes oder kaltes Zuckerwasser, Käse mit in Scheiben geschnittener, süßer Marmelade, gesalzene Mango … Auf dem Wochenmarkt von Tunja futtern wir uns erst durch allerlei kulinarische Köstlichkeiten, bevor wir uns mit Lebensmitteln eindecken und weiter nach Osten über Sogamosa an die Laguna de Tota fahren. Links und rechts des Weges erstrecken sich Zwiebelfelder. Die Luft riecht würzig. Die Bauern, die die Ernte einholen, arbeiten hart. Ihre Gesichter sind sonnengegerbt, die Hände voller Schwielen, der Rücken gebeugt. Ackerbau ist hier noch harte Knochenarbeit. Maschinen gibt es so gut wie keine.

Dreißig Kilometer von Kolumbiens Hauptstadt Bogotá entfernt liegt die wahrscheinlich größte Attraktion des Landes: Die Salzkathedrale von Zipaquirá, die in die Stollen eines Salzbergwerks hineingebaut wurde. Fünf Jahre hat man dafür gebraucht und insgesamt 250.000 Tonnen Salz für dieses Meisterwerk verarbeitet.

Dabei ist die Kathedrale bereits die zweite ihrer Art. Die erste wurde wegen Einsturzgefahr geschlossen. Eine gute Stunde laufen wir durch die verwinkelten, unterirdischen Kreuzgänge zu den drei Kirchenschiffen. Rote und blaue Strahler tauchen Kreuze, Altäre, Engel und Säulen in ein schaurig schönes Licht. Doch das faszinierende Bauwerk ist nicht nur eine sehenswerte Kuriosität, sondern auch tatsächlich in Betrieb. Regelmäßig werden hier Messen abgehalten und auch Trauungen vollzogen.

Wieder erhalten wir die Erlaubnis, auf dem bewachten Parkplatz der Kathedrale zu übernachten. Ein Junge schleicht um unsere Fahrzeuge herum und versucht, einen Blick ins Innere zu erhaschen. Seine Mutter, die einen der Souvenirstände am Eingang betreibt, ruft ihn zu sich. Wenig später steht er erneut vor uns und überreicht uns als Geschenk zwei aus Salzkristallen geschnitzte Puttenfiguren. Wir revanchieren uns mit Bonbons und Schokolade. Nachdem die letzten Besucher gegangen sind, kommen die Wachmänner vorbei und stellen sich nacheinander vor. Sollte etwas sein, sollten wir etwas brauchen, so sagen sie, sollen wir einfach winken oder rufen, sie säßen oben auf der Treppe und würden unsere Fahrzeuge die ganze Nacht im Auge behalten.

Als wir am nächsten Morgen erwachen, zeigt das Thermometer fünf Grad über Null. Bogotá liegt immerhin 2600 Meter hoch. Doch die Gänsehaut verschwindet schnell wieder, denn die nächsten Kilometer fahren wir stetig bergab ins Tal des Río Magdalena, der die Ostkordillere von der Zentralkordillere trennt. Im Tiefland, nur noch 200 Meter über dem Meeresspiegel hat es 38 °C. Wir können die Wärme nur kurz genießen, denn schon bald geht es wieder bergauf, hinauf in die Stadt des „ewigen Frühlings", Medellín. Sie liegt auf 1500 Meter und hat das ganze Jahr ein gemäßigtes Klima.

Die Fahrt ist nervenaufreibend. Immer wieder kommen uns in den engen Kurven Lkw entgegen, die gerade einen anderen Lkw überholen. Mehr als einmal muss Tobias unseren Landy abrupt zum Stehen bringen. Mehr als einmal trennen uns nur noch wenige Zentimeter von der Stoßstange des entgegenkommenden Fahrzeugs. Es grenzt fast schon an ein Wunder, dass uns nichts passiert.

Ein trauriges Zeugnis des „progressiven" kolumbianischen Fahrstils geben dagegen die vielen Sterne ab, die überall im Land mit schwarzer und gelber Farbe auf die Fahrbahn gemalt wurden. Manchmal tragen sie zur Verdeutlichung, dass hier an dieser Stelle ein Mensch durch einen Verkehrsunfall sein Leben lassen musste, noch die stilisierte Zeichnung eines Körpers in ihrer Mitte. Am Straßenrand mahnen Plakatwände mit den Worten „Keine weiteren schwarzen Sterne mehr auf unseren Straßen" zu mehr Vorsicht und Rücksicht im Straßenverkehr.

Medellín, einst Lieblingsstadt millionenschwerer Drogenbarone, ist heute eine moderne Wirtschaftsmetropole. Breite Stadtautobahnen, neue und teure Autos, Hochhäuser und gepflegte Parkanlagen bestimmen ihr Bild. Ganz besonders stolz allerdings sind die Medellíner auf ihre U-Bahn, die erste in Kolumbien. Obwohl sie schon seit geraumer Zeit in Betrieb ist, sieht sie aus wie neu, kein einziger Sitz ist aufgeschlitzt, kein einziges Graffiti verunziert die Wände. Doch auch hinter den Kulissen kann sich Medellín sehen lassen: 99 % der Haushalte sind ans Stromnetz angeschlossen, 98 % an die Wasserversorgung und 97 % genießen den Luxus einer regelmäßigen Müllentsorgung.

Wir verabreden uns mit Hellmuth auf dem Parkplatz der Universität. Zwei Stunden hat er Zeit, danach muss er wieder in ein Meeting, sagt er. Trotzdem fahren wir erst einmal zu seiner Frau, holen dort das Auto, fahren dann in die Berge und gehen gemütlich Mittagessen. Dreieinhalb Stunden später macht Hellmuth sich auf den Weg zurück in die Stadt. Wir dürfen auf seinem Baugrundstück außerhalb Medellíns in den Bergen übernachten. Der Grundriss fürs neue Haus ist schon abgesteckt, und so parken wir, wie es sich gehört, vor der „Eingangstür" und stellen unsere Campingstühle ins „Wohnzimmer". Als abends die Kälte den Hang hochkriecht, beschließen wir, in Hellmuths neuem Heim schon mal eine kleine private Einweihungsparty zu feiern. Bei Lagerfeuer, Rum und Wein diskutieren wir mit Liz und Colin über zukünftige Reisen in ferne Länder, über Autos und über Geschäftsideen für die Zukunft. Ob es am Rum liegt, dass wir zu keinem vernünftigen Ergebnis kommen?

Hellmuth will uns seinem Freund und ehemaligen Professor vorstellen, der in El Retiro lebt, einem kleinen verschlafenen Ort in den Bergen. Das Haus, das Gustavo bewohnt, ist zweihundert Jahre alt und hat dicke, noch von Hand gestampfte Lehmmauern. Zwischen den einzelnen Räumen gibt es keine Verbindungstüren. Alle Zimmer werden von außen, von der überdachten Veranda her, betreten. Der Boden ist aus alten Terrakotta-Fliesen. Hölzerne Fensterläden halten Wind und Sonne ab. Fensterglas gibt es nur dort, wo das letzte Erdbeben große Löcher in die Wände gerissen hat. Im Garten stehen Obstbäume und für die Enkel hat Gustavo ein Baumhaus gebaut. Vor wenigen Tagen hat er sich jedoch schweren Herzens von dem Familienbesitz getrennt und ihn verkauft. Nun will er für sich ein Haus nach seinen eigenen Vorstellungen bauen. Ein Haus, das die Sonnenstrahlen nicht abhält, sondern einlässt, ein Haus, in dem es warm ist am Abend und in dem es ein Musikzimmer gibt. Musizieren ist Gustavos große Leidenschaft. Vor kurzem hat er angefangen Saxophon zu spielen. Man merkt Gustavo an, dass er gerne Menschen um sich hat.

Der Sonntag gehört dem Fußball. Medellín gegen Pasto. Es ist das Saison-Auftaktsspiel. Das wollen wir uns nicht entgehen lassen. Nach zehn Sekunden pfeift der Schiedsrichter das erste Foul. Das erste Tor, das fällt, ist ein Elfmeter. Die akrobatische Leistung ist besser als die spielerische. Dafür sind die Fans ein echter Augen- und Ohrenschmaus. Ohne Pause singen, trommeln und tanzen sie zwei Stunden lang. Am Ende gewinnt Medellín 2:1 und alle, auch die Fans der unterlegenen Mannschaft, gehen friedlich nach Hause.

Auch wir treten den Heimweg an und gehen früh ins Bett, um am nächsten Tag fit zu sein. Wir sollen nämlich an der Universität einen Vortrag über unsere Reise halten. Wir glauben erst gar nicht so recht daran, dass die Studenten sich für dieses Thema begeistern können, sehen dann jedoch mit Staunen, wie sich der Vorlesungssaal füllt. Zwei Stunden diskutieren wir mit den Studenten über kulturelle Unterschiede, über Sicherheit, Preisniveaus, Industrialisierung und Tourismus – und stellen fest, dass zwei Stunden bei weitem nicht ausreichen, um alle unsere bisherigen Eindrücke zu schildern.

Ein Umweg von 1000 Kilometern

Die *jejenes* sind hinter mir her. Die kleinen schwarzen, fast unsichtbaren Fliegen haben es auf mich abgesehen. Ich zähle 96 Bisse an beiden Beinen, vom Knöchel bis zum Knie. Die Beißstellen, die zu unförmigen Quaddeln anschwellen, mit einem roten Blutfleck in der Mitte, jucken wie die Hölle. Und je wärmer es ist, desto schlimmer wird es. Doch scheinbar bin ich die Einzige, die unter den Fliegen leidet. Weder Tobias, noch Colin oder Liz haben Bissstellen. Dafür haben Tobias und Colin andere Sorgen. In unserem linken Hinterreifen muss ein Loch sein. Seit Tagen füllen wir regelmäßig Luft nach. Colin lacht noch über uns, doch dann sieht er bei seinem rechten Vorderreifen das Stahlgeflecht durchschimmern. Es ist an der Zeit, einen Reifenhändler aufzusuchen. Aber so sehr wir auch suchen, niemand hat die benötigte Reifengröße 235/85/R16 im Angebot. Wir lassen unseren kaputten Reifen flicken. Colin entschließt sich, das Reserverad aufzuziehen, doch auch das hat schon bessere Tage gesehen.

Trotzdem machen wir einen Ausflug in die Berge. Wir wollen ein bisschen wandern und vielleicht auch einen Vulkan besteigen. Weit kommen wir allerdings nicht. Im Nationalpark Los Nevados hat ein Erdrutsch die Zufahrt zum Refugio unpassierbar gemacht. Wir begnügen uns also mit der Aussicht auf die Berge und die Páramo-Wiesen. Wir befinden uns weit oberhalb der Baumgrenze, auf 4000 Meter Höhe. Seltsam gewachsene, teilweise mehrere Meter hohe Sträucher mit dicken Stämmen, fleischigen Blättern und gelben Blüten stehen vereinzelt auf den Wiesen. Dazwischen breiten sich dunkelgrüne, dichte Mooskissen aus, harte gelbe Grasbüschel überziehen das Hochplateau und hin und wieder sorgen zarte lila Blüten für dezente Farbtupfer. Ein kühler, frischer Wind bläst uns ins Gesicht und lässt unsere Augen tränen. Nebelschwaden wabern über die Wiesen und hüllen die Landschaft in Watte. Doch die friedliche Idylle täuscht: Die Bergregion außerhalb der Nationalpark-Grenzen ist Guerilla- Gebiet und nicht ungefährlich.

Als Jorge hört, dass wir unterwegs nach Feuerland sind, gerät er ins Schwärmen. Er wäre nämlich selbst gern nach Tierra del Fuego gereist, verrät er uns. Er hatte schon alles ganz genau geplant, aber dann kam das erste Kind zur Welt, dann das zweite und schließlich das dritte. Und so hat er seine Reisepläne erst einmal hintenangestellt und stattdessen, kurz vor Salento, einen Campingplatz eröffnet, der gleichzeitig ein Themen- und Zelthotel ist. Neben einem Safarizelt gibt es noch ein Amazonas-Stelzenhaus und einen Trailer zu mieten – alle extravagant eingerichtet und fantasievoll dekoriert. Seine Gäste sollen sich wohlfühlen, sagt Jorge. Am zweiten Abend schenkt er uns eine Schubkarre Holz, denn zu einem Campingplatz gehört ein Feuer. Perfekt wird der Platz aber erst, wenn, wie in seinem Fall, auch noch ein Fluss in der Nähe ist. Erde, Luft, Feuer und Wasser, die vier Elemente, so erklärt er uns, sorgen für die perfekte Harmonie.

Ich nutze die Gelegenheit und frage Jorge, wie viele andere vor ihm auch schon, ob ein Abstecher nach San Agustín, jener geheimnisvollen archäologischen Stätte im Süden des Landes, zurzeit möglich sei. Augenblicklich legt sich seine Stirn in Falten.

„Willst du die Wahrheit wissen?", fragt er kopfschüttelnd. „Ich würde nicht hinfahren!"

Er ist nicht der erste, der uns abrät. San Agustín liegt mitten im Guerilla-Gebiet, die ganze Umgebung gilt als unsicher. Vor allem die Strecke, die von Popayán über die Andenkordillere nach San Agustín führt, gilt als extrem gefährlich, denn die Bergregionen oberhalb 3000 Meter hat das Militär nicht unter Kontrolle.

„Aber", lenkt er ein, als er mein enttäuschtes Gesicht sieht, „ihr müsst ja nicht über Popayán fahren."

Er holt ein Stück Papier und malt eine andere Strecke auf: Von Armenia aus zuerst zurück Richtung Bogotá, dann über die Tatacoa-Wüste und Neiva nach San Agustín. Eine Alternative? Zumindest ein Hoffnungsschimmer. Auf jeden Fall aber eine Sackgasse. Um nicht mitten hinein ins Guerilla-Gebiet zu fahren, müssten wir dieselbe Strecke auch wieder zurück. Insgesamt also ein Umweg von 1000 Kilometern. Colin schüttelt den Kopf. Mit seinen kaputten Reifen, noch dazu ohne Reservereifen, ein Ding der Unmöglichkeit.

„Außerdem", gibt Tobias zu bedenken, „läuft in vier Tagen unsere Autoversicherung ab."

Am Pool einer Hacienda, idyllisch inmitten von Bananenplantagen nahe Armenia gelegen, diskutieren wir gemeinsam mit Liz und Colin das Für und Wider einer Fahrt nach San Agustín. Die Route über Popayán scheidet aus, auch wenn es die kürzeste und einfachste wäre. Die alternative Route bedeutet fünfhundert Kilometer oder zwei Tage Fahrzeit Umweg – einfache Strecke. Dafür läge die landschaftlich reizvolle Tatacoa-Wüste auf dem Weg. Aber wie sicher ist diese Strecke? Und wie sicher ist der Ort San Agustín? Niemand kann uns diese Fragen beantworten. Wir müssen es selbst herausfinden. Tobias und ich würden es gerne wagen. Liz und Colin zögern noch. Doch sich jetzt zu trennen, vor der wahrscheinlich einzigen gefährlichen Etappe in ganz Kolumbien, kommt auch nicht Frage. Entweder alle oder keiner. Tobias und Colin fahren in die Stadt. Sie kaufen einen neuen, etwas zu großen Reservereifen für den Camper und verlängern unsere Autoversicherungen um zwei Wochen. Damit ist die Entscheidung gefallen. San Agustín, wir kommen!

Hinter Armenia schraubt sich die Straße Richtung Bogotá in steilen Serpentinen in die Höhe. Teilweise sind die Kehren so eng, dass der Verkehr aus der Gegenrichtung anhalten muss, bevor ein Lkw um die Kurve fahren kann. Meistens stehen freiwillige Helfer am Straßenrand, die den Verkehr regeln und dafür von den Lkw-Fahrern ein kleines Trinkgeld erhalten. Die Gegend wird ärmer, die Ortschaften desolater. Ein Stück hinter Espinal, nach der Querung des Río Magdalena, ist die Landschaft plötzlich flach und eben. Schnurgerade führt die Straße vorbei an Wiesen und Weideflächen.

Und dann taucht hinter Neiva plötzlich, wie aus dem Nichts, die Tatacoa-Wüste vor uns auf und überrascht uns alle paar Meter mit einer völlig neuen, fantastischen Szenerie: Kakteenwälder aus langen, hochgewachsenen Kandelabern, kleinen knubbeligen, blühenden Stachelkissen und ausladenden Ohren-Kakteen wechseln sich ab. Alsdann werden die Kakteen weniger und eine rot- und orangeleuchtende Canyon-Landschaft tut sich vor uns auf. Diese ändert irgendwann ihre Farbe in Weiß und Grau. Ein paar Meter weiter fahren wir durch gelbe Graslandschaft. Nicht eine, sondern eigentlich vier Wüsten treffen hier auf relativ kleinem Raum aufeinander.

Es ist Donnerstag. Das Observatorium mitten in der Wüste bietet nur freitags, samstags und sonntags Vorträge für Besucher an, doch für uns macht man eine Ausnahme. Und so packen wir vergnügt unsere Campingstühle aus und genehmigen uns einen Drink. Doch unsere Stimmung verfinstert sich in gleichem Maße wie der Himmel. Wolken ziehen auf. Javier, der Astronom, wurde eigens aus der Stadt geholt. Gerade als er anfängt, uns die Sternenkonstellationen zu erklären, klart es wie auf Kommando auf. Staunend betrachten wir die Sternbilder am Himmel, ehrfürchtig schauen wir durchs Teleskop auf den perfekt geformten Saturn, auf den Gürtel des Orion und hinein in den Andromedanebel, eine der drei von unserem Planeten aus sichtbaren fremden Galaxien. Hier in Äquatornähe hat man das Gefühl, dem Himmel ein Stückchen näher zu sein. Zum Greifen nahe hängen die Sterne am Firmament. Kristallklar formieren sich die Sternbilder über unseren Köpfen. Zwei Stunden dauert der Vortrag – und ist so spannend, dass wir darüber fast vergessen, dass Spanisch eine Fremdsprache für uns ist.

Die Straße von Neiva nach San Agustín ist gut ausgebaut und sehr wenig befahren. „Aber sicher", bestätigt uns der Soldat am Betania-Staudamm, den wir nach der aktuellen Sicherheitslage befragen. Als er hört, dass wir von Kolumbien aus weiter nach Ecuador wollen, erkundigt er sich besorgt nach unserer weiteren Reiseroute und entspannt sich sichtlich, als wir ihm versichern, dass wir von San Agustín denselben Weg auch wieder zurückfahren, über Neiva, über Armenia nach Pasto. Der direkte und wesentlich kürzere Weg über die Berge nach Pasto, so meint er, sei doch ein bisschen gefährlich.

Wir haben unsere Autos in San Agustín noch nicht richtig geparkt, da werden wir auch schon von einer Dame aus dem Reisebüro begrüßt. Seit fünfundzwanzig Jahren arbeite sie nun schon in der Tourismusbranche, erzählt sie uns atemlos, aber seit zwanzig Jahren habe sie keine „solchen" Autos mehr gesehen. Früher kamen viele Reisende mit „solchen" Autos – sie streckt ihr Kinn energisch in Richtung Pickup-Camper und Landy – aber jetzt denkt jeder, San Agustín sei gefährlich.

„Das ist eine Fehlinformation. Reine Angstmache", sagt sie mit trauriger Stimme und schüttelt den Kopf.

„Und jetzt traut sich keiner mehr nach San Agustín. Dabei ist San Agustín sicher. Ich zum Beispiel", sie klopft sich auf die Brust, „ich habe in meinem ganzen Leben noch nicht einen einzigen Guerilla-Kämpfer gesehen."

So ganz überzeugt bin ich trotzdem noch nicht von der Sicherheit der Region. Die Guerilla-Gruppen leben oben in den Bergen. Sie überfallen einzelne Bauernhöfe oder kleine Dörfer. San Agustín ist bereits eine mittlere Kleinstadt und damit sicherlich zu groß, um ein geeignetes Ziel für die Guerilla-Aktivitäten zu sein. Doch die Umgebung möchte ich nicht bedenkenlos als sicher bezeichnen. Der letzte Militärposten befand sich an der Abzweigung nach Popayán, weiter südlich, so weiß ich aus der Unterhaltung mit dem Soldaten, ist das Militär momentan nicht präsent.

San Agustín verfügt über eine perfekte touristische Infrastruktur, es gibt Hostels und Hotels, Restaurants, Bars, Campingplätze. Nur ausländische Touristen gibt es so gut wie keine. Als wir den archäologischen Park besuchen, begegnen uns vielleicht zehn weitere Besucher – alle Kolumbianer. Dabei sind die Ausgrabungen von San Agustín wirklich sehenswert. Im Quellgebiet der drei größ-

ten Flüsse des Landes, des Río Magdalena, des Río Cauca und des Río Caquetá, befinden sich Unmengen alter Gräberfelder und Zeremonial-Hügel. Bis heute weiß man nicht, welcher präkolumbischen Kultur die Gräber und Statuen zuzuordnen sind. Megalithgräber, Tonwaren, steinerne Sarkophage, Steinskulpturen mit menschlichen und tierischen Gesichtszügen hat man gefunden – aber keine zugehörige Stadt. Der archäologische Park umfasst drei Grabanlagen aus Gräbern und Steinskulpturen, den sogenannten Mesitas, eine zeremonielle Stätte auf einem Hügel und eine die in ein Flussbett eingemeißelt wurde. Daneben gibt es noch einen Statuenwald, in dem 35 Skulpturen zu bewundern sind. Alle in der für San Agustín typischen Form, mit kurzen Beinen und großen Köpfen.

Vier Stunden dauert unser Rundgang – doch wir haben noch lange nicht genug. Etwas außerhalb der Stadt stehen noch weitere Statuen, darunter die beiden einzigen bunt bemalten. Da diese mit dem Auto gar nicht und zu Fuß nur nach einem langen Marsch zu erreichen sind, schwingen wir uns kurzerhand aufs Pferd und machen uns hoch zu Ross auf den Weg. Mein letzter Ausritt liegt vier Jahre zurück.

„Tranquilo", ruhig, sagt der Pferdeführer und ich bin mir nicht sicher, ob er damit das Pferd meint oder mich. Mein Pferd ist jedenfalls alles andere als ruhig, wiederholt galoppiert es munter drauf los, um nicht den Anschluss an die Gruppe zu verlieren. Immer wieder versuche ich es zu zügeln, immer wieder ernte ich schallendes Gelächter von allen Seiten, weil das Pferd meist nicht so will wie ich. Wir reiten nach La Pelota und Purutal, wo die noch mit Originalfarben bemalten Statuen stehen und ein Grab bewachen. Ein paar andere Figuren, die man an anderer Stelle gefunden hat, wurden dazugestellt.

„In den Bergen und auf den Feldern gibt es noch viele solcher Gräber und Statuen", erzählt uns unser Führer. „Aber leider ist kein Geld vorhanden, sie freizulegen", fügt er betrübt hinzu.

Wir reiten weiter zu den fünf in Reihe stehenden Statuen von El Tablón und nach La Chaquirá, um uns die in den Fels gehauenen Figuren anzusehen.

Als wir uns auf den Rückweg machen, tröpfelt es bereits. Die Pferde scheinen das nahende Unwetter zu spüren und sind nicht mehr zu bremsen. Im wilden Galopp reiten wir auf den Campingplatz zu. Gerade noch rechtzeitig, bevor der große Regen losbricht, retten wir uns unter einen Baum.

Mit müden Knochen und einem stattlichen Muskelkater im Gesäß treten wir am nächsten Morgen den Rückweg an. Wieder

Die Wallfahrtskirche Las Lajas nahe der Grenzstadt Ipiales

fahren wir zwei Tage über die Berge, bis nach Armenia zurück, von wo aus wir dann endgültig zur ecuadorianischen Grenze aufbrechen.

Würde heute nicht die bereits verlängerte Autoversicherung ablaufen, wir würden die Ausreise aus diesem wunderschönen Land sicher noch ein bisschen hinauszögern. Statt der ursprünglich geplanten zwei Wochen haben wir nun auf den Tag genau sechs Wochen in Kolumbien verbracht – und jede Sekunde davon genossen. Kolumbien war anders als erwartet. Sicherer, entspannter und abwechslungsreicher. Der Reiz Kolumbiens liegt unter anderem darin, dass es bisher vom Massentourismus verschont geblieben ist. Doch wenn die Sicherheitspolitik Uribes weiterhin so erfolgreich ist wie in den vergangenen Jahren, werden auch die Touristen nicht mehr lange auf sich warten lassen. Die Kolumbianer, das steht fest, würden sich freuen über Gäste aus dem Ausland.

ECUADOR
Kutteln mit Kakao

Das elfte Land auf unserer Reise, Ecuador, ist zwar der kleinste unter den Andenstaaten, kann dafür allerdings auf engstem Raum mit ein paar der höchsten Berge Südamerikas aufwarten. Über 50 Vulkane gibt es in Ecuador, etwa 18 davon gelten als aktiv oder potenziell aktiv und werden daher ständig von Vulkanologen überwacht. Die Vulkangipfel Ecuadors bilden zusammen eine Kette, die sich von Nord nach Süd durchs ganze Land zieht, und die Alexander von Humboldt auf seiner legendären Südamerikareise 1799–1804 poetisch die „Straße der Vulkane" getauft hatte. Bei seinen Bergbesteigungen widerlegte Humboldt damals die bis dato gängige Meinung, dass ein tropisches Gebirge von unten nach oben alle existierenden Klimazonen der Erde abbilde. Vielmehr, so stellte er fest, existieren in den ecuadorianischen Anden vier unterschiedliche Temperaturzonen, abhängig von der Höhenlage. Alles unterhalb von 1000 Höhenmetern gehört zur „tierra caliente", dem heißen Land, in dem es auch nachts nur wenig abkühlt. Zwischen 1000 und 2000 Metern befindet sich die „tierra templada", die gemäßigte Klimazone. Hier ist es tagsüber warm, nachts wird es bereits deutlich kühler. In der kalten Zone zwischen 2000 und 3000 Metern, der „tierra fría", ist es tagsüber kühl und nachts mitunter sogar empfindlich kalt. Und ab 4000 Metern schließlich spricht man von der „tierra helada", dem eisigen Land.

Tobias ist in seinem Element. Seit Tagen redet er von nichts anderem mehr als vom Bergsteigen. In Otavalo trifft er endlich einen Gleichgesinnten. Florian und Thekla sind mit ihrem gelben VW-Bus unterwegs nach Süden und wollen in Ecuador, Peru und Bolivien ein paar Gipfel stürmen. Sofort werden Pläne geschmiedet. Als erstes, so der Konsens der beiden Männer, soll der Cotopaxi in Angriff genommen werden.

In Otavalo tragen die Männer weiße, knöchellange Hosen und darüber blaue Ponchos. Ihre langen, schwarzen Haare haben sie zu einem dicken Zopf geflochten. Die Frauen hüllen sich in dunkle,

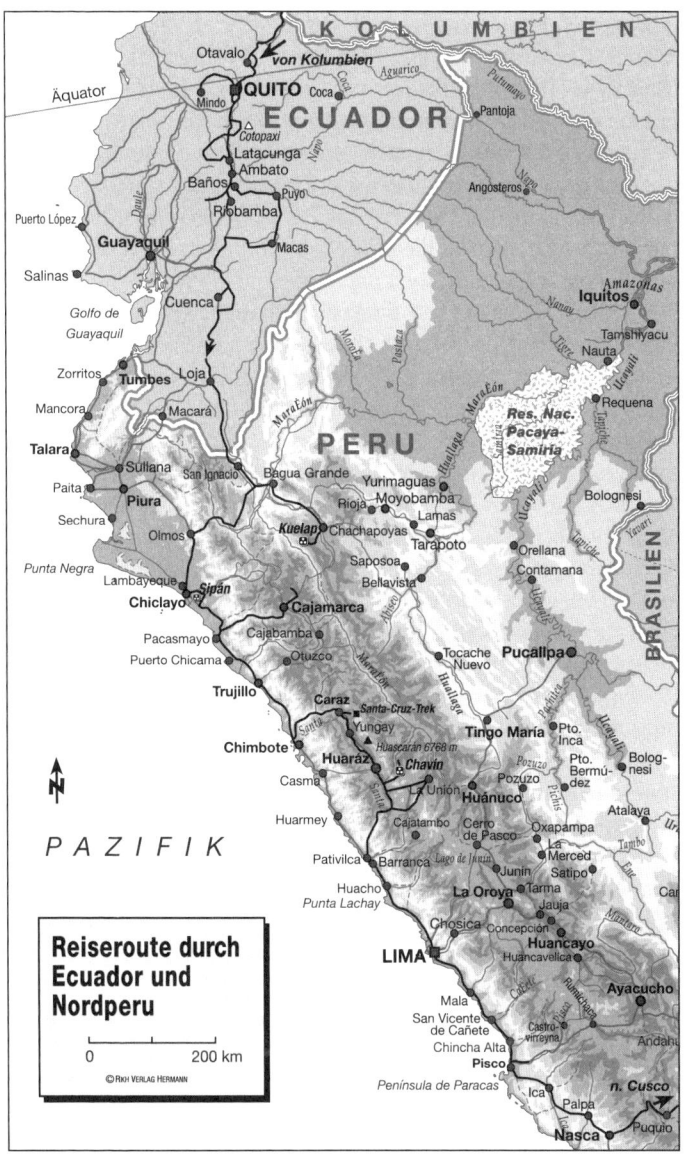

Reiseroute durch Ecuador und Nordperu

0   200 km

© RKH VERLAG HERMANN

wollene Röcke und putzen sich mit bestickten Blusen und jeder Menge Goldketten heraus. Vor allem samstags, denn dann ist Markttag. Für uns heißt das früh aufstehen. Bereits im Morgengrauen geht es los. Lange bevor die ersten Gemüselaster aus den Bergen anrollen, wechselt das Vieh den Besitzer. Tapfer bahnen wir uns unseren Weg durch quiekende Schweine, schnaubende Bullen, blökende Schafe und stoische Esel. Für etwa 200 Dollar – seit dem Jahr 2000 ist der Dollar die offizielle Währung in Ecuador – wechseln Rinder von einem Lkw zum anderen. Ein Pferd kostet um die 700 Dollar. Nachdem wir das geklärt haben, geht's weiter zum Wochenmarkt. Neben Obst, Gemüse, Haushaltswaren und Kleidung gibt's auch Schnitzereien, Malereien, Stickereien und jedes andere erdenkliche Kunsthandwerk. Eben alles, was das Touristenherz begehrt. Der Besuch des Marktes von Otavalo wird von Quito aus als Tagesausflug angeboten. Im Laufe des Vormittags trifft ein Reisebus nach dem anderen in der kleinen Stadt ein und spuckt Menschen in Bergstiefeln, Trekkinghosen und Tropenwesten aus. Nach den letzten sechs Wochen in einem Land fast ohne Touristen müssen wir uns erst wieder an den Anblick kaufwütiger Schnäppchen- und Souvenirjäger gewöhnen. Auch wir schlendern an den Verkaufsbuden entlang. In den Nebenstraßen, die stärker von Einheimischen frequentiert sind und in denen die Stände weniger hübsch dekoriert sind, werden die gleichen Waren wie im touristischen Teil des Marktes angeboten, aber zu einem wesentlich günstigeren Preis. Colin und ich erstehen je eine handgestrickte Wollmütze – für zusammen drei Dollar.

Etwas oberhalb von Otavalo, auf etwa 4000 Meter Höhe, liegt die Laguna Mojanda. Trotz des eisigen Windes, der über das Wasser fegt, scheint die Lagune ein beliebter Ausflugsort zu sein – zumindest wenn man den vielen Reifenspuren und den Resten von Lagerfeuern glauben darf. Doch zwei Polizisten, die hier oben auf ihren Motorrädern Streife fahren, raten uns davon ab, am Ufer der Lagune unser Nachtlager aufzuschlagen. Im Prinzip sei es zwar ruhig, erklären sie uns umständlich, aber eben nur im Prinzip und eigentlich auch nur an Wochenenden oder wenn man in einer größeren Gruppe unterwegs ist. Aber zu zweit unter der Woche sei es zu gefährlich. Da es noch früh am Nachmittag ist, beschließen wir, um die Lagune herumzufahren, hinunter nach Tabacundo, weiter nach Cayambe und von dort zur Laguna Cuicocha.

Am nächsten Morgen treffen wir Liz und Colin wieder, um gemeinsam zu einer 40 Kilometer langen, malerischen Rundfahrt über die Orte La Esperanza, Zuleta und Olmedo anzutreten. Auf einer alten, gepflasterten Inkastraße fahren wir durch die winzigen Orte, die im Wesentlichen aus einer Häuserreihe links und rechts der Straße bestehen. Hinter den Häusern ziehen sich die bestellten Felder wie ein bunter Flickenteppich die Berghänge hinauf. Frauen, allesamt in Tracht gekleidet, treiben das Vieh vor sich her auf die Weide. Viele von ihnen haben, wie das in Zentral- und Südamerika üblich ist, ihre kleinen Kinder in einem bunten Tuch auf den Rücken gebunden. Die Männer arbeiten auf den Äckern. Es ist regnerisch. Die Berge hängen in Wolken. Nicht ein einziger Vulkangipfel lässt sich blicken. Vielleicht ist das Wetter ja jenseits des Äquators besser. Während Liz und Colin noch eine Weile auf der nördlichen Hemisphäre verweilen wollen, machen wir uns auf den Weg zur Südhalbkugel.

Die Mitte der Welt

Zwischen Cayambe und Quito ist es so weit: Wir überqueren die berühmteste Null-Linie der Welt, den Äquator, den Gürtel um den Bauch der Erde, die Außennaht unseres Planeten sozusagen. Ein großes, rotes Schild weist den Autofahrer darauf hin, dass sich oberhalb der Straße ein kleines Monument befindet. Eine in den Boden eingelassene Metallschiene markiert den Verlauf des Äquators. Natürlich lassen wir es uns nicht nehmen, ein paar Schritte auf dieser Linie zu gehen, immer mit unserem GPS-Gerät in Händen, das exakt Null Grad Nord-Süd anzeigt. Und wir freuen uns wie Kinder, denen ein außergewöhnliches Kunststück gelungen ist, als wir mit einem Fuß auf der nördlichen, mit dem anderen auf der südlichen Erdhalbkugel stehen – auch wenn sich das nicht anders anfühlt, als stünde man in Deutschland auf dem Mittelstreifen einer Landstraße.

Am wenig besuchten Äquator-
Denkmal in Cayambe

Quito, die Hauptstadt Ecuadors, liegt 2800 Meter über dem Meer und sei damit die höchste Landeshauptstadt der Welt, steht in unserem Reiseführer. Ich muss die Information zweimal lesen, ehe ich sie verstehe, denn ich hatte bisher immer gedacht, die höchstgelegene Hauptstadt sei La Paz in Bolivien. Doch La Paz ist nur Regierungssitz.

Die Millionenstadt Quito platzt aus allen Nähten. Eingebettet in ein schmales Hochtal, flankiert von den Andenkordilleren, bleibt ihr nichts weiter übrig, als in die Länge zu wachsen. Fünfzig Kilometer misst Quito vom nördlichen bis zum südlichen Ende. Wer die Panamericana fährt, ganz gleich in welche Richtung, kommt an Quito nicht vorbei, sondern muss, im Gegenteil, die Stadt einmal komplett durchqueren. Wir brauchen dafür etwas mehr als zweieinhalb Stunden.

Die Altstadt von Quito wurde zum Weltkulturerbe erklärt, Touristenzentrum ist jedoch die Neustadt. Tobias und ich klappern die Outdoor-Geschäfte und Touranbieter ab, um Infos über begehbare Berge, mögliche Routen und Bergführer zu erhalten. Ein mühsames Unterfangen – und ein entmutigendes obendrein. Statt verkaufsfördernder Parolen bekommen wir haarsträubende Horrorgeschichten zu hören. Auf dem Parkplatz des Cotopaxi-Refugios werden angeblich die Autos aufgebrochen. Wer sein Fahrzeug unbewacht auf dem Parkplatz unterhalb des Illiniza Norte stehen lässt, muss damit rechnen, dass man ihm die Reifen zersticht. An vielen Berghängen quert man Privatbesitz und wird daran schon mal mit vorgehaltener Waffe gehindert. Manchmal werden Bergsteiger auch überfallen, so erzählt man uns mit ernster Miene, und leider käme das mitunter selbst dann vor, wenn sie mit einem einheimischen Führer unterwegs sind.

Wir verzichten darauf, eine Tour zu buchen. Stattdessen zücken wir unser Handy und rufen Thekla und Florian an.

„Wo seid ihr gerade?", wollen wir wissen.

„Wir stehen am Eingang zum Cotopaxi-Nationalpark."

Wir zögern keine Sekunde: „Wartet auf uns. Wir kommen."

Nacht am Cotopaxi

Die Schutzhütte des Cotopaxi liegt auf frostigen 4800 Meter Höhe. Bis auf 4600 Meter kann man mit dem Auto fahren. Tobias und Florian steigen die letzten 200 Höhenmeter vom Parkplatz bis zum Refugio zu Fuß auf und heuern dort einen Bergführer an. Doch bevor es losgehen kann, müssen sie sich erst an die Höhe akklimatisieren. Wir übernachten auf 3800 Metern und laufen um die Laguna Limpiopungo. Tobias und Florian machen eine Eingeh-Tour auf den Rumiñahui Central. Doch obwohl wir uns viel bewegen und literweise Wasser trinken, bleiben wir vor der Höhenkrankheit nicht ganz verschont. Zwar plagen uns keine Kopfschmerzen, aber wir leiden unter Appetitlosigkeit und unter ständigem Durst. Ein paar Schritte reichen aus, um unseren Puls zum Rasen zu bringen und uns keuchen zu lassen. In der ersten Nacht wache ich mehrmals auf, weil ich das Gefühl habe, keine Luft mehr zu bekommen. Ich atme mit offenem Mund, schnappe förmlich nach Luft. Doch dadurch trocknet meine Kehle aus. Also trinke ich. Einen Liter, zwei Liter Wasser. Jetzt ist an Schlaf erst recht nicht mehr zu denken, denn schließlich wollen die zwei Liter Wasser auch wieder raus aus dem Körper. Doch schon in der zweiten Nacht schlafe ich durch und wache am nächsten Morgen ausgeruht und erholt auf. Nun also scheint sich mein Körper langsam an die Höhe zu gewöhnen. Auch Tobias und Florian haben gut geschlafen und sehen aufgeregt dem großen Gipfelsturm entgegen.

Mit 5897 Meter Höhe ist der Cotopaxi der höchste freistehende aktive Vulkangipfel der Welt. Der Aufstieg, obwohl über Schnee und Eis, ist technisch nicht schwierig. Um zurückzusein, bevor der griffige Schnee von den Sonnenstrahlen aufgeweicht wird, starten die Seilschaften normalerweise gegen Mitternacht. Und genau darin liegt unser Problem.

Während der Cotopaxi-Nationalpark noch bis vor wenigen Jahren als sicher gegolten hat, erscheint die Sicherheitslage im Park jetzt in der Tat bedenklich. Alle, die wir gefragt haben, vom Ausrüstungsverleiher und Touranbieter über den Bergführer bis hin zum Busfahrer, haben uns gewarnt: „Lasst euer Auto im Park nicht unbeaufsichtigt. Vor allem nicht nachts. Und vor allem nicht auf den Parkplätzen unterhalb des Refugios und an der Lagune. Es ist auch nicht ratsam, auf diesen Plätzen im Auto zu schlafen. Zu viele zwielichtige Personen treiben sich im Park herum. Zu viel ist schon passiert."

Wohin also mit den Autos? Und vor allem: Wohin mit Thekla und mir?

Nach einigem Hin und Her entschließen wir uns, mit beiden Autos zum Parkplatz unterhalb des Refugios zu fahren. Dort wollen Thekla und ich auf unsere beiden Männer warten und die Fahrzeuge bewachen.

Florian ist zuversichtlich: „Der VW-Bus schafft das schon."

Doch er schafft es nicht. Einmal schieben wir mit vereinten Kräften den Bus, damit es weitergeht. Doch als er dann in einer Steilkurve plötzlich mit dem Hinterrad über der Böschung hängt, gibt Florian auf. Bis zum Refugio-Parkplatz sind es noch etwa 400 Höhenmeter. Zu weit, um den Bus zu ziehen. Den VW-Bus einfach auf dem Grasstück neben der Piste stehen lassen? Auf keinen Fall.

„Thekla könnte beim Bus bleiben. Wir fahren zu dritt mit dem Landy hoch und Gudrun wartet auf dem Refugio-Parkplatz auf uns", schlägt Florian vor.

„Die Mädels zu trennen ist keine gute Idee", sagt Tobias und spricht Thekla und mir aus der Seele.

„O.k., dann fährt uns Gudrun rauf und danach wieder runter."

Im Dunkeln, auf der schlechten Piste? Niemals!

Dann geht plötzlich alles ganz schnell. Ein Pick-up hält, der Fahrer bietet an, Tobias und Florian mitzunehmen.

Thekla und ich schauen noch eine Weile schweigend den roten Lichtern hinterher, dann machen wir es uns im VW-Bus bequem. Der Mond steht silbrig am schwarzen Nachthimmel und taucht die Landschaft in ein gespenstisches, fahles Licht.

„Es wird uns schon nichts passieren", sagt Thekla unvermittelt. „Wer soll hier schon vorbeikommen, mitten in der Nacht?"

Im selben Moment jagt ein Adrenalinstoß durch meinen Körper.

„Da läuft einer!", schreie ich aufgeregt.

Der Mann war förmlich aus dem Nichts aufgetaucht. Die Hände in den Hosentaschen vergraben, das Gesicht mit einem Schal vermummt, kommt er in gebückter Haltung und schnellen Schritts quer über den Berghang genau auf uns zu. Doch ohne auch nur ein einziges Mal aufzuschauen läuft er einen Meter an den Fahrzeugen vorbei, den Berg hinunter, auf die Straße, die zur Lagune führt. Wo will der mitten in der Nacht hin? Vielleicht ein Bergführer, der vergeblich auf einen Kunden gewartet hat und nun ins Dorf absteigt, sprechen Thekla und ich uns gegenseitig Mut zu. Man soll ja nicht immer gleich das Schlimmste annehmen. Doch der Schreck steckt mir noch immer in den Gliedern, als ich mich später zum Schlafen in den Landy zurückziehe. Ich liege wach und schaue aus dem Fenster, direkt auf den perfekt geformten Kegel des Cotopaxi. Im Licht des Mondes schimmert die Schneedecke, die wie ein Klecks flüssiger Sahne an den Bergflanken nach unten fließt, ganz leicht rosa. Inzwischen ist Wind aufgekommen. Von Minute zu Minute wird es kälter. Wolken ziehen auf. Ich höre Geräusche. Das metallene Rasseln kenne ich schon. Das ist die Eisenkette, mit der die Markise am Gepäckträger festgemacht ist. Aber ist da nicht auch ein Klopfen? Ich richte mich auf und spitze nach draußen. Nichts. Wenig später schreckt mich das Motorengeräusch eines Autos auf. Aber es war nur eine Windbö, die Staub gegen das Auto gedrückt hat.

Als Tobias und Florian am nächsten Morgen zurückkommen, bombardieren wir die beiden sofort mit Fragen.

„Wie war's? Ward ihr am Gipfel?"

Die Schutzhütte des Cotopaxi liegt auf 4800 Meter Höhe. Im unteren Geschoss befindet sich ein großer Aufenthaltsraum mit

Kochgelegenheit, oben ein Schlafraum mit Stockbetten. Eine Heizung gibt es nicht. Der Wind pfeift durch die Ritzen und in der Hütte ist es so kalt, dass der Atemhauch gefriert. Neben Tobias und Florian sind noch etwa 30 weitere Personen dort. Die Mehrheit von ihnen hat in Quito eine organisierte Tour gebucht. Die Guides stehen am Herd und kochen für die Gruppen. Florian und Tobias brühen sich und ihrem Bergführer eine Tütensuppe auf. Dann wird das Licht abgeschaltet. Schlafenszeit. Bis Mitternacht herrscht Ruhe. Dann ist die Zeit des allgemeinen Aufbruchs. Die ersten zwanzig Minuten laufen Tobias und Florian an einer Schuttmoräne entlang bis zum Gletscher. Dort seilen sie sich an, denn die nächsten fünf Stunden geht es steil bergauf, in einem Winkel von etwa dreißig Grad. Zwei Stunden, nachdem Tobias und Florian aufgebrochen sind, beginnt es zu schneien. Der Schneefall wird stärker und schon bald bläst ein eisiger Sturm. Innerhalb kürzester Zeit ist alles vereist, die Brille, die Lampe, der Rucksack, der Fotoapparat. Immer wieder muss Tobias mit den Fingern seine Brillengläser freikratzen. Um von dem heftigen Wind nicht umgeweht zu werden, stemmt er sich gegen seinen Eispickel. Alle zwei Stunden machen sie eine kurze Pause, um einen Becher Tee zu trinken. Ihr Führer trinkt nichts. Er war schon über vierhundert Mal auf dem Gipfel und besteigt den Berg, wenn er alleine geht, in zweieinhalb Stunden. Auch Tobias und Florian sind schnell. Bereits vor Sonnenaufgang stehen sie auf dem Gipfel. Es hat fünfzehn Grad unter Null. Der Schneesturm ist mittlerweile so stark, dass sie die Hand nicht mehr vor Augen sehen. Den Vulkankrater können sie lediglich erahnen. Aber das alles stört sie nicht. Sie haben es geschafft. Sie stehen auf dem Cotopaxi.

Nichts wie weg

Wir wollen nach Quito zurück, um uns noch einmal mit Liz und Colin zu treffen. Da es in Quito nicht einfach ist, einen geeigneten Parkplatz zu finden, bin ich froh, dass der Bruder einer ehemaligen Arbeitskollegin, der in Quito lebt, uns einen Parkplatz in einem Hostel organisiert. Beim Mittagessen stellt er uns seinem Freund vor. Erich freut sich, dass er jemanden zum Reden hat, jemanden, mit dem er sich in seiner Muttersprache unterhalten kann und der ihn versteht. Seit zehn Jahren lebt er nun schon in Ecuador, er besitzt eine Baufirma, hat ein paar Angestellte, aber zufrieden ist er nicht. Jeden Monat müsse er Werkzeug und Maschinen im Wert von mehreren hundert Dollar ersetzen, klagt er uns sein Leid.

„Weg. Einfach weg. Du drehst dich einmal um und die Dinger sind verschwunden."

Er ist frustriert und hat sein Flugticket nach Hause schon in der Tasche. Zum ersten Mal seit er die Firma hat, kann er seinen Arbeitern nicht mehr den vollen Lohn ausbezahlen.

„Es ist nicht so, dass ich keine Aufträge hätte. Im Gegenteil, in Ecuador herrscht ein regelrechter Bau-Boom", erzählt er verbittert. „Es sind die ausstehenden Rechnungen. Jeder beauftragt, aber keiner bezahlt."

Nächste Woche fliegt er nach Europa, um dort einige Monate lang zu arbeiten und Geld zu verdienen. Von dem Geld will er dann nach der Rückkehr seine Schulden begleichen und wieder einmal eine Weile ohne Sorgen leben.

Erich ist kein Einzelfall. Einige Tage später erzählt uns der Besitzer eines wunderschönen Hostels in perfekter Lage, dass er genug hat von diesem Land, in dem er einst erhoffte, sich sein kleines Paradies aufzubauen.

„Es ist einfach nicht möglich", schimpft er. „Als Ausländer kommst du hier zu nichts. Die machen dir das Leben so unendlich schwer – bis du mürbe bist und aufgibst."

„Die", das sind die Behörden. Er rechnet uns vor, wie viel Schmiergeld er in einem Monat bezahlen muss, um seine Ruhe zu haben. Nicht selten übersteigen die Ausgaben die Einnahmen. Aus diesem Grund, verrät er uns, fährt er demnächst wieder Overland-Trucks durch Afrika.

Es gibt sie zuhauf, die Auswanderer aus Europa, die alle irgendwann einmal glaubten, in Ecuador ihr Glück zu finden. Keiner von denen, die wir getroffen haben, macht auf uns einen glücklichen Eindruck. Sie alle wirken müde vom ständigen Ankämpfen gegen die Bürokratie, gegen das Anderssein, gegen die Korruption. Einige von ihnen ziehen einen Schlussstrich und gehen zurück in die Heimat – auch wenn es nur für kurze Zeit ist. Andere haben resigniert.

Auswandern. Das war bisher für Tobias und mich kein Thema. Was ist es, das viele dazu treibt, in der Heimat alle Zelte abzubrechen und in einem fremden Land neu anzufangen? Ist es die Verlockung des schnellen Geldes, eines höheren Lebensstandards, einer schöneren Umgebung? Ist es die Liebe, die die Menschen Grenzen überwinden lässt? Oder ist es Frust, Unzufriedenheit mit der Situation zu Hause, Flucht vor dem Alltag, der Bürokratie, der Enge im eigenen Land? Die Gründe sind vermutlich so unterschiedlich wie die Menschen, die diesen Schritt wagen. Finden sie am Ende, wonach sie suchen? Oder ist das Traumhaus am Karibikstrand bei Regen und Sturm genauso ungemütlich und kalt wie das Stadthaus an der Elbe? Ist es auf Dauer erstrebenswert, sich mit korrupten Beamten und einer undurchsichtigen Rechtslage herumzuschlagen – noch dazu in einer Sprache, die nicht die Muttersprache ist? Wie ist das mit den neugewonnenen Freunden, wenn man keine Erinnerungen teilen kann, wenn man nicht gemeinsam über die Witze aus den Kindheitstagen lachen kann, weil der andere keinen Bezug dazu hat, weil er als Kind vielleicht ganz andere Spiele gespielt hat, seine Zeit mit anderen Dingen verbracht hat?

Tobias und ich sind uns einig: Wir sind nicht auf der Suche nach einem neuen, einem anderen Zuhause. Wir reisen.

„Nehmt euch in Acht", hatte Erich uns beim Abschied noch geraten. „Die klauen hier wie die Raben. Sobald die einen Europäer sehen, bekommen die lange Finger."

Dass man als Ausländer, als Gringo, in Ecuador auf der Hut sein muss, erfahren wir am eigenen Leib, als wir mit dem Bus in die Altstadt von Quito fahren. Der Bus ist voll. Wir stehen dichtgedrängt, wie die Ölsardinen in der Dose. Als die drei Frauen einsteigen, habe ich gleich ein ungutes Gefühl. Sie versuchen nur halbherzig, sich irgendwo festzuhalten und fallen unter lautem

Gelächter immer wieder auf die umstehenden Fahrgäste. Als ich eine Hand an meiner Hosentasche spüre, drehe ich mich abrupt weg, doch das nutzen die drei schamlos aus, um sich endgültig zwischen Tobias und mich zu drängen. Immer größer wird der Abstand zwischen uns beiden. Eine von ihnen drückt Tobias ihre Handtasche gegen den Bauch.

„Pass auf deine Sachen auf", sage ich noch, da sehe ich auch schon, dass sein Pullover seltsame Falten wirft.

„Da ist eine Hand unter deinem Pulli. Die beklaut dich", schreie ich quer durch den Bus und deute auf die eine mit der Handtasche. Die drei Frauen werfen mir einen schnellen, prüfenden Blick zu. Dann hält der Bus, die Türe öffnet sich – und weg ist das Dreiergespann. Wir steigen ebenfalls aus und begutachten den Schaden: das T-Shirt und der Brustbeutel sind aufgeschlitzt. Gott sei Dank ist das Loch nicht groß genug, als dass etwas hätte herausfallen können. Aber unsere Reisepässe haben einen sauberen Schnitt abbekommen. Sollen wir deshalb zur Botschaft gehen? Nach dem Zwischenfall haben wir keine rechte Lust, länger als unbedingt nötig in der Stadt zu bleiben.

Von Liz und Colin hatten wir den Tipp bekommen, nach Mindo zu fahren, um dort ein paar geruhsame Tage zu verbringen. Auf unserem Weg in den Bergnebelwald kreuzen wir bei „Mitad del Mundo", der Mitte der Welt, erneut die Äquatorlinie, diesmal in Süd-Nord-Richtung. Der französisch-spanischen geodätischen Expedition, die 1736 aufgebrochen war, die Welt zu vermessen, verdanken wir nicht nur die Kenntnis über die genaue Position der Äquatorlinie, sondern auch die Erkenntnis, dass die Erdkugel an den Polen abgeflacht ist. Doch Charles de la Condamine und Pedro Bouguer machten der Welt im Nachhinein noch ein weiteres Geschenk: Durch ihre Messungen ließ sich nämlich endlich der exakte Erdumfang bestimmen – und damit die Länge eines Meter berechnen. Der französische Nationalkonvent legte 1793 fest, dass ein Meter der vierzigmillionste Teil des Erdumfangs, gemessen auf dem Meridian von Paris, sein solle.

„Und wie lang ist der Äquator?", frage ich, typisch blond. Doch die Frage ist nicht so dumm wie sie auf den ersten Blick erscheint, das muss sich selbst Tobias eingestehen. Denn da die Erde an den Polen ja flach ist, muss der Äquator also zwangsweise länger sein als der Erdumfang von Pol zu Pol gemessen. Die Lösung steht im Internet: 40.074.998,40 Meter.

Mindo liegt in einem subtropischen Talkessel und gleicht einem europäischen Kurort. Pittoreske Ferienhäuser und Restaurants, soweit das Auge reicht. Ein bisschen künstlich vielleicht, aber nett. Die Gegend ist vor allem wegen ihres Vogelreichtums beliebt. 52 Kolibriarten, Tukane, Quetzals und Papageien gibt es hier. Doch am meisten erstaunt uns die Tatsache, dass Mindo scheinbar absolut sicher ist. Niemand schließt die Tür hinter sich, wenn er sein Haus verlässt. Sowohl tagsüber als auch nachts stehen sämtliche Häuser offen. Kinder spielen unbekümmert in den Straßen. Für die Wanderungen zu den Wasserfällen und entlang der Schluchten braucht man keinen Führer anheuern und auch anderweitig sind keine Sicherheitsvorkehrungen notwendig. Alles in allem eine friedliche Kleinstadt-Idylle. Hier ist die Welt noch in Ordnung.

Markt der Farben

Von Freitag bis Mittwoch ist Saquisilí ein verschlafenes Nest. Donnerstags jedoch verwandelt es sich in einen brodelnden Hexenkessel. Dann wird in den Straßen gehämmert, gekocht, gefeilscht und lautstark um Kunden gebuhlt. Dann rollt eine nicht endenwollende Karawane von Lkw, Bussen und Sammeltaxis an und spuckt eine ganze Armee von Männern und Frauen aus, alle in bunte Tücher gehüllt, mit Säcken über der Schulter, Körben unter dem Arm. Die Indígenas kommen von weit her, um hier ihre Vorräte aufzustocken. Auch ich versuche mein Glück.

„Ich hätte gerne eine Zwiebel, fünf Knoblauchzehen und eine Paprika."

Die junge Frau hinter den Körben schaut mich ungläubig an. Sie sitzt hinter Getreidesäcken und Körben voller Obst und Gemüse auf dem Boden. Über ihren Wollpullover hat sie eine hellblaue Schürze gezogen, auf dem Kopf trägt sie nicht den traditionellen

Filzhut, sondern eine moderne Baseball-Kappe, unter der ein schwarzer geflochtener Zopf hervorschaut. Sie hat lebhafte, dunkle Augen und wie alle Hochlandbewohner rote Wangen.

„Wieviel?" fragt sie erstaunt.

Ich zähle noch einmal auf, was ich brauche: Eine Zwiebel, fünf Knoblauchzehen, eine Paprika. Vielleicht noch Erbsen.

Lachend greift sie in den Korb und hält eine Zwiebel hoch. „Eine? Mehr nicht?" fragt sie amüsiert. Ich nicke.

Dann sucht sie eine Paprika aus.

„Eine? Mehr nicht?" fragt sie wieder und ignoriert das Gekicher vom Nachbarstand.

Dann greift sie in einen Korb und schöpft eine Handvoll frisch geschälter Knoblauchzehen heraus. Ich will noch protestieren, da ist die Tüte auch schon zugeknotet. Fünf Knoblauchzehen sind ihrer Meinung nach wohl entschieden zu wenig. Die Erbsen sind schon vorportioniert. Nicht, dass noch jemand auf die Idee kommt, hundert Erbsen kaufen zu wollen.

Als ich zahlen will, kommt die junge Frau ins Grübeln. Obst, Gemüse, Nudeln und Getreide kauft man hier sackweise oder zumindest per Kilo. Was verlangt man für Einzelstücke? Sie wirft einen skeptischen Blick auf meine Tüten und verlangt einen halben Dollar. Kopfschüttelnd schaut sie mir hinterher und wendet sich dann wieder den einheimischen Kunden zu, jenen, die nicht nur Kleinigkeiten einkaufen, sondern gleich die Wochenration für die ganze Familie, wie es sich eben gehört.

Tobias und ich bummeln noch eine Weile über den Markt, probieren ein paar Tortillas, wie die kleinen, mit Lauch gefüllten Maistörtchen hier heißen, und lassen uns dann an einem der Essensstände nieder. Getreu dem Motto „Wir essen das, was die Einheimischen auch essen", deuten wir auf die Teller neben uns und bestellen *lo mismo*, das gleiche. Doch *cuy*, Meerschweinchen, ist leider aus. Stattdessen bringt man uns *locro,* das Nationalgericht Ecuadors, eine Art Kartoffelsuppe mit Käse und Fleischbeilage oder, wie in unserem Fall, mit Kutteln. Garniert wird das Ganze mit geronnenem Blut, Zwiebeln, Tomaten und Avocado. Dazu serviert man uns eine Tasse mit heißem, süßem Kakao. Nicht gerade eine Kombination, die ich freiwillig bestellt hätte, wenn ich die Wahl gehabt hätte. Am Stand neben uns werden gerade Hühnchen zerhackt. Alles, inklusive Kopf und Krallen, wandert erst in die Suppe und anschließend auf die Teller. Ein Stück weiter liegen gekochte Schweineköpfe auf dem Tisch. Ich gebe zu, das Essen in Ecuador ist gewöhnungsbedürftig.

„Gibt es rosafarbene Kartoffeln?", fragt Tobias.

Vor uns auf dem Boden liegen, fein säuberlich auf Sisalsäcken ausgebreitet, Knollen, die entfernt aussehen wie Kartoffeln. Da gibt es welche, die lang und dünn wie ein Finger sind und schwarzgelb gestreift. Einige sind groß und rund, so wie wir sie kennen, schimmern aber blau-violett. Andere haben die Form kleiner Kieselsteine und sind gelb mit rosa Flecken.

„Was ist das?", frage ich die Frau, die inmitten der seltsamen Knollen sitzt und strickt.

„Mellocos", antwortet die Frau.

Andenkartoffeln also. Davon habe ich schon einmal gehört. Aber ich habe keine Ahnung, wie man sie zubereitet.

„Kochen bis sie weich sind", gibt die Frau bereitwillig Auskunft. „Dann zerteilen und in Öl und Knoblauch anbraten. Abkühlen lassen, Salz, Pfeffer und Limettensaft drüber. Listo. Fertig."

Wir nehmen ein halbes Kilo mit. Schon allein der Farbe wegen. Die bunten Knollen sind nicht nur ein Augenschmaus, sondern entpuppen sich auch als echte Köstlichkeit und werden von uns sofort in die Top-Ten unserer Lieblingsgerichte aufgenommen.

Zumbahua ist ein kleiner Ort mit nicht mehr als 50 Häusern, alle um den großen, freien Platz in der Dorfmitte herumgebaut. Jeden Samstag platzt Zumbahua aus allen Nähten. Zum Wochenmarkt kommen die Menschen von weit her. Einige fahren auf der Ladefläche eines Pickups oder eines Lkws zum Markt. Andere kommen zu Fuß aus den Bergen. Sie führen Esel oder Lamas hinter sich her, damit das Lasttier ihnen die Waren nach Hause tragen kann. Viele

Zwei Frauen unterwegs nach Zumbahua

der Lamas haben bunte Wollbommeln im Ohr und Schleifen ins Fell geknotet. Über dem Rücken tragen sie gewebte Packtaschen, die wie Fahrradpacktaschen zu beiden Seiten herabhängen. Die Frauen tragen knielange, wollene Röcke, Kniestrümpfe und Pullover. Die Haarbänder, die um die langen geflochtenen Zöpfe geschlungen sind, passen farblich zum wärmenden Poncho. Ein Hut aus Filz ziert in der Regel das Haupt der Männer wie das der Frauen.

Schon früh am Morgen breiten die Verkäufer ihre Waren auf der Erde aus oder rücken ihre Körbe und Säcke zurecht. Sie schlichten Ananas und Papayas zu kleinen Türmchen. Immer vier Stück sind eine Verkaufseinheit. Oder fünf, wie bei den *zapotes*, den Breiäpfeln, einer kugelrunden, braunen Frucht, deren orangefarbenes Fruchtfleisch zuckersüß ist. Berge grüner, gelber und roter Bananen türmen sich in den Reihen, Tomaten, Karotten, Kräuter quellen aus den Körben. Und auch Mellocos gibt es.

Tobias und ich sind die einzigen Touristen auf dem Markt. Dieses Mal wollen wir 500 Gramm Maismehl und ein paar Eier kaufen. Die kleinste Einheit Eier sind acht Stück, bereits abgezählt und in Tüten verpackt. Damit können wir uns noch anfreunden. Doch beim Maismehl fragt die Verkäuferin ungefähr dreimal nach, wie viele Kilogramm wir haben wollen. Als wir uns über die Menge nicht einigen können, versucht sie es über den Wert und füllt uns Mais im Wert von fünfzig Centavos ab. Die Menschen sind geschäftig, aber freundlich. Kein einziges Mal dringt das Wort „Gringo" an mein Ohr, wie es häufig auf den von Touristen besuchten Märkten der Fall ist.

Und auch außerhalb Zumbahuas ist man als Ausländer noch ein gern gesehener Gast. Überall lachen und winken uns die Menschen freundlich zu, als wir Richtung Laguna Quilotoa unterwegs sind. Die Aussicht ist spektakulär. Die Straße windet sich durch hochandine, wüstenartige Täler. Am Straßenrand wachsen Kakteen. Die steilen Hänge sind bis unter die Kuppen bewirtschaftet. Lamas grasen auf den Wiesen. Über eine staubige, sandige Rüttelpiste geht es zurück zur Panamericana. Die Welt der bunten Werbeplakate, der stinkenden und qualmenden Trucks hat uns wieder.

Im Gegensatz zum Nachbargipfel, dem 5263 Meter hohen Illiniza Sur, ist der 5126 Meter hohe Gipfel des Illiniza Norte einfach zu erklimmen. Kein Schnee, kein Eis, keine große technische Herausforderung. Nur Schutt und Fels. Für Tobias ist der Weg zum Gipfel nur eine Aufwärmübung. Er hat Größeres vor, er will den 6310 Meter hohen Chimborazo besteigen. Um das Ziel nicht aus den Augen zu verlieren, campieren wir neben einem stillgelegten Bahnhof direkt an der alten, gepflasterten Panamericana, mit Blick auf den meist wolkenverhangenen Gipfel des Chimborazo. Nachts fällt das Thermometer bis auf wenige Grad über Null. Die Feuchtigkeit kriecht in unser Auto und schlägt sich dort nieder. Morgens, wenn wir die Augen öffnen, starren wir auf eine tropfnasse Zeltwand. Von den Eisenstangen, die das Dachzelt halten, tropft Kondenswasser und durchnässt unsere Sitzpolster. Auf 4000 Meter Höhe können wir die Standheizung nicht einschalten. Die Luft enthält zu wenig Sauerstoff, um eine saubere Verbrennung des Kraftstoffs zu gewähren, was dazu führen würde, dass die Heizung allmählich verrußt und schließlich ihren Dienst einstellt.

Da man den Chimborazo nicht im Alleingang besteigen kann, begibt sich Tobias auf die Suche nach einem Bergführer. Keiner von denen, die er anruft, kann ihm Auskunft über die derzeitigen Verhältnisse am Berg oder über Aufstiegsrouten geben. Die wenigen Touranbieter, die es in der Gegend gibt, wirken auch nicht kompetenter. In Ecuador auf eigene Faust eine Bergbesteigung zu organisieren, ist ein mühsames Unterfangen. Anders als der Pauschaltourist, der seine Bergtour womöglich schon zu Hause bucht, oder der Rucksackreisende, der bei einem Touranbieter vor Ort ein entsprechendes Pauschalangebot wahrnimmt, sieht sich der Individualreisende in Lateinamerika plötzlich mit Fragen und Problemen konfrontiert, die mitunter gar nicht einfach zu lösen sind: Wie bekomme ich eine Seilschaft zusammen? Wo finde ich einen geeigneten Bergführer? Wo kann ich Ausrüstung leihen? Das alles kostet nicht nur Nerven und Zeit, sondern auch Geld. Je individueller, desto teurer, so die Regel.

Wie in keinem anderen Land vorher, empfinde ich das Preisniveau immer dann als geradezu unverschämt hoch, wenn es darum geht, Touristen zur Kasse zu bitten. Woher kommt es, dass ausgerechnet hier in Ecuador die Kosten für Hotelzimmer, Ausflüge, Souvenirs in keiner Relation zum herkömmlichen Preisgefüge des Landes stehen?

Auf der einen Seite hat das sicherlich damit zu tun, dass viele derer, die vom Tourismus leben und sich an der Kaufkraft der Reisenden bereichern, Europäer sind, die den Wert einer Sache oder Leistung nach europäischen Maßstäben berechnen und darüber hinaus die Schmerzgrenze ihrer Zielgruppe genau kennen.

Auf der anderen Seite jedoch sind die Reisenden selbst nicht ganz unschuldig an dieser Entwicklung. Die Amerikanerin, die einer Bäuerin fünf Dollar in die Hand drückt, nur weil sie ein Foto von deren Schaf gemacht hat, trägt am inflationären Anstieg der Preise genauso Schuld wie der Backpacker, der sich für eine Distanz von drei Kilometern einen privaten Pick-up für 25 Dollar mietet, obwohl eine Busfahrt in die 50 Kilometer entfernte Stadt gerade mal 25 Cent kostet. Was soll der Arbeiter, der mit 160 Dollar im Monat seine ganze Familie ernähren muss, denken, wenn er sieht, dass jugendliche Möchtegern-Abenteurer aus dem Ausland ohne mit der Wimper zu zucken 300 Dollar auf den Tisch legen, um zwei Tage hinter einem Guide durch den Dschungel zu laufen? Und 1500 Dollar für acht Tage Galapagos mag für den einen oder anderen Reisenden ein echtes Schnäppchen sein, für einen großen Teil der ecuadorianischen Bevölkerung ist es ein Jahreslohn.

Tobias findet schließlich zwei Bergführer, mit denen er den Aufstieg in Angriff nehmen will. In zwei Tagen soll es losgehen. Wir haben also noch genügend Zeit, um den Vicuña-Trail zu begehen, einen alten Inka-Trail, der im Hochtal zwischen dem Chimborazo und dem Carihuairazo verläuft und über den Abraspungu-Pass auf die andere Seite der Westkordillere führt. Wir laufen durch surreal wirkende Páramo-Wiesen mit dichten Graskissen, niedrigen, kakteenartigen Pflanzen und kniehohen, gelben Gräsern, vorbei an grasenden Lamas und ihren wildlebenden Verwandten, den Vicuñas. Für einen kurzen Augenblick taucht die Gletscherzunge des Chimborazo aus den Wolken auf. Dort wo der Gipfel sein muss ist nur eine graue Wolkenwand zu sehen. Hier unten beginnt es zu regnen. Dort oben wird es vermutlich schneien. Nicht gerade die besten Bedingungen für eine Bergbesteigung.

Die Seilschaft, bestehend aus Tobias und zwei Bergführern, bricht mitten in der Nacht auf. Neun Stunden soll der Aufstieg dauern. Drei bis vier der Abstieg. Nach acht Stunden ist Tobias wieder zurück. Das Wetter oben am Berg war sogar noch weitaus schlechter als es von unten den Anschein hatte. Durch den Neuschnee herrschte akute Lawinengefahr. Keine Chance also, den Gipfel zu erreichen. Tobias und die beiden Bergführer sind in dieser Nacht nicht die einzige Seilschaft, die wieder umkehren muss.

Die Schrumpfköpfe der Shuar

Unser nächstes Ziel ist der *Oriente,* jenes Gebiet östlich der Cordillera Central, das zum Amazonasbecken hin abfällt. Hinter Baños, dem Urlaubs- und Freizeitparadies, in dem es mehr Hostels als Einwohner gibt, führt eine Straße entlang der Pastaza-Schlucht nach Puyo. War es früher einmal beliebter Nervenkitzel, mit dem Fahrrad auf der Schotterpiste ins Tiefland hinunterzurollen, so mietet man sich heute, für die mittlerweile asphaltierte Straße, ein Quad.

Tobias stellt Erkundigungen an. Er will wissen, in welchem Zustand die Straße nach Macas bzw. die Straße von Macas durch den Sangay-Nationalpark und wieder zurück nach Guamote ist. Die Aussagen sind widersprüchlich. Die meisten wissen nichts von einer Straße durch den Park. Andere behaupten, es gäbe sie zwar, aber sie führe nach Riobamba und nicht nach Guamote. Einigkeit besteht nur darin, dass der Bus für die Strecke von Macas nach Cuenca neun Stunden braucht.

Wie immer in solchen Fällen beschließen wir, uns eine eigene Meinung zu bilden. Die ersten 30 der insgesamt 130 Kilometer von Puyo nach Macas sind asphaltiert. Das, was danach kommt, ist eine echte Herausforderung für unsere Bandscheiben. Die Straße ist mit großen, vom Wasser rundgeschliffenen Flusskieseln aufgeschüttet. Lose liegen sie übereinander und spritzen uns unter den Reifen weg. An ein schnelles Vorwärtskommen ist gar nicht zu denken. Nach drei Stunden haben wir noch nicht einmal die Hälfte der Strecke geschafft. Die Stoßdämpfer klappern, das Hubdach knarrzt und der Tee hat es auch nicht länger im Becher ausgehalten und ist in die Bordelektronik geschwappt. Der Weg, auf dem wir uns befinden, ist ein alter Jesuitenpfad, der durch das Gebiet der Shuar führt. Die Shuar, die Menschen des Regenwalds, sind eine Volksgruppe die sich einst auf die Kunst des Köpfeschrumpfens verstand. In Kriegen wurden den Besiegten die Köpfe abgeschnitten und anschließend geschrumpft. Hierzu wurde zunächst die Kopfhaut abgezogen, ausgekocht und getrocknet, dann der Kopf modelliert und in Form gebracht. Der Schrumpfkopf, klein und leicht, wurde als Trophäe am Gürtel getragen; die Seelenkräfte des Getöteten gingen auf den tapferen Krieger über. Die Jesuiten brachten dem Volk der Shuar das Christentum und die spanische Sprache. Und sie erreichten, dass die Shuar das Schrumpfen der Köpfe anderer allmählich sein ließen.

„Bis zur Brücke fahren wir noch", sagt Tobias.

Seine Vorahnung bestätigt sich. Ab der Brücke über den Río Pastaza ist die Straße asphaltiert und in einwandfreiem Zustand.

Macas, das vermeintliche Urwaldstädtchen, von dem es im Reiseführer heißt, es sei noch bis vor kurzem völlig abgeschieden und schwer erreichbar gewesen, entpuppt sich als moderne Kleinstadt mit perfekter Infrastruktur. Am Busterminal fragen wir noch ein letztes Mal nach der Straße durch den Nationalpark. Wenn jemand die Straßen und Wege kennt, dann die Busfahrer. Und siehe da, es gibt sie wirklich.

„Eine landschaftlich sehr schöne Strecke", schwärmt einer der Busfahrer. „Aber ob sie passierbar ist, weiß ich nicht. Das seht ihr, wenn ihr an die Schlüsselstelle kommt."

Die Schlüsselstelle ist ein Tunnel, den wir nach drei Stunden Fahrt durch tropischen Bergnebelwald auf einer nassen, teils steinigen, teils matschigen Piste erreichen. Wie ein tiefer, dunkler Schlund, der uns verschlingen will, liegt der fünfhundert Meter lange Tunnel vor uns. Die Erdpiste, die durch ihn hindurchführt, steht komplett unter Wasser. Wie tief das Wasser ist, können wir mangels Beleuchtung nicht erkennen. In Schleichfahrt tasten wir uns vor, jonglieren den Landy behutsam durch die pechschwarze Röhre.

Auf der anderen Seite des Tunnels ändern sich Vegetation und Klima. Eben hat uns noch eine tropische Schwüle den Schweiß aus den Poren getrieben, nun lässt uns der Wind, der über die hochandinen Ebenen fegt, frösteln. Das Amazonasbecken liegt tief unter uns, von oben sieht es aus wie ein flauschiger grüner Teppich, auf dem sich ein brauner Regenwurm windet. Die typisch tropische Vegetation, die so dicht ist, dass man keinen halben Meter weit ins Gebüsch hinein schauen kann, weicht einer kargen Altiplano-Landschaft. Schroffe Felsspitzen gehen nach unten hin in grüne, weit ausladende Hänge über und münden in dunkelblauen Lagunen.

Kurz vor Guamote, wenige Kilometer vor der Panamericana, machen wir eine kurze Pause.

„Der hintere Reifen ist platt wie eine Flunder", stelle ich besorgt fest.

„Dass du immer gleich so übertreiben musst", antwortet Tobias schnippisch. „Schotter- und Steinpisten soll man mit weniger Luft im Reifen fahren. Das schadet gar nichts, wenn die Reifen einen kleinen Bauch haben."

Ich verkneife mir einen Kommentar. Ich frage nicht nach, warum dann nur einer von vier Reifen einen Bauch hat. Aber ich jubiliere innerlich, als Tobias ein paar Meter später abrupt stoppt. Wir haben einen Platten.

Über die kleinen Ortschaften Gualaca, Chordeleg, Sigsig sowie die kleine Inka-Festung Ingapirca fahren wir weiter Richtung Cuenca – und sehen plötzlich eine ganz andere, bisher unbekannte Seite von Ecuador. Die Dörfer besitzen so gut wie keinen kolonialen Ortskern mehr und haben auch keinen andinen Charakter. Stattdessen wird überall neu gebaut und dabei Farben, Formen und Stilelemente bunt gemischt. Scheinbar ganz ohne schlechtes Gewissen werden griechische Säulen mit holzgedrechselten Ballustraden kombiniert, Erker, Türmchen und Veranden gebaut, Fenster mal rund, mal eckig, mal rautenförmig, mal mit Doppelbogen in ein und dieselbe Fassade eingefügt und das fertige Konstrukt anschließend in Rosa, Gelb oder Violett gestrichen. Ich kann mich des Eindrucks nicht erwehren, dass die Anzahl unterschiedlicher Elemente und Farben ein

Zeichen von Wohlstand ist. Man zeigt eben, was man hat und wie viel man sich leisten kann. Schön fürs Auge ist es nicht.

Auch Cuenca und Loja bestätigen meinen Eindruck, dass der Süden des Landes wohlhabender ist als der Norden. Auf den Straßen fahren überwiegend große und teure Autos, die Menschen kleiden sich europäisch, Mode-Boutiquen und Elektronikgeschäfte bestimmen die Ortsbilder. Und selbst der Mercado, der Obst- und Gemüsemarkt, sieht anders aus als im Rest des Landes. Es gibt getrennte Bereiche für Obst, Gemüse, Fleisch und Fisch. Die Garküchen sind weiß gekachelt und haben fließend Wasser. Interessanterweise herrscht kein Gedränge, niemand preist seine Ware marktschreierisch an. Alles wirkt nüchtern und steril. Die Straßen Cuencas dagegen sind voller Leben – und voller Unterschiede. Indígenas in Trachten stehen an der Fußgängerampel neben Geschäftsleuten mit Anzug, Krawatte und Panamahut.

Überhaupt der Panamahut … Er stammt, anders als sein Name vermuten lässt, aus Ecuador und erhielt seinen Namen nur deshalb, weil er ausgerechnet in Panama zum Verkaufsschlager wurde. Im „Museo del Sombrero", dem Panamahut-Museum, lassen wir uns zeigen, wie ein Panamahut entsteht. Das Ausgangsmaterial sind Palmfasern. Diese werden gekocht, gebleicht, zerteilt und anschließend mit der Hand mehr oder weniger kreisrund geflochten. Überall in der Umgebung von Cuenca sieht man Frauen, die mit Palmfasersträngen in der Hand flechtend durch die Straßen laufen. Sobald die Grundform fertig ist, wird sie in der Hutfabrik abgegeben. Dort erhält der Hut in einer speziellen Presse und unter Einwirkung von Hitze seine endgültige Form. Näherinnen sorgen für den letzten Schliff – mit Hutband etc. Im Verkaufsraum erklärt man uns die unterschiedlichen Qualitäten. Ein „normaler" Hut ist nach ein bis drei Tagen fertig und schon für etwa 15 Dollar zu haben. In einem ganz fein geflochtenen dagegen stecken bis zu drei Monate Arbeit, Handarbeit, versteht sich. Ein solcher Hut kostet um die 300 Dollar und wird in der Regel nur auf Bestellung gefertigt.

Tobias probiert ein paar Hüte auf, kann sich aber am Ende doch nicht dazu durchringen, seine Baseball-Kappe gegen eine stilvollere Kopfbedeckung einzutauschen.

Und so fahren wir ohne Hut weiter nach Vilcabamba und von dort über Zumba nach La Balsa, einem kaum benutzten Grenzübergang, der jahrelang nur für Fußgänger offen war und nun, so hoffen wir, auch für Autos passierbar ist. Es sei wohl eine neue Brücke gebaut worden, so erzählt man. Aber ist sie breit genug für ein Auto? Wenn nicht müssten wir den gleichen Weg wieder zurück, uns noch einmal durch die Schlammlöcher wühlen, uns noch einmal auf der schmalen Piste durch die Berge schlängeln. La Balsa ist ein Straßendorf am Rande einer Lehmpiste. In den Schlaglöchern steht das Wasser vom letzten Regen. Die Luft ist feucht und schwül. Moskitos schwirren um uns herum. Ein paar Männer tragen Kisten die Straße hinunter. Sie haben keine Augen für uns. Dafür kleben sie förmlich an unserem Fahrzeug, begutachten es von allen Seiten, klopfen gegen die Karosserie und gegen die erhöhte Luftansaugung für Wasserdurchfahrten.

Der peruanische Grenzbeamte auf der anderen Seite des Flusses wartet schon auf uns. Höflich bittet er uns, Platz zu nehmen, er reicht uns etwas zu trinken und schenkt uns Mandarinen. Er bietet uns sogar an, seine Dusche zu benutzen, denn es sei ja so schrecklich heiß. Dann holt er das Formular aus der Schublade und gibt uns die Nummer „0012007". Wir sind das erste Auto, das dieses Jahr diese Grenze passiert.

Es ist der 24. März. In drei Wochen wollen wir uns mit Tobias' Eltern in Lima treffen.

PERU
Reise in die Vergangenheit

Eines schönen Tages schickte der Sonnengott Inti seine beiden Kinder Manco Capac und Mama Ocllo hinab zur Erde. Als Abschiedsgeschenk überreichte er ihnen einen Stab. Dort wo der Stab in der Erde stecken bleiben würde, sollte die Hauptstadt ihres neuen Reiches sein. Die beiden verließen die Sonneninsel im Titicacasee und machten sich auf den Weg. Immer wieder stießen sie den Stab in die Erde, bis er schließlich stecken blieb und sie Cusco gründeten. Die Bevölkerung um Cusco verehrte Manco Capac und ernannte ihn zu ihrem Herrscher, dem ersten Inka-König. Im Rest der Welt schrieb man das Jahr 1250 n. Chr.

Pachacuti Yupanki, der neunte Inka-König, erklärte den Sonnenkult zur Staatsreligion und Quechua zur Staatssprache. Er schickte seine Krieger aus und begann, andere Völker und Kulturen zu unterwerfen und die Grenzen des Reiches auszuweiten. Zur Zeit des elften Inka-Herrschers, Huayna Capac, erstreckte sich das Inka-Reich bereits von der Mitte des heutigen Chile bis nach Kolumbien. Kurz vor seinem Tod im Jahre 1527 verfügte Huayna Capac, dass die Herrschaft über das Inka-Imperium an seine beiden Söhne Huáscar und Atahualpa übergehen sollte. Doch die beiden dachten gar nicht daran, das Reich unter sich aufzuteilen. Es kam zum Bruderkrieg, der schließlich 1532 mit der Ermordung Huáscars endete. Doch Atahualpa blieb keine Zeit mehr, seinen Sieg zu feiern. Noch während er sich von den Strapazen des Kampfes erholte, landeten weiße Männer mit langen Bärten vor der Küste Perus, so wie es das Orakel einst vorhergesagt hatte. Der Spanier Francisco Pizarro nahm Atahualpa gefangen und ließ ihn ein Jahr später, 1533, hinrichten. Die Epoche der *Conquista* beginnt, das Inka-Reich zerfällt.

Obwohl der Glanz des Inka-Reiches nur 300 Jahre währte, also weltgeschichtlich betrachtet nicht wirklich ins Gewicht fällt, locken die Bauwerke, die die Inka hinterlassen haben, sowie ihre Mythen und Geschichten, jedes Jahr Tausende von Besuchern an. Dabei bildet die Kultur der Inka lediglich den Schlusspunkt einer überaus interessanten Reihe präkolumbischer Kulturen im heutigen Peru.

Unsere Reise in die Vergangenheit Perus beginnt denn auch nicht mit den Inka, sondern mit den „Wolkenkriegern", den Chachapoya, die 900–1400 n. Chr. im heutigen Verwaltungsbezirk Amazonas lebten und ihre Festungen bevorzugt exponiert auf Bergspitzen und -kuppen gebaut haben, um sie besser vor Feinden schützen zu können – oder vor Besuchern jeder Art. Denn obwohl mittlerweile eine Straße hoch auf den Bergrücken führt, auf dem die Ruinen liegen, haben auch wir Schwierigkeiten, *Kuélap* zu erreichen. Nach der Hälfte der Strecke endet die breite, gut ausgebaute Allwetterpiste und geht in eine enge und matschige Erdpiste über. Etwa zur gleichen Zeit setzt der Regen ein. Bei Regen ist ein Besuch der Anlage nicht zu empfehlen, steht in unserem Reiseführer. Wegen Abrutschgefahr der Fahrzeuge. Lkw und Bagger haben tiefe Furchen in den nassen Schlamm gefahren. Wir schlittern darin umher wie auf Eis. Vorsichtig manövriert Tobias den Landy um die Kurven, ein Auge immer auf den steil abfallenden Abhang wenige Zentimeter neben seinem linken Vorderrad gerichtet, während ich hoffe, dass uns kein Fahrzeug entgegenkommt.

Die Anlage von Kuélap ist ein architektonisches Meisterwerk. Der Komplex erstreckt sich auf über 500 Meter Länge. Auf drei Ebenen befinden sich über 400 Gebäude unterschiedlicher Bauart. Etwa die Hälfte wurde bereits restauriert, der Rest ist von Pflanzen überwuchert und unter Baumwurzeln verborgen.

Immer wieder entdecken wir beinahe zufällig Mauerreste im hohen Gras, stehen unvermittelt vor Treppen, die scheinbar aus dem Nichts auftauchen, oder an

Die Ruinen von Kuélap

Absätzen, die sich als Dächer völlig zugewachsener Gebäude entpuppen. Die Mauern sind mit Rauten-Reliefs verziert. Viele der Häuser sind rund gebaut. Und von einigen kann man das ganze Tal überblicken.

Lediglich drei schmale Gänge, nach oben hin enger zulaufend, führen durch die dicke Außenmauer ins Innere und machen die Anlage quasi uneinnehmbar. 30 Mann genügten, um die Anlage zu verteidigen und die Angriffe der Inka abzuwehren. Im Jahre 1470 n. Chr. gelang es schließlich dem Inka-König Túpac Yupanki, die Chachapoya zu besiegen. Unterwerfen konnte er sie, von denen man sagt, dass sie groß, hellhäutig und blond gewesen sein sollen, allerdings nicht. Ist es Zufall, dass uns bei der Weiterfahrt immer wieder blonde Kinder auffallen?

In Lambayeque, einer staubigen und knochentrockenen Wüstenstadt an der Küste, machen wir die Bekanntschaft des Herrn von Sipán. Er wurde vermutlich 300 n. Chr. geboren und verstarb im Alter von 66 Jahren. Sein Grab, das noch unversehrt war als man es fand, gab reichlich Aufschluss über das Leben der Mochica.

Deren Moche-Kultur entwickelte sich etwa 100 n. Chr. an der Südküste Perus. Die Mochica waren Künstler. Mit meisterhafter Perfektion hielten sie sämtliche Belange und Szenen ihres Alltags in Form von vollplastischen Keramiken fest. Sie fertigten Gesichter und Figuren von wichtigen Persönlichkeiten, aber auch von Kindern, Alten, Kranken und Missgeburten an. Ein und dasselbe Gesicht bildeten sie mal als Knaben, mal als alten Menschen nach, mal mit dem Ausdruck der Freude, mal mit dem Ausdruck der Trauer. Selbst erotische Motive gehörten dazu. Alles, ob Mensch oder Tier, wurde als Gefäß in Keramik gebrannt und mit einem der für die Moche-Kultur typischen Bügelhenkel versehen. Zur Herstellung der Keramiken nutzten sie Modellierformen und waren damit vielleicht sogar die Vorreiter der Massenproduktion. Doch nicht nur die Keramiken sind charakteristisch für die Moche-Kultur, sondern auch ihre immense Architektur. Im Tal der Moche errichteten sie ihre beiden religiösen Zentren, die Sonnen- und die Mondpyramide, die höchsten Lehmpyramiden Südamerikas. Während die Sonnenpyramide noch auf ihre Wiederentdeckung wartet, hat sich für die Restaurierung der Mondpyramide bereits eine private Organisation als Geldgeber gefunden. Studenten der Archäologie unterstützen zudem das Projekt und legen mit Spachteln und Zahnbürsten Schicht für Schicht frei. Genau genommen handelt es sich bei der Mondpyramide, der „Huaca de la Luna", nicht nur um eine Pyramide, sondern um mehrere, übereinander gebaute Strukturen, von denen jede neue immer größer und höher war als die vorherige.

„So wie die Bevölkerungszahl anstieg, so wuchs auch die Pyramide", erklärt uns Alejandro, ein ambitionierter Archäologiestudent aus Trujillo. Im Inneren der Pyramide lebten die Priester. Und die Priesterinnen. Denn auch das gab es bei den Mochica, weibliche Priester, die die Kriegsgefangenen mit der halluzinogenen Droge des San-Pedro-Kaktusses betäubten, ihnen dann die Kehle durchschnitten und anschließend deren Blut tranken. Solche und ähnliche Opferrituale sind auf den farbenprächtigen Wandreliefs abgebildet, mit denen die einzelnen Pyramiden-Schichten innen und außen verziert waren. Natürlich darf auch die Darstellung des Schöpfergottes nicht fehlen, denn ihm zu Ehren wurden die Zeremonien ja schließlich durchgeführt. Doch irgendwann erlosch das Vertrauen der Mochica in ihren Gott. Vermutlich kam es auf Grund des Klima-Phänomens, das wir heute „El Niño" nennen, zu heftigen Regenfällen, die auch trotz wiederholter Opfer-Zeremonien kein Ende fanden. Die Menschen fingen an, den Priestern zu misstrauen und sich anderen Herrschern mit anderen Ideen und Vorstellungen zuzuwenden.

Etwa um das Jahr 800 n. Chr. herum entwickelte sich an der Nordküste Perus die Chimú-Kultur. Als Fischer verehrten die Chimors den Mond. Ihre Hauptstadt, Chan Chan, bauten sie direkt an der Küste und aus dem Material, das sie dort vorfanden: Lehm. 100.000 Einwohner soll die einstmals größte Stadt Südamerikas in der Blütezeit der Chimú-Kultur gehabt haben. Und obwohl Regenfälle und Stürme den Mauern stark zugesetzt haben, wirken die labyrinthartigen Gänge und die verzierten Mauern noch immer sehr beeindruckend. Die Seiten der dicken Sandwälle sind glattgestrichen und mit Motiven verziert. Fische, Vögel, Eidechsen findet man dort, daneben geometrische Muster und stilisierte Figuren. Treppen, Säulen, Dächer, Böden – alles ist aus Lehm. Ich komme mir vor wie eine winzige Spielfigur in einer überdimensionierten Sandburg. Unwirklich wirkt das Ganze. Nicht nur wegen der unfassbaren Größe, sondern auch auf Grund der Reduktion der Sinneseindrücke. Lediglich zwei Farben muss das Auge verarbeiten: das Rotbraun des Lehms und das tiefe Blau des Himmels.

Da sich entlang der gesamten peruanischen Küste ein breiter Wüstenstreifen von Norden nach Süden zieht, waren die Chimors auf das Wasser aus den Bergen angewiesen, um die Wasserversorgung ihres Volkes sicherzustellen und Landwirtschaft betreiben zu können. Zu diesem Zweck erbauten sie Bewässerungskanäle und Wasserspeicher. Als die Inka auf ihrem Eroberungsfeldzug die Chimors mit Waffengewalt nicht besiegen konnten, gruben sie ihnen kurzerhand das Wasser ab und zwangen sie so zur Kapitulation.

Einige der alten Chimú-Traditionen haben noch bis in die heutige Zeit Bestand. So stehen in Huanchaco noch immer die *caballitos de totora,* jene kleinen Boote aus Rohrschilf, hochkant am Strand. Noch immer, wenn auch immer seltener, fahren die Fischer damit aufs Meer hinaus.

Chan Chan

Auf dem breiten Ende sitzend, das Fischernetz vor sich in der Mulde liegend, kämpfen sie mit einem aufgeschnittenen Bambusrohr gegen die Wellen an. Wieder zurück an Land stellen sie das Boot senkrecht damit es austrocknen kann.

Huanchaco ist heute ein beliebter Ferienort an der Küste. Restaurants und Bars säumen die Strandpromenade. Am Ortseingang gibt es mehrere Garküchen, in denen gekocht, gebacken und gegrillt wird. Wir bestellen *ceviche,* das Nationalgericht Perus. Roher Fisch mit Limettensaft. Köstlich. Nur mit „Inka-Cola", einer giftig gelben Brause, die aussieht, als wäre sie radioaktiv und wie flüssige Gummibärchen schmeckt, können wir uns nicht anfreunden.

Berg- und Talfahrt

3 00 Kilometer weiter südlich – wir sind mittlerweile wieder ins Landesinnere abgebogen, um durch den „Cañón del Pato", die Entenschlucht, zu fahren –, bekomme ich zum ersten Mal auf dieser Reise Magenkrämpfe und Durchfall. Die Rache des Inka. Vielleicht war der rohe Fisch doch keine gute Idee gewesen. Wir beschließen, die Nacht in Chuquicara zu verbringen, einem Straßendorf kurz vor der Schlucht. Der Polizist, neben dessen Wachhäuschen wir parken, erlaubt uns, sein „Badezimmer" zu benutzen. Die Freude darüber schwindet, als ich das Wasserfass mit der braunen Brühe sehe. Eine Wasserleitung gibt es nicht. Das Wasser wird aus dem Fluss geholt, und der führt gerade Hochwasser. Doch damit nicht genug: der Fluss wird von den Dorfbewohnern auch als Müllkippe missbraucht. Plastikflaschen, Konservendosen, Bierflaschen und Essensreste, alles wandert über die Böschung. Wie können die Menschen unter diesen Bedingungen nur leben?

Die Entenschlucht ist ein Erlebnis. Nahezu senkrecht ragen die roten Felswände auf der einen Seite in den Himmel und fallen auf der anderen in den Abgrund. Dazwischen klebt eine dünne Straße auf einem schmalen Felsabsatz. 35 Tunnel wurden in den Fels gehauen. Die Strecke folgt einer alten Bahnlinie, die einst die umliegenden Kohlebergwerke bedient hatte. Die Schlucht ist so eng und so steil, dass man den Kopf weit in den Nacken legen muss, um den Himmel zu sehen.

Gleich hinter der Schlucht erstreckt sich die 180 Kilometer lange Cordillera Blanca. Mit ihren teilweise über 6000 Meter hohen, schneebedeckten Gipfeln ist sie ein Paradies für Bergsteiger. Leider sind wir zu früh dran. Saison ist erst ab Juni. Wir fahren in den Nationalpark Huascarán, zur Laguna Parón, genießen das Bergpanorama hinter türkisblauem Wasser, zu den Lagunen Llanganuco, zu den *puya raimondi,* 10 Meter hohen Bromeliengewächsen, und zum Pastoruri-Gletscher.

Das älteste Steinbauwerk Perus, Chavín de Huántar, liegt auf der Ostseite der Cordillera Blanca und wurde etwa 1000 v. Chr. errichtet, nicht als Stadt, sondern als religiöses und kulturelles Zentrum. Die Anlage ist nach Osten ausgerichtet, die Wände sind mit Tiermotiven verziert, von der Außenmauer blickten einst in Stein gemeißelte Köpfe herab, noch heute sind auf halber Höhe und in regelmäßigen Abständen die Befestigungspflöcke zu sehen. Doch den eigentlichen Reiz der Anlage machen die gut erhaltenen unterirdischen Gänge und Kammern aus. Hierher zogen sich die Priester zurück, um zu meditieren, um Opfer darzubringen und um zeremonielle Handlungen durchzuführen.

Da Ostern ist, sind Hunderte von Peruanern mit Bussen oder Privat-Pkw angereist, um etwas über ihre Vorfahren zu erfahren. Halb belustigt, halb entsetzt stellen wir fest, dass es auch in Peru nicht anders zugeht als anderswo auf der Welt. Obwohl es offensichtlich ist, dass eine Gruppe von Leuten gerade die unterirdischen Gänge verlassen will, drängt die nachfolgende Gruppe hinein, bis das ganze Knäuel zum Stillstand kommt, weil aus Platzmangel niemand mehr einen Schritt vorwärts oder rückwärts machen kann. Wir beobachten eine junge Frau, die beim Absteigen in die dunklen, unterirdischen Kammern auf der steilsten Treppenstufe stehen bleibt, um die Lippen nachzuziehen. Doch damit nicht genug. Ein besonders Schlauer parkt unseren Landy so ein, dass wir aus unserer Parklücke nicht mehr rauskommen. Über eine Stunde warten wir, bis wir ihn zur Rede stellen können. Zu seiner Entschuldigung bringt er vor, die Straßenkinder hätten ihm gesagt, er könne hier parken.

MEXIKO

In einer der Schluchten
des Kupfercanyons

Bunte Häuser
in Campeche

Kirche in Bernal

MEXIKO

Wasserfälle
in der Nähe
von Palenque

Die Ruinen von
Monte Albán

Die „Pyramide
des Zauberers"
in Uxmal

BELIZE

Im Regenwald
von Belize

Brüllaffe

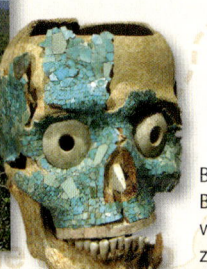

Bei den Mixteken war es
Brauch, die Totenschädel
wichtiger Persönlichkeiten
zu verzieren.

GUATEMALA

In den Ruinen
von Tikal

Farbenfroher Markt
in Chichicastenango

Pools in Semuc Champey

NICARAGUA

Koloniale Kirche
in Esteli

Arbeiterinnen in einer
der größten Rumfabriken
des Landes

Verschiffung
in Panama nach
Kolumbien

Villa de Leyva –
Schauplatz so
mancher alter Filme

Wachspalmen
im Valle Cocora

Papageien in der
Tatacoa-Wüste

KOLUMBIEN

Häuser in Guatape

Die prächtige
Altstadt Cartagenas

Die Tatacoa-Wüste im
Süden Kolumbiens

Panamahut-Fabrik
in Cuenca

Markt in Otavalo

ECUADOR

Der schneebedeckte
Gipfel des Cotopaxi

Am wenig be-
suchten Äquator-
Denkmal in
Cayambe

Campesinos mit
geschlachtetem
Lama

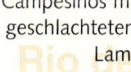

Machu Picchu

Besuch bei den
„strickenden
Männern" von
Taquile

PERU

Die Geoglyphen
von Nasca – aus
der Luft betrachtet

Frauen und
Kinder in Pisaq

Rodeo in Chile

Küste im National-
park Pumalin

Guanacos vor den
Torres del Paine

Fischerboote im Hafen
von Puerto Aisén

BOLIVIEN

Die Missionskirche
von Concepción

In den Yungas

Der 6088 Meter hohe
Huayna Potosi und
Tänzerinnen bei der Fiesta
de Gran Poder in La Paz

ALTIPLANO

Die Kirche im
kleinen Andendorf
Parinacota

Am Vulkan
Parinacota

Salzgewinnung auf
dem Salar de Uyuni

Auffahrt auf
den Salar

Morgenfrost
am Altiplano

Laguna Colorada

Auf dem Altiplano

Morgenstimmung
am Salar Surire

BRASILIEN

Die Altstadt von
Salvador da Bahia

Brücke im Pantanal

Der Aufzug in Salvador
de Bahia von der Ober-
zur Unterstadt

Im brasilianischen
Pantanal

So lethargisch die Peruaner im Alltag und im Geschäftsleben manchmal wirken, so aggressiv sind sie im Straßenverkehr. Die Fahrweise der Peruaner ist extrem offensiv. Jeder fährt wie und wohin er will. Die meisten Autos haben weder Lichter noch Blinker oder Spiegel. Wozu auch? Wer zuerst hupt, hat Vorfahrt. Wer bremst, verliert. Der Peruaner nimmt seinen Fuß so gut wie nie vom Gas. Er bremst weder für Tiere noch für Fußgänger – und für andere Autos schon gar nicht.

Auch der Sattelschlepper, der uns in einer langgezogenen Linkskurve viel zu schnell und noch dazu auf unserer Spur entgegenkommt, macht keine Anstalten zu bremsen.

„Der schafft das nicht mehr!", rufe ich laut, als ich das rote Ungetüm auf uns zukommen sehe. Tobias reißt das Lenkrad nach rechts, so weit es die Begrenzungspfosten am Straßenrand zulassen.

„Das reicht nicht", denke ich und mache mich auf das Schlimmste gefasst, auf ein Umkippen, auf einen Zusammenstoß, auf Schmerzen – und darauf, dass gleich alles vorbei ist. Kein Film meines Lebens, der an mir vorbeizieht, keine Erinnerungen, die hochkommen, nichts. Nur dieser eine, nüchterne Gedanke füllt meinen Kopf aus: Das war's.

Wie in Zeitlupe kommt der riesige, runde Kotflügel näher. Er allein ist so hoch wie unser ganzes Auto. Ich sehe, wie sich das Rot dieses Monsters vor die Seitenscheibe schiebt, sie schließlich ganz ausfüllt. Noch gab es keinen Aufprall. Ich will schon aufatmen – da kracht der gleiche Kotflügel, der eben erst um wenige Millimeter die Fahrerkabine verfehlt hat, in unsere hintere linke Seite und schrammt an ihr entlang. Es klingt, als würde jemand ganz langsam eine Coladose plattdrücken. Nur viel lauter. Der Landy schwankt, fällt aber nicht um. Die Bremsen des Sattelschleppers quietschen. Wir sehen im Rückspiegel, wie er mehrere Hundert Meter hinter uns zum Stehen kommt. Nach dem ersten Schreck folgt die Bestandsaufnahme: Die Kante am Heck ist verbogen und aufgerissen, die Wucht des Aufpralls hat die Nieten aus dem Metall gesprengt. An der Seite hinterließ der Kotflügel des Sattelschleppers ein paar Schrammen und am Dachgepäckträger erwischte der Außenspiegel eine Strebe und verbog sie. Mehr ist nicht passiert.

Als mir bewusst wird, welch großes Glück wir hatten, dass nur ein paar Millimeter mehr genügt hätten, um uns von der Straße zu wischen, fangen meine Knie an zu zittern. Ich habe Gänsehaut am ganzen Körper. Der Fahrer des Sattelschleppers ist leichenblass. Immer wieder entschuldigt er sich bei uns. Der Schaden an seinem Fahrzeug sieht schlimmer aus als der an unserem. Der Kotflügel ist eingedellt, die Stoßstange hängt lose herunter und der Außenspiegel ist zertrümmert. Wir verzichten darauf, die Polizei zu holen, denn Peru ist eines der Länder, in denen erst einmal alle Beteiligten an einem Verkehrsunfall im Gefängnis landen – so lange bis entweder die Schuldfrage endgültig geklärt ist oder man eine entsprechende Kaution gezahlt hat. Meist werden auch gleich noch die Fahrzeuge konfisziert. Und in der Regel wird die Schuld obendrein per se dem Gringo zugesprochen. Auch die Einheimischen rufen bei Blechschäden nur selten die Polizei. Die Frage von Schuld und Unschuld regelt man unter sich, direkt an Ort und Stelle.

Die Panamericana führte vermutlich irgendwann einmal um Lima herum. Heute führt sie mitten hindurch. Lima ist eine 10-Millionen-Stadt und ein riesiger Moloch. Mit jedem Meter, den wir uns dem Zentrum nähern, nimmt der Verkehr zu, bis wir schließlich mittendrin sind in einem Gewimmel und Gewusel von Lkw, Bussen, Pkw, Motorrädern, Radfahrern, Ochsenkarren und Fußgängern. Alle hupen, klingeln oder schreien, um auf sich aufmerksam zu machen. Kaum tut sich in dem Verkehrsfluss eine Lücke auf, ist sie auch schon wieder gefüllt. Einen ganzen Tag verbringen wir damit, in dem Gewirr aus Straßen und Stadtvierteln eine geeignete Werkstatt zu finden. Einen weiteren Tag dauert es, den Schaden wieder richten zu lassen. Als wir schließlich vor dem Hotel vorfahren, in dem wir uns mit Tobias' Eltern treffen wollen, sieht der Landy aus wie neu.

Geheimnisvolle Zeichen

Die Panamericana, die längste Straße des amerikanischen Doppelkontinents, scheidet die Geister und die Reisenden. Es gibt Fahrer, die nie von ihr abweichen, es sich zum Ziel gesetzt haben, die „Traumstraße" einmal ganz abzufahren. Wir dagegen gehören zu jenen Reisenden, die die Panamericana meiden, wo es nur geht. Unser Ziel ist es, so viel wie möglich vom Leben in den kleinen Orten abseits der Fernverkehrs-Route und abseits der Haupttourismus-Schneise zu erfahren. Nicht immer ist das möglich. Manchmal ist die Panamericana die einzige Nord-Süd-Verbindung, die überhaupt existiert. Mitunter bietet sie auch die einzige Möglichkeit, eine Werkstatt, eine Dusche oder eine Tankstelle zu finden.

Wir verlassen Lima auf der Panamericana Richtung Süden. Die Landschaft zu beiden Seiten der Straße ist trostloser denn je. Wüste, Wüste, Wüste. Sand bis zum Horizont. Kein Baum, kein Strauch, kein Schatten. Und mittendrin in den Sanddünen plötzlich ein Hüttendorf. Wände und Dächer sind aus getrocknetem Schilfrohr, die Türen mit Plastikfolien verhängt. Fenster gibt es keine. Die Sonne soll draußen bleiben. Strom und Wasser gibt es auch nicht. Straßen und Wege sind mit Steinen abmarkiert. Am Eingang steht ein Schild mit dem Namen des Dorfes. Die Menschen die hier leben gehören zweifelsohne zu den Ärmsten der Armen. Überhaupt haben wir den Eindruck, dass Peru das am schlechtesten entwickelte Land auf unserer bisherigen Reise ist. Wir haben Menschen gesehen, die sich im Abwasserkanal vor ihrer Hütte gewaschen haben; Frauen, die das braune, schlammige Wasser aus dem Fluss getrunken haben; Kinder, die in 4500 Meter Höhe bei eisigem Wind und Schneefall barfuß gelaufen sind. Wir sind durch Dörfer gekommen, in deren Mitte ein Strommast stand und in denen trotzdem keines der Häuser an die Stromversorgung angeschlossen war. Und wir haben Lima gesehen, mit seinen prunkvollen Häusern, blühenden Vorgärten, Fast-food- und Sushi-Restaurants.

Paracas, auf der gleichnamigen Halbinsel gelegen, ist ein verschlafener Ort. Nur ein paar wenige Touristen schlendern abends durch die Straße oder sitzen in einem der Fischrestaurants direkt am Meer. Morgens um sieben jedoch ist es mit der Ruhe schlagartig vorbei. Dutzende von Reisebussen fallen in den kleinen Ort ein und spucken Touristen aus, die alle das gleiche wollen, nämlich einen

„El Candelabro"

Bootsausflug auf die Islas Ballestas machen, zu den Kormoranen, den Pinguinen, den Pelikanen und Seelöwen.

Auf der etwa einstündigen Bootstour zu den Inseln passieren wir auf der Rückseite der Halbinsel Paracas zunächst „El Candelabro", eine in den Wüstensand eingekerbte Figur in Form eines Dreizacks bzw. Kandelabers. Seit Hunderten von Jahren trotzt diese 180 Meter hohe und 70 Meter breite Gravur jedem Wind und jedem Sandsturm, nichts kann sie zuwehen. Woher sie stammt und welchem Zweck sie diente? Niemand weiß es.

Die *Islas Ballestas* sind ein paar Felsen mitten im Meer, eingehüllt in eine beißende Duftwolke. Für die einen ist es Vogelkacke, für die anderen der kostbarste Naturdünger der Welt. Weißer Guano überzieht die Klippen. Er stammt von den Pelikanen, Möwen und Tölpeln, die zu Tausenden die Felsen besiedeln. Doch der Schein trügt, die Anzahl der Vögel nimmt ab. Früher wurde einmal oder sogar mehrmals pro Jahr Guano abgetragen, heute nur noch alle sieben Jahre, erzählt uns der Bootsführer. Ob das mit dem Touristenstrom, mit dem Motorenlärm der Schnellboote und der Luft- und Wasserverschmutzung zusammenhängt, ob sich die Vögel vielleicht andere Klippen suchen um dort zu brüten, will ich wissen. Statt einer Antwort schüttelt er nur energisch den Kopf.

Lange vor den Inka entwickelte sich an der Küste südlich von Lima die *Nasca-Kultur,* die ihre Blütezeit zwischen 100 und 600 n. Chr. hatte. Die Nasca bauten Pyramiden und Häuser aus Lehm, sie webten farbenfrohe Tücher und fertigten kunstvolle Keramiken, aber sie schnitten auch ihren Feinden bei lebendigem Leib die Köpfe ab und nähten ihnen die Münder mit Nadeln und Dornen zu. Auf dem Wüstenfriedhof von Chauchilla, in der Nähe von Nasca, sind etliche Gräber und Mumien aus jener Zeit und Kultur zu sehen. Eine fast schon unheimliche Stille liegt über dem

Gräberfeld. Die Luft flirrt und die Hitze trocknet auch die Körper der Lebenden aus. Die Nasca haben ihre Toten sitzend bestattet. Eingehüllt in mehrere Lagen Stoff und fest verschnürt kamen sie in ein gemauertes Grab unter der Erde, zusammen mit ihren Kopftrophäen und diversen Grabbeigaben. Herrscher und Menschen höheren Ranges wurden auf dem Weg ins Totenreich überdies oft noch von Dienern begleitet.

Die Nasca haben der Welt ein einzigartiges Rätsel hinterlassen, über dem sich Wissenschaftler seit vielen Jahren die Köpfe zerbrechen: Die Nasca-Linien, geheimnisvolle Geoglyphen im Wüstenboden. Über 100 Figuren, Trapeze und Linien wurden wenige Zentimeter tief und ca. 25 Zentimeter breit in die Erde gekratzt. Die Dimensionen dieser Figuren sind so riesig, dass man sie eigentlich nur von oben richtig erkennen und betrachten kann.

Der Pilot der viersitzigen Cessna kippt das Flugzeug mal nach links, mal nach rechts und dreht waghalsige Pirouetten, um uns nacheinander die wichtigsten Figuren zu zeigen, deren helle Umrisse sich deutlich auf dem dunklen Untergrund abzeichnen. Da gibt es den „Astronauten", den „Kolibri", den „Kondor", den „Baum", die beiden „Hände", die zusammen nur neun Finger haben – vielleicht als Symbol für die neun regenlosen Monate an der Küste –, den „Affen", den „Hund", die „Spinne" und den „Papagei". Weitaus beeindruckender als die figürlichen Darstellungen finde ich allerdings die kilometerlangen, schnurgeraden Linien, die sternförmig zulaufen und sich zu Trapezen und Rechtecken vereinen. Bis heute kann man nicht mit Gewissheit sagen, welchen Sinn und Zweck die Linien hatten. Die deutsche Mathematikerin Maria Reiche, die ihr Leben dem Erforschen und Katalogisieren der Linien widmete, sie freilegte, fotografierte und vermaß, stellte fest, dass die Linien mit Sternkonstellationen und Sonnwenden in Verbindung stehen, also womöglich einen astronomischen Kalender darstellen.

Der lange Weg nach Machu Picchu

Für die meisten Reisenden ist Cusco ein Zwischenstopp auf dem Weg zu der berühmtesten aller Inka-Stätten, Machu Picchu. Der Campingplatz oberhalb der Stadt ähnelt einem Globetrotter-Treffen: Colin und Liz sind da, Thekla und Florian ebenfalls. Außerdem noch ein deutsches Pärchen mit Motorrädern, Niederländer mit ihrem Truck, eine holländische Familie im Toyota, ein französisches Pärchen im Landrover, ein kanadisches Pärchen im VW-Bus und mehrere Deutsche mit ihren Wohnmobilen. Keine Frage: Cusco ist der „Nabel der Welt" – wie die Inka ihre einstige Hauptstadt nannten. Hier in Cusco wurde das Inka-Reich geboren und von hier aus dehnte es sich in alle vier Himmelsrichtungen aus. Viele der heutigen Gebäude in der Stadt sind auf alten Inka-Mauern errichtet. Die Inka schichteten riesige, tonnenschwere Steinquader fugenlos aufeinander. Doch die Quader sind nicht einfach nur viereckig, sondern achteckig, zehneckig, ja sogar einen zwölfeckigen Steinblock gibt es. Und immer passen die darüber und darunter liegenden Steine sich der Form perfekt an. Wie in einem Puzzle. Steinzapfen und Steinbolzen greifen ineinander und geben den Steinen Halt. Bei einem Erdbeben können die Mauern mitschwingen, ohne einzustürzen. Die alten Inka-Mauern verleihen Cusco einen ganz eigenen Charme. Wir spazieren durch die engen, gepflasterten Seitengassen, vorbei an Steinblöcken, die so groß sind wie ein kleiner Schrank. Nach drei, vier waagrechten Reihen enden sie und es beginnen die gemauerten und weiß gekalkten Wände der heutigen Wohnhäuser, die das grelle Sonnenlicht reflektieren und das das Auge des Betrachters blenden. Indígena-Frauen in buntgewebten Tüchern und mit obligatorischem Bowlerhut auf dem Kopf laufen durch die Straßen, sie tragen Körbe, ziehen Lamas hinter sich her, stricken oder zwirnen Wolle.

In Cusco stößt man an jeder Ecke auf Historisches. Die Kathedrale zum Beispiel steht auf den Grundmauern des Palastes, den der 8. Inka-König Wiracocha einst hier errichten ließ. Auf den Resten des alten Palastes von Huayna Capac wurde die Kirche La

Altstadt von Cusco

Compañía erbaut. Und an der Außenseite des Klosters Santo Domingo können die 1950 bei einem Erdbeben ans Licht gekommenen Überreste des Sonnenheiligtums Qoricancha besichtigt werden. Bevor der Tempel dem Sonnengott Inti geweiht wurde, soll er die Residenz des ersten Inka-Königs Manco Capac gewesen sein.

Wir besuchen auch die Inka-Festungsanlage Saqsaywamán, die oberhalb der Stadt liegt und deren Grundriss angeblich der Form eines Falken nachempfunden ist. Oder war es doch ein Kondor? Die Führer jedenfalls, die wissbegierige Touristen durch die Anlage geleiten, scheinen sich in diesem Punkt nicht einig zu sein. Uns ist's egal, denn allmählich macht sich eine leichte Übersättigung an alten Gemäuern bemerkbar. Auf Q'enqo, Pukapukara und Tambomachay werfen wir lediglich einen kurzen Blick – im Vorbeifahren, auf dem Weg nach Pisaq. Die dortige dreigeteilte Inka-Anlage thront hoch über dem Ort auf dem Sattel eines Berges. Riesige Terrassenfelder ragen wie eine grüne Gletscherzunge ins Tal hinab. Zahllose Wege verlaufen zwischen den Feldern und den Bauten. Vom mittleren Teil der Anlage, dem heiligen Zentrum, hat man einen grandiosen 360-Grad-Panoramablick ins Heilige Tal der Inka.

In den letzten zwei Wochen haben Tobias und ich immer wieder darüber diskutiert, ob wir uns Machu Picchu überhaupt ansehen sollen. Alle Ruinen in Peru kosten um die elf Soles Eintritt. Das entspricht etwa drei Euro. Der Eintritt nach Machu Picchu kostet vierzig Dollar – und soll ab nächstem Jahr sogar auf knapp einhundert Dollar erhöht werden. Seit das Management der Anlage privatisiert wurde, also nicht mehr dem Staat direkt unterliegt, lassen sich die Eintrittspreise ins Unermessliche steigern. Hinzu kommt, dass alle Wege nach Machu Picchu über den Ort Aguas Calientes führen. Aguas Calientes jedoch ist nicht mit dem Auto zu erreichen, sondern nur zu Fuß auf dem Inka-Trail oder per Zug von Cusco, Ollanta oder Santa Teresa aus. Da der Inka-Trail inzwischen stark frequentiert und auf etwa fünfhundert Wanderer pro Tag limitiert ist, bleibt den meisten Touristen als Alternative nur die Bahnfahrt. Anfangs war es üblich, dass die Touristen im gleichen Abteil saßen wie die Einheimischen und den gleichen Preis bezahlten. Dann irgendwann setzte man spezielle Touristenwaggons ein und verkaufte die Tickets für die Ausländer zu einem höheren Preis. Einige Touristen zogen es deshalb vor, wie ehedem den Einheimischen-Zug zu nehmen. Dies ist jetzt verboten. Und sollte sich doch einmal ein Tourist in den „falschen" Zug verirren, so muss er trotzdem das teurere Ticket nachlösen. Egal, wie man es dreht und wendet, der Besuch von Machu Picchu ist ein kostspieliges Unternehmen. Wer mit dem Zug von Cusco aus anreist, eine Nacht in Aguas Calientes verbringt, am nächsten Morgen den Bus hoch zu den Ruinen nimmt, zahlt alles in allem etwa so viel, wie ein peruanischer Handwerker in einem Monat verdient. Hand aufs Herz: wer in Europa wäre schon bereit, für den Besuch einer mittelalterlichen Burg einen kompletten Monatslohn eines europäischen Arbeitnehmers auf den Tisch zu legen? Ich nicht. Tobias auch nicht. Und Liz und Colin auch nicht. Trotzdem wollen wir Machu Picchu sehen. Warum? Weil schon allein der Name „Machu Picchu" wie ein verheißungsvolles Wispern klingt. Weil Machu Picchu einer jener Orte ist, die etwas Geheimnisvolles, etwas Mystisches ausstrahlen. Weil wir schon hundertmal das Foto von Machu Picchu gesehen haben. Weil wir schon so viel darüber gelesen und gehört haben. Und nicht zuletzt deshalb, weil wir schlicht und ergreifend neugierig sind.

Wir wollen gemeinsam mit Liz und Colin so weit wie möglich mit dem Auto fahren und dann zu Fuß weiter. Konkret heißt das, wir fahren bis nach Santa Teresa und laufen von dort die Bahngeleise entlang bis nach Aguas Calientes. Eine gute, asphaltierte Straße führt hinauf auf den Pass Abra Málaga und endet dann abrupt vor einer gigantischen, mehrere Kilometer langen Baustelle. Durchfahrt nur möglich in der einen Stunde zwischen zwölf und dreizehn Uhr. Es ist gerade mal zehn Uhr. Wir warten. Als wir endlich weiterfahren dürfen, hat der Regen die Piste vor uns bereits in ein glitschiges und rutschiges Schlammloch verwandelt. Der Landy ist über und über mit nassem rotem Lehm bespritzt. Die groben Reifen schleudern den Dreck hoch und durchs offene Fenster ins Innere des Fahrzeugs. Nach einer Weile sehen auch wir ziemlich wüst aus. Hinter der Baustelle enden zwar die bunten Absperrbänder, aber die Schlammschlacht geht weiter. Wir wären schon zufrieden, wenn wir Santa Teresa noch vor Einbruch der Dunkelheit erreichen würden. Doch gerade das letzte Stück runter in die Schlucht, runter zum Fluss, hat es in sich. Die Lehmpiste wird zunehmend enger, steiler und matschiger. Immer wieder müssen wir entgegenkommenden Autos ausweichen. Aber wohin soll man ausweichen, wenn man die Wahl zwischen der Felswand auf der einen und dem Abgrund auf der anderen Seite hat?

Es ist schon dunkel, als wir in Santa Teresa ankommen. Bunte Reklameschilder weisen dem Fremden den Weg von einer Unterkunft zur nächsten, zu Restaurants und Reisebüros. Gemäß meiner Vorstellung hätte Santa Teresa ein ruhiger, beschaulicher Ort im peruanischen Hinterland sein müssen. Aber ruhig geht es hier nicht mehr zu. In Sekundenschnelle sind wir von Kindern umringt.

„Hospedaje? Restaurante? Pizza? Pisco Sour?" ruft man uns durch die geschlossene Scheibe zu. Mit „Tour nach Machu Picchu?" „Taxi?" versucht man, Geschäfte mit uns zu machen.

In Santa Teresa weiß man, was Touristen wünschen. Santa Teresa ist längst kein Geheimtipp mehr. Jeden Tag starten Dutzende Reisender von hier aus nach Aguas Calientes. Happy Hour, zwei Pisco Sour für den Preis von einem – auch das gibt es schon in Santa Teresa. Wir bestellen vier Pisco Sour in der Hoffnung, nur zwei bezahlen zu müssen. Doch als die erste Runde geleert ist, stellt uns der Wirt vier weitere Gläser auf den Tisch. Auch gut. Dann trinken wir zusammen eben acht und zahlen vier. Denken wir. Doch als der Wirt die Rechnung bringt, kostet der einzelne Pisco Sour plötzlich doppelt so viel wie auf der Karte steht.

„Das ist so in der Happy Hour", lautet die Erklärung.

Doch diese Rechnung hat er ohne uns gemacht. Diese Happy Hour jedenfalls ist für den Wirt keine glückliche Stunde.

Wir wollen die neugebaute Straße bis zum Wasserkraftwerk fahren und unsere Fahrzeuge kurz vorher bei einem Bauern einstellen. Ein schöner Plan, den ein Erdrutsch, etwa achthundert Meter vor dem Kraftwerk, durchkreuzt. Vor einer Woche war der Hang das erste Mal gerutscht. Die Straße war daraufhin soweit geräumt worden, dass wieder Fahrzeuge durchkamen, doch dann brach der Hang ein zweites Mal, und zwar nur wenige Minuten bevor wir an der Stelle eintreffen. Räumen macht hier im Moment keinen Sinn. Erstens würde es Tage dauern, zweitens würde der Hang sofort nachrutschen. Noch immer rieselt es hie und da leicht aus den Ritzen. Wären wir schneller unterwegs gewesen, hätte es zum Beispiel nicht geregnet, dann säßen wir jetzt in der Falle, gefangen zwischen Kraftwerk und Hangrutsch.

Wir machen kehrt. An der neugebauten Brücke gibt es einen Wachposten, der rund um die Uhr besetzt ist. Wir haben Glück. Der Wachmann ist bereit, gegen ein kleines Trinkgeld auf unsere Fahrzeuge aufzupassen. Wir drücken ihm als Vorschuss eine Flasche Cola in die Hand und marschieren los. Wohl ist mir dabei nicht. Unsere Fahrzeuge stehen direkt an der Straße, schon von weitem sichtbar. Drei Stunden laufen wir entlang der Bahngeleise, über Bahnschwellen, die in unregelmäßigen Abständen verlegt sind, so dass man beim Gehen zwangsweise aus dem Tritt gerät. Nach etwas mehr als einer Stunde können wir die Inka-Stadt bereits sehen. Winzig kleine Erhebungen auf dem Gipfel des Berges rechts über uns lassen Mauern erahnen. Wenn man genau hinsieht, dann kann man sogar Menschen erkennen.

Die Inkastadt *Machu Picchu* liegt schwer zugänglich auf einem Bergplateau in 2500 Meter Höhe, eingerahmt von steilen, karstigen Bergspitzen. Unten im engen, dunklen Tal fließt der Río Urubamba. Ihre exponierte Lage, die üppige Vegetation und wabernde, dichte Nebelschwaden aus der Tiefe des Flusstales hielten die Inka-Stadt bis 1911 verborgen. Nur schmale Fußwege führen in die Stadt hinein, vorbei am Wärterhäuschen, das oberhalb der Stadt thront, und von dem aus man die gesamte Anlage überblicken kann. Bis heute ist das Rätsel um die geheimnisvolle Anlage noch nicht vollständig gelöst. Machu Picchu wurde an einem strategischen Punkt errichtet. War es eine Festung oder doch eher ein Rückzugsort? Alle Inkawege führen sternförmig nach Machu Picchu hinein. War die Anlage eine Art zeremonielles Zentrum für Pilger? Die Anlage weist einige architektonische Besonderheiten auf, die mit der Sonnenwende und den Sternkonstellationen in Verbindung stehen. Machu Picchu war keine reine Tempelanlage.

Blick auf Machu Picchu

Wohngebäude bezeugen, dass hier etwa 1000 Menschen gelebt haben. Der US-Amerikaner Hiram Bingham, der Machu Picchu wiederentdeckte – die Einheimischen wussten schon früher von der Stadt – und erforschte, fand sterbliche Überreste von 173 Personen, davon waren 150 weiblich. War Machu Picchu der Ort vielleicht der Sonnenjungfrauen gewesen?

Kurz vor Sonnenaufgang sitzen wir oben am Wärterhäuschen und schauen hinunter auf Machu Picchu – oder besser gesagt, dahin, wo wir die Stadt vermuten. Dichter Nebel umgibt uns. Wir warten zwei Stunden auf der zugigen Plattform, ohne auch nur den Umriss eines Gebäudes oder die Kontur einer Mauer erkennen zu können. Nach und nach füllen sich die Stufen mit Touristen. Alle wollen dabei sein, wenn Machu Picchu erwacht. Plötzlich geht ein Raunen durch die Menge. Die Nebelwand reißt auf, die ersten Mauern werden sichtbar, grasbewachsene Terrassenfelder ziehen sich wie riesige Treppenstufen den Hang hinauf. Auf einmal ist es ganz still. Nur ein paar Fotoapparate klicken, doch selbst das Klicken klingt verhalten, fast andächtig. Vor uns, nein, unter uns liegt das berühmte Machu Picchu. Im Hintergrund erhebt sich majestätisch und das Bild beherrschend der Sporn des Wayna Picchu, der „Junge Gipfel". Genau so kennt man Machu Picchu von Bildern, von Postern und Postkarten. Nur ein paar Minuten ist die Stadt zu sehen, dann wird sie wieder vom Nebel verschluckt, als wäre sie nie dagewesen. Wir steigen hinab und betreten Machu Picchu durchs Stadttor, laufen durch die Passagen des Wohnviertels, vorbei am Palastviertel und den Bädern, steigen hoch zum Heiligen

Platz, schlendern über den Hof, besichtigen das Handwerkerviertel, wagen uns ins Gefängnis und bestaunen die Terrassenfelder, die nicht nur für den Ackerbau nützlich waren, sondern der Stadt auf dem Berg auch Stabilität verliehen haben und sie vor dem Abrutschen bewahrten. Aber am Ende sitzen wir doch wieder am Wärterhäuschen. Über eine Stunde lang lassen wir den grandiosen Anblick dieser Inka-Stadt auf uns wirken.

Inzwischen ist die Stadt zum Leben erwacht. Überall sind Menschen zu sehen. Sie steigen die steilen Treppen hinauf und hinunter, sie stehen in Grüppchen beisammen oder sitzen auf den Steinen. Lamas grasen auf der Wiese. Ab und zu dringt ein Lachen an unser Ohr. So ähnlich mag es auch vor 500 Jahren zugegangen sein.

Als wir die Brücke erreichen, an der unsere Fahrzeuge auf uns warten, erleben wir eine Überraschung. Sowohl der Camper als auch unser Landy sind nicht nur unversehrt, sondern obendrein auch noch gewaschen. Der Wachmann hat sich sein Trinkgeld redlich verdient.

Wir schaffen es noch bis Santa Teresa, bevor es dunkel wird. Wie schon beim ersten Mal laufen uns wieder die Kinder hinterher. Sie klammern sich an den Außenspiegeln oder an der Heckleiter fest und lassen sich von uns durch die schlammigen Straßen ziehen.

„Vier mal Vier", liest einer unseren Aufkleber auf der Seite und fängt an zu rechnen. „Acht" – „Nein, sechzehn" – „Nein, acht!" Das mit dem Rechnen klappt noch nicht bei jedem. Doch als der Landy beim Absperren dreimal blinkt, wissen alle Bescheid.

„Alarm, Alarm", schreien sie aufgeregt durcheinander und rütteln gemeinsam mit aller Kraft so lange am Auto, bis es hupt.

Über die Ruinen von Ollantaytambo, die Salzterrassen von Marás und den malerischen Ort Chinchero, dessen Kirche auf alten Inkamauern erbaut wurde, fahren wir zurück nach Cusco. Wir beschließen, ein paar Tage auszuspannen und endlich mal all die Dinge zu erledigen, die dringend getan werden müssen: Wäsche waschen, Knöpfe annähen, Bilder speichern, Reiseliteratur lesen und die Website aktualisieren.

Puno, Sillustani und Arequipa heißen unsere nächsten und letzten Ziele in Peru. Die Grabtürme von Sillustani stehen verstreut auf einer Halbinsel im Umayo-See. Die *chullpas* stammen aus der Colla-Kultur etwa 1200 n. Chr. Als die Inka im 15. Jahrhundert die Halbinsel eroberten, übernahmen sie den Begräbniskult und bauten nun ihrerseits Türme in der üblichen Bauweise: riesige Steinquader, fugenlos aufeinander geschichtet. Wir erreichen die Grabtürme in der Dämmerung und erleben einen faszinierenden Sonnenuntergang über den Bergen. Auf der anderen Seite, Richtung Titicacasee, durchschneiden Blitze den dunklen Himmel. Und auf einmal wirkt der Ort irgendwie magisch.

Das Kloster Santa Catalina in Arequipa ist ein Ort der Ruhe. Seit 1970 ist der Großteil des Klosters, das ein Areal von 20.000 m² umfasst, für die Öffentlichkeit zugänglich. Die Häuser, in denen einst 150 Nonnen und 400 Dienstmädchen wohnten, wurden im maurischen Stil aus weißem Tuffstein erbaut. Heute leuchten die Gassen des Klosterkomplexes in warmen Rot- und kräftigen Blautönen. Außerhalb des Klosters dagegen kleidet sich Arequipa nach wie vor ganz in Weiß und besticht durch ein spektakuläres Panorama. Hinter der Kathedrale ragen die schneebedeckten Gipfel des Vulkans Misti und des Nevado Chachani in den Himmel.

Der Colca-Canyon, der Cotahuasi-Canyon, das Valle de los Volcanes … es gäbe noch viel zu sehen und zu tun in Peru. Doch nach fast acht Wochen in diesem Land zieht es uns nun weiter. Chile liegt so nah … Wir wollen unbedingt über die Grenze, sei es auch nur für einen kurzen Abstecher.

CHILE
Feuer und Eis

Obwohl die Kreuzung frei ist, stoppen die Autos an der roten Ampel. Keiner hupt als das Licht auf Grün umschaltet und nicht gleich alle durchstarten. Niemand hält mit Vollgas auf einen Fußgänger zu, der gerade die Fahrbahn überquert. Am Strand parken die Fahrzeuge nicht Außenspiegel an Außenspiegel. Und Musik ist auch nicht zu hören. Wir sind in Nord-Chile.

Endlich können wir uns wieder mitten in die Landschaft stellen, unsere Campingstühle auspacken und das Panorama genießen. Kein Zaun, der den Weg versperrt. Keine Kinder, die am Auto kleben. Keine Menschen, die uns Souvenirs verkaufen wollen. Einfach nur Natur pur.

Eine mehrtägige Tour durch nahezu menschenleere Wildnis liegt vor uns – und die Geoglyphen weisen uns den Weg. Es dauert eine Weile, bis ich in der flirrenden Mittagshitze die Figuren auf den Berghängen erkennen kann: Lamas und Menschen mit riesigen Köpfen, alle stark stilisiert, zeichnen sich dunkel auf dem hellen Wüstensand ab. Warum schauen alle Figuren nach Osten? Ein Wegweiser vielleicht? Zeichen derjenigen, die sich vor allen anderen auf den Weg gemacht hatten und Nachfolgenden sagen wollten: „Folgt dem Tal des Río Lluta." Okay, dann machen wir das.

Der Lauca-Nationalpark erstreckt sich zwischen Höhenlagen von 3000 und 6300 Metern. Der chilenische Altiplano gleicht einer Mondlandschaft. Anfangs stehen noch vereinzelte, weit ausladende Kandelaber-Kakteen am Straßenrand, doch irgendwann verschwindet das letzte Grün aus dem Rückspiegel. Um uns herum ist nur noch Wüste. Grauer Kalk, gelber Sand, braune Erde. Darüber ein blauer Himmel, wie man ihn schöner nicht malen könnte. Die perfekte Kulisse für die beiden Zwillingsvulkane Parinacota und Pomerape mit ihren schneebedeckten Gipfeln. Der Lago Chungará fängt das Bild ein und verdoppelt die Idylle durch die Spiegelung auf seiner Oberfläche. Er liegt auf 4600 Meter Höhe. Sobald die Sonne hinter den Bergen verschwindet, fallen die

Temperaturen unter Null Grad. Als wir morgens aus unseren Schlafsäcken kriechen, zieren Eisblumen unsere Scheiben. Von innen.

Mit den ersten Sonnenstrahlen erwacht die Gegend zum Leben.
Vizcachas, grau, pelzig und mit den Chinchillas verwandt, sitzen
auf den grauen Felsen und wärmen sich. Nandus, Laufvögel, rennen aufgeregt über Sand und Steine und wirbeln dabei jede Menge
Staub auf. Kleine Vicuñas spazieren gemächlich am Ufer des Sees
entlang. Enten tauchen im eiskalten Wasser nach einem Frühstück.
Im Reserva Las Vicuñas – zu unserer Linken stößt der Vulkan
Capurata kleine Rauchwolken aus – quert plötzlich und völlig unvermittelt ein Puma unseren Weg. Zwei Sprünge, weg ist er. Die
rosarot gefärbten Flamingos mit den gelben Flecken auf den
Schnäbeln, die im Salzwasser des Salars Surire nach Nahrung suchen, geben sich jede Mühe, dieses eindrucksvolle Erlebnis zu top-
pen, schaffen es aber nicht wirklich. Die heißen Schwefelquellen
von Polloquere am Südufer des Salars dagegen sind ein echtes
Highlight. Wir genießen das Bad im heißen Wasser, auch wenn wir
anschließend riechen, als wären wir soeben der Hölle entstiegen.

Auf dem Weg in den Nationalpark Isluga queren wir zunächst die
Furt von Mucomucone, lassen uns auf einer Waschbrettpiste gut
durchschütteln und fahren dann durch eine Landschaft, die eine
gute Kulisse für einen Westernfilm abgeben würde:

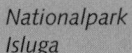

*Nationalpark
Isluga*

riesige Felsbrocken, dazwischen ein paar niedrige Büsche, verlassene und zerfallene Ortschaften, hin und wieder das von der Sonne ausgebleichte Skelett eines Lamas. Nur selten treffen wir auf Menschen.

Die meisten der Aymara, die dieses Gebiet einst besiedelten, sind längst abgewandert und besuchen ihre Dörfer und Friedhöfe nur noch an Feiertagen. Auch Isluga ist eines dieser „Geisterdörfer". Einzig die Lichterkette über dem hölzernen Eingangsportal der Kirche zeugt von Leben. Die Kirche selbst ist wie alle anderen Gebäude aus Lehm erbaut und weiß gekalkt. Von den Wänden blättert der Putz. Auf dem Dach fehlen ein paar Ziegel.

Kirche und Kirchhof sind von einer halbhohen Mauer umgeben, die mit Rundbögen verziert ist. Etwa jeder fünfte Bogen ist eingestürzt. Der Wind, der über die Ebene fegt, fängt sich im freistehenden Glockenturm und bringt die Glocke zum Singen.

Wir fahren weiter zu den Geysiren von Puchuldiza. An allen Ecken und Enden dampft, qualmt und sprudelt es. Meterhohe, kochend heiße Fontänen schießen aus dem Boden. Einige der Geysire sind eingezäunt, damit man ihnen nicht zu nahe kommt. Versteckt am Hang mit Blick über das Tal gibt es ein gemauertes Badebecken – genau das richtige, um sich von den rauhen Pisten zu erholen.

BOLIVIEN
Eine neue Liebe

Bolivien gilt als das ärmste Land Südamerikas. Nur ein geringer Teil der Landesfläche ist landwirtschaftlich nutzbar. Im Tiefland wird vielerorts die Coca-Pflanze angebaut. Ungefähr die Hälfte der Erwachsenen haben keine Arbeit. Die Analphabetenrate dürfte nur geringfügig niedriger sein. Seit Bolivien im Salpeterkrieg 1879–1884 die Region um Antofagasta an Chile abtreten musste, besitzt es keinen Meereszugang mehr, wohl aber eine Marine. Parolen an den Häuserwänden lassen keinen Zweifel daran, dass die Bolivianer den Zugang zum Meer gern zurück hätten. Seit 1825 gab es etwa 200 gewaltsame Machtwechsel und mit Sicherheit eine nicht unbedeutende Anzahl erfolgloser Putschversuche. Nachdem 2006 der von den Aymara abstammende Evo Morales zum Präsidenten gewählt worden war, kehrte erst einmal Ruhe ein. Morales richtet sein politisches Augenmerk vor allem auf die indigene Bevölkerung und versucht den landwirtschaftlichen Sektor zu stärken. Vor allem die Bewohner der wirtschaftlich starken Ost-Provinzen werfen ihm nun eine einseitige Politik vor. Brennende Autoreifen und Straßenblockaden sind an der Tagesordnung.

Das weiße Meer

Am Grenzübergang Colchane – Pisigua von Chile nach Bolivien treffen wir Lucie und Martin, zwei Schweizer, die wie wir über den Salar de Coipasa zum Salar de Uyuni fahren wollen. Kurzerhand beschließen wir, die Fahrt gemeinsam anzutreten. Kurz hinter der Grenze zweigt an einem Militärposten ein unscheinbarer Sandweg ab. Die Richtung scheint zu stimmen, wir folgen Autospuren, Steinmännchen, der Kompassnadel oder auch einfach unserem Gefühl. Irgendwann ändert sich der Untergrund. Der braune Sand geht über in ein gräuliches Weiß. Wüsste ich es nicht besser, würde ich sagen, wir fahren durch frischen Schnee. Aber es ist kein Schnee, sondern feuchtes Salz. Wir befinden uns bereits auf dem Salar de Coipasa, allerdings noch in der Uferzone, dort wo Salz und Sand sich zu einem matschigen Brei vermischen. Der Ort Coipasa liegt auf einer Insel inmitten des Salars. Er ist klein und überschaubar. Es gibt zwei Kirchen, ein Krankenhaus und eine Schule. Die Häuser sind aus gebrannten Lehmziegeln und haben größtenteils die gleiche Farbe wie der Staub in den Straßen. Während Martin mit stoischer Ruhe zusieht, wie man seinen platten Reifen mit der Spitzhacke von der Felge trennt, begebe ich mich mit Lucie auf die Suche nach Lebensmitteln. Der einzige Laden im Ort verkauft ausschließlich Chips und Cola. Doch davon können sich die etwa 600 Einwohner Coipasas ja wohl kaum ernähren. Wir fragen nach Brot und werden zu einem Wohnhaus geschickt, dort sollen wir läuten. Tatsächlich verkauft man uns die Brötchen sozusagen aus dem Wohnzimmersessel heraus. Gefolgt von einer Horde neugieriger Kinder setzen wir unseren Beutezug fort und erstehen ein paar Häuser weiter frische Eier. Über den Latten des Holzzauns hängt in dünne Streifen geschnittenes Fleisch zum Trocknen. Ob wir nicht auch davon etwas kaufen wollen, fragt uns die Frau schüchtern. Wir lehnen höflich ab, heute kochen wir vegetarisch. In einem der Gehöfte steht ein roter Lkw, der Gemüse-Laster. Die Säcke sind bereits abgeladen. Es gibt Karotten, Zwiebeln, Kartoffeln – mehr nicht. Als ich nach frischem Obst frage, schauen mich mehrere Augenpaare verständnislos an. Obst gibt es hier nur in Dosen.

Gleich hinter dem Ort beginnt die riesige Salzpfanne des Salar de Coipasa. Es ist ein komisches Gefühl, mit dem Auto über das Salz zu fahren. Unsere Augen nehmen eine schneeweiße, ebene Fläche auf einem See wahr, unser Kopf interpretiert diese sofort als Eis und warnt vor Glätte und Einbruchgefahr. Es dauert eine Weile, bis das Gehirn akzeptiert, dass das vermeintliche Eis eine stabile Salzkruste ist.

Schon oft habe ich Fotos von den Salaren gesehen, doch die Realität übertrifft jede Erwartung. Immer wieder halten wir an, um ein paar Schritte auf dem Salz zu gehen und einzutauchen in diese weiße Wüste, die sich erst weit hinten am Horizont scharf von dem tiefen Blau des Himmels abgrenzt. Beim Laufen klirrt es leise unter unseren Füßen, so als würde feines Glas zersplittern. Die feuchten Salzkristalle funkeln im Sonnenlicht und schmettern schmerzhafte Blitze in unsere Augen. Schwach zeichnen sich ein paar Reifenspuren auf dem gleißenden Weiß ab. Denen folgen wir so gut es geht. Kurz vor dem südlichen Ufer des Salars tauchen die ersten dunklen Flecken in dem unschuldigen Weiß auf. Vielleicht steht nur Wasser auf der Salzfläche, vielleicht hat die Kruste aber auch Löcher, durch die das Wasser nach oben dringt, sogenannte „ojos", Augen. Aus der Ferne können wir das nicht erkennen. Tobias gibt Gas. Salz und Wasser spritzt seitlich an meinem Autofenster hoch. Dann haben wir wieder braunen Sand unter den Rädern und es geht weiter zum nächsten Salzsee nur wenige Kilometer südlich gelegen, dem Salar de Uyuni.

Der *Salar de Uyuni* gehörte einst zum Anden-Binnenmeer Lago Minchíns. Als der Ursee vor Jahrmillionen austrocknete, blieb ein abflussloser, salzhaltiger Altiplano-See zurück, dessen

Reiseroute Bolivien

0   200 km

© RKH VERLAG HERRMANN

Wasser in der Trockenzeit durch die hohe Sonneneinstrahlung verdunstet und einer harten Salzkruste weicht, die nach und nach die gesamte Oberfläche des Sees bedeckt. Sobald es jedoch anfängt zu regnen, verwandelt sich die feste Salzdecke wieder in einen weichen Salzsumpf. Gerade dieses Wechselspiel macht den Reiz des Salars aus. Wie fest ist die Kruste, kann man den Salar schon befahren oder ist er, vor allem an den Rändern, noch zu feucht, so dass man möglicherweise einbricht? Diese und ähnliche Fragen bewegen uns, als wir kurz vor Tahua einen Bergrücken queren und er plötzlich vor uns liegt, der Salar de Uyuni, das weiße Meer, eingerahmt von zwei Streifen Hellblau. Das obere Blau ist der Himmel, das untere ist Wasser. Ich spüre einen Kloß im Hals. Das Ufer ist noch nicht trocken, eine Auffahrt an dieser Stelle vielleicht gar nicht möglich. Vorsichtshalber fragen wir in Tahua noch einmal nach. Doch man zerstreut unsere Bedenken. Die mittlere der drei Auffahrtsrampen sei ganz gut befahrbar. Die Rampe ist mit schwarzen Steinen markiert. Zwischen den Steinen steht das Wasser mehrere Zentimeter tief. Doch das Salz hält, das Auffahren ist unproblematisch.

Mit einer Länge von 160 Kilometern und einer Breite von 135 Kilometern ist der Salar de Uyuni der größte Salzsee der Erde. Und ein Ort der Stille. Keine Motorengeräusche stören die Ruhe, kein Zivilisationslärm dringt an unser Ohr. Nichts, was ablenken könnte von der atemberaubenden Schönheit dieses Naturphänomens. Ohne jeglichen perspektivischen Bezugspunkt erscheinen uns die Dinge plötzlich größer oder kleiner als sie es tatsächlich sind und auch Entfernungen lassen sich nicht so einfach einschätzen. Wir laufen, rennen, hüpfen und tanzen über die kristalline Wabenstruktur des Salzes, wir setzen uns auf das Salz, wir legen uns aufs Salz, wir baden förmlich in dem perfekten Weiß und können gar nicht genug bekommen von der Schönheit um uns herum. An einem Ort wie diesem möchte man die Welt umarmen.

Salz ist stabil. Davon überzeugen wir uns im Salzhotel Playa Blanca. Mauern, Tische, Stühle, Betten – das Hotel ist komplett aus Salz gebaut und auch tatsächlich in Betrieb. Doch da Salz ja bekanntlich Feuchtigkeit zieht, ist es im Hotel alles andere als gemütlich. Wir ziehen den Landy als Quartier für die Nacht vor und suchen uns mit-

Rast auf dem Salar de Uyuni

ten im schier unendlichen Weiß einen Platz zum Übernachten. Als die Sonne untergeht, werden wir Zeugen eines faszinierenden Farbschauspiels. Der Himmel explodiert in Türkis, Gelb, Orange, Rosa und Dunkelrot und spiegelt sich leicht verzerrt in der Oberfläche des Salzsees wider. Als das Feuerwerk der Farben erlischt, hält eine eisige Kälte auf dem Salar Einzug.

Am nächsten Morgen, als sich die ersten Sonnenstrahlen vorsichtig über den Salar tasten, offenbart das Salz seine Schattenseiten: Der Landy ist von oben bis unten mit einer dicken Salzschicht überzogen, in den Radkästen und den Hohlräumen der Stoßstangen hat sich Salz abgesetzt und von den Außenspiegeln hängen salzige Stalaktiten herab. In Uyuni ist deshalb erst einmal Autowaschen angesagt.

Die Landschaft zwischen Uyuni und Potosí ist wie ein Kontrastprogramm zu der Schlichtheit des Salars. Auf gelbe Erde, rote Felsen und schwarze Steine folgen türkisblaue Flüsse, grüne Oasen, kleinere Ortschaften mit roten Lehmhäuschen. Auf den Weiden stehen Lamas; sie sind mit bunten Schleifen geschmückt.

Unter allen größeren Städten der Welt ist Potosí die höchstgelegene. Die Silberminenstadt liegt auf einer Höhe von 4065 Metern. Als wir Potosí erreichen, ist die Zufahrt in die Innenstadt durch Steine und Stacheldraht blockiert, in den Nebenstraßen liegen Reste verbrannter Autoreifen. Wir hatten schon von den berüchtigten bolivianischen Straßenblockaden gehört. Doch wir haben Glück, die Demonstration ist bereits zu Ende. Wir können ungehindert passieren. Zwei Monate später werden wir nicht so viel Glück haben.

In Sucre, der offiziellen Hauptstadt Boliviens, stellen wir fest, dass das Reisen mit dem eigenen Auto längst dabei ist, zu einer Art Pauschaltourismus zu mutieren. Die beiden einzigen Hotels, die einen Parkplatz bzw. Innenhof haben, auf dem Reisemobile Platz finden, wissen, dass sie konkurrenzlos sind. Ein Parken im Hof sei nur mit gleichzeitiger Zimmermiete möglich, erklärt man mir in dem etwas außerhalb der Stadt liegenden Hotel, und will für ein Zimmer, das wir nicht nutzen, und ein Gemeinschaftsbadezimmer, das wir nicht unbedingt brauchen, eine Summe haben, die dem Gegenwert von 20 Mittagessen auf dem Mercado entspricht. Schließlich erkaufe man sich damit Sicherheit fürs Fahrzeug, so die Argumentation der Hotelleitung. Als ich zu feilschen versuche, zeigt man mir die Registrierung anderer Reisender, die erst kürzlich mit einem Wohnmobil hier Halt gemacht und den verlangten Preis anstandslos bezahlt haben. Ich weiß nicht, was mich trauriger stimmt, die Unverfrorenheit, mit der Touristen zur Kasse gebeten werden oder die Gedankenlosigkeit, mit der manche Reisende mit Geld um sich werfen. Wir versuchen unser Glück in dem anderen Hotel und zahlen dort am Ende zwar wesentlich weniger, aber immer noch zu viel.

Trotzdem fühlen wir uns in Sucre auf Anhieb wohl. Sucre ist alles andere als eine quirlige Großstadtmetropole. Sucre ist überschaubar, gemütlich und charmant. Es hat einen bezaubernden Altstadtkern, liebevoll restaurierte Kolonialstilhäuser, eine Plaza die zum Verweilen einlädt und einen Mercado, auf dem morgens und mittags ganze Schulklassen zum Essen einfallen und wo ein Essen immer gleichviel kostet, ganz egal, ob man zusätzlich zum Hauptgericht noch eine Suppe isst oder nicht und ganz egal, ob man einen Nachschlag ordert oder nicht. Einmal satt werden kostet fünf Bolivianos.

Die Menschen sind freundlich und entspannt. Überhaupt wirkt die Mehrheit der Bolivianer auf uns sehr ausgeglichen. Wohin wir auch kommen, wieder werden wir überall freundlich empfangen. Auf dem Sonntagsmarkt in Betanzos zum Beispiel, etwa hundert Kilometer von Sucre entfernt, schütteln uns wildfremde Menschen auf der Straße die Hand, heißen uns willkommen und freuen sich, dass wir „ihren" Markt, „ihre" Stadt, „ihr" Land besuchen. Unwillkürlich frage ich mich, ob so etwas wohl schon jemals einem Reisenden in Deutschland passiert ist

La Paz, Stadt des Friedens

In La Paz, der Stadt des Friedens, treffen wir Thekla und Florian wieder. Eigentlich wollten die beiden gerade aufbrechen, doch daraus wird jetzt erst einmal nichts. Wie üblich stecken die beiden Männer die Köpfe zusammen und diskutieren Bergrouten. Tobias will den Huayna Potosí besteigen. Florian kommt mit. Am Dienstag soll es losgehen.

Am Samstag fahren wir hoch zum Gletscher Chacaltaya. Der Weg führt durch die riesige, arme Vorstadt El Alto, hinauf bis zur Hütte auf 5300 Meter. Unser Landy schnauft ein bisschen, hält sich aber tapfer. Ein Fußweg führt von der Hütte die letzten Meter hoch zum Gipfel.

Von hier oben hat man einen fantastischen Blick auf die 2000 Meter tiefer liegende Stadt. La Paz wurde in einen Talkessel gebaut, doch mittlerweile schwappt die Stadt förmlich über den Rand und breitet sich wie ein Krake auf dem Hochplateau ringsherum aus.

Am Sonntag erkunden wir die Stadt. Sie ist nicht gerade als hübsch zu bezeichnen. Lediglich ihre Lage macht sie einzigartig. Durch eine Schlucht geteilt, ziehen sich die Häuser links und rechts die Berghänge hoch. Ungefähr 1000 Höhenmeter liegen zwischen dem tiefsten und dem höchsten Punkt der Stadt. Entsprechend steil sind auch die Straßen.

Am Montag haben wir einen Termin in der Werkstatt. Die Stoßdämpfergummis müssen ausgetauscht, die Öle gewechselt werden. Eine Sache von einem halben Tag, denken wir auch dann noch, als man uns eine ausgeschlagene Stoßdämpferaufhängung zeigt. Doch wir irren. Als abends um fünf der Landy noch immer aufgebockt und mitnichten fahrbereit in der Halle steht, müssen auch wir es einsehen: Camping in der Werkstatt ist angesagt. Der Berg muss warten.

Am Mittwoch schließlich brechen Tobias und Florian zum Huayna Potosí auf. Sie sind die einzigen Bergsteiger im Refugio, die nicht mit einer organisierten Tour und gebuchten Guides unterwegs sind. Die Hütte ist spartanisch eingerichtet. Es gibt ein Matratzenlager und ein Plumpsklo, aber kein Wasser. Wer etwas trinken will, muss Schnee schmelzen. Kurz nach zwei Uhr nachts ist Aufbruch. Zunächst gehen die beiden auf einer guten Spur steil den Gletscher hoch, dann steigen sie über eine Gletscherspalte in die Steilstufe, ca. 30 Meter mit Frontalzackentechnik, steil bergauf. Vor dem Gipfelgrat müssen sie noch ein Gletscherspaltengebiet über-

6088 Meter über dem Meeresspiegel – auf dem Huayna Potosí

winden und einen 60 Grad steilen, sieben Seillängen langen Eishang hinaufklettern. Dann stehen sie auf dem Gipfel und blicken von oben auf ein Wolkenmeer. 6088 Meter über dem Meeresspiegel. Höhenrekord. Das wird gefeiert.

Rechtzeitig zum größten Fest Boliviens, zur *Festividad de Nuestro Señor Jesús del Gran Poder,* treffen Liz und Colin, die beiden Engländer, in La Paz ein. Jedes Jahr, am letzten Wochenende im Mai findet in La Paz ein riesiger Umzug statt. Angeführt von den jeweiligen Schönheitsköniginnen ziehen die Gran-Poder-Vereine und Musikkapellen durch die Stadt. Über 25.000 Teilnehmer tanzen vom Morgengrauen bis tief in die Nacht zu rhythmischer Marschmusik durch die Straßen, singend, klatschend, Holzrasseln schwingend, trommelnd und pfeifend. Viele der farbenfrohen und reich verzierten Kostüme sollen die spanischen Konquistadoren nachahmen – mit steifen Röcken und ausladenden Mänteln, mit Backenbärten an den Masken und Tabakpfeifen im Mund. Manche dieser Gewänder sind so schwer, dass ihre Träger Mühe haben, aufrecht zu gehen. Andere Gruppen sind traditionell gekleidet. Die Frauen tragen, wie es bei den Indígenas im Hochland üblich ist, eine Vielzahl bunter Röcke übereinander und einen winzigen Bowlerhut auf dem Kopf. Die Musiker dagegen sind meist modern gekleidet, mit Anzug und Krawatte.

Liz, Colin und ich suchen uns einen Platz auf einer der Tribünen, die die Straßen säumen, und beobachten aus leicht erhöhter Position das bunte Treiben, während Tobias sich unter die Tanzenden mischt. Hier mitten auf der Straße hat er nicht nur den besten Platz um zu fotografieren, auch was die Verpflegung angeht, steht er äußerst günstig. Winkend und gestikulierend geben wir ihm zu verstehen, dass er bei einem der auf- und ablaufenden Getränke-Verkäufer drei Flaschen Wasser erstehen soll. Die Kommunikation ohne Worte schlägt fehl und so halten wir wenig später drei große Flaschen Bier in Händen. Es ist 11 Uhr vormittags.

„Typisch deutsch", frotzelt Colin.

Wie es scheint, machen die Bierverkäufer das meiste Geschäft allerdings nicht mit den Zuschauern, sondern mit den Teilnehmern.

Einige der Tänzer können sich nur noch mit Mühe auf den Beinen halten. Ein stark angeheiterter Tänzer ist seiner Gruppe mittlerweile meilenweit voraus und tanzt allein durch die Straßen. Eine Gruppe indigener Frauen nutzt einen Stau, um lachend und schäkernd unter ihren Röcken Bierdosen und Plastikbecher hervorzuzaubern. Hinter den Tribünen werden die ersten Imbissbuden aufgebaut, in einigen Grills kokelt schon die Glut. Die lokalen Spezialitäten sind *choripan,* eine Art Bratwurst im Brötchen, und natürlich *salteñas,* leckere Teigtaschen mit Fleisch und Gemüse gefüllt.

Am nächsten Morgen sind noch immer viele der Tänzer in ihren Kostümen auf den Straßen unterwegs, einige tanzend, andere taumelnd.

Auch wir sind wieder auf Achse, fahren erst zum Titicacasee, dann in den Bergort Sorata und machen anschließend noch einen Abstecher in die Berge, um zum Condoriri-Massiv und zur Laguna Chair Khota zu wandern.

Als es dunkel wird, stellen wir uns in einen Feldweg. Weit unter uns liegt ein Haus mit einem Teich davor. Ein schwarzer und ein silbriger Punkt inmitten des grünen Steppengrases. Als ich wieder hinsehe, erkenne ich einen dritten Punkt, der sich auf uns zubewegt. Kurz darauf steht ein alter Mann vor uns, völlig außer Atem. Sein Gesicht wird von der Dämmerung verschluckt. Er wohne dort unten, sagt er und deutet auf das Haus. Tobias grüßt freundlich, er steht auf dem Autodach und fotografiert den Sonnenuntergang. Den alten Mann scheint das nicht zu stören. Unermüdlich stellt er uns eine Frage nach der anderen. Wo wir herkämen, ob wir das Land bereisten, wie lange wir schon unterwegs seien, was wir bereits gesehen hätten, wie uns Bolivien gefiele, will er wissen. Dann plötzlich ändert sich die Art der Fragen. Ob das ein deutsches Auto sei, fragt der Mann, und was das denn koste. Der einsetzenden Dunkelheit zum Trotz versucht er, einen Blick ins Innere unseres Fahrzeugs zu erhaschen, fragt, in welchem Hotel wir uns einquartiert hätten und ob wir wirklich nur zu zweit wären oder ob da in dem Auto noch weitere Personen wären. Immer wieder stellt er uns diese Frage, ob wir wirklich nur zu zweit unterwegs wären.

„Mir gefällt das nicht", sage ich auf deutsch zu Tobias. „Lass uns weiter fahren."

Wir verabschieden uns und suchen uns ein paar Kilometer weiter einen Platz. Mittlerweile ist es stockdunkel, so dass wir nur vermuten können, allein und ungestört zu sein. Gerade als wir in unsere Schlafsäcke kriechen wollen, klopft es an die Hecktür. Ich erstarre in meiner Bewegung. Wo kommt denn jetzt noch ein Mensch her? Und was will der von uns? Tobias drückt mir das CS-Gas in die Hand und öffnet die Tür. Draußen steht ein junger Mann, den Kragen seiner dicken Daunenjacke hat er bis unters Kinn hochgeschlagen, die Wollmütze tief in die Stirn gezogen und die Hände in den Taschen vergraben. Er wohne im Dorf unten, erzählt er uns. Sein warmer Atem verwandelt sich in der kalten Nachtluft sofort in eine weiße Nebelwolke. Es sei auf dem Heimweg und habe das Auto gesehen. Es sei ungewöhnlich, dass hier Fremde in einem Auto übernachten. Die Menschen im Dorf werden wissen wollen, was wir hier suchen. Sie machen sich Sorgen. Vor Kälte zitternd tritt er von einem Bein aufs andere. Wir können ihn beruhigen, wir führen nichts Böses im Schilde, wir sind Reisende, Wanderer, Bergsteiger.

Die Begegnung stimmt mich nachdenklich. Daran, dass die Menschen Angst vor uns haben könnten, habe ich noch gar nicht gedacht. Andererseits ist ihre Sorge verständlich. Sie haben weder Strom noch Autos. Wenn jemand sie des Nachts überfallen würde, könnten sie auf die Schnelle weder Hilfe rufen, noch selbst welche holen. Je länger ich darüber nachdenke, desto überzeugter bin ich, dass der alte Mann, der uns mit seinen Fragen vertrieben hatte, auch nur um seine Sicherheit besorgt gewesen war.

Auf der gefährlichsten Straße der Welt

Nebel zieht aus dem Tal hoch und raubt uns die Sicht, als wir in die gefährlichste Straße der Welt einbiegen. Zum Glück regnet es nicht. Gleich zu Beginn unserer Reise, noch in den USA, war mir ein Bericht über jene Straße in die Hände gefallen, die auch „Death Road", Todesstraße, genannt wird, da sie bereits zahllose Todesopfer gefordert hat. Der Verfasser des Berichts war die enge und steile Schotterstrecke im strömenden Regen gefahren, bei schlechter Sicht, rutschigem Untergrund und starkem Gegenverkehr. Mit Gänsehaut hatte ich die Schilderung seines Höllenritts gelesen und mir fest vorgenommen, diese Strecke zu meiden. Nie im Leben wollte ich zulassen, dass Tobias und ich uns dieser Gefahr aussetzten. Das war im Mai 2006.

Ein Jahr später, Anfang Juni 2007, sieht die Welt ganz anders aus. Seit vier Monaten führt eine neue Straße, breit und asphaltiert, von La Paz nach Coroico. Was den oberen Teil der Strecke in die Yungas – ins Tiefland – angeht, so rollt also seit vier Monaten nahezu der gesamte Verkehr über die neue Straße und nicht mehr über die alte, gefährliche. Die alte Straße ist nach wie vor befahrbar und fordert weiterhin Todesopfer. Schon seit langem gilt es unter Touristen als attraktiver Nervenkitzel, mit dem Mountainbike den oberen Teil der Strecke bis hinunter nach Coroico zu fahren. Bestand die Herausforderung früher darin, rechtzeitig den entgegenkommenden Lkw auszuweichen, so geht es heute darum, einen imaginären Geschwindigkeitsrekord zu brechen. Dass beides nicht immer gut ausgeht, zeigen die vielen Kreuze am Straßenrand. Die, die es überleben, tragen anschließend T-Shirts mit der Aufschrift „Death Road Surviver".

Von La Paz geht es zunächst über den 4650 Meter hohen Pass *La Cumbre* und danach auf einer Länge von etwa 60 Kilometern stetig und steil etwa 3000 Höhenmeter bergab. Die alte, unbefestigte Schotterpiste ist an den meisten Stellen nicht breiter als eine Fahrspur. Rechts ragen Felswände in den Himmel, links klaffen bodenlose Abgründe. Hinzu kommen nicht einsehbare Spitzkurven und eine Verkehrsregelung, die es in sich hat: Auf dem *Camino de la Muerte* herrscht Linksverkehr, weil der abwärts fahrende Fahrer so eine bessere Sicht auf die Abbruchkante hat und damit eine bessere Kontrolle über sein Fahrzeug. Wer nach oben fährt, also in Richtung La Paz, hat Vorfahrt. Wer hingegen hinunter in die Yungas fährt, muss ausweichen.

Linksverkehr, darüber können Liz und Colin nur lachen.

„No problem", sagt Colin, doch mit dem Lenkrad auf der linken Seite ist das Linksfahren auch für ihn ungewohnt. Entlang der Straße stehen noch die Überreste von Unterständen und Hütten. Die Ärmsten der Armen hatten sich einst hier angesiedelt und an den engsten und unübersichtlichsten Kurven den Verkehr geregelt, um Unfälle verhindern zu helfen und um für ihre Mühen von den Fahrern mit ein paar Münzen entlohnt zu werden. Mit den Fahrzeugen sind nun auch diese Schutzengel verschwunden. Aber wohin? Entlang der neuen Straße wird wohl niemand mehr ihre Dienste benötigen.

Auf dem Weg durchqueren wir die unterschiedlichsten Klimazonen. Während zu Beginn der Fahrt noch ein eisiger Wind Staubfahnen über kahle Felsen wehte, so bestimmen schon bald dichtbewaldete Hänge und tiefe, nebelverhangene Schluchten das Bild. Riesige Farne wachsen am Wegesrand. Die Luftfeuchtigkeit nimmt zu und die Temperatur steigt. Bei Coroico mündet die neue Straße in die alte Piste. Ab hier geht es auf der alten Schotterpiste weiter ins Tiefland. Nun liegt sie also hinter uns, die gefährlichste Straße der Welt, glauben wir. Doch es ist die Strecke, die danach kommt, die uns das Fürchten lehrt.

Ab Coroico ändert sich erst einmal nichts am Straßenverlauf: nur eine Fahrspur breit, steile und enge Kurven, auf der einen Seite der Abgrund, auf der anderen die Felswand. Eines jedoch ist schlagartig anders: der Verkehr. Plötzlich sind wir nicht mehr allein auf der Straße. Viel zu schwer beladene Lkw kämpfen sich die steilen Serpentinen hinauf Richtung La Paz. Pkw drängeln von hinten und wollen überholen, obwohl neben unserem Fahrzeug kaum Platz für einen Fußgänger ist. Alle, ohne Ausnahme, scheinen es furchtbar eilig zu haben und geben, ungeachtet der vorherrschenden Straßenverhältnisse, Vollgas. Noch lange nachdem sie an uns vorbei sind schwebt eine Staubwolke in der Luft und nimmt uns die Sicht. Der Pulverstaub ist so fein, dass er nur sehr langsam zu Boden sinkt. Zudem dringt er selbst durch die kleinsten Ritzen und schwebt als Puderwolke umher. Teilweise können wir im Auto die Hand nicht mehr vor Augen sehen. Obwohl wir, wie wir es aus Peru gewohnt sind, vor jeder Kurve hupen, reagiert hier niemand auf unsere Signale. Immer wieder tasten wir uns vorsichtig um Kurven, um unvermittelt einem scharf bremsenden Lkw gegenüber zu stehen. Manchmal fehlen bis zum Zusammenstoß nur ein paar Zentimeter. Meine Nerven sind zum Zerreißen gespannt. Ein Lkw-Fahrer, der keine Anstalten macht auszuweichen, zwingt uns dazu, wenige Zentimeter neben dem Abgrund zu rangieren. Wie eine Wand steht der Laster vor uns. Der Fahrer mit seiner vom Kauen der Coca-Blätter geschwollenen Backe sieht uns ungerührt zu. Als ihm die Lücke breit genug erscheint, bricht er an uns vorbei. Dabei gerät sein Aufbau ins Schwanken und trifft den Pickup-Camper von Colin und Liz, die versuchen, sich hinter uns so klein wie möglich zu machen. Der Lkw-Fahrer denkt gar nicht daran, zu bremsen. Bei der anschließenden Inspektion des Campers entpuppt sich jedoch nicht das durch den Lkw abgerissene Scharnier als Problem, sondern eine geplatzte Autobatterie, die vermutlich ausläuft, seit wir La Paz verlassen haben. Colin ist wütend. Jetzt braucht er eine neue Starterbatterie. Und zwar so schnell wie möglich. Wir steuern Caranavi an, den einzigen größeren Ort entlang der gesamten Strecke, und sind ehrlich überrascht, plötzlich in einer geschäftigen Kleinstadt zu stehen. Woran keiner

ernsthaft geglaubt hatte, wird wahr: Der Ersatzteilladen am
Ortseingang hat Starterbatterien jeder Marke und Größe auf Lager.

Hinter Caranavi ist die Straße endlich wieder breit genug für
zwei Fahrzeuge. Hier endet auch der Linksverkehr. Zumindest weisen uns die Schilder am Straßenrand eindeutig auf die rechte Spur.
Doch dort kommen uns, wild hupend, gleich mehrere Fahrzeuge
entgegen und zwingen uns wieder nach links. Wir entscheiden
uns für die Mitte.

Bisher war die Straße staubig und knochentrocken, doch jetzt
plötzlich sehen wir uns den letzten Resten der Regenzeit gegenüber. Lkw haben mit ihren großen Reifen tiefe Rillen im Schlamm
hinterlassen. Für den Landy mit seiner schmalen Spurbreite ist es
harte Arbeit, sich einen Weg durch den knietiefen Matsch zu bahnen. Wir haben etwa zwei Drittel eines Schlammstückes hinter
uns gebracht, als von der Gegenseite ein Lastwagen hineinfährt
und genau vor uns stehen bleibt. Wir sollen ausweichen, gibt uns
der Fahrer nicht gerade freundlich zu verstehen. Doch wir können
nicht aus der Spur ausscheren, wenn wir nicht riskieren wollen,
steckenzubleiben. Für den Lkw-Fahrer wäre es kein Problem, doch
er pocht hartnäckig auf das Recht des Stärkeren und rückt immer
näher. Eine Weile stehen wir Stoßstange an Stoßstange, dann geben wir nach und manövrieren uns langsam rückwärts aus dem
Schlamm heraus. Nicht die Straßen sind gefährlich, die Fahrer und
deren Fahrstil sind es.

Durch das Tiefland des Beni

Als wir nach insgesamt 18 Stunden Fahrt in Rurrenabaque ankommen, sind wir und unsere Fahrzeuge von oben bis unten
mit einer Lehmschicht überzogen. Die Dame im Hotel, auf deren
Rasen wir parken, freut sich trotzdem, uns als Gäste zu haben.
Wir sind die ersten Fahrzeug in diesem Jahr. Die Straße ist offen,
heißt das für sie. Wir klopfen den eingetrockneten Lehm ab und
machen uns ohne Umwege auf den Weg in die Stadt. Rurrenabaque ist ein touristischer Ort, idyllisch am Beni-Fluss gelegen

und idealer Ausgangspunkt für Exkursionen in den Dschungel und die ausgedehnten, flachen Grasgebiete, die Pampa. Wir lassen also unsere Fahrzeuge im Hotelgarten stehen und schließen uns einer organisierten Tour an. Schon auf dem Weg ins Urwaldcamp sehen wir Schlangen, Alligatoren, Wasserschildkröten, Affen, Störche, Reiher und Paradiesvögel. Im tiefschwarzen Wasser der Pampa tummeln sich zudem Hunderte rosafarbener Flussdelphine. Immer wieder kommen sie an die Oberfläche, um Luft zu holen. Sie haben eine eigenartige, lange Schnauze und eine Delle hinter dem Kopf. Beim Abtauchen sieht man deutlich ihre Finne, die tatsächlich rosa schimmert. Die Farbe sei ein Zeichen des Alters, meint unser Führer, je älter, desto farbintensiver. Sehr viel mehr sagt er nicht während der ganzen Tour. Viel lieber steuert er das Motorboot mit Vollgas durch die Wasserpflanzen und inszeniert Beinah-Zusammenstöße mit anderen Motorbooten. Überhaupt gewinnen wir den Eindruck, dass sich weder die Guides noch die Touristen übermäßig für die Tiere interessieren, sondern die Tour eher als Badeausflug betrachten. Eines der Highlights der Tour ist dann auch das Schwimmen mit den Flussdelphinen. Angesichts der Tatsache, dass es in den unergründlich dunklen Gewässern von giftigen Wasserschlangen, Kaimanen und Piranhas nur so wimmelt, ziehe ich es vor, im Boot zu bleiben. Aus leicht erhöhter Position sieht man die Delphine ohnehin viel besser. Sie machen sich einen Spaß daraus, immer gerade da aufzutauchen, wo die Badenden nicht sind.

Wenig später stapfen wir mit Gummistiefeln durch die eigentliche Pampa, eine Graslandschaft, die die meiste Zeit mehr oder weniger unter Wasser steht. Im Juni ist sie bereits gut abgetrocknet, nur noch wenige Zentimeter Wasser bedecken den Boden. Die Gräser und Wasserpflanzen, die die Wasseroberfläche bedecken, sind ein erstaunlich fester Untergrund, stabil genug um darauf zu laufen. Hier irgendwo im Schlamm unter dem Dickicht sollen Anakondas leben. Doch die größte Schlange der Welt hat heute keine Lust auf Menschen und wir müssen mit einer verängstigten Cobra vorlieb nehmen.

Letzter Programmhöhepunkt ist das Piranha-Fischen. Auf winzigen Angelhaken befestigen wir noch winzigere Stückchen rohen

Fleisches und werfen alles zusammen ins Wasser. Zuerst tut sich gar nichts, dann spüre ich einen Ruck an der Angelschnur. Ich warte einen Augenblick, bevor ich entschlossen an der Schnur reiße. Geschwindigkeit ist das A und O beim Piranha-Fischen. Aber ich bin zu langsam, der Angelhaken ist leer, der Fisch schwimmt zufrieden schmatzend irgendwo im Tümpel herum. Meinen Mitstreitern geht es nicht anders, auch sie füttern die Piranhas, statt sie zu fangen. Nach einer Stunde haben wir zwei saftige Steaks an die gefräßigen Fische verloren, nur Liz hat als einzige von uns vieren einen Fisch an Land angezogen.

Der Ausflug in die Pampa ist, obwohl extrem touristisch, trotzdem ein Erlebnis. Das tiefschwarze Wasser, in dem sich das Ufer spiegelt, die vielen Tiere, die fantastischen Farben, die Stille … ein Eindruck, der nachwirkt und Lust macht auf mehr.

Aus einem nahezu unüberschaubaren Angebot von Dschungel-Touren und Urwald-Lodges wählen wir die Serere-Lodge aus, die zu dem privaten Naturschutzreservat von Rosa María Ruíz gehört. Die bolivianische Umweltschützerin hatte seinerzeit das Team von National Geographic auf einer Expedition durch den Madidi-Nationalpark geführt und im Jahre 2000 für ihre Arbeit den „Conservation Award" gewonnen.

Rosa Maria Ruíz kommt einen Tag nach uns an. Es ist das erste Mal seit jenem Tag, an dem sie beim Schwimmen im See von einem Kaiman attackiert worden war, dass sie der Serere-Lodge wieder einen Besuch abstattet. Ihrer Liebe zur Natur hat der Zwischenfall keinen Abbruch getan. Schließlich hat sie in ihrem Leben schon ganz andere Schwierigkeiten gemeistert, sagt sie mit leiser Stimme, und erzählt dann von den Zeiten, als noch niemand in Bolivien sich für Naturschutz interessierte und sie die Menschen in den Dörfern erst davon überzeugen musste, dass sich langfristig gesehen das Schützen von Pflanzen und Tieren auszahlt. Wir fahren mit dem Ruderboot hinaus auf den See und beobachten stundenlang die bunten Wasservögel, die im Unterholz zu Hause sind. Wir schlängeln uns durchs Dickicht und gehen auf Tuchfühlung mit der faszinierenden Pflanzenwelt. Wenn die Sonnenstrahlen einen Weg durch das dichte Blattwerk finden und die Feuchtigkeit des Bodens zum Verdunsten bringen, dann riecht der Wald würzig, wie frisch aufgeschnittene Gurken mit einer Prise Dill. Wir balancieren auf schmalen Baumstämmen über Wasserlöcher und staunen über die Wunder des Dschungels. Da gibt es zum Beispiel einen Baum, der sich bestens dazu eignet, auf sich aufmerksam zu machen, falls man sich verlaufen hat. Man schlägt einfach mit einem Holzstück gegen seinen Stamm und erzeugt so einen dumpfen Klang, der mehrere Kilometer weit zu hören ist. Hat man Durst, so hilft eine bestimmte Lianenart, die in ihrem Inneren reines Wasser enthält. Man kann sie kappen und es trinken. Außerdem gibt es einen Baum, dessen Rinde so giftig ist, dass sogar die Fische sterben, wenn er aus Versehen in einen See fällt. Das Sonderbarste ist aber ein Baum, dessen Stamm, wenn er sich im Wind biegt, ein Geräusch erzeugt, das dem Schrei eines Menschen ähnelt.

Ist der Dschungel bei Tag schon manchmal unheimlich, dann erst recht bei Nacht. Immer wieder bleiben wir auf unserer Nachtwanderung stehen, schalten unsere Taschenlampen aus und lauschen angespannt in die pechschwarze Finsternis, die uns umgibt. Sobald wir etwas anderes vernehmen als unser pochendes Herz, richten wir sofort den Lichtstrahl unserer Lampen darauf. Auf diese Weise erspähen wir ein Aguti, eine Baumratte, Frösche und ein wirklich stattliches Exemplar einer Vogelspinne.

Unser nächstes Ziel heißt *Trinidad.* Der Regen war dieses Jahr heftiger als gewöhnlich und hat große Teile der Straße zwischen Rurrenabaque und Trinidad zerstört. Niemand kann uns sagen, in welchem Zustand die Strecke ist. Vor ein paar Tagen kam der erste Bus durch und seit einer Woche hat es keinen Regen mehr gegeben. Wir wollen es versuchen. In der Nacht vor unserem Aufbruch regnet es ohne Unterbrechung. Und dennoch reicht die Feuchtigkeit gerade aus, um den Staub zu binden und der Straße eine feste Oberfläche zu verleihen.

Die Strecke führt mitten durch die *Llanos de Moxos,* eine faszinierende Sumpflandschaft, die der Pampa allemal „das Wasser reichen kann" und mit der gleichen Vielfalt an Tieren aufwartet. Als wir wieder einmal auf einem hölzernen Ponton einen Fluss überqueren, springen Flussdelphine um uns herum und begleiten uns

Auf zu neuen Ufern …

ans gegenüberliegende Ufer. Trinidad selbst ist eine quirlige Stadt ohne allzu viel Flair und dient uns lediglich als Versorgungsstation auf dem Weg zur östlicheren Missionsroute. Die erste Jesuitenreduktion, die wir besuchen, ist die von San Javier. Sie wurde 1691 gegründet, aber erst 1752 von dem Schweizer Martin Schmid fertig gestellt. Alle Gebäude sind aus Holz, mit geschnitzten Säulen und innen wie außen mit üppigen, aufgemalten Ornamenten verziert. Die Farben stammen aus getrockneten Pflanzen und gemahlenen farbigen Steinen. Auch bei der Restaurierung hat man darauf geachtet, natürliche Farben zu verwenden und den ursprünglichen Charme beizubehalten. Da alle Jesuitenreduktionen entlang der Missionsroute den gleichen Bauherrn hatten und darüber hinaus vom gleichen Mann, dem Deutschen Hans Roth, originalgetreu restauriert worden sind, verwundert es nicht, dass sie sich in gewisser Weise auch alle ähnlich sehen. Wir besuchen noch Concepción, San Ignacio de Velasco, Santa Ana und San Rafael. Dann nehmen wir Kurs auf Brasilien.

Seit von San Ignacio de Velasco eine neue Straße zur brasilianischen Grenze nach San Matias führt, ist auf der alten Straße von San Rafael aus, die auf verschlungenen und streckenweise fast zugewachsenen Pfaden durch den Urwald dorthin führt und die wir genommen haben, nichts mehr los. Hin und wieder kommt uns ein Pick-up entgegen, und einmal müssen wir einer Rinderherde den Vortritt lassen. Polizeikontrollen gibt es entlang der ganzen Strecke keine einzige. Der Soldat am einzigen Militärposten kurz vor San Matias entschuldigt sich galant für die Belästigung und bittet höflich darum, uns registrieren zu dürfen. In San Matias müssen wir

Rinderherden haben Vorfahrt

die Ausreiseformalitäten erledigen. Es ist Sonntagabend, vor morgen früh geht gar nichts. Selbst die Tankstelle hat mangels Sprit geschlossen. Aber, so verrät uns der Tankwart, morgen früh um sechs Uhr gäbe es wieder tausend Liter Diesel. Um 6.30 Uhr hat die Tankstelle noch immer zu. Um 7 Uhr ist unser Tank voll. Zehn Minuten später ziert ein neuer Ausreisestempel unsere Pässe.

Die Herzlichkeit und Aufgeschlossenheit der Bolivianer, die abwechslungsreiche Landschaft, der Reichtum an Pflanzen und Tieren, die Vielfalt an Farben, Formen, Gerüchen … all das hat dazu beigetragen, dass uns Bolivien in den letzten sechs Wochen ans Herz gewachsen ist. Und so wächst mit jedem Kilometer, den wir uns von der Grenze entfernen, bereits die Vorfreude auf unseren nächsten Besuch in diesem Land. Schließlich steht ja noch der Südwesten auf unserem Programm.

BRASILIEN
Über 118 Brücken musst du gehen

„Alemão?", deutsch, fragt der brasilianische Grenzbeamte auf Portugiesisch und zeigt auf unser Auto. Colin, der zufällig daneben steht, schüttelt den Kopf und antwortet auf Spanisch: „No, Alemania", nein, Deutschland. Der Beamte schaut erst irritiert, dann lacht er und redet munter weiter. Wir verstehen nur noch Bahnhof. Doch das stört hier in Brasilien niemanden. Brasilianer unterhalten sich für ihr Leben gern. Und mit einem Lächeln, einer Geste, mit ein paar Brocken Spanisch, ein bisschen Englisch, manchmal sogar mit Deutsch, kommt man ganz gut durch. Der Beamte prüft unsere Impfpässe, denn für die Einreise nach Brasilien ist eine Gelbfieber-Impfung vorgeschrieben. Dann streckt er den Daumen nach oben, was in unserem Fall soviel heißt wie „alles ok". Daumen nach oben kann aber auch „Hallo, wie geht's?", „Danke, gut" und so weiter heißen. Portugiesisch ist doch eigentlich ganz einfach.

Das größte zusammenhängende Feuchtgebiet der Erde, der Pantanal, besteht aus Flüssen, Kanälen, Seen, Savannen, Wäldern und umfasst eine Fläche von 23 Millionen Hektar. 14 Millionen davon liegen in Brasilien, der Rest in Bolivien und Paraguay. Vor Millionen von Jahren war der Pantanal einmal eine pazifische Meeresbucht; als die Anden sich auffalteten, wurde die Bucht vom Meer abgeschnitten und trocknete aus. Und irgendwann, viele Zigjahrtausende später, senkte sich der Boden ab. Heute ist der Pantanal an drei Seiten von roten Felswänden umgeben, der Abbruchkante.

Berühmt ist der Pantanal vor allem für seinen Artenreichtum. Das Ökosystem bietet 80 Arten von Säugetieren, über 600 Vogelarten, etwa 400 Vertretern der Wasserfauna und geschätzten 150.000 Arten wirbelloser Tiere einen Lebensraum. Berüchtigt ist der Pantanal unter Reisenden mit eigenem Fahrzeug wegen des schlechten Zustands seiner Holzbrücken. 118 Brücken, von denen nur eine einzige betoniert ist, gilt es zu überqueren, will man die

Transpantaneira Norte ab Poconé einmal komplett befahren. Das Gemeine daran: Hat man alle Brücken ohne größere Verluste gemeistert, steht man nach 149 Kilometern in Porto Jofre am Ufer des Rio Cuiabá vor der Wahl, entweder auf eine Fähre zu warten oder alle 118 Brücken noch einmal in der Gegenrichtung zu fahren und zu hoffen, dass sie der Belastung ein zweites Mal standhalten.

Die Fahrt gleicht einem Besuch im Zoo. Selbst am kleinsten Wasserloch tummeln sich Kaimane. Ihr lediger Panzer und der schwarzgelb gestreifte Schwanz glänzen in der Sonne. Völlig reglos liegen die Tiere neben- und übereinander. Nur ab und zu schiebt sich eines der Augenlider vor und zurück und beweist, dass die großen Reptilien ihre Umgebung ganz genau beobachten. Fasziniert starre ich einem ausgewachsenen Kaiman, der direkt unter der Brücke im seichten Wasser liegt, in sein weit aufgesperrtes Maul und übersehe dabei, ganz anders als die Riesenechse, den Wasservogel, der ahnungslos seine Kreise zieht. Mit einer einzigen schnellen Bewegung, die nicht einmal den Bruchteil einer Sekunde dauert, schnappt der Kaiman zu und gibt seiner Zufriedenheit anschließend durch ein

Auf der Transpantaneira Norte

lautes Grunzen Ausdruck. Eine einsame Feder, die auf dem Wasser treibt – mehr blieb von dem Vogel nicht übrig.

Oben im Baum sitzt ein riesiger Storch, Jaburu- oder auch Tuiuiú genannt, der Symbolvogel des Pantanal. Von seinem Nest aus beäugt er skeptisch das Geschehen am Boden. Er kann es nicht verlassen, denn er hat Nachwuchs. Ein flauschiges Federknäuel lugt neugierig über den Rand. Der Kleine hat bereits einen schwarzen Kopf, die typische rote Halskrause kann ich allerdings noch nicht erkennen.

Capivaras, die größten Nagetiere der Welt, die aussehen wie zu groß geratene, langbeinige Meerschweinchen, kreuzen seelenruhig vor uns die Straße. Kommt man ihnen zu nahe oder fühlen sie sich bedroht, dann stoßen die Sumpfschweine ein lautes, tiefes Bellen aus und flüchten blitzartig ins Wasser. Hin und wieder spitzt ein Pantanal-Hirsch mit großen, plüschigen Ohren aus dem Unterholz oder es fliegt eine Horde aufgescheuchter Papageien laut krächzend über unsere Köpfe hinweg. Wir beobachten Tukane, Reiher, Ibisse, Nandus, Eulen, Habichte, Geier und können uns gar nicht satt sehen an diesem Tierreichtum.

Bis spät in die Nacht sitzen wir an einem Wasserloch, lauschen dem Konzert der Frösche und suchen mit unseren Taschenlampen das Ufer ab. Wenn der Lichtstrahl ein orangefarbenes Augenpaar trifft, wissen wir, dass da im Schutz der Nacht ein Kaiman auf Beute lauert. Das Wasserloch scheint beliebt zu sein, denn um uns herum wimmelt es nur so von Tierspuren, darunter auch jede Menge kleine und große Katzentatzen.

Als ich nachts aus dem Auto klettere, um auf die Buschtoilette zu gehen, huscht plötzlich ein Schatten an mir vorbei. Er hat vier Beine und einen langen Schwanz.

„Ein Tier. Mach schnell."

Aufgeregt rüttele ich Tobias wach. Im Schein meiner Taschenlampe steht ein kleines, pelziges Etwas und sieht uns mit ängstlichen Kulleraugen an. Es erinnert entfernt an einen Waschbären, nur mit einem dickeren Hinterteil.

„Ein Marsupial, ein opossumartiges Greifschwanztier", weiß Tobias. Ich bin schwer beeindruckt.

Am nächsten Morgen entdecken wir in unseren Reifenspuren frische, handtellergroße Tatzenabdrücke. War hier nachts ein Jaguar unterwegs und wir haben ihn verpasst? Wir beschließen, uns in einer der folgenden Nächte auf die Lauer zu legen.

Hinter Pixaim ändert sich die Landschaft. Der Wald und die Büsche werden weniger. Dafür nimmt die Anzahl der Brücken zu. Manche der Holzkonstruktionen sehen so instabil aus, dass wir sie zunächst ablaufen, ab und zu ein paar lose Bretter zurechtrücken, um dann im Schritttempo, auf jedes Knackgeräusch achtend, langsam und vorsichtig darüber zu fahren. Die Brücken tragen angeblich 8 Tonnen, doch einige geben schon bei unseren 3 Tonnen beunruhigende Geräusche von sich, und unter dem Gewicht des Pickup-Campers biegen sich manche Bretter gar bedenklich durch. Wir schaffen es ohne Zwischenfälle bis Porto Jofre. Dort, am Ende der Straße, stehen wir am Fluss, werfen einen Blick aufs gegenüberliegende Ufer und verabschieden uns von Liz und Colin. Die beiden bleiben, wir drehen um und fahren zurück.

An unserem Wasserloch prangt ein frischer Katzenabdruck genau auf dem Abdruck von Tobias' Schuhsohle. Das sieht nach einer schlaflosen Nacht aus. Doch bereits um sieben Uhr liege ich im Bett. In meinem Kopf rollt eine Bowlingkugel von einer Seite auf die andere, meine Augen schmerzen bei jeder Bewegung und auf meiner Stirn könnte man Spiegeleier braten. Tobias hält die Stellung, doch außer einer Schlange und einem Kaiman lässt sich niemand blicken. Am nächsten Morgen habe ich noch immer Kopfschmerzen und Fieber. Einen Tag später ist der Spuk vorbei.

Wir machen einen Abstecher nach Cuiabá, immerhin der geografische Mittelpunkt Südamerikas, und in den Nationalpark Chapada dos Guimarães und fahren anschließend über Campo Verde und Rondonópolis um den Pantanal herum auf seine Südseite. Die Strecke ist wenig abwechslungsreich. Baumwolle links, Mais rechts. Dann Soja rechts, Reis links. Danach wieder Baumwolle. So geht das Hunderte von Kilometern lang. Die einzigen Highlights entlang der Strecke sind die Autohöfe mit perfekter Infrastruktur, heißen Duschen, eisgekühltem Trinkwasser zum Nulltarif und natürlich Rodízios. Rodízios sind eine brasilianische

Spezialität, eine Art All-you-can-eat-Buffets mit Salaten, kalten und warmen Beilagen, manchmal auch mit vollwertigen Hauptgerichten, immer aber mit viel gegrilltem Fleisch. Der Kellner bringt den riesigen Fleischspieß an den Tisch, man sucht sich ein Stück Fleisch aus, sticht mit der Gabel hinein und hält es fest, während der Kellner es gekonnt mit einem scharfen Messer absäbelt. Ein Spieß nach dem anderen macht die Runde, mal Lende, mal Hüfte, dann Nacken und so weiter, bis die Kuh durch ist.

„Was heißt ‚nein' auf Portugiesisch?", frage ich Tobias nach der fünften Runde.

„Habe ich vergessen", schmunzelt Tobias und winkt dem Kellner, der mit einem neuen Spieß aus der Küche kommt.

Uns fällt auf, dass immer wieder Straßen nach Westen abzweigen, also in den Pantanal hineinführen. Eine dieser Straßen nennt sich „Transpantaneira MS 214". Führt sie tatsächlich quer durch den Pantanal? In Coxim schicke ich Tobias los, um eine Straßenkarte der Region zu kaufen. Er kommt ohne Karte, dafür aber mit einer Einladung zurück. Fünf Minuten später sitzen wir bei Marcos im Wohnzimmer, trinken kühle Limonade und warten, bis der Farbdrucker die Detailkarten des Transport-Ministeriums ausspuckt.

Drei Ost-West-Wege führen durch den Pantanal. Alle enden in Corumbá an der bolivianischen Grenze. Marcos ruft einen Freund an, der Touren durch den Pantanal anbietet und bittet ihn, vorbeizukommen.

„Die Wege sind schlecht", weiß Ariel aus Erfahrung. „Viel Sand. Weicher Sand. Aber jetzt Anfang Juli dürfte es schon trocken sein." Antônio sitzt am Steuer seines weißen Pick-up, neben ihm seine Lebensgefährtin, auf der Rückbank Marías Sohn, ihre jüngste Tochter und deren Freund. Antônio ist zufrieden.

*Kleine Pause bei
einer Tasse Mate-Tee*

Bereits am späten Vormittag lagen seine Rinder faul und träge im Schatten der Bäume. Ein gutes Zeichen, denn dieses Verhalten zeigt ihm, dass die Weiden saftig sind und die Tiere genug zu fressen gefunden haben. Gut gelaunt steuert er den Wagen über die Erdpiste. Auf der Brücke kurz vor dem Tor zu seiner Fazenda steht ein grüner Landrover Defender mit deutschem Kennzeichen. Bevor er María kennenlernte, hatte sie einen deutschen Freund. Grund genug für Antônio, anzuhalten und mit uns eine Unterhaltung anzufangen.

„Frag' die beiden doch mal, ob sie deinen Exfreund kennen", ermuntert er María, die für seine fixe Idee, in einem Land, das so klein ist wie Deutschland, müsse jeder jeden kennen, nur ein Lächeln übrig hat.

Antônio macht ein enttäuschtes Gesicht, als er hört, dass wir den Exfreund nicht kennen. Dann lädt er uns spontan zum Mittagessen ein. Marías Sohn Pablo ist Hobbykoch. Heute gibt es geschmortes Rindfleisch, Reis, Bohnen und Gemüse. Morgen will er ein typisches Gericht aus der traditionellen Küche des Pantanal zubereiten. Allerdings fehlt ihm noch die wichtigste Zutat: Jacaré, der Kaiman. Wir sitzen auf der Terrasse und trinken Tereré. Immer wieder gießt Antônio kaltes Wasser in den Becher, der bis zur Hälfte mit den Blättern des Mate-Tees gefüllt ist, und reicht ihn von einem zum anderen. Getrunken wird der Tee mit der *bombilla,* einer Art Löffel mit Strohhalm im Stiel. Hinterher zeigt uns Antônio seinen Besitz. Die Farm ist 600 Hektar groß und damit für brasilianische Verhältnisse ziemlich klein. Manche der umliegenden Fazendas sind über mehrere Tausend Hektar groß und bieten den Arbeitern und Angestellten vom Wohnhaus über die Kirche bis hin zum Schulgebäude eine perfekte Infrastruktur. Auch die 5000 Rinder, die Antônio sein eigen nennt, sind verhältnismäßig wenig.

Wir fahren mit zwei Autos, er mit seinem, wir mit unserem. „Und wir fahren offroad," sagt Antônio und fügt hinzu: „Mit eurem Auto ja kein Problem."

Dann gibt er Gas und heizt quer über die Wiese. Eine Zeitlang folgen wir einer Pferdespur, die durchs hohe Gras führt, wir fahren durch Wasserlöcher, über hüfthohe Büsche und quer durch den Wald. Tobias hat sichtlich Spaß an dieser Ralley durchs Gelände.

Antônio sieht den Kaiman, der bewegungslos im Wasser treibt, als erster. Sofort springt er aus dem Auto, schnappt sich das Gewehr von der Ladefläche, legt an und drückt ab. Dort wo die Kugeln die Wasseroberfläche durchschlagen, breiten sich kreisförmige Wellen aus. Der Kaiman tauchte rechtzeitig unter und nicht wieder auf. Am nächsten Morgen tritt die Jagdgesellschaft erneut an, entschlossen, Pablo das benötigte Kaimanfleisch zu liefern. Zuerst geht's zurück ans Wasserloch von gestern. Antônio will nachsehen, ob er den Kaiman vielleicht doch getroffen hat und dieser nun mit dem Bauch nach oben im Wasser treibt. Doch dem ist nicht so. Stattdessen döst der Kaiman auf einer Sandbank in der Sonne. Die erste Kugel trifft seine Pfote, die zweite seinen Kopf. Die Kinder des Farmverwalters jubeln und klatschen vor Freude in die Hände.

Zurück am Haus übernimmt Pablo das Kommando. Der Kaiman wird gewaschen und geschrubbt. Dann wird ihm der Schwanz abgeschnitten. Lediglich das Fleisch des Schwanzes sowie die Seitenstücke zwischen den Vorder- und Hinterbeinen werden verwendet. Der Rest ist für die Geier. Pablo schält die Haut vom Kaimanschwanz und schneidet die Muskelstränge in kleine Stücke. Das Fleisch ist weiß und fest. Theoretisch, so verrät uns Pablo, kann man jedes Kaiman-Gericht auch mit Geflügel zubereiten. Vielleicht war der Kaiman doch zu klein. Denn kaum brutzelt er auf dem Herd vor sich hin, da macht sich Pablo daran die beiden Truthähne einzufangen die gackernd über den Hof laufen. Auch auf sie wartet der Kochtopf.

Ariel hatte Recht. Der Pantanal ist im Mittelteil trocken und sandig. Die MS 214, auf der ausgedruckten Karte ein dünner grauer Strich, ist in Wirklichkeit nicht sehr viel mehr als eine Spur im Sand. Der Landy schwimmt geradezu auf dem losen Sand.

Immer wieder sitzen wir auf, weil die Spur für uns einfach zu breit ist. Auch hier entlang dieser Strecke gibt es Holzbrücken. Sie sind in sehr marodem Zustand. Von einigen stehen nur noch die Pfähle, andere sind von Pflanzen zugewachsen. Zum Glück hatte Ariel auch damit Recht, dass es im Mittelteil des Pantanal zu dieser Jahreszeit trocken ist. Wir können die Brücken bedenkenlos umfahren. Der Weg, die Piste, scheint eine ganz normale Zufahrtsstraße zu den Fazendas zu sein, die in diesem Teil des Feuchtgebiets liegen. Immer wieder passieren wir große Toreinfahrten und Schilder mit wohlklingenden Namen. Die Strecke ist interessant, zeigt sie uns doch einen Pantanal, wie wir ihn so nicht erwartet hätten. Trotzdem sind wir froh, als wir endlich die alte Dammstraße erreichen, die *Estrada Parque do Pantanal*. Seit einigen Tagen schon klagt Tobias über Kopfschmerzen. Bei der kleinsten Bewegung seiner Augen, sagt er, fühlt es sich an, als würde sein Gehirn mit Verzögerung gegen die Schädelwand knallen. Außerdem hat er hohes Fieber. Vorsichtshalber schluckt er eine Tablette und überlässt mir freiwillig das Steuer. Kein gutes Zeichen. In Corumbá gäbe es ein Krankenhaus, doch die letzte Brücke vor der Stadt ist nur noch für Motorräder passierbar, erzählt man uns am Fährhafen des Rio Paraguai. Wir breiten die Landkarte aus und beraten. Tobias braucht einen Arzt, daran führt kein Weg vorbei. Wir beschließen, unser Glück in Miranda zu versuchen und erreichen das dortige Krankenhaus kurz vor Einbruch der Dunkelheit.

Während Tobias von einer Schwester ins Behandlungszimmer geführt wird und eine Glukose-Infusion verabreicht bekommt, erledige ich an der Anmeldung den Papierkram und organisiere uns einen sicheren Stell- und Übernachtungsplatz im Innenhof des Krankenhauses.

„Kein Grund zur Beunruhigung", erklärt mir die behandelnde Ärztin kurze Zeit später, „es ist nur Dengue."

Sie scheint mir anzusehen, dass diese Diagnose in mir eher Entsetzen denn Zufriedenheit hervorruft, denn nach einigem Zögern fügt sie hinzu:

„Dieses Jahr hatten bestimmt schon über achtzig Prozent der Einwohner Mirandas Dengue-Fieber."

Die Schmerzen in den Augen, so erfahre ich außerdem, seien typisch für Dengue, ebenso wie die starken Kopfschmerzen und der Hautausschlag am Bauch.

Das Behandlungszimmer ist lindgrün gestrichen. Der Raum ist fensterlos und hat den Charme einer Gefängniszelle. Es gibt nichts außer einem gemauerten Waschbecken und einer braunen Pritsche mit Plastiküberzug. Ein Pfleger bringt mir einen Stuhl. Ich lasse die Tür offenstehen und vertreibe mir die Zeit damit, dem Hin und Her auf dem Gang zuzusehen.

Zwei Stunden später ist Tobias' Kreislauf wieder stabil, der Patient entlassen. Kopfschmerzen und Fieber hat er immer noch. Dagegen soll er Paracetamol in einer sehr hohen Dosierung nehmen, doch die Tabletten müssen wir uns selbst aus der Apotheke holen. Zum Glück haben wir davon noch einen kleinen Vorrat und können den Apothekenbesuch getrost auf den nächsten Morgen verschieben. Als ich noch einmal nachfrage, ob es wirklich in Ordnung sei, dass wir die Nacht im Auto auf dem Innenhof verbringen, herrscht auf einmal hektische Betriebsamkeit. Im Auto schlafen käme gar nicht in Frage, erklärt man mir entrüstet, und ich befürchte schon, dass wir unseren Parkplatz neben dem Krankenwagen aufgeben müssen. Doch ich unterschätze die Gastfreundschaft der Brasilianer. Eine Schwester richtet uns eines der Krankenzimmer für die Nacht, mit zwei Betten und privatem Bad. Am nächsten Morgen will ich die Rechnung begleichen. Lachende Gesichter um mich herum. Alles gratis. Wir revanchieren uns, indem wir eine der Krankenschwestern, die gerade Dienstende hat, nach Hause fahren.

Die großen Wasser von Iguaçu

Foz do Iguaçu, die Grenzstadt im Dreiländereck Brasilien – Paraguay – Argentinien, hat drei Attraktionen, die sich gegenseitig den Rang ablaufen: Das eine sind die größten Wasserfälle Südamerikas, das andere ist der Itaipú-Staudamm und das dritte ist die Freihandelsstadt Ciudad del Este, die gleich auf der anderen Seite des Flusses auf paraguayischem Gebiet liegt.

Es sieht so aus, als hätten wir für unseren Besuch der Wasserfälle den schlechtesten Tag des Jahres erwischt. Der ganze Himmel hängt in Wolken. Es nieselt leicht, als wir in den Bus steigen, der die Besucher durch den Park fährt.

„Erste Station: Safari-Tour", säuselt eine Stimme aus dem Lautsprecher. „Mit dem Elektroauto durch den Wald, dann ein Stück zu Fuß und schließlich mit dem Boot zu den Wasserfällen. Nicht im Eintrittspreis enthalten. Zweite Station: Erlebnis- und Abenteuer. Mit dem Mountainbike durch den Wald, Abseilen, Canopy. Ebenfalls nicht im Preis enthalten. Dritte Station: Hotel und Restaurant, Souvenir-Shop und …" – endlich! – „… Fußweg zur Aussichtsplattform."

An der Abbruchkante des Wasserfalls Santa Maria führt ein Steg in die Mitte des Flusses. Von hier hat man einen fantastischen Blick über die Fälle, bis hin zum Teufelsschlund.

„Iguaçu" ist ein Guaraní-Wort und bedeutet „Großes Wasser". Und groß sind die Wasserfälle in der Tat. Etwa 275 einzelne Wasserfälle, zwischen 60 und 70 Meter hoch, reihen sich auf einer Gesamtlänge von zweieinhalb Kilometern aneinander. Pro Sekunde stürzen, je nach Jahreszeit, zwischen 2000 und 10.000 Kubikmeter Wasser in die Tiefe.

Nass bis auf die Haut, teils vom Regen, teils von der Gischt der Wasserfälle, kehren wir zum Campingplatz zurück und packen unsere Sachen zusammen. Der Chaco wartet schon auf uns.

PARAGUAY
Landjäger und Leberwurst

Eine Blechlawine rollt in beiden Richtungen über die „Freund-schaftsbrücke", die Brasilien mit Paraguay verbindet. Unter uns tost der Río Paraná und um uns herum malträtieren gestresste Autofahrer ihre Hupen.

„Okay, lass mal überlegen, was wissen wir über Paraguay?", frage ich, während ich im Argentinien-Reiseführer blättere, der auch Paraguay mit abhandelt. Nicht mal genug Stoff für ein eigenes Buch gibt dieses Land also her, das in etwa so groß ist wie Deutschland und die Schweiz zusammen und ebenso wie Bolivien keinen Zugang zum Meer hat. Dabei liest sich schon allein der geschichtliche Abriss recht abwechslungsreich und spannend: 1810 beteuert Paraguay noch seine treue Verbundenheit der Spanischen Krone gegenüber, ein Jahr später erklärt es sich von Spanien unabhängig. In den 1850er Jahren ist Paraguay bereits wirtschaftlich autark, hat keine Auslandschulden und stellt in Südamerika eine echte Großmacht dar. Der verlorene Krieg gegen das Triumvirat Uruguay, Argentinien und Brasilien 1863–1870 dezimiert jedoch nicht nur die Einwohnerzahl des Landes drastisch von über einer Million auf 200.000, sondern hat auch zur Folge, dass sich Brasilien und Argentinien die Hälfte der Landfläche Paraguays einverleiben. Da ein Wiederaufbau nur mit Hilfe von Krediten aus dem Ausland möglich ist, gehört der verbleibende Rest Ende des 19. Jahrhunderts zu großen Teilen ausländischen Agrarkonzernen. 1932–35 kommt es erneut zum Krieg, diesmal gegen Bolivien. Standard Oil hat in Bolivien Öl gefunden und sucht nach einem Weg, dieses Öl an die Küste zu transportieren. Die ideale Lösung scheint eine Pipeline zu sein, die durch Paraguay bis zum Río Paraná führen soll, zumal die Grenze zwischen Bolivien und Paraguay bis dato nie exakt festgeschrieben worden ist. Doch im Westen Paraguays, im Chaco, sucht zu diesem Zeitpunkt die Firma Shell nach Öl. Die beiden Öl-Konzerne motivieren die Politiker zu einem Krieg, den Paraguay gewinnt und deshalb den Chaco behalten kann.

Der Chaco, jene menschenleere und undurchdringliche Weite, die im Sommer unter Wasser steht und in den trockenen Monaten staubig und heiß ist, dieses Gras- und Steppengebiet, das sich allein in Paraguay über 700 Kilometer lang erstreckt und das die paraguayische Regierung Ende der 1920er Jahre in Teilen nicht ganz selbstlos Mennonitensiedlern überlassen hat, ist unser nächstes Ziel.

Die Hauptstadt Asunción ist eine Stadt der lebenden Gegensätze. Auf dem schmalen Streifen zwischen den herrschaftlichen Regierungspalästen und dem Ufer des Río Paraguay drängen sich baufällige Holzhütten mit Wellblechdächern. Auf den Gehsteigen vor den großen Einkaufszentren breiten fliegende Händler ihre Waren aus. Vor den Bankgebäuden stehen Straßenhändler und bieten im Bauchladen ihre Güter feil. Asunción ist eine Mischung aus moderner Großstadt und lateinamerikanischem Bazar. Sie zählt über eine Million Einwohner und liegt unter einer dicken, gelben Smog-Glocke begraben.

Links und rechts der asphaltierten Ruta 9, der Trans-Chaco, wechseln sich Palmenhaine und Kuhwiesen ab. Hin und wieder passieren wir das Eingangstor einer Estancia mit so wohlklingendem Namen wie „Nueva Esperanza", neue Hoffnung, oder „Pequeño Paraíso", kleines Paradies. Namenlos dagegen präsentieren sich die aus morschen Brettern und löchrigen Plastikplanen behelfsmäßig errichteten Behausungen vor den Zäunen der Großgrundbesitzer. Die Menschen, die hier leben, gehören zu den zwei Prozent Indígenas im Land, eine Minderheit ohne Besitz, ohne Bildung, ohne Arbeit, Opfer zahlreicher Land- und Bodenreformen.

Je weiter wir in den Chaco vordringen, desto dichter aufeinander folgen die Polizeikontrollen. In Paraguay ist es Vorschrift, auch tagsüber mit Abblendlicht zu fahren. Kein Problem, denken wir, dann schalten wir es eben ein. Doch die Scheinwerfer bleiben dunkel, der Lichtschalter ist kaputt. Prompt werden wir gestoppt. Ob wir denn nicht wüssten … Sofort fällt das böse Wort „multa", Strafe. Die wollen wir aber nicht bezahlen, denn natürlich sind wir ja bereits auf dem Weg nach Loma Plata in die Werkstatt. Aber vielleicht, so fragt Tobias scheinheilig, wisse der Polizist ja eine nähere Werkstatt. Er kennt natürlich keine. Der Trick funktioniert. Der Polizist winkt uns durch. 30 Kilometer später die nächste Kontrolle. Tobias schaltet die Warnblinkanlage ein, um vom fehlenden Scheinwerferlicht abzulenken. Ob wir Waffen dabei hätten, will der Polizist diesmal wissen. Waffenschmuggel von Brasilien über Paraguay nach Bolivien sei ein großes Problem, erzählt er uns. Doch wir sind nicht die, nach denen er Ausschau hält und dürfen weiterfahren.

Auf den ersten Blick könnte das grüne Schild mit der weißen Schrift auch an einer Straßenkreuzung in Deutschland stehen: „Kleefeld 1 km, Karlsruhe 16 km, Gnadenheim 5 km". Lediglich die Zeilen „Loma Plata 19 km" und „Ebetogué 35 km" wollen nicht so recht ins Bild passen, obwohl auch sie den Weg zu Siedlungen weisen, in denen Deutsch gesprochen wird.

Die ersten Mennoniten wanderten 1926 und 1927 aus Kanada in den Chaco ein. Nach dem Ersten Weltkrieg hatte ihnen die kanadische Regierung verboten, den Schulunterricht weiterhin in deutscher Sprache abzuhalten, worauf die Mennoniten es vorzogen, sich eine neue Heimat zu suchen. In einer zweiten Einwanderungswelle 1930 siedelten Mennoniten aus der russischen Kolonie Chortitz in den Chaco über. Der paraguayische Staat hatte starkes Interesse daran, den Chaco zu besiedeln. Dafür räumte er den Mennoniten besondere Rechte und Privilegien ein: Religionsfreiheit, eigene Rechtsprechung, eigenes Grundbuchsystem und Erbrecht, zollfreie Wareneinfuhr, eigenes Schulwesen, Befreiung vom Militärdienst. Im Gegenzug verpflichteten sich die Mennoniten, den lebensfeindlichen Chaco urbar zu machen. Doch das Wasser in den Lagunen sowie das Grundwasser im Chaco ist stark salzhaltig. Ackerbau in großem Stil ist aus diesem Grund bis heute nicht möglich. Viehzucht dagegen schon. Die Menschen, die hier leben, so erfahren wir später, sammeln Regenwasser in Zisternen. Wenn die Zisternen leer sind, müssen sie Wasser zum Kochen, zum Waschen, zum Gießen kaufen.

Die Laguna Capitán liegt inmitten eines Naturreservats, das hervorragende Möglichkeiten zum Wandern und zur Tierbeobachtung bietet. Jetzt im Juli ist die Lagune allerdings nahezu ausgetrocknet. Nur noch eine kleine Pfütze Wasser glitzert in ihrer Mitte. Der Rand ist weiß, mit braunen, haarigen Flecken: vertrocknete Algen im Salz. Knorrige Baumstümpfe, die silbrig glänzend aus der weißen Salzfläche emporwachsen, verleihen der Szenerie etwas Bizarres. Tierspuren führen vom Wasserloch ins Unterholz. Der Busch ist dicht, dornig und nahezu undurchdringlich. Durch diese ungebändigte Wildnis mussten sich die ersten mennonitischen Siedler einen Weg bahnen, zu Fuß, mit Leiterwagen und Ochsenkarren.

Die Wirtsleute des Bildungs- und Freizeitzentrums an der Laguna Capitán sind deutschstämmige Mennoniten, die über Kanada nach Paraguay eingewandert sind. Anna und Franz freuen sich über Gäste aus Deutschland und laden uns spontan zum Abendessen ein. Erst wird Tereré (ein Tee aus Mate und Minze) getrunken, das Nationalgetränk Paraguays, das wir schon aus Brasilien kennen. Bei Giso, einem typisch paraguayischen Gericht, für das Fleisch in einem gusseisernen Topf auf dem offenen Feuer geschmort und kurz vor dem Servieren mit Nudeln in Tomatensoße gemischt wird, plaudern sie in einem lustigen Gemisch aus Plattdeutsch, Hochdeutsch, Englisch und Spanisch ein wenig aus dem Nähkästchen.

Die *Colonias* der Mennoniten sind zu einem bedeutenden Wirtschaftsfaktor Paraguays geworden. Ihnen gehört die größte Milchfabrik des Landes, in der täglich 500.000 Liter Frischmilch verarbeitet werden. Auch der Schlachthof zählt mit einer Kapazität von 500 Rindern pro Tag zu den größten in Paraguay. 6000 Kilogramm Wurst verlassen pro Tag die Wurstfabrik. Die meisten Bürger der Kolonien sind Mitglied einer Produktionskooperative, die von einem Komitee geleitet wird und wiederum einer der drei Kolonien angehört. Die Mitglieder verkaufen ihre produzierten Güter an die Kooperative, die für die Weitervermarktung sorgt. Der Ertrag, den die Kooperative erzielt, dient der Finanzierung von Krankenhäusern, Schulen, Altenheimen sowie dem Ausbau der Produktionsstätten.

In der Informationsbroschüre des Fremdenverkehrsamtes der Kolonie Menno steht: „Dieser Lebensstil ist nur möglich, weil er auf biblische Prinzipien und einer von positiven Werten geprägten Tradition aufgebaut wurde. Das Motto hieß und heißt: Einer für alle und alle für einen."

Doch nicht alle beherzigen diesen Spruch.

„In neuester Zeit gibt es vermehrt Bürger, die das System bewusst umgehen", klagt Franz, „denn, ganz klar, ob An- oder Verkauf: die Kooperative verdient immer mit."

Wer seine benötigten Waren nicht über die Kooperative bezieht, zahlt am freien Markt ein bisschen weniger. Wer seine Waren nicht über die Kooperative, sondern in eigenem Namen verkauft, kann den gesamten Erlös für sich behalten, trägt aber auch das Risiko allein.

„Auf die Kooperative kannst du dich verlassen", sagt Franz. „Aber es kommt eben auch vor, dass jemand Ware an der Kooperative vorbei an Nicht-Bürger liefert, die dann nicht zahlen."

Einige scheint das nicht zu stören. Eine Risikobereitschaft, die das System zweifelsohne schwächt.

Und noch etwas anderes liegt Franz schwer im Magen: die Zuwanderung von außen. Nicht-Mennoniten, sowohl weißhäutige als auch Indígenas, wollen teilhaben am mennonitischen Erfolg. Doch in diesem System ist eine Interaktion mit dem Rest der Welt nicht vorgesehen. Nicht-Mennoniten können keine Bürger der Kolonien werden und auch kein Land erwerben. Die Probleme sind vorprogrammiert. Erste Lösungsansätze existieren bereits, so wurde zum Beispiel eine Organisation ins Leben gerufen, die heimatlosen Indígenas Land zur Verfügung stellt und bei der Besiedelung beratend zur Seite steht. Gut oder schlecht? Das Projekt befinde sich noch in der Entwicklungsphase, sagt Franz und wechselt das Thema.

Noch lange diskutieren wir mit Anna und Franz über die Vorzüge und Nachteile eines mennonitischen Systems. Als am Ende des Abends noch Giso übrig ist, packt Anna den Rest in eine Plastikbox und gibt sie Tobias mit.

„So ein langes Elend …", sagt sie. „Du kannst das ja dann morgen zum Frühstück essen."

Bevor wir die Mennoniten-Kolonien verlassen, schlagen wir im Supermarkt von Filadelfia noch einmal richtig zu. Dinge, die wir seit Monaten nicht mehr gegessen haben, wandern in unseren Einkaufskorb. Echte Landjäger, Leberkäse, Weißwürste und Schwarzbrot mit richtiger Kruste.

Mit vollen Bäuchen begeben wir uns auf die lange Reise zur bolivianischen Grenze. Vierhundert Kilometer fahren wir auf einer menschenleeren Asphaltstraße durch den Chaco. Nur selten kommt uns ein Fahrzeug entgegen. Siedlungen oder Farmen gibt es hier so gut wie nicht mehr. Auch der Grenzposten wirkt verlassen. Das Häuschen des paraguayischen Grenzbeamten steht neben dem des bolivianischen. Sie teilen sich einen Vorgarten und einen Gartenschlauch. Der paraguayische Beamte fertigt uns in Jeans und T-Shirt ab. Heute sei Wasch- und Reinemachetag, entschuldigt er sein legeres Auftreten, deshalb trage er keine Uniform. Als wir vom bolivianischen Zollhäuschen zurückkommen, ist der Kollege aus Paraguay gerade dabei, mit dem Gartenschlauch seine Amtsstube durchzuspülen. Ja, um diese Jahreszeit ist es staubig im Chaco.

ALTIPLANO
Dem Himmel ganz nah

Es ist immer gut, einen Plan zu haben. Was unsere Reiseroute für die nächsten Tage betrifft, so wollen wir über Tarija nach Tupiza und weiter über den bolivianischen Altiplano bis zu den Lagunen im Südwesten des Landes fahren, die Lagunen einmal umrunden und anschließend bei San Pedro de Atacama nach Chile einreisen. Doch wir sind nicht die einzigen mit einem Plan. Die bolivianischen Bauern, die Campesinos, haben eine genaue Vorstellung davon, wie sie ihrer Forderung nach mehr Gerechtigkeit Ausdruck verleihen können. Hätten wir bei unserer zweiten Einreise nach Bolivien eine Tageszeitung gelesen, hätten wir schnell gemerkt, dass die beiden Pläne, unserer und der der Campesinos, sich nicht vereinen lassen. So jedoch ahnen wir nichts von dem Konflikt, der sich anbahnt.

Nichts geht mehr in Bolivien

Die Strecke von Villamontes nach Tarija führt durch den Pilcomayo-Canyon. Eingerahmt von rosafarbenen Felswänden schlängelt sich ein smaragdgrüner Fluss durchs Tal. Die Straße windet sich in engen Kurven von einem Felsabsatz zum nächsten. Zum Glück herrscht nicht viel Verkehr. Auf der ganzen Strecke kommen uns lediglich zehn Überlandbusse in Reihe entgegen. In unsere Richtung fährt niemand.

Es ist schon dunkel, als wir uns Tarija nähern. Die Einfallstraße ist mit Ölfässern abgesperrt, so dass wir durch die Tankstelle fahren müssen, um in die Stadt zu kommen. Am Straßenrand liegen Steine, Sandsäcke und Äste. Weit und breit ist kein einziges Auto zu sehen. Nur ein paar Fußgänger huschen im Schein der Straßenlaternen zwischen den Häuserwänden umher. Wir sind zu müde, um uns zu wundern und fragen den Pförtner einer Fabrik, ob wir auf dem Parkplatz übernachten dürfen.

Am nächsten Morgen machen wir uns zeitig auf den Weg in die Stadt, denn wir haben viel vor: Wir müssen etwas zu essen einkaufen, wir brauchen einen Geldautomaten, um unsere Bargeldbestände aufzustocken, wir wollen Wäsche waschen und im Internet-Café unsere eMails lesen. Um 9 Uhr haben die Geschäfte noch immer geschlossen. Um 9.30 Uhr spielt Musik auf der Plaza und die ersten Autos stehen quer in den Straßen. Jetzt schrillen bei uns die Alarmglocken. Das erinnert uns doch stark an die Straßenblockaden seinerzeit in Oaxaca, Mexiko.

Während Tobias einen der Polizisten, die vor dem Regierungsgebäude Wache schieben, ins Kreuzverhör nimmt, marschiere ich los und kaufe an der Ecke eine Tageszeitung.

„Der geplante Bau einer Gas-Pipeline und die mangelnde Unterstützung des Vorhabens aus La Paz haben wohl zu Unstimmigkeiten in der Bevölkerung geführt", berichtet Tobias. „Daraufhin hat man zum Generalstreik aufgerufen. Seit ungefähr einer Woche sind die Geschäfte in der Stadt nun schon geschlossen. Außerdem gibt es Demonstrationen und die Straßen rund um die Stadt werden tagsüber abgesperrt, so dass niemand mehr rein oder raus kommt. Tarija befindet sich im Ausnahmezustand. Gestern hat man sämtliche Touristen mit Sonderbussen und Militärflugzeugen evakuiert. Du erinnerst dich an den Bus-Konvoi, der uns entgegen kam?"

Warum nur hat uns niemand gewarnt, als sie gesehen haben, dass wir Richtung Tarija fahren?

„Und das ist noch nicht alles", sage ich und halte Tobias die Titelseite der Zeitung unter die Nase.

„Die Campesinos haben etliche Straßen auf dem Altiplano ebenfalls blockiert und so den Fernverkehr zum Erliegen gebracht."

Zeit, die Stadt zu verlassen. Doch so einfach ist das nicht, denn inzwischen sind die Straßensperren wieder aufgebaut worden. Die Steine im Kreisverkehr Nummer eins stellen für unseren Landy kein Hindernis dar. Ebenso wenig das Gestrüpp im Kreisverkehr Nummer zwei. Im Kreisverkehr Nummer drei steht ein Lkw quer. Wir weichen auf den Gehsteig aus. An der Brücke schließlich geht's wirklich nicht mehr weiter. Die Blockade aus Baumstämmen und Dornengestrüpp ist selbst für unseren Landy zuviel. Im Gras daneben sitzen etwa zehn Polizisten und kauen Coca-Blätter. Allgemeines Kopfschütteln folgt auf unsere Frage, ob sie uns passieren lassen. Sie dulden keine Ausnahme. Mitgefangen, mitgehangen. Nach einigem Hin und Her erklären sie uns einen Schleichweg aus der Stadt.

Über üble Seitengassen, querfeldein über Äcker und Gehöfte, erreichen wir San Lorenzo, einen kleinen Ort nördlich von Tarija mit Zugang zur Ausfallstraße nach Iscayachi und Potosí. Der Beamte im Mauthäuschen kassiert ordnungsgemäß die Gebühr, dann weist er uns freundlich darauf hin, dass die Straße auf der Passhöhe vermutlich ebenfalls gesperrt sei. Er soll Recht behalten. Fast vierzig Kilometer windet sich die Straße den Berg hoch, um schließlich in einer Blockade zu enden. Auf 3800 Meter Höhe stehen hier in beiden Fahrtrichtungen gut 20 Lkw. Dazwischen ergießt sich ein steinerner Acker. Die Campesinos sitzen oben auf den Hängen und rollen Felsbrocken hinunter auf die Straße – immer dann, wenn jemand Anstalten macht, die Sperre zu durchbrechen.

Der Aufstand der Campesinos hat nichts mit dem Generalstreik der Einwohner Tarijas zu tun. Die Campesinos blockieren die

Straßenblockade bei Tarija

Straßen und behindern damit die Versorgung der Departement-Hauptstadt, um ihrer Forderung nach Zahlung eines Solidaritäts-beitrages Nachdruck zu verleihen. 2000 Bolivianos pro Familie aus dem Hilfsfond wollen sie haben. Ihr offizieller Sprecher hat der Regierung ein Ultimatum gestellt und seine Mitstreiter zu einer 72stündigen Straßenblockade aufgerufen. Obwohl die Lage auf den ersten Blick ziemlich ernst aussieht, herrscht doch eine er-staunlich entspannte Stimmung. Sowohl die Lkw-Fahrer als auch die Campesinos scherzen und lachen miteinander.

„Wann lasst ihr uns durch?", ruft ein kleiner, stämmiger Lkw-Fahrer den Campesinos zu.

„Mañana", morgen, rufen die Campesinos lachend zurück.

„Mañana, immer höre ich mañana, warum höre ich nicht mal ‚heute'?", antwortet der Lkw-Fahrer mit breitem Grinsen.

„Mañana", schallt es mehrstimmig von den Hängen herunter.

„Mañana", stimmt eine alte Frau in den Chor mit ein, während sie sich ihren Weg zwischen den parkenden Fahrzeugen hin-durchbahnt. Ihr sonnengegerbtes, zerknittertes Gesicht wird von zwei grauen, geflochtenen Zöpfen eingerahmt. Mit gebeugtem Rücken und langsamen, aber trittsicheren Schritten läuft sie den schmalen und steilen Fußweg hinunter ins Dorf. Andere folgen. Diejenigen, die ausharren, meist junge Männer und Frauen, zün-den oben am Hang ein Lagerfeuer gegen die Kälte an.

Mitten in der Nacht ertönt plötzlich Sirengeheul. Von der Gegenseite nähert sich ein Krankenwagen mit Blaulicht. Der Fahrer steigt aus und ruft etwas in Richtung der Lagerfeuer, wo er richti-gerweise die Verantwortlichen für die Straßenblockade vermutet. Er hat einen Patienten an Bord, der dringend ins Krankenhaus nach Tarija gebracht werden muss. Die Campesinos erlauben ihm, die Blockade zu passieren, sofern er die Steine an ihrem Platz lässt. Mühsam und unendlich langsam bahnt sich die Ambulanz Zenti-meter für Zentimeter ihren Weg über die Felsbrocken und steht am Ende der Straßensperre vor einem neuen Problem. Die Lkw und wir hatten hintereinander in Reihe geparkt und eine Fahrspur freigelassen. Während der Nacht waren jedoch einige Reisebusse angekommen und haben sich in zweiter Reihe aufgestellt, so dass es nun kein Durchkommen mehr gibt. Einer dieser Busse steht genau neben uns. Der Fahrer ignoriert jedes Hupen, Rufen und Klopfen. Also müssen wir rangieren. In stockdunkler Nacht, einen halben Meter vom Abhang entfernt.

„Fragt doch, ob ihr auch fahren dürft", schlägt einer der Lkw-Fahrer vor. „Ihr seid Gringos. Ihr habt doch mit der Sache nichts zu tun. Gut möglich, dass sie euch durchlassen."

Die anderen Lkw-Fahrer murmeln zustimmend.

Tobias winkt ab. „Mañana", sagt er und die anderen lachen.

„Warum willst du es nicht versuchen?", frage ich ihn als die anderen weg sind.

„Weil ich keine Lust habe, diese enge und unbefestigte Bergstraße bei Dunkelheit zu fahren. Und eigentlich ist es doch egal, wo wir die Nacht verbringen, oder? Dieser Platz hier ist genauso gut oder schlecht wie ein Platz ein paar Kilometer weiter am Straßenrand."

Als die Sonne aufgeht, sehen wir, dass mittlerweile auf beiden Seiten der Straßensperre mehr als ein Dutzend Reisebusse stehen. Durch die neu angekommenen Passagiere ist die Zahl der Wartenden nun deutlich höher als die Anzahl der Campesinos, die noch immer auf den Berghängen ausharren.

„Die Verhandlungen beginnen, kommt mit", derselbe Lkw-Fahrer, der uns ermuntert hatte, die Campesinos nach einer Ausnahme für Gringos zu bitten, klopft Tobias nun freundschaftlich auf die Schulter.

„Geh nur", antworte ich auf Tobias' unausgesprochene Frage. „Ich bleibe hier. Ich habe Kopfschmerzen."

Vom Auto aus beobachte ich, wie die Männer den Hang hochklettern und auf die Campesinos einreden. Ihrem Minenspiel und ihrer aufgebrachten Gestik entnehme ich, dass es nicht mehr ganz so entspannt und friedlich zugeht wie am Abend zuvor. Fäuste werden drohend in den Himmel gestoßen und hin und wieder dringt lautes Geschrei an mein Ohr. Unten räumen die Buspassagiere bereits die ersten Steine aus dem Weg. Schließlich geben die Campesinos nach und erklären die Blockade für aufgehoben. Es geht weiter.

„Weiter wie geplant oder weiter nach Villazón an die argentinische Grenze?", fragt mich Tobias.

Ich weiß es nicht. Mein Kopf schmerzt mittlerweile so sehr, dass mir das Denken schwerfällt.

„Vielleicht ist es angesichts der Umstände besser, zur Grenze zu fahren. Wer weiß, was noch alles passiert, womöglich sitzen wir dann irgendwo in Bolivien fest und haben überhaupt keine Möglichkeit mehr das Land zu verlassen. Was meinst du?"

Als keine Antwort kommt, schiebt Tobias ein rhetorisches „Geht's dir nicht gut?" hinterher.

Wir biegen Richtung Villazón ab und treffen kurz darauf, an der nächsten Straßensperre, alte Bekannte wieder.

„Keine Sorge", lacht der Lkw-Fahrer, der uns erst vor wenigen Metern überholt hat, „in ein paar Stunden müssten aus der Gegenrichtung ein paar Reisebusse kommen. Dann verhandeln wir wieder."

Auch hier blockieren Steine die Durchfahrt. Zwischen den Felsbrocken haben sich die Campesinos häuslich niedergelassen. Matratzen und Decken liegen am Straßenrand, Feuer brennen, Frauen schöpfen Suppe aus großen, gusseisernen Töpfen. Als wie angekündigt drei Reisebusse ankommen, räumen die Campesinos tatsächlich das Feld.

Fast fände ich Gefallen an dem Spiel, wären da nicht diese rasenden Kopfschmerzen, die mich seit der Nacht plagen. Als wir in Tojo erneut vor einer Straßensperre halten müssen, kann ich kaum noch geradeaus schauen. Während sich Tobias unters Volk mischt, packe ich einen Campingstuhl, setze mich in den Schatten des Landys und schließe die Augen. Ich will nichts sehen und vor allem nichts hören.

Ein lauter Knall schreckt mich hoch. Gleich darauf explodiert ein zweiter Feuerwerkskörper. Ein dritter und ein vierter folgen. Über Radio war die Ansage gekommen, dass die Blockade nun beendet sei. Die Campesinos feiern ihren Sieg, obwohl sie zu diesem Zeitpunkt noch nicht wissen, ob sie die geforderte Zahlung tatsächlich erhalten werden. Während die Lkw-Fahrer und die Campesinos gemeinsam zum Mittagessen ins Dorf ziehen, setzen wir unseren

Weg fort. Mir ist nicht nach Essen zumute. Ganz im Gegenteil. Als sich der Landy wieder einmal eine Serpentine hochschraubt, ziehe ich die Notbremse.

„Halte an", meine Finger krallen sich in Tobias' Unterarm.

Es dauert eine Weile bis der Wagen steht. Schnell drehe die Scheibe runter und atme in tiefen Zügen die kühle Bergluft ein. Aber es hilft nichts. Mir ist übel und der Tee, soeben erst getrunken, sucht sich seinen Weg nach draußen.

„Akut höhenkrank", diagnostiziert Tobias.

Ich muss zugeben, dass ich an alles gedacht hatte, nur nicht daran. Dabei macht die Diagnose durchaus Sinn. Die letzten Wochen hatten wir uns mehr oder weniger auf Meereshöhe aufgehalten, bevor wir uns dann, mit nur einem kurzen Zwischenstopp in Tarija auf 4000 Metern, hochkatapultiert haben. Die ungeplante Übernachtung auf der großen Höhe, dazu noch zu wenig getrunken, noch weniger geschlafen …

„Dagegen gibt es nur ein Mittel: runter in niedrige Höhenlagen, und zwar so schnell wie möglich. Das Dumme ist nur …", der besorgte Unterton in Tobias' Stimme lässt mich aufhorchen, „… die nächsten paar Hundert Kilometer verläuft die Straße in etwa auf dem gleichen Niveau. Ich fürchte, da musst du durch."

Zehn Minuten später der nächste Stopp. Wir halten an, um vier jungen Männern, deren Wagen liegen geblieben ist, mit einem Schraubenschlüssel auszuhelfen. Ehe wir uns versehen, drückt man uns zwei Becher mit einem Gemisch aus Fernet Branca – einem Magenbitter – und Cola in die Hand. Aus Höflichkeit nippe ich einmal kurz. Der überraschende Umtrunk fördert mein Wohlbefinden nicht wirklich. Als wir das auf 3440 Meter Höhe gelegene Villazón erreichen, habe ich nur noch einen Wunsch: Schlafen. Mittlerweile ist mein Gleichgewichtssinn völlig aus dem Lot. Kaum liege ich, rebelliert mein Magen wieder. Eine winzige Drehung des Kopfes reicht aus, um den Brechreiz auszulösen. Ich habe das Gefühl, kopfüber im Looping einer Achterbahn festzuhängen. Fünfzehn Stunden lang. Dann scheint sich mein Körper an die Höhe akklimatisiert zu haben und ich fühle mich stark genug für den nächsten Grenzübertritt.

Über den Paso de Jama nach Chile

Die Ausreise aus Bolivien war eine Sache von fünf Minuten. Jetzt aber stehen wir vor dem Schalter der argentinischen Migration in einer Schlange, die bis weit nach Bolivien zurückreicht. Nach einer Stunde sind wir zwei Meter weiter.

Unruhig trete ich von einem Bein aufs andere: „Wenn das in diesem Tempo weitergeht, werden wir Argentinien wohl nicht mehr vor Einbruch der Dunkelheit betreten."

Es ist 11 Uhr vormittags. Plötzlich geht alles ganz schnell. Wir hatten den Landy mitten auf der Grenzbrücke geparkt, so dass wir ihn im Blick haben, während wir warten. Doch da behindert er die Reisebusse, die eine gesonderte, schnellere Abfertigung erhalten. Wir sollen wegfahren, erklärt uns ein argentinischer Beamter. Na, das machen wir doch gern, aber erst, wenn wir alle notwendigen Stempel haben. Zähneknirschend, aber höflich geleitet man uns an den Anfang der Schlange. Willkommen in Argentinien.

Die Fahrt durch die Quebrada Humahuaca weckt Erinnerungen. Hier sind wir schon einmal vor vier Jahren gewesen. Die schlanken und hohen Pappeln, die Kakteen, zwischen denen Schafe und Ziegen weiden, die Esel, die am Fahrbahnrand stehen, die bunten Adobe-Häuschen – eine perfekte Mischung aus Toskana und Altiplano-Landschaft. Humahuaca mit dem riesigen Monument über der Stadt, Tilcara mit den Ruinen, dem botanischen Garten, dem archäologischen Museum, der trubeligen Plaza – alles sieht noch genauso aus wie damals. Nur Purmamarca hat sich verändert. Aus dem verschlafenen Ort von einst ist eine touristische Hochburg geworden. Als wir vor vier Jahren hier spät am Abend ankamen, hatten wir Mühe, eine Portion Spaghetti zu bekommen. Heute reiht sich Restaurant an Restaurant. Und vor lauter bunten Tüchern, Wandteppichen, Pullovern, Schals und anderen Artesanías sieht man die Plaza gar nicht mehr.

Neu ist auch der Straßenbelag am Paso de Jama, der Argentinien mit Chile verbindet. Während wir uns damals noch über Schotter gequält haben, gleiten wir jetzt auf glattem Asphalt dahin. Und wieder einmal haben wir das Gefühl, dass die Asphaltstraße und

Chile/Arg. Nord

0 km   100   200 km

das mit ihr einhergehende Reisetempo den Eindruck schmälern, den die Natur um uns herum hinterlässt. So oft wie möglich halten wir an und nehmen uns Zeit, die Schönheit der Landschaft zu betrachten.

Der Altiplano auf der chilenischen Seite gefällt uns deutlich besser. Es ist farbenfroher und abwechslungsreicher als auf der argentinischen Seite. Die graubraunen Schutthänge der Vulkankegel links und rechts des Weges sind mit einer feinen weißen Puderschicht überzogen. Auch entlang der Straße liegt noch Schnee. Die Ufer der Lagunen sind vereist, die Bäche zugefroren und durch die Eisdecke schimmert das satte Smaragdgrün des Wassers in zartem Pastell. Goldgelbes Andengras glänzt in der Sonne. Die schlanken, roten Sandsteinfinger der Moais de Tara ragen in einen tiefblauen, wolkenlosen Himmel. Hier auf dem Altiplano, mehr als 4000 Meter über dem Meer, ist die Luft so trocken und rein, dass die Sicht durch nichts getrübt wird. Keine Luftfeuchtigkeit, die die Konturen verschwimmen lässt, keine Schmutzpartikel, die die Welt mit einem grauen Schleier überziehen. Als wäre sie soeben einem Ölgemälde entsprungen liegt die Landschaft vor uns. Mit etwas zu scharf gezeichneten Konturen und mit frischen, intensiven Farben.

In San Pedro de Atacama reisen wir offiziell nach Chile ein – und in der gleichen Minute wieder aus. Wir brauchen den Ein- und Ausreisestempel von Chile im Pass, um am bolivianischen Grenzübergang Hito Cajón nach Bolivien einreisen zu können. Reine Formsache.

Boliviens farbenprächtige Lagunen

„Wahnsinn, diese Farben! Sieht doch nur, es fängt an!"

Ich stehe am Ufer der Laguna Verde auf dem bolivianischen Altiplano und verfolge fasziniert wie sich die tiefblaue Oberfläche der Lagune allmählich grün färbt. Verantwortlich für dieses Schauspiel sind das pflanzliche Plankton sowie die Metalle, die sich im Wasser befinden, und die, je nach Einstrahlungswinkel der Sonne, die Lagune in unterschiedlichen Farben schimmern lassen.

Mittags, wenn die Sonnenstrahlen senkrecht aufs Wasser fallen, nimmt die Lagune eine grüne Farbe an. Zuerst sind da nur ein paar kleine grüne Flecken in der Mitte des Sees, die sich langsam ausbreiten, aneinander stoßen, sich verbinden, bis schließlich die gesamte Oberfläche der Lagune grün leuchtet. Die magische Wandlung vollzieht sich vor einer atemberaubenden Kulisse. Direkt hinter der Laguna Verde erhebt sich der perfekt geformte und mit Schnee bestäubte Kegel des Vulkans Licancábur.

Straßen oder Wege gibt es hier keine. Wir folgen Reifenspuren im weichen Untergrund, bis wir zu einem Sandfeld gelangen, in dem in weitem Abstand bizarr geformte und teilweise gespaltene Steinblöcke liegen, die Piedras de Dalí. Gleich dahinter kommt der Salar de Chalviri in Sicht, an dessen Ufern heiße Quellen sprudeln und zu einem wohltemperierten Bad inmitten frostiger Temperaturen einladen.

Auf 4500 Meter Höhe sind die Nächte bitterkalt. Als am Morgen die ersten Sonnenstrahlen hinter der Bergkuppe hervorspitzen und wir unsere steifgefrorenen Körper aus den Schlafsäcken schälen, zeigt das Thermometer noch immer -18 °C. Innen im Auto hat es -11 °C. Das Wasser in den Plastikflaschen und im Wassertank ist gefroren. Bei diesen Temperaturen versulzt auch der Diesel in den Leitungen und Schläuchen.

Wir unternehmen gar nicht erst den Versuch, den Landy zu starten. Erst als gegen elf Uhr die Temperatur im Innenraum die Null-Grad-Grenze überschreitet, dreht Tobias vorsichtig den Schlüssel im Zündschloss. Die Dieselpumpe pfeift in den höchsten Tönen. Wir warten eine weitere Stunde, ehe wir den nächsten Versuch starten. Dieses Mal mit mehr Erfolg. Der Motor läuft, bekommt aber immer noch zu wenig Sprit. Trotz Untersetzung schafft er nicht mehr als 20 km/h. Und das, wo wir doch heute noch ganz hoch hinaufwollen. Wir müssen nämlich noch zum Zoll. Und der sitzt 80 Kilometer hinter der Grenze auf dem Gelände einer Borax-Mine, auf etwas mehr als 5000 Metern. Der vermutlich höchste Zollposten auf unserer ganzen Reise ist erstaunlich gut ausgestattet, die Formalitäten sind dank Computer und Internetanbindung rasch erledigt. Von den vorangegangenen Einreisen nach Bolivien sind unsere Daten bereits im System hinterlegt. Blatt ausdrucken, unterschreiben, fertig.

Auf der gleichen Wellblechpiste, auf der wir gekommen sind, holpern wir zurück zum Geysir Sol de Mañana. Schon von weitem steigt uns der Geruch von faulen Eiern in die Nase. Aus einem riesigen Loch in der Erde steigen Schwefeldämpfe in den Himmel. Darum herum blubbert grauer, zäher Lava-Schlamm.

Dann kämpfen wir uns auf einer unebenen, steinigen Piste weiter durch eine Landschaft, die aussieht wie von einem anderen Stern.

„Ich komme mir vor wie in einem Science-Fiction-Film", sage ich, während ich den losen, grauen Schutt auf den Hängen und die rotbraunen Geröllfelder links und rechts von uns betrachte. „Die beiden Helden rattern mit ihrer Mondfähre über einen fremden Planeten, auf der Suche nach intelligentem Leben."

„Tourbusfahrer kannst du damit aber nicht meinen", kontert Tobias und weicht einem Geländewagen aus, der in einem irren Tempo genau auf uns zuhält. Der Bolivianer am Steuer winkt uns fröhlich zu. Unvermittelt taucht hinter einem Hügel die Laguna Colorada auf. Die rote Lagune macht ihrem Namen alle Ehre, der hohe Algen- und Mineralienanteil färbt das Wasser blutrot. Wie die Tupfer auf einem Fliegenpilz schwimmen weiße Borax-Inseln inmitten der Lagune. Hunderte von Flamingos sprenkeln die Oberfläche rosa. Gelbes Andengras säumt die Ufer. Wieder einmal staune ich, wie farbenfroh die Natur doch ist. Als die Sonne untergeht und den Himmel ebenfalls in ein rosarotes Licht taucht, verwischen die Konturen. Das rote Wasser der Lagune, das pinkfarbene Gefieder der Flamingos, die rosa Wolken, alles wird eins. La vie en rose …

Atacama, eine wüste Gegend

Der Grenzort Ollagüe ist ein staubiges Nest mitten im Nirgendwo zwischen Bolivien und Chile. Durch die Gassen fegt ein beißender Wind. Ein paar Fensterläden schlagen im Rhythmus der Windböen gegen Hauswände. Eine quietschende Metalltafel verbreitet Wild-West-Romantik. Es ist zwölf Uhr mittags und weit und breit ist keine Menschenseele zu sehen. Die Straße verläuft parallel zur Bahnlinie, vorbei an Salzseen und Minensiedlungen. Eine einsame und trostlose Gegend. Steinwüste soweit das Auge reicht. Kein Wasser, keine Vegetation, kein Schatten.

Unser Ziel ist Toconce, ein 400-Seelen-Dorf im chilenischen Altiplano. Auch Toconce wirkt ausgestorben, fast wie eine Geisterstadt. Vermutlich erwacht der Ort erst abends zum Leben, wenn die Einwohner nach getaner Arbeit aus den umliegenden Borax- oder Kupferminen nach Hause zurückkehren. In der Polizeistation begrüßt uns ein ziemlich erstaunt dreinblickender Beamter. Seine Verblüffung steigert sich noch, als wir nach dem Zustand der Straße von hier über Linzor zu den El Tatio-Geysiren fragen.

„Die Straße existiert und ist im Prinzip auch befahrbar", so seine vage Auskunft.

„Aber nur mit Allrad", schiebt er hinterher und schielt an uns vorbei aus dem Fenster, um zu sehen, welches Auto wir fahren. Normalerweise hören wir in solchen Situationen stets, dass mit einem Defender alles überhaupt kein Problem sei. Doch auf der Stirn des Polizisten erscheinen Sorgenfalten.

„Die Strecke ist nicht gut. Sehr schmal und viele Steine."

Wir wollen es trotzdem versuchen.

Der Polizist wirkt nicht glücklich über unsere Entscheidung. Er nickt bedächtig, dann sagt er in einem Ton, der keine Widerrede duldet: „Wenn Sie durchkommen … auf der anderen Seite, hinter El Tatio, ist ein Polizeiposten … bitte melden Sie sich dort bei meinem Kollegen. Und falls Sie umdrehen müssen, dann geben Sie mir bitte Bescheid. Nur damit wir wissen, wo Sie sind und im Notfall jemanden schicken können, um Sie zu suchen. Die Strecke wird nicht oft befahren."

Anfangs ist der Weg hervorragend. Breit und eben führt er über den Altiplano und wartet hinter jeder Ecke mit atemberaubenden Ausblicken auf. Dann jedoch wird er zusehends steiler und enger. Irgendwann bekommt er außerdem eine gefährliche Schräglage. Die Fahrbahn neigt sich Richtung Abhang. Über die erste prekäre Stelle manövrieren wir uns noch drüber. Auch noch über die zweite und dritte. Doch als sich der Landy gefährlich zur Seite neigt und die Karosserie dabei ächzt und stöhnt, geben wir uns geschlagen – und stehen auch gleich vor dem nächsten Problem: Der Weg ist schmäler als unser Auto lang ist. Auf der einen Seite geht es den Abhang hinunter, auf der anderen die Böschung hoch. Nirgends gibt es eine Ausweichstelle, in der wir wenden könnten. Wir versuchen es rückwärts, ein paar Meter, aber in Schräglage rückwärts um Kurven zu zirkeln macht nicht wirklich Sinn.

„Da vorne", Tobias zeigt auf ein sandiges Stück im Hang. „Dort könnten wir uns eine Wendestelle freischaufeln."

Gesagt, getan. Tobias schippt, ich räume Steine aus dem Weg. Als meine Arme vor Müdigkeit schon abzufallen drohen, erklärt Tobias das Projekt Wendestelle endlich für beendet. Der Polizist in Toconce erscheint nicht sonderlich erstaunt darüber, uns wieder zu sehen.

„Ich habe damit gerechnet, dass Sie umdrehen", grinst er. „Mit dem ganzen Gepäck auf dem Dach ist Ihr Auto einfach zu hoch. So wie die Straße hängt, besteht die Gefahr umzukippen. Das hätte ich Ihnen gleich sagen können."

Ich sehe in Tobias' Augen die gleiche Frage aufblitzen, die auch ich mir stelle: Warum, wenn er es doch wusste, hat er es uns dann nicht gesagt? Wahrscheinlich wollte er einfach nicht unhöflich erscheinen.

Notgedrungen steuern wir die Tatio-Geysire also über eine der Hauptzufahrtstraßen an, die auch von den Tourbussen aus San Pedro de Atacama genutzt werden – und finden uns auf der mit Abstand übelsten Wellblechpiste seit Beginn unserer Reise wieder. Die tiefen, unregelmäßigen Rillen verdonnern uns zur Schleichfahrt. Das ganze Auto scheppert und klappert, als würde es jeden Moment auseinanderfallen. Als wir die Tatio-Geysire erreichen, ist es bereits stockdunkel. Aus der Ferne sehen wir mehrere Lichter und fragen uns, ob das wohl andere Reisende sind, die, ebenso wie wir, die Nacht an den heißen Quellen verbringen wollen. Doch weit gefehlt, die Lichter gehören zu einem Besucherzentrum. Kaum haben wir unser Auto geparkt, ist auch schon jemand da, um zu kassieren. „Das ist neu", denke ich, „das war doch vor vier Jahren noch nicht so." In der Tat, so klärt man uns auf, kosten viele Natursehenswürdigkeiten um das touristische Zentrum San Pedro de Atacama neuerdings Eintritt. Da die Touristen diese Ziele in der Regel im Rahmen einer organisierten Tour besuchen, waren es bislang ausschließlich die Touranbieter die daran verdienten, während die indigenen Gemeinschaften leer ausgingen. Um auch ein Stück vom Kuchen zu bekommen, haben sich die indigenen Gemeinschaften nun zusammengetan und beschlossen, für ihr Land, das sie schon allein deshalb als ihr Eigentum betrachten, weil sie es seit Generationen bewohnen, Eintritt zu erheben.

Pünktlich um 6.30 Uhr beenden die ersten Tourbusse die Nachtruhe. Die Fontänen der Geysire sind nur in den frühen Morgenstunden zu bewundern. Nur dann ist die Luft so kalt und trocken, dass der Wasserdampf deutlich sichtbar ist und in absoluter Windstille bis zu zehn

Tatio-Geysir

Meter senkrecht nach oben steigt. Angelegte Wege führen durchs Geysirfeld. Wege, die man besser nicht verlassen sollte, denn überall zischt und brodelt es. Aus unzähligen Löchern schießen in unregelmäßigen Abständen kochendheiße Wasserfontänen empor. Das Wasser, das über einen kleinen Zufluss ins großzügig angelegte Badebecken plätschert, ist zum Glück nicht mehr ganz so heiß.

Von oben betrachtet, ist der Oasenort San Pedro de Atacama ein grüner Fleck inmitten einer ansonsten vorwiegend graubraunen Landschaft. Er liegt in einer der trockensten Gegenden der Erde, der Atacama-Wüste. Und diese Wüste, in der es auf den ersten Blick nicht viel mehr gibt als Salz und Sand, hat durchaus ihren Reiz: Die verwitterten Felswände der *Cordillera del Sal* sind von Wind und Wasser an vielen Stellen schon so stark ausgehöhlt und abgetragen, dass sie wie lehmverschmierte Pappmaché-Bauten wirken und im Übrigen auch so klingen, wenn man dagegen klopft. Das *Valle de la Luna,* so sagt man, sei vor Urzeiten einmal ein Meeresboden gewesen, der sich später aufgefaltet hat. Den Namen Mondtal hat es jedoch wegen der außergewöhnlichen Felsformationen erhalten. Natürlich besuchen wir auch den *Salar de Atacama,* jenen riesigen Salzsee, durch den man stundenlang fahren kann, ohne das gegenüberliegende Ende zu erreichen, und der mit seiner weißbraun aufgeworfenen Oberfläche ganz anders aussieht als die Salare in Bolivien.

Wir verbringen mehrere Tage im Umkreis von San Pedro de Atacama, unter anderem auch meinen Geburtstag, den zweiten auf dieser Reise. Beim Abendessen in einem der gemütlichen kleinen Restaurants im Ort scheint mir der Augenblick günstig, mit Tobias etwas zu besprechen, das mir schon seit langem auf dem Herzen liegt.

„Nachdem wir jetzt das zweite Mal durch Chile und Argentinien reisen werden und wir nicht wissen, ob und wann es ein drittes Mal geben wird, finde ich, wir sollten die Gelegenheit nutzen und in die Antarktis fahren."

Jetzt ist es raus. Tobias sagt erst mal gar nichts.

„Gute Idee", meint er nach einer Weile. „Daran habe ich auch schon gedacht."

Gleich am nächsten Morgen marschieren wir ins Internet-Café und recherchieren Reisezeiten, Anbieter und Kosten für die Reise ins ewige Eis, während über uns der Ventilator surrt. Draußen hat es 40 °C im Schatten.

Noch ein paar Mal führt uns der Weg auf den Altiplano – zum Wandern, Bergsteigen, zum Besuch kleiner, abgelegener Dörfer und des Observatoriums ALMA.

Für die Weiterreise nach Argentinien wählen wir die landschaftlich sehr schöne, wenn auch ziemlich einsame Schotterstrecke über den Paso Sico. Kurz vor San Antonio de los Cobres biegen wir ab und machen einen kurzen Abstecher zum Viadukt La Polvorilla. Hier führt die Bahnlinie von Salta in Argentinien nach Antofagasta in Chile über eine gigantische Stahlbrücke, 224 Meter lang, 64 Meter hoch. Die Bahnstrecke, auf der einst das Kupfer an die Küste transportiert worden war, machte später als „Tren a las Nubes", Zug in den Wolken, als Touristenattraktion Karriere. Heute sind die Gleise mit Steppengras bewachsen. Der Zug gehört der Vergangenheit an.

ARGENTINIEN
Rote Erde, roter Wein

„Wenn ich erst einmal in Argentinien bin, dann esse ich nur noch Steak. Saftige 400-Gramm-Rindersteaks, die auf der Zunge zergehen, außen knusprig, innen zart rosa und saftig."

Ich freue mich auf Argentinien. Nicht nur aus kulinarischen Gründen. Argentinien ist schließlich nicht nur für seine Rinderzucht berühmt, sondern auch für seine Pampa, für seine Bergmassive mit den steilen Felsnadeln und den kalbenden Gletschern, für das Temperament und die Lebenslust der Menschen, für seinen Tango und natürlich für seinen Wein. Womit wir also doch wieder bei den Gaumenfreuden angelangt wären und der legendären Ruta 40, die direkt durchs Weinanbaugebiet führt.

Ruta del Vino – Straße des Weins

Die Fahrt über den Altiplano hat unser Auto sichtlich mitgenommen. Eine dicke Schicht Staub überzieht den Innenraum, weiße Salzränder zieren den Lack, und die Kotflügel sind schlammverkrustet. Zeit für eine Autodusche.

Auch die Stadt Salta, die den Beinamen „La Linda", die Hübsche, trägt, hätte eine Schönheitskur bitter nötig. Vom einstigen Glanz der Kolonialstadt ist nicht mehr allzu viel zu sehen. Stattdessen wird wild durcheinander gebaut: Betonklötze neben Kolonialstilkirchen, Glaspaläste neben Bretterbuden.

Nach einigem Suchen finden wir in der Innenstadt einen „Lavadero", in dem man sich auch gleich zu viert unseres Fahrzeugs annimmt. Acht Hände seifen ein, schrubben, polieren, wischen nach, saugen Staub von den Polstern und fegen mit Pinseln durch sämtliche Ritzen. Eine der Hände schaltet dabei versehentlich die Wasserpumpe ein. Wir bemerken das Unglück erst, als das Wasser in kleinen Bächen unter den Türen hindurch fließt und der Innenraum bereits geflutet ist.

Straße in Molinos

Bei Cachi schließlich biegen wir ein auf die legendäre Ruta 40, die ganz oben im Norden Argentiniens beginnt und auf über 5000 Kilometern bis ans südliche Ende des argentinischen Festlandes führt. Südlich von Cachi trägt die Ruta 40 außerdem die Bezeichnung „Ruta del Vino", Straße des Weins. Die kleinen Ortschaften, die direkt an der Ruta 40 liegen, bestechen durch ihren ländlich-kolonialen Charme. Die Häuser mit den dicken, aus Lehm gestampften Mauern, sind in zarten Pastellfarben gestrichen und werden von knorrigen Bäumen eingerahmt. Holzbalkone mit gedrechselten Geländern biegen sich unter der Last des Alters und stützen sich auf schiefe Holzsäulen. Der Wind weht Staub durch die Gassen. Die Kirchen sind klein und schmal, mit Holzbänken zu beiden Seiten eines engen Mittelgangs und mit Dachbalken aus Kakteenholz.

Kurz vor Cafayate tauchen die ersten Rebstöcke samt Bodegas entlang der Straße auf. Nahezu alle Weingüter werben mit Besichtigungstouren und Weinverköstigungen um die Gunst der in- und ausländischen Touristen. Auch wir können da nicht widerstehen. Obwohl ich mehrmals Bedenken anmelde, dass der Vormittag wohl nicht die beste Tageszeit für eine Weinprobe sei, machen wir uns gleich nach dem Frühstück auf den Weg zur Bodega Etchart. Dort sieht man uns bekümmert entgegen. Es ist zehn vor zwölf und zwischen zwölf und zwei ist Siesta, Mittagspause. Na gut, dann ziehen wir das Besichtigungsprogramm eben vor. Nach einer ausgiebigen und interessanten Fahrt durch die farbenfrohen Sandstein-Canyons der Umgebung starten wir einen zweiten Anlauf. Diesmal klappt's. Wir schaffen es gerade noch rechtzeitig zur letzten Führung. Gemeinsam mit einer Handvoll anderer, ebenfalls durstiger Besucher, traben wir übers Gelände und bekommen die Anlage erklärt. Auf 300 Hektar Land wird Wein angebaut, 2700 bis 3000 Weinstöcke pro Hektar produzieren jährlich um die 4 Millionen Liter Wein, erklärt die Dame von der Bodega. In der Hochsaison von Januar bis März werden die Trauben geerntet, dann arbeiten 140 Leute. Abgesehen vom Hochbinden der Reben und dem Lesen der Trauben läuft fast alles vollautomatisch ab. Ehrfürchtig steht unsere kleine Gruppe vor den Silos, der Presse, den Pumpen, den Kühltanks. Jede Menge Edelstahl. Wo sind denn nur die Holzfässer, die dem edlen Getränk das richtige Aroma verleihen? Während ich in den Windungen meines Gehirns nach dem spanischen Wort für „Holzfass" suche, stehen wir auch schon vor der Tür zum Kellergewölbe. Dahinter lagern in aufeinandergestapelten Reihen und bei exakt 18 Grad Lufttemperatur die *barilles.* Im Nebenraum stehen auf einem umgedrehten Weinfass schon ein paar Flaschen weißen und roten Weines zur Verkostung bereit. Die gemauerten Wände des Gewölbes sind weiß gekalkt, der Boden dunkel gefliest. Ein gedämpftes, warmes Licht verleiht dem Raum ein rustikales Ambiente. Welch ein Unterschied zu den blitzblanken und glänzenden Edelstahlkesseln nur wenige Meter entfernt. Die Dame von der Bodega ist nicht zimperlich und schenkt die Gläser ordentlich voll. Wir sind auch nicht zimperlich und probieren nacheinander je ein Glas Chardonnay, Malbec, Cabernet Sauvignon, Malbec-Sauvignon und dann zum Vergleich gleich noch einmal einen Cabernet und einen Malbec. Die anderen Gäste haben sich längst verabschiedet, da freut sich die Dame von der Bodega noch immer, dass es uns so gut schmeckt.

„Wenn Sie möchten, dann mach ich noch einen Torrontés auf", schlägt sie vor und bringt zusätzlich zur gut gekühlten Flasche auch gleich noch drei frische Gläser mit. Weißer Torrontés und roter Malbec sind argentinische Weinspezialitäten.

Wir haben mittlerweile beschlossen, unseren Weinvorrat um ein paar Flaschen Malbec und Cabernet Sauvignon zu bereichern, sowie noch einen Torrontés fürs Abendessen mitzunehmen. Zielstrebig marschieren wir rüber in den Laden. Gut gelaunt scherzen wir ein bisschen mit der Verkäuferin, die uns daraufhin fragt, ob wir sie mit zurück in die Stadt nehmen könnten. Welch ein Vertrauen in die deutsche Trinkfestigkeit!

Wieder nüchtern, setzen wir unser Kulturprogramm mit einer Besichtigung der Ruinen von Quilmes fort. Die Volksgruppe der Quilmes kam im 11. Jahrhundert über die Anden und baute am Fuß der Berge eine Stadt, in der zu ihrer Blütezeit etwa fünftausend Menschen lebten. Die dicken Doppelmauern, deren Zwischenräume mit Erde und Steinen aufgeschüttet wurden, stellten nicht nur einen idealen Schutz vor Angreifern dar, sondern regulierten auch die Temperatur im Inneren der Gebäude. Aus der Vogelperspektive betrachtet, erinnert die Anlage an ein Labyrinth. Kein Wunder, dass die Quilmes nie von den Inka besiegt wurden und auch dem Ansturm der Spanier über mehrere Jahrzehnte standhalten konnten. Als sie im Jahre 1665 schließlich doch unterlagen, wurden die Überlebenden von den Spaniern nach Buenos Aires verschleppt. Noch heute gibt es in der Hauptstadt ein Stadtviertel namens Quilmes.

„Chilecito", das kleine Chile, liegt ebenfalls an der Ruta 40 und hieß ursprünglich Santa Rita. Weil aber so viele Arbeiter aus Chile über die Anden kamen um hier in den Minen zu arbeiten, tauften die Einwohner den Ort kurzerhand um. Die Minen befinden sich so weit oben in den Bergen, dass ein Auswaschen des abgebauten Gesteins aus Wassermangel nicht möglich war und das gesamte Gestein ins Tal transportiert werden musste. Zuerst erledigten dies Maultiere. Doch dann baute man Anfang der 1920er-Jahre mit europäischer und amerikanischer Unterstützung eine Drahtseilbahn. Leider ist dieses kleine Wunderwerk der Technik seit 1926 nicht mehr in Betrieb, kann aber noch besichtigt werden. Die Stationen 1 und 2 sind relativ leicht zugänglich, aber spätestens ab Station 4 geht es nur noch zu Fuß weiter. Die Station 9, die letzte, liegt auf 4600 Meter Höhe. Die Seilbahn musste also, aus Chilecito kommend, auf einer Länge von 35 Kilometern einen Höhenunterschied von 3500 Metern überwinden. Bei einer Durchschnittsgeschwindigkeit von neun Stundenkilometern dauerte eine einfache Fahrt etwa vier Stunden. Tobias ist in seinem Element. Enthusiastisch erklärt er mir die Funktionsweise einer Drahtseilbahn. Mit leuchtenden Augen redet er von Greifarmen und Tragseilen und bringt es schließlich mit einfachen Worten auf den Punkt: „Die Drahtseilbahn von Chilecito funktioniert nach dem gleichen Prinzip wie ein Skilift. Was sagst du dazu?"

Was soll ich dazu sagen? Gut, dass wir das geklärt hätten.

Da die Entfernungen in Argentinien nicht zu unterschätzen sind, tanken wir wo immer es möglich ist. Als wir wieder einmal in eine Tankstelle einscheren, sehen wir gerade noch rechtzeitig den gelben Aufkleber an der Zapfsäule, der darauf hinweist, dass laut Gesetz Fahrer von Fahrzeugen mit ausländischem Kennzeichen in grenznahen Gebieten mehr für den Kraftstoff bezahlen müssen als die Argentinier. Wir kennen das Gesetz. Sowohl der Begriff „grenznah" als auch der Terminus „mehr" sind Auslegungssache. Wir befinden uns etwa hundert Kilometer von der Grenze nach Chile entfernt und „mehr" bedeutet in diesem Fall 33 Prozent mehr. Zum Glück haben wir noch ausreichend Diesel im Tank, um dieser Tankstelle gelassen den Rücken kehren zu können.

Neben der Spritfalle gibt es in Argentinien noch eine weitere Falle, in die man als Reisender leicht tappen kann: die sogenannten „Fitosanitarios", die Fruchtkontrollen. Sie befinden sich an den Provinzgrenzen und verbieten die Einfuhr von Obst, Gemüse, rohen Eiern und frischem Fleisch in die jeweilige Nachbarprovinz. Auf diese Weise will man verhindern, dass sich landesweit Schädlinge oder Tierseuchen ausbreiten. Der erste Kontrollposten, auf den wir treffen, wirft nur schnell einen Blick ins Auto, bevor er uns weiterfahren lässt. Die zweite Fruchtkontrolle passieren wir scheinbar bereits nach Dienstschluss, denn der Beamte lehnt leger gekleidet in der Tür seines Wohnanhängers und winkt uns freundlich zu. Viel hätte er ohnehin nicht gefunden. In unserer Kühlbox fristet der Wein ein einsames Dasein. Wenigstens ist er wohltemperiert.

Die Rache der Difunta Correa

Mehrere Dutzend Plastikflaschen, alle mindestens zur Hälfte mit Wasser gefüllt, stehen ordentlich nebeneinander am Straßenrand und säumen den schmalen Zugang zu einem kleinen, gemauerten Häuschen mit rotem Dach, auf das jemand mit schwarzem Stift „Difunta Correa" geschrieben hat. Das Häuschen entpuppt sich bei näherem Hinsehen als ein Schrein zu Ehren jener *Difunta Correa,* der „verstorbenen Frau Correa". Überall in Argentinien sind Schreine dieser Art zu finden, Difunta Correa scheint allgegenwärtig zu sein. Doch uns fällt auf, dass sich die Schreine entlang jener Straßen häufen, die kilometerlang durch unbewohnte Steppe oder einsame Wüste führen. Der Grund dafür liegt auf der Hand, wenn man die Geschichte der Difunta Correa kennt.

María Antonia Deolinda Correa, junge Ehefrau und Mutter, machte sich im Jahre 1814 auf die Suche nach ihrem im Bürgerkrieg verschollenen Ehemann. Das Schicksal wollte es, dass sie sich in der Wüste verirrte und verdurstete. Wie durch ein Wunder jedoch war der Säugling an ihrer Brust noch am Leben als man ihren Leichnam fand. Eine Frau, die ihrem Mann treu ergeben ist und sich für ihr Kind aufopfert … Da dies der Stoff ist, aus dem argentinische Heldengeschichten gemacht sind, hat man dort, wo man die Leiche fand, eine Kapelle errichtet, die heute der wichtigste Wallfahrtsort des Landes ist.

Mittlerweile stehen auf dem Gelände in Vallecito nahe San Juan mehr als zehn Kapellen, alle randvoll mit Opfergaben. Vom Brautkleid übers Nummernschild bis hin zum echten Oldtimer-Auto ist hier alles vertreten und in den einzelnen Kapellen thematisch geordnet. Die wichtigste Gabe für jemanden, der durch die Wüste irrt, ist und bleibt jedoch Wasser. Und so findet sich nicht nur am Wallfahrtsort ein Brunnen, in den man Wasser gießen kann, auch die Schreine entlang der Landstraßen sind voll mit Wasserflaschen.

Wir machen noch Witze darüber, dass wir Difunta Correa am Ende unserer Reise ja eines unserer Nummernschilder stiften könnten, da passiert's: Kurz hinter San Juan beginnt unser Auto zu stottern, der Motor hustet, dann geht er aus und springt nicht wieder an. Unser erster Gedanke: Kein Sprit mehr. Doch die Tanknadel steht auf halb. Unser zweiter Gedanke: Dieselpumpe kaputt. Natürlich ist es bereits dunkel. Natürlich hängen wir mitten am Berg. Natürlich gibt es weit und breit keine Ausweichstelle, zu der wir den Landy schieben könnten. Ein Pickup-Fahrer erbarmt sich schließlich und schleppt uns die kurvenreiche und steile Straße zurück in die Stadt. Wir verbringen die Nacht am Straßenrand und erleben das argentinische Nachtleben hautnah mit. Bis zwei Uhr früh herrscht Jubel, Trubel, Heiterkeit. Um fünf Uhr machen sich die ersten bereits wieder auf den Weg zur Arbeit. Tobias ruft unsere Werkstatt in Deutschland an.

„Baut die Dieselpumpe aus, spült sie mit Benzin und lasst sie rückwärts laufen", lautet der Rat von dort.

Zum Glück haben wir eine externe Dieselpumpe eingebaut, so dass der Ausbau eine Sache von wenigen Minuten ist. Die Dieselpumpe funktioniert einwandfrei. Auch der Dieselfilter und der Dieselpumpenfilter sind weder kaputt noch verdreckt. Tobias prüft den Kraftstoffrücklauf. Alles in Ordnung. Wir sind mit unserem Latein am Ende. Ich spüre einen Anflug von Panik. Was, wenn wir niemanden finden, der das Auto reparieren kann? In Argentinien fährt man zwar Landrover Defender, aber nur den TDI, nicht den TD5. Was also, wenn es in Argentinien kein entsprechendes Ersatzteil gibt und wir uns Teile aus Deutschland einfliegen lassen müssen? Wie lange wird das dauern? Was sollen wir in der Zwischenzeit mit dem Auto machen? Fragen, auf die ich keine Antwort weiß. Dabei ist mir durchaus bewusst, dass wir Glück im Unglück hatten. Statt in Stadtnähe hätte das Auto auch irgendwo in den Bergen, fernab von jeder menschlichen Ansiedelung liegenbleiben können. Daran will ich lieber gar nicht denken.

Mittlerweile hat sich neben unserem Auto eine Traube Schaulustiger gebildet.

„Vielleicht ist die Batterie zu schwach", sagt einer.

„Ihr habt Luft im System", weiß ein anderer.

„Ein Freund von mir hat eine Werkstatt um die Ecke", bietet ein Dritter seine Hilfe an.

„Seid ihr wirklich aus Fürth?"

Als Albert uns anspricht, ist das wie ein Geschenk des Himmels. Er kommt aus Deutschland und lebt mit seiner Familie seit sieben Jahren in San Juan. Kurzerhand schleppt er uns zu sich nach Hause. Seine Frau, die ihn eigentlich losgeschickt hatte, um die Kinder von der Schule abzuholen, staunt nicht schlecht, als plötzlich zwei Gringos in der Tür stehen. Doch bei vier Kindern kommt es dann auf zwei Personen mehr oder weniger auch nicht mehr an, und so werden wir wie alte Freunde in den Kreis der Familie aufgenommen. Nach dem Mittagessen schleppt uns Albert durch die halbe Stadt zu einer Werkstatt. Der Mechaniker schüttelt den Kopf: „Mit Direkteinspritzer-Dieselmotoren kennt sich nur einer aus: Diesel Rodriguez."

Der Name lässt hoffen. Doch unsere Hoffnung schwindet, als wir durchs Tor rollen. Auf dem Hof der drei Rodriguez-Brüder steht Arbeit für mindestens zwei Wochen.

„Kein Problem", sagt der Chef, „ihr könnt auf dem Hof übernachten, Küche und Bad mitbenutzen."

„Quatsch", sagt Albert, „ihr kommt zu uns."

Wir wollen unseren Gastgebern keine Umstände machen und vor dem Haus im Auto übernachten.

„Dann muss ich dem Sicherheitsdienst Bescheid geben", sagt Albert. „Sonst hält der euch für Einbrecher."

Schon vorher waren uns in einigen Teilen Nordargentiniens vergitterte Fenster und hohe Zäune aufgefallen. In der Zeitung ist von Mord und Totschlag die Rede, Einbrüche in Anwesen der besseren Wohngegenden scheinen an der Tagesordnung zu sein. Wir hatten Argentinien bisher als relativ sicheres Reiseland angesehen. Müssen wir unsere Meinung revidieren? Albert legt die Stirn in Falten. Seiner Frau entwischt ein ironisches „Aber Hallo", dann schenkt sie Kaffee nach und setzt sich. Die Sicherheitslage in Argentinien scheint kein einfaches Thema zu sein.

Ein hoher Bankangestellter verdient umgerechnet etwa eintausend Euro pro Monat. Mit einem Verdienst von umgerechnet etwa zweitausend Euro pro Monat gehört man bereits zu den Spitzenverdienern. Doch selbst dann müssen in einer Familie meist noch beide Ehepartner arbeiten, um sich ein Leben der Oberklasse leisten zu können. Das Preisniveau ist hoch. Vor allem Häuser, Wohnungen, Möbel und Autos sind extrem teuer. Die Inflationsrate in Argentinien beträgt momentan etwa elf Prozent. Die einst stark ausgeprägte Mittelschicht existiert quasi nicht mehr. Die Kluft zwischen Arm und Reich wird immer größer. Die Kriminalitätsrate steigt. Geklaut wird alles, was man schnell und einfach zu Geld machen kann oder was man für den Eigenbedarf braucht. Gemäß eines Programms der Regierung wurden die Elendsviertel in den Städten dem Erdboden gleichgemacht und die Menschen in neugebaute Backsteinhäuschen an die Stadtränder umgesiedelt. Durch den sozialen Wohnungsbau steigt zwar die Lebensqualität der Menschen, aber es steigen eben auch die Ansprüche. Da die Regierung weder Fernsehgeräte noch Satellitenschüsseln zur Verfügung stellt, werden diese nicht selten anderweitig beschafft.

In der Werkstatt ist man indessen ratlos. Der angeschlossene Scanner kann den Fahrzeugcomputer nicht auslesen. Während die Mechaniker versuchen, den Scanner zum Laufen zu bringen, baut Tobias zusammen mit den Rodriguez-Brüdern den Kühler des Kraftstoffrücklaufs aus und prüft, ob Kraftstoff durchläuft. Tut er. Dann bauen sie den Kraftstoffdruckregler aus. Auch in Ordnung. Danach kommt der Turbo dran. Der Rotor dreht sich. Sie legen die Elektrik des Kraftstoffunterbrechers lahm. Auch hier ist kein Defekt festzustellen. Nach jedem Aus- und Einbau eines Teils versucht Tobias, den Motor zu starten. Ich sitze derweil hinter dem Werkstattgebäude auf der Wiese und lese ein Buch. Da vernehme ich plötzlich das unverkennbare, nagelnde Motorengeräusch unseres Landys. Vermutlich war Luft im Kraftstoffsystem die Wurzel allen Übels, und die ist scheinbar nun wieder entwichen. So genau weiß das keiner. Hauptsache, der Landy läuft wieder. Wir sind überglücklich. Als wir bezahlen wollen, winken die Rodriguez-Brüder ab. Es wurde ja nichts repariert, sondern nur nachgesehen, und das wiederum sei ein Service des Hauses. Sie verabschieden uns mit den Worten: „Genießt unser Land. Argentinien ist großartig!"

Weit außerhalb der Stadt stoppen wir an einem Difunta Correa-Schrein. Statt einer Flasche Wasser legt Tobias seine alten, löchrigen Wanderschuhe neben das Häuschen. Nur für den Fall, dass jemand eine Autopanne hat und laufen muss.

Wissenschaft und Schamanismus

„Hallo, wie geht's? Alles klar bei euch?"

Der, der das sagt, könnte in Hollywood als Redford-Double durchgehen: graumelierte Schläfen, tiefe Lachfalten im sonnengegerbten Gesicht, blaue Augen, Jeans, kariertes Hemd, breitkrempiger Hut. Da außer unserem Landy nur noch ein VW-Bus mit argentinischem Kennzeichen auf dem Campingplatz des Nationalparks El Leoncito steht, weiß ich zuerst gar nicht so recht, in welcher Sprache ich antworten soll. Wie sich herausstellt, ist Robert Redford alias Guido Argentinier, von Beruf Dolmetscher und gerade mit seiner Frau auf Campingurlaub.

„Ihr müsst unbedingt die Observatorien besuchen", empfiehlt Guido beim gemeinsamen Kaffee. „Das lohnt sich."

El Leoncito liegt auf der Anden-Vorkordillere. Hier ist die Luft trocken und klar, der Himmel fast immer wolkenfrei und nachts ist es zudem meist windstill. Ideale Voraussetzungen also für Sterngucker. Während man im Observatorium Casleo das Licht der Sterne einfängt und dessen chemische Zusammensetzung analysiert, bestimmt man im Observatorium Cesco die Position der Himmelskörper und beobachtet die Bewegung von Asteroiden, Meteoriten und Kometen sowie die Ausdehnung des Universums, um aus diesen Daten zu berechnen, wann in etwa sich der Urknall wiederholen wird. Es lässt sich nicht leugnen: Hier herrscht ein bisschen Endzeitstimmung. Mit betrübter Miene erzählt uns der Wissenschaftler, der uns durch das Observatorium führt, dass in drei

Milliarden Jahren die Sonne erlischt, dass unser Sonnensystem in ferner Zukunft mit dem Andromeda-Nebel kollidiert und dass womöglich schon bald ein Asteroid die Erde trifft. Zur Aufmunterung schenkt er uns ein Bild des Halleyschen Kometen.

Auf dem ausgetrockneten See Barreal Blanco, nicht weit vom Nationalpark El Leoncito entfernt, treffen sich an Wochenenden die Wind-Car-Fahrer.

„Komm, lass uns mal hinschauen", schlage ich vor, „vielleicht haben wir ja Glück und es sind welche da."

Am Ufer parken ein Dutzend Autos, darunter auch der Bus von Guido. In der Mitte des Sees hat sich eine Menschenmenge gebildet. Beim Näherkommen erkennen wir, dass es sich dabei nicht etwa um Zuschauer eines Wind-Car-Rennens handelt, sondern um Teilnehmer an einem Schamanen-Ritual, die im Kreis um ein Feuer stehen. Guido winkt uns zu sich und erklärt im Flüsterton: „Die beiden Frauen in der Mitte sind Schamaninnen vom Stamm der Huarpe. Sie vollziehen ein Initiationsritual. Die beiden jungen Männer, die neben dem Feuer stehen, sollen in den Kreis der Schamanen aufgenommen werden und den beiden Frauen zukünftig als Gehilfen zur Hand gehen."

Einer der beiden beginnt zu trommeln. Die Schamaninnen, beide ganz in Weiß gekleidet und barfüßig, des direkten Kontakts zur Mutter Erde wegen, beide mit wallenden, lockigen Haaren, die von einem Stirnband im Zaum gehalten werden, stehen mit geschlossenen Augen und ausgebreiteten Armen in der Mitte des Kreises, Gesicht und Handflächen zum Himmel erhoben. Das Trommeln wird lauter, schneller, fordernder.

Nach und nach greifen diejenigen Teilnehmer, die Tamburins, Regenstöcke, Rasseln in Händen halten, mit ihren Instrumenten den Rhythmus auf. Die anderen klatschen im Takt. Dann gerät der gesamte Kreis in Bewegung und tanzt um das Feuer. Plötzlich verstummt die Musik. Zeit für ein Opfer zu Ehren der Pachamama, der Mutter Erde. Anders als in früheren Zeiten wird Pachamama heute nicht um Wasser oder eine gute Ernte angerufen, sondern darum gebeten, der Umweltverschmutzung ein Ende zu bereiten. Die Minen in den Bergen sollen aufhören die Flüsse zu vergiften, die Menschen in den Städten sollen endlich anfangen Verantwortung für sich und ihre Umwelt zu übernehmen. Tradition, gepaart mit modernen Themen. Die Männer werfen Tabak ins Feuer, die Frauen Mate-Tee. Auch wir bekommen Opfergaben in die Hand gedrückt. *La casa grande,* das große Haus ist schließlich unser aller Zuhause. Dann greifen die beiden Schamaninnen zur Flasche und spucken Wein auf die Erde.

„Der Wein ist von uns", raunt uns Guido zu. „Die hatten vergessen, Wein mitzubringen, da haben wir ihnen einen aus unseren Vorräten gegeben. So eine kostbare Opfergabe hat Pachamama vermutlich noch nie erhalten."

Nach zwei Stunden ist das Feuer aus und die Zeremonie zu Ende. Der Kreis der Teilnehmer löst sich auf. Schweigend laufen wir zu unseren Autos zurück. Nur Guido kehrt noch einmal um. Er hat seinen Korkenzieher liegenlassen.

Bei Uspallata, einem Ferien- und Skiort, biegen wir ins Hinterland ab. Am Fuß der Siete Colores, einer Sandstein-Formation, die in sieben Farben von Rosa bis Grün schimmert, wollen wir noch einmal übernachten, bevor wir am nächsten Morgen nach Chile weiterreisen.

„Da kommt jemand!"

Mitten in der Nacht schrecke ich hoch, weil ich Schritte auf dem kiesigen Untergrund höre. Tobias ist ebenfalls sofort hellwach. Mit angehaltenem Atem lauschen wir dem Geräusch von sich rasch nähernden Schritten. Wer auch immer da draußen unterwegs ist, scheint es ziemlich eilig zu haben. Und er ist nicht allein. Dem Geräusch nach zu urteilen, sind es mindestens zwei, vielleicht aber auch drei Personen. Wir spähen aus dem Fenster in die stockdunkle Nacht, können aber niemanden ausmachen. Die Schritte entfernen sich.

„Da! Was ist das? Siehst du das?", flüstere ich heiser.

Draußen in der Dunkelheit tanzen Lichtpunkte auf und ab. Tobias greift nach der Taschenlampe und hält den Lichtstrahl in die Nacht. Die Lichtpunkte verschwinden.

„Irgendwie unheimlich, findest du nicht auch?"

Bevor Tobias antworten kann, geht eine Leuchtrakete hoch und taucht die Steppe in ein unnatürliches grünes Licht.

„Vielleicht ist jemand in Not", denke ich laut.

Kurz darauf ist Motorengeräusch zu hören. Ein Lkw hält ratternd direkt auf uns zu. Als er auf unserer Höhe ist, geht der Fahrer für den Bruchteil einer Sekunde vom Gas, dann fährt er weiter. Er ist so nah, dass wir erkennen können, um welche Art von Fahrzeug es sich handelt. Und auf einmal ist uns alles klar. Wir lachen, bis uns die Tränen über die Wangen laufen. Wir lachen, weil die Anspannung auf einen Schlag von uns gewichen ist und eine gewisse Situationskomik nicht zu leugnen ist. Ohne es zu ahnen, sind wir mitten hineingeraten in eine Übung des argentinischen Militärs. Da das Militär ganz offensichtlich weiß, dass wir auch da sind, und uns niemand gebeten hat, das Feld zu räumen, beschließen wir zu bleiben. Das Licht der Leuchtraketen und das Geräusch von schweren Stiefeln, die im Gleichschritt über den Kies laufen, begleiten uns in den Schlaf.

Um nach Chile zu kommen, müssen wir die Anden queren. Die Mühen des steilen Anstiegs werden durch ein fantastisches Bergpanorama wettgemacht. Zu unserer Rechten thront majestätisch der Aconcagua, der höchste Berg Amerikas mit einem 6930 Meter hohen Süd- und einem 6959 Meter hohen Nordgipfel. Er ist umgeben von mehreren Fünftausendern, dem „Dach" Amerikas. Während wir am Fuße des Aconcagua durch eine tiefverschneite Landschaft stapfen, bekommen wir beide richtig Lust auf ein paar Tage im Schnee. Seit einem Jahr und vier Monaten sind wir nun schon unterwegs. Und die meiste Zeit davon hatten wir Sonnenschein und Temperaturen weit über dreißig Grad. Höchste Zeit für Winterurlaub.

CHILE
Der Kleine Süden

Gleich hinter der Grenze liegt Portillo, ein Ski-Ressort der Oberklasse, teuer und unpersönlich. Unten im Tal wirbt ein Restaurant mit Cabañas und Camping. Die Cabañas sind winzig, die Luft drinnen riecht abgestanden und feucht. 26 US-Dollar soll die Nacht kosten.

„Und was ist mit Camping?", frage ich in der Hoffnung auf ein günstigeres Angebot.

„Vierzig", antwortet der Besitzer und deutet auf eine Wiese neben dem Haus, ohne Toilette, ohne Dusche, ohne alles.

„Vierzig Pesos?", hake ich nach.

„Vierzig Dollar", erwidert der Besitzer.

Wir halten das für einen schlechten Scherz, bestenfalls für ein Missverständnis, und versuchen unser Glück ein paar Häuser weiter. Hier ist der Preis für Camping zwar niedriger, aber immer noch horrend.

„Warum nehmen Sie keine Cabaña?"

Der Mann, der im Unterhemd vor mir steht, mustert mich fragend von Kopf bis Fuß. Sein Atem riecht nach Bier.

„Kostet das gleiche."

Die Cabañas sind dunkel und kalt und den Matratzen nach zu urteilen, deren Geruch an modrige Baumstämme erinnert, bereits bewohnt. Wie einladend und gemütlich doch dagegen unser Bett im Dachgeschoss des Landys wirkt.

„Tankstelle?", fragt Tobias und ich nicke.

Als es endlich soweit ist, wir die Bretter anschnallen, der Schnee unter uns knirscht und wir die ersten Schwünge auf perfekt präparierten Pisten machen, merken wir erst, wie sehr wir das Skifahren vermisst haben. Und so fahren wir also tagsüber Ski und schlafen nachts an der Tankstelle. Anschließend geht es gleich weiter ins Valle Nevado, dem größten Skigebiet Chiles. Erst als wir jede Abfahrt kennen und uns jeder Muskel weh tut, setzen wir unsere Reise fort.

Das Gebiet zwischen Concepción und Puerto Montt sowie die Insel Chiloé wird gemeinhin als der „Kleine Süden Chiles" bezeichnet. Hier findet man türkisblaue Flüsse, malerische Lagunen und Seen, schneebedeckte Vulkangipfel, dichte Araukarien-Wälder, kalte Regenwälder und eine rauhe Küstenlandschaft. Der „Kleine Süden", der flächenmäßig ein Siebtel des Landes einnimmt, ist das Reiseziel Nummer eins der Chilenen und ein Paradies für Aktiv-Urlauber: Rafting, Kajaking, Trekking, Bergsteigen, Mountainbiking, Reiten, Fliegenfischen, Surfen – alles ist möglich, sofern das Wetter mitspielt.

Die Fahrt durchs Valle Central, dem Obst-, Gemüse- und Weinanbaugebiet Chiles, ist eine trübe Angelegenheit. Morgens dichter Nebel, mittags Nieselregen, nachmittags Regen, abends wieder Nebel. Die Schneegrenze liegt bei etwa 1000 Metern. Nicht gerade die ideale Voraussetzung für Trekkingtouren durch die Berge. Wir haben Mitte September. Der Nationalpark Altos de Lircay öffnet offiziell erst im Dezember. Der Park-Ranger drückt uns trotzdem eine Wanderkarte in die Hand, verzichtet aber darauf, Eintritt zu verlangen. Weit würden wir sowieso nicht kommen, meint er. Und er soll Recht behalten. Bereits wenige Meter nach dem Eingangstor ist der Wanderweg unter einer tiefen Schneedecke begraben. Eine Weile kämpfen wir uns durch die weiße Landschaft, dann kehren wir um und wenden uns der Küste zu.

Im Tiefland herrschen bereits sommerliche Temperaturen. Die Obstbäume blühen in Weiß und Rosa. Die Bauern bestellen ihre Äcker mit Handpflug und vorgespannten Ochsen. Der Weg an die Küste führt durch unendliche Kiefernplantagen. Statt des ursprünglichen chilenischen Urwaldes schießen hier, in Reih' und Glied stehend, die schnellwachsenden Nadelbäume in den Himmel. Bereits nach zwanzig Jahren ist eine Kiefer groß genug um gefällt zu werden. Das Holz wird in einem der vielen Sägewerke zu Spänen zerkleinert, auf Frachtschiffe geladen und nach Japan verschifft, wo die Zellulose zu Papier weiterverarbeitet wird. Ab und zu sorgen Eukalyptus-Plantagen für ein bisschen Abwechslung und verwöhnen die Nase mit ihrem frischen Duft.

Bei Constitución erreichen wir die Pazifikküste. Die grünbewachsenen Klippen fallen abrupt und steil ab und enden in einem langen Streifen schwarzen Sandstrands. Vom Wind und den Gezeiten

Chile/Arg. Mitte

0 km   100   200 km

bizarr geformte Felsen liegen verstreut am Strand wie von Riesenhand hingewürfelt. Constitución ist eine beschauliche Stadt. Die kleinen Holzhäuschen mit den spitzen Giebeldächern und den Sprossenfenstern sind auf Stelzen gebaut. Doch unter dem Gewicht der Zeit biegen sich die Holzpfähle und viele der bunten Fassaden hängen in der Mitte durch. Überall auf den Dächern und Balkonen weht die chilenische Fahne. In den Fenstern hängen Girlanden in den Landesfarben, alle Straßen und Häuser erstrahlen in Blau, Rot und Weiß. Der Unabhängigkeitstag Chiles steht vor der Tür. In diesem Jahr fällt der 18. September auf einen Dienstag, doch schon ab dem Freitag davor wird kräftig gefeiert. In größeren Städten finden Militärparaden und Umzüge statt. Schick zurechtgemachte Reiter mit ausladenden Hüten und kurzen Ponchos reiten stolz auf ihren Pferden durch die Straßen. Groß und Klein, Jung und Alt, jeder, der ein Pferd hat, reitet mit. Und selbst Kleinkinder, dem Krabbelalter eben erst entstiegen, sitzen sicher im Sattel.

Schwierigkeiten damit, sich auf den Beinen zu halten, haben dagegen einige derer, die wir auf unserer Fahrt entlang des Río Biobío antreffen. Bereits gegen Mittag säumen Betrunkene den Straßenrand. Schlafend liegen sie im Graben, den schweren Kopf auf den leeren Weinkarton gestützt.

Im Reserva Nacional Ralco durchkreuzt erneut der Schnee unsere Pläne. Und auch der Ausflug in den Nationalpark Conguillío am Fuße des Vulkans Llaima fällt buchstäblich ins Wasser. Ohne Pause regnet oder schneit es von morgens bis abends. Der graue Himmel, die schwarze Erde, das dunkle Lavagestein im Flussbett, die silbergrauen, dürren Bäume, all das will keine rechte Wanderlaune aufkommen lassen. Dabei muss die Landschaft atemberaubend schön sein. Bei Sonnenschein.

Wieder wenden wir uns der Küste zu. Die Hafenstadt Valdivia liegt strategisch günstig an der Einmündung dreier Flüsse in den Pazifik und die spanischen Eroberer haben deshalb hier auch gleich drei Festungen errichtet. Ab 1850 wanderten viele Deutsche nach Chile aus, weil sie mit den politischen Verhältnissen unzufrieden waren oder in Übersee eine Zukunft sahen. Viele, vor allem Handwerker, ließen sich in Valdivia nieder, bauten Schulen, gründeten

Industrien und verhalfen der Stadt zu Reichtum. Die Häuser der deutschen Siedler waren aus Holz gebaut, mit Spitzgiebeln, Sprossenfenstern, Schindelverkleidung, Verandas und Säulen. Leider fielen die meisten der Häuser dem großen Seebeben von 1960 zum Opfer. Doch die deutschen Wurzeln sind dennoch unverkennbar: In der Bäckerei verkauft man neben Bauernbrot und Sauerteigbrot auch *pan alemán,* deutsches Brot. Ein paar Blocks weiter lädt eine deutsche Brauerei zu deutschem Bier und Brotzeit ein. Und auf der Weide grast deutsches Fleckvieh.

Die örtliche Attraktion schlechthin sind jedoch die Seelöwen auf dem Fischmarkt. Dass Seelöwen Fische fressen, wusste ich. Dass sie sich den Fisch vom Fischmarkt holen, war mir neu. In Valdivia jedenfalls tummeln sich die Seelöwen im Wasser direkt hinter den Fischständen und warten darauf, dass einer der Händler ihnen die Reste eines Lachses oder eines Seehechts über den Zaun hinweg in den Rachen wirft. Ein paar ganz dreiste Seelöwen haben ihre schweren Körper an Land gewuchtet, die eigens errichtete Absperrung umgangen und sitzen nun den Fischverkäufern ziemlich dicht auf der Pelle. Aber offensichtlich haben die Seelöwen gelernt, dass es ratsamer ist, den Verkäufern besser nicht ins Bein zu beißen, sondern darauf zu vertrauen, dass diese freiwillig etwas abgeben.

„Wie wär's mit Lachs?", frage ich. Eine rein rhetorische Frage angesichts des Angebots. Die Händler verkaufen nur ganze Fische, also verlange ich den kleinsten, den es gibt. Er ist ein Kilo schwer. Abends gibt es bei uns Lachs mit Lachs und Lachs, und am nächsten Morgen riecht unser Landy wie ein Fischkutter auf Rädern.

Auch in Osorno sind die touristischen Sehenswürdigkeiten deutschen Ursprungs. Die bunten, verspielten Holzhäuschen aus der Gründerzeit tragen Namen wie „Casa Schüller" oder „Casa Stückrath". Und in Frutillar am Lago Lanquihue gibt es ein „Café am See", einen „Kuchenladen" und eine Pension mit dem einladenden Namen „Wie zu Hause". Frutillar, einst ein Zentrum deutscher Auswanderer, sieht aus wie dem Prospekt des oberbayrischen Fremdverkehrsverbandes entsprungen. Lediglich der Vulkan Osorno, dessen perfekt geformter, schneeweißer Kegel sich am gegenüberliegenden Seeufer erhebt, passt nicht recht zur Alpenidylle.

Wir fahren zum Lago Todos los Santos und weiter zum Lago Tagua Tagua, wir umrunden den Seno de Reloncaví, einen tief ins Landesinnere hineinreichenden Fjord, in dessen stillen Gewässern Hunderte von Fisch- und Muschelfarmen angesiedelt wurden. Wir machen einen Abstecher nach Hornopirén, einem verschlafenen Ort am Beginn der Carretera Austral. Und wir widerstehen der Versuchung, mit der Fähre nach Caleta Gonzalo überzusetzen und weiter der Carretera Austral zu folgen. Die Fahrt auf dieser berühmten Strecke in den „Großen Süden" Chiles haben wir uns für später aufgehoben.

Die Insel Chiloé

Chiloé, nach Feuerland die zweitgrößte Insel Südamerikas, ist nicht ganz 200 Kilometer lang und etwa 35 Kilometer breit. Ursprünglich war Chiloé von den Chono besiedelt, später auch von den Mapuche, die nach Südchile vordrangen. Schließlich kamen im 16. Jahrhundert die spanischen Eroberer an der Küste an. Heute ist auf der Insel von den Chono und den Mapuche, also von der eigentlichen Chilote-Kultur, so gut wie nichts mehr übrig. Die Lanchones, jene Segelboote, mit denen die Chiloten einst zum Fischfang aufs Meer hinaussegelten, wurden längst durch bunte Motorboote ersetzt. Erhalten geblieben sind die *palafitos*, Stelzenhäuser, die so in die Uferböschung

Holzkirche

gebaut wurden, dass sie oben an der Straße wie eine normale Häuserzeile aussehen, auf der dem Meer zugewandten Seite bei Ebbe jedoch etliche Meter über dem Strand stehen und das Wasser bei Flut knapp unter ihnen endet. Die übrigen Sehenswürdigkeiten auf Chiloé entstammen dem späten 19. bzw. dem frühen 20. Jahrhundert und sind nordeuropäisch geprägt: schindelverkleidete Holzhäuschen und Kirchen. Sieht man genau hin, stellt man fest, dass kein Haus dem anderen gleicht. Unterschiedliche Formen und Anordnungen der Schindeln und die zweifarbigen Anstriche verleihen jeder Fassade eine individuelle Note. Außerhalb der spärlich gesäten Ortschaften grasen schwarzweiß gefleckte Kühe auf rollenden, grünen Hügeln zwischen blühenden Büschen. Und über allem liegt ein ganz spezieller Duft. Es riecht nach Frühling.

PATAGONIEN
Bis ans Ende der Welt

„Patagonien beginnt am Río Negro", schreibt Bruce Chatwin in seinem Buch „In Patagonien". Die Argentinier und Chilenen sehen das etwas anders. Während in Argentinien bereits alles südlich des 36. Breitengrades einschließlich der Falkland-Inseln und des Feuerland-Archipels zu Patagonien zählt, fängt Patagonien für die Chilenen erst südlich von Puerto Montt an.

Patagonien wird durch die Andenkordillere in zwei völlig unterschiedliche Klimazonen geteilt: Während es im westlichen, chilenischen Patagonien feucht und kühl ist, zeichnet sich das östliche, argentinische Patagonien durch seinen steppenartigen Charakter und durch seine starken Winde aus. Im Sommer, wenn die Sonne die Pampa aufheizt, entsteht auf Grund eines Tiefdruckgebiets ein Sog, der die feuchte Luft von der Pazifikseite über die Berge zieht und so für den berühmt-berüchtigten patagonischen Westwind sorgt.

Zwei Tage lang fahren wir durch das argentinische Chubut-Tal an die Atlantikküste. Vor uns, hinter uns, links und rechts von uns erstreckt sich eine knochentrockene Steppenlandschaft bis zum Horizont. Zwischen den verdorrten Büschen weiden Schafe. Darüber am Himmel hängen Schäfchenwolken wie aufgeklebte Wattebäusche auf einem hellblauen Pappkarton. Gauchos reiten an den Weidezäunen entlang und winken uns fröhlich zu. Am Horizont ist unscharf eine lange Reihe schlanker Pappeln zu erkennen. Dahinter verbirgt sich, vor Wind und Blicken geschützt, ein Farmhaus.

Chubut-Tal

„So habe ich mir Patagonien vorgestellt", schwärmt Tobias.

Die unendliche Weite der argentinischen Pampa, die Ruhe und die Einsamkeit, all das ist Balsam für die Seele.

Irgendwann tauchen Siedlungen auf, deren Namen bereits erkennen lassen, dass hier Waliser zu Hause sind: Dolavón, Gaimán, Trelew. Im Jahre 1865 landeten 153 walisische Einwanderer an der Küste vor Puerto Madryn und zogen von dort ins Chubut-Tal. Noch heute kann man die alten Backsteingebäude bewundern und sich in den Teestuben mit selbstgebackenem Kuchen verwöhnen lassen.

Tierisch was los

Schon seit Tagen bin ich ganz aufgeregt und fiebere unserer Ankunft an der Küste entgegen. Als ich von oben einen ersten Blick auf den Golfo Nuevo erhasche, kann ich eine leichte Enttäuschung nicht verbergen. Hier vor Puerto Madryn treffen sich jedes Jahr zwischen Juli und Dezember die Bartenwale zur Paarung. Die Bucht ist riesig. Wie soll man da einzelne Wale sehen können? Doch meine Sorge ist unbegründet. Als wir uns dem Strand nähern, sehen wir schon von weitem die enormen Fluken aus dem Meer ragen. Überall steigen Wasserfontänen senkrecht in die Höhe. In der Bucht wimmelt es von Walen. In Zweier- oder Dreiergrüppchen tummeln sich die grauen Riesen im seichten Wasser vor der Küste und vollführen ihre akrobatischen Paarungstänze. Die Walkuh dreht sich dabei auf den Rücken und schlägt mit den Flossen aufs Wasser, was soviel heißt wie „Jungs, ich warte auf euch." Immer wieder schieben die Wale ihre massigen Körper aus dem Wasser, springen und drehen sich. Manchmal schwimmen sie mit erhobenen Köpfen genau aufs Ufer zu, wo sich bereits am frühen Morgen die ersten Schaulustigen einfinden. Gefährlich schnell rast dann der unförmige Kopf, an dem das Auge ganz unten sitzt und der mit einer dicken Kruste aus Muscheln überzogen ist, auf die Zuschauer zu, um im letzten Moment doch noch abzudrehen. Noch nie zuvor habe ich einen Wal so nah gesehen.

Fasziniert verfolge ich das Schauspiel. Mal ragt ein Kopf aus dem Wasser, mal eine Fluke, dann wieder eine Finne. Aus all diesen Einzelaufnahmen versucht mein Kopf das komplette Bild eines Wals zusammenzusetzen.

Walbeobachtung

Bartenwale können bis zu 16 Meter lang und bis zu 54 Tonnen schwer werden. Oder bildlicher ausgedrückt: Mehr als dreimal so lang wie unser Landy und etwa achtzehnmal so schwer. Dabei ernähren sie sich ausschließlich von Plankton, das sie durch ihre Barten filtern. Im Gegensatz zu Fischen haben die riesigen Meeressäuger eine waagrecht gestellte Schwanzflosse, die eine Spannbreite von bis zu sechs Metern erreichen kann, Spritzlöcher, durch sie ausatmen, und unter ihrer glatten Haut eine mehrere Zentimeter dicke Fettschicht, Blubber genannt.

Wir stehen mit unserem Auto direkt am Strand, so dass wir vierundzwanzig Stunden lang Wale beobachten können. Nachts können wir die Tiere zwar nicht sehen, dafür aber hören. Dunkle, kehlige Laute dringen an unser Ohr. Ein Geräusch, das Gänsehaut verursacht. Es ist ein unheimliches, aber gleichzeitig auch berauschendes Gefühl, diesen Tieren so nahe zu sein.

Die *Península Valdés,* eine Halbinsel direkt vor der Küste, die wie ein Pilz in den Atlantik hineinragt, ist nur durch einen schmalen Isthmus mit dem Festland verbunden. Die ganze Halbinsel, obwohl offiziell ein Naturreservat, ist eingezäuntes Weideland. Entsprechend eintönig ist das Landschaftsbild. Das einzig Sehenswerte ist ohnehin der Küstenstreifen. In der Kolonie der See-Elefanten gibt es Nachwuchs. Die Jungtiere sind gerade mal wenige Tage bzw. Stunden alt. Eines der Weibchen hat eben erst ein Junges zur Welt gebracht. Erschöpft und mit blutverschmiertem Bauch liegt es auf dem Kies. Das Kleine hat einen feuchten Pelz und die rote Nabelschnur ist noch deutlich zu erkennen. Unbeholfen hebt es den schweren Kopf und robbt so nah wie möglich an seine Mutter heran. Dreiundzwanzig Tage lang wird es an Land gesäugt, bevor es zum ersten Mal ins Wasser darf. Ein paar Meter weiter verscheucht der Macho-Bulle gerade ein Männchen, das es gewagt hat, seinem Harem zu nahe zu kommen. Trotz ihrer unförmigen Körper bewegen sich die Tiere erstaunlich schnell.

„Two kartons of wine – but no germans", teilt mir mein Handy mit, als wir uns dem Strand von Puerto Madryn nähern. Wir hatten Liz und Colin, die ebenfalls auf dem Weg an die Küste waren, per SMS die GPS-Koordinaten unseres Stellplatzes mitgeteilt und vorsichtshalber hinzugefügt: „dort, wo der leere Weinkarton im Mülleimer liegt." Jetzt warten die beiden bereits auf uns und haben auch gleich Nachschub mitgebracht. Sie haben ihren Pickup-Camper so gut wie verkauft und dem neuen Besitzer aus Brasilien auch schon vorgeführt, die Übergabe soll aber erst in zwei Monaten stattfinden.

„Seitdem fällt ein Teil nach dem anderen auseinander", klagt Colin. „Wenn das so weitergeht, dann stellen wir dem neuen Besitzer unser Fahrzeug heimlich nachts auf den Hof und werfen die Schlüssel in den Briefkasten."

Wir beide haben inzwischen eine zehntägige Expedition in die Antarktis gebucht. Am 9. Dezember soll's losgehen.

„Was haltet ihr davon, wenn wir uns am 20. Dezember in Ushuaia treffen," schlägt Colin vor, als wir uns zwei Tage später verabschieden.

Die Idee gefällt uns. Denn dann sehen wir die beiden noch einmal, bevor sie nach England zurückfliegen.

„Man sieht sich in Ushuaia", rufen wir Liz und Colin zu, als wir vom Strand fahren. Doch schon eine Stunde später treffen wir uns in der Nachbarbucht wieder, wo wir noch einen letzten Blick auf die Wale werfen wollten.

Punta Ninfas bildet zusammen mit dem südlichsten Punkt der Valdés-Halbinsel den Eingang zur Bucht des Golfo Nuevo. Unterhalb der Klippen siedelt eine Kolonie See-Elefanten. Ein kleiner Pfad führt

See-Elefant

hinunter an den Strand, so dass man so nah an die Tiere herankommt, wie man mutig ist. Wir postieren uns in etwa zehn Meter Entfernung und vertrauen darauf, dass wir im Zweifelsfall schneller rennen als die See-Elefanten robben. Die Kühe mit ihren Jungen dösen faul in der Sonne. Der Boss der Truppe, ein schwergewichtiger, grauer Bulle, schnuppert mit seiner Rüsselnase nur einmal kurz in unsere Richtung, dann wendet er sich gelangweilt ab.

Etwas mehr Bewegung herrscht in Punta Tombo. 175.000 Pinguin-Paare treffen sich hier jedes Jahr im September und Oktober um zu brüten. Gleich hinter dem Eingang werden wir vom ersten aufgeregten Pinguin beinahe über den Haufen gerannt und sehen ein, dass Frackträger hier den Vortritt haben. Ein Fußweg führt mitten durch die Kolonie, direkt vorbei an den Erdhöhlen, in denen die Tiere nisten. Die Weibchen legen zwei Eier, und in einigen der Nester wird auch schon gebrütet. Einige der Vögel müssen auf dem Weg von ihren Nestern ans Meer und wieder zurück den Fußweg queren. Geduldig warten sie auf eine passende Gelegenheit, um dann, hinter dem Rücken der Besucher, mit gespreizten Flügeln zügig auf die andere Seite zu marschieren.

Die Geschichte der Stadt Comodoro Rivadavia liest sich wie der Kurzabriss eines alten Hollywood-Western: 1907 hatte man hier nach Wasser gesucht und bei den Bohrungen Erdöl gefunden. Aus dem armen Wüstendorf wurde eine reiche Kleinstadt. Wasser gibt es allerdings bis heute nicht – das kommt für die 150.000 Einwohner nach wie vor aus einem See bei Sarmiento. Als wir die Stadt Richtung Süden verlassen, zeigt der patagonische Wind mal so richtig,

Pinguin in Erdhöhle

was er kann. Unbarmherzig fegt er übers Land, treibt Plastiktüten, Sand, Steine und Dreck vor sich her und unseren Spritverbrauch in die Höhe.

„Der Wind ist der Herrscher über dieses Land und der Mensch hat sich dem zu beugen. Im Sommer. Im Winter ist es windstill", erzählt uns ein Einheimischer. „Doch was wäre Patagonien ohne Wind? Wer hierher kommt und das Land ohne Wind erlebt, der war nicht in Patagonien."

Es war einmal vor 150 Millionen Jahren

Wir verlassen die Küste und machen einen Abstecher ins Landesinnere. Unbarmherzig fegt der Wind über die kargen Felsen, biegt die dürren Büsche auf den Boden und wirbelt Staub auf. Wir stehen auf einem Hügel und blicken in ein trockenes Tal, in dem irgendwann einmal Dinosaurier über saftige Wiesen gezogen sind und bis zu hundert Meter hohe Araukarien Schatten spendeten. Im Hintergrund erhebt sich der Kegel jenes Vulkans in den Himmel, der bei einem Ausbruch vor 150 Millionen Jahren das gesamte Tal mit einer meterhohen Ascheschicht bedeckt hat. Die Vulkanasche, zusammen mit Wind, Wasser und Mineralien führte dazu, dass sich die abgestorbenen Wälder und langsam verrottenden Baumstämme allmählich in Stein verwandelten und noch heute zu bewundern sind. Einige der steinernen Stämme sehen aus, als wären sie eben erst gefällt worden. An der „Schnittkante" sind deutlich die Jahresringe zu erkennen. Das Innere der Stämme ist hell, schimmert mitunter rosig, und wird nach außen, zur „Rinde" hin immer dunkler. „Holzsplitter" liegen auf dem Boden. Doch statt dem harzigen Geruch frisch geschlagenen Holzes kitzelt Staub unsere Nasen.

„Vor 75 Millionen Jahren haben sich die Anden aufgefaltet", sage ich nachdenklich zu Tobias. „Das heißt, die versteinerten Bäume lagen schon 75 Millionen Jahre hier an dieser Stelle, als die ersten Bergspitzen erst begonnen haben, sich nach oben zu schieben. Kannst du dir das vorstellen?"

Tobias kann das. Ich kann das nicht. 150 Millionen Jahre übersteigen meine Vorstellungskraft.

Wieder zurück an der Küste besuchen wir bei San Julián noch eine Robbenkolonie, dann hat Tobias genug vom Meer und dessen Bewohnern. Zeit für Berge, beschließt er und biegt nach Westen ab. Wir queren Argentinien also zum zweiten Mal auf der Ost-West-Achse. Als wir El Chaltén erreichen und unser Auto auf der Wiese am Ortseingang parken, reißt das Handbremsseil.

„Nur gut, dass wir die wirklich bergigen Strecken hinter uns haben", denke ich. Dumm nur, dass wir seit Tagen einen schleichenden Platten haben und dringend Reifen wechseln müssen. Dumm auch, dass bei näherem Betrachten plötzlich alle Plätze, auf denen wir parken, eine gewisse Schräglage aufweisen. Wir packen vorsichtshalber zwei Steine ins Auto und ich bekomme auf unbestimmte Zeit die ehrenvolle Aufgabe zugewiesen, immer dann, wenn wir unsere Parkposition erreicht haben, aus dem Auto zu springen und die Steine unter die Reifen zu legen.

El Chaltén ist ein zugiger, staubiger und unansehnlicher Ort. Für Tobias ist er das Paradies auf Erden, denn El Chaltén ist das Eingangstor in den nördlichen Teil des Nationalparks Los Glaciares und somit das Tor zum Fitz Roy-Massiv. Die 3405 Meter hohe Felsnadel des Fitz Roy und der 3102 Meter hohe Cerro Torre zählen unter Bergsteigern zu den technisch anspruchsvollsten Gipfeln der Welt. Aber es muss ja nicht immer gleich der Gipfel sein.

„Hier könnte ich Monate verbringen, ohne mich zu langweilen", lautet Tobias' Urteil nach dem Besuch der Nationalparkverwaltung und einem ausgiebigen Studium der frisch erworbenen Wanderkarte. Wir packen Zelt, Schlafsack, Campingkocher in die Rucksäcke und vier Steine unters Auto, bevor wir zu unserer Mehrtages-Tour rund ums Fitz Roy-Massiv starten. Wir laufen zwischen blühenden Sträuchern, durch moosbewachsene Wälder, über sumpfiges Grasland, vorbei an malerischen Lagunen, über Felswände und Geröll. So abwechslungsreich wie die Landschaft ist leider auch das Wetter. Wie für Patagonien typisch ist es mal sonnig und warm, in der nächsten Minute aber schon wieder regnerisch und kalt. Nur auf den Wind kann man sich hundertprozentig verlassen, denn der ist immer da. Der Wind zieht so heftig an meinen Haaren, dass er mir den Haargummi aus dem Pferdeschwanz reißt. Und er kommt so schräg von der Seite, dass er aus einem gefüllten Topf das Wasser waagrecht über den Rand weht.

Entsprechend der Jahreszeit ist in den Camps noch relativ wenig los. Bei nächtlichen Temperaturen um die 3 °C zelten nur ein paar Hartgesottene in den Bergen. Und wir. Mit den ersten Sonnenstrahlen kriechen wir aus unseren Schlafsäcken und starren, die kalten Hände um eine heiße Tasse Kaffee geschlungen, ehrfurchtsvoll auf die Wolkenwand, hinter der sich der Fitz Roy verbirgt. Wir haben Glück. Als die Wolken aufreißen, haben wir den Berg in seiner vollen dramatischen Schönheit vor uns!

Hinter den Felsnadeln aus Granit, im chilenisch-argentinischen Grenzgebiet erstreckt sich das *Campo Hielo Sur,* das südliche patagonische Inlandeis, nach der Antarktis und dem Grönlandeis die drittgrößte zusammenhängende Eismasse der Welt und damit eines der größten Süßwasserreservoirs der Erde. Einer der Ausläufer dieser Eismassen ist der Perito-Moreno-Gletscher. Während auf der ganzen Welt die Gletscher langsam zurückgehen, ist der Perito Moreno der einzige, der noch immer wächst. Unaufhaltsam schiebt sich seine Zunge jeden Tag um etwa ein bis zwei Meter nach vorne. Wir hören es in der Eiswand knacken und krachen. Dort wo der See eine Biegung macht, hat der Gletscher bereits das *gegenüberliegende* Ufer erreicht. Wenn der Druck der nachschiebenden Eismasse zu hoch wird, sprengt es irgendwann das Eis an dieser Stelle weg. Durch die Bewegung reißen Gletscherspalten auf und stürzen Gletscherzacken in sich zusammen. Und immer wieder brechen auch riesige Stücke vorne an der Gletscherzunge ab, stürzen ins Wasser des Lago Argentino und treiben anschließend als kleine Eisberge auf dem See. Wir haben die Nacht neben der Aussichtsplattform verbracht und stehen schon vor Sonnenaufgang an der Holzballustrade um mitzuerleben wie die Sonnenstrahlen dem Eis Farbe verleihen: Aus einem schnöden Grau wird erst ein blasses Violett, dann ein zartes Rosé, und schließlich leuchten die Aushöhlungen, Vertiefungen, Tunnel und Grotten im Gletschereis in sattem Blau und Grün.

El Calafate ist der Ausgangsort für organisierte Touren zum Gletscher. Zu unserer Freude werde dort auch Offroad-Touren in Defender-Landrovern angeboten. Vielleicht können wir hier unsere Handbremse reparieren lassen. Der Inhaber einer Offroad-Agentur verrät uns, dass er seine Flotte zwar selbst wartet, aber leider keine Ersatzteile auf Lager hat. Er bietet an, uns das Handbremsseil in Buenos Aires zu bestellen und zum Beispiel nach Río Grande liefern zu lassen, denn dort gibt es einen Landrover-Händler mit angeschlossener Werkstatt. Wir nehmen das Angebot an und machen einen außerplanmäßigen Abstecher auf die Insel. Denn Río Grande liegt bereits auf Feuerland.

Tierra del Fuego, Land des Feuers

Tierra del Fuego besteht aus einer Hauptinsel und vielen kleinen Nebeninseln, die zusammen einen Archipel bilden. Mehr oder weniger schnurgerade von Nord nach Süd verläuft die Grenze und teilt die Hauptinsel in einen etwas größeren chilenischen Westen und in einen argentinischen Osten. Der Name „Feuerland" geht zurück auf den portugiesischen Seefahrer Ferdinand Magellan, der 1520 bei der Durchsegelung der nach ihm benannten Passage durch das Insel-Labyrinth, der Magellanstraße, an den Ufern Rauch aufsteigen sah. Wieder zurück in Spanien berichtete er dem König von der „Tierra del Humo", dem Land des Rauchs. König Karl V. kombinierte daraufhin, dass es dort, wo Rauch sei, auch Feuer geben müsse und gab der Insel ihren heutigen Namen „Tierra del Fuego".

Wir setzen mit der Fähre von Punta Delgada nach Puerto Espora über und fahren Richtung Westen. „Porvenir" heißt Zukunft. Und wie man das bei einem solchen Namen nicht anders erwartet, strahlen die bunten Blechhäuschen des größten chilenischen Ortes auf Feuerland mit der Sonne um die Wette. Gleich hinter der Stadt zweigt der Circuito de Oro ab, der sich durch das Gebiet der Goldschürfer schlängelt. Im Jahre 1879 hatte Leutnant Ramón Serrano Montaner von der chilenischen Marine eine Expedition durch Tierra del Fuego angeführt und dabei zwei Entdeckungen

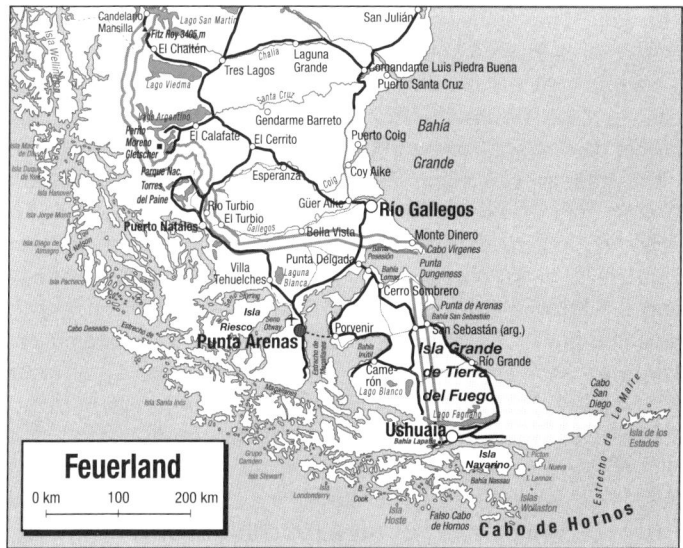

Feuerland

0 km   100   200 km

gemacht: Zum einen stellte er fest, dass auf Feuerland extrem gute Bedingungen für die Schafzucht herrschten, zum zweiten fand er heraus, dass es in der Sierra Boquerón Gold gab. Kurz darauf, im Jahre 1883, wurde die erste Schafzucht-Estancia auf Feuerland gegründet. Und natürlich kamen die Goldschürfer auf der Suche nach dem gelben Metall. Heute noch stehen entlang des Circuito de Oro ein paar Goldgräberhüttchen. Aus einem der Schornsteine quillt Rauch, auf einer Leine hängt Wäsche. Noch immer wird hier nach Gold gesucht.

Bis an die südliche Küste der Bahía Inútil, jener „nutzlosen" Bucht, in der sich Magellan, wie bei so vielen anderen Buchten zuvor, die ersehnte Durchfahrt erhofft hatte, unterscheidet sich die Landschaft nicht wesentlich von der patagonischen Steppe des Festlandes: flaches Land, niedriges Buschwerk, Steppengras, Guanaco-Herden, Füchse, Gänse, weidende Schafe und ab und zu ein Estancia-Gebäude mit weißer Fassade und rotem Dach.

Bei Camerón beginnt der Wald. Er sieht aus wie ein Märchenwald. Die Südbuchen mit ihren kleinen Blättern sind mit Flechten überzogen und mit Moos bewachsen. Der permanente Wind hat sie alle in dieselbe Richtung gebeugt. Wo immer ein Fluss oder Bach durch diese Landschaft fließt, haben Biber ihre Dämme gebaut und das Wasser zu Tümpeln und Seen aufgestaut. Drumherum türmen sich abgestorbene Bäume mit silbrig grauer Rinde.

Wir haben noch etwas Zeit, ehe wir unser Päckchen in Rio Grande abholen können und so fahren wir kreuz und quer durch den chilenischen Teil Feuerlands. Hinter Pampa Guanaco, einem winzigen Ort mit Polizeistation und mobilem Zahnarztpraxis-Container, führt eine Straße zum Lago Deseado. Die Straße zieht sich durch ein breites, feuchtes Tal, einen bewaldeten Bergrücken hoch, vorbei an unberührten Schneefeldern. Von hier oben können wir am Horizont die Präkordillere der Darwin-Kordillere sehen. Unten im Tal leuchten die für Feuerland typischen roten Sumpf- und Moorflächen. Der Lago Deseado ruht still in der Sonne. Hinter dem See schraubt sich die Straße in steilen Serpentinen einen weiteren Pass hoch, von dem aus wir einen fantastischen Blick auf die verschneiten und vergletscherten Berge der Darwin-Kordillere haben, bevor die Straße dann ebenso steil zum Lago Fagnano hinunterführt. Von hier sind es noch 45 km Luftlinie bis Ushuaia. Doch die südlichste Stadt der Welt muss noch eine Weile auf uns warten.

Es ist Mittwochnachmittag, als wir in Rio Grande ankommen. Das Päckchen, auf das wir warten, war für Dienstag avisiert. Der Angestellte hinter dem Tresen schüttelt bedauernd den Kopf. Kein Päckchen auf unseren Namen. Vielleicht morgen.

In Rio Grande ist es 17.30 Uhr und die meisten Geschäfte öffnen nach der für Argentinien typischen langen Mittagspause gegen 18 Uhr noch einmal für drei oder vier Stunden. Auch an den Tankstellen herrscht Hochbetrieb. An allen gibt es eine extra Diesel-Zapfsäule für Fahrzeuge mit ausländischem Kennzeichen. Ohne zu zögern fährt Tobias an die normale Zapfsäule mit dem normalen Preis. Der Tankwart erkennt in uns natürlich sofort die Gringos und will wissen, ob wir Argentinien bereisen. Doch Tobias geht ihm nicht in die Falle. Wir arbeiten hier, lautet seine knappe Antwort. Klar, dass das eine Gegenfrage provoziert. Ich sitze im Auto und lausche schmunzelnd den Ausführungen Tobias', der dem armen

Tankwart die Story vom wilden Pferd auftischt. Er arbeite für die Tourismusbehörde in Jujuy, kommt ihm dabei so flüssig über die Lippen, wie sonst selten ein spanischer Satz. Über das Gesicht des Tankwarts huscht ein Lächeln. Er kenne Jujuy, sagt er, er sei immerhin dreizehn Jahre lang mit dem Rucksack durch den Norden Argentiniens gereist, bevor es ihn dann nach Feuerland verschlagen habe. Der nette Plausch spart uns bares Geld.

Da wir nun schon mal hier sind, schauen wir uns auch gleich ein bisschen die Gegend an. Die Küste, die riesige Estancia der Familie Menéndez und die Estancia María Behety, die noch in Betrieb ist.

Am Donnerstag ist unser Päckchen immer noch nicht da. Das Flugzeug aus Buenos Aires konnte wegen zu starken Windes nicht landen. Als wir das Päckchen am Freitag endlich in Empfang nehmen, ist die Landrover-Werkstatt ausgebucht. In einer der kleineren Werkstätten in der Stadt winkt man uns herein und macht sich gleich an die Arbeit. Während Tobias unter dem Landy liegt und dem Mechaniker assistiert, unterhalte ich mich mit dem Werkstattbesitzer, einem freundlichen, älteren Herrn. Er habe eine Statistik gelesen, erzählt er mir, wonach in Europa ein Kilo Rinderlende 42 Euro kosten solle, ein Kilo Audi Neuwagen dagegen nur 30 Euro. Er findet es weit weniger befremdlich als ich, dass das Fahrzeug besser abschneidet. Vielmehr wundert er sich darüber, dass Fleisch so teuer sein kann.

„Ein Kilo ist doch nur so groß", empört er sich und formt mit seinen Händen eine Kugel, die in der Tat ziemlich klein ist. Kopfschüttelnd wendet er sich einem seiner Mitarbeiter zu und beginnt, diesem die Offroad-Ausstattung unseres Landys zu erklären,

die speziellen GFK-Bleche für Sand- und Schlammdurchfahrten, das verstärkte Fahrwerk, den Schnorchel für Wasserdurchfahrten und so weiter.

„In Deutschland haben sie alles, jedes nur denkbare Offroad-Equipment gibt es dort zu kaufen", höre ich ihn sagen. „Und wofür? Für asphaltierte Autobahnen."

„Links oder rechts?"

Links geht es nach Ushuaia. Noch 226 Kilometer bis ans Ende der Welt. Rechts geht es zurück nach Chile, aufs Festland. Unser Schiff in die Antarktis läuft erst in vier Wochen aus. Wir haben Zeit.

„Rechts", sage ich und tausche den Argentinien-Reiseführer gegen den von Chile.

Zu Fuß durch den Torres del Paine

Der Nationalpark Torres del Paine ist 242.242 Hektar groß. Mit seinen Höhenlagen zwischen 200 und 3050 Metern, seinen türkisblauen Seen, den saftigen grünen Wiesen, den Wäldern und den vergletscherten Berghängen ist er ein Paradies für Bergsteiger und Wanderer. Die Hauptattraktion des Parks sind drei scharfgezackte Felsnadeln aus Granit, die sich inmitten des Paine-Massivs gen Himmel strecken und dem Park seinen Namen gegeben haben. Wenn an schönen Tagen morgens die ersten Sonnenstrahlen die steilen Wände der Torres erreichen, erstrahlen diese in rosafarbenem Glanz und heben sich noch schärfer als sonst vom hellblauen Himmel ab. Ganz anders, aber mindestens genauso spektakulär ist der Anblick der Cuernos, hörnerartige Gipfel, die zweifarbig – oben schwarz und unten hell –, einen fantastischen Kontrast zu dem türkisblauen Wasser des Lago Nordensjköld bilden.

Das „W" ist eine 75 Kilometer lange Trekkingroute in W-Form, die zwischen dem Paine-Massiv und dem Lago Nordenskjöld am Fuß der Cuernos vorbeiführt und dabei drei Abstecher nach oben macht: hinauf zur Lagune am Fuß der Torres, hinter ins Valle Francés zu den hängenden Gletschern und am Lago Grey entlang zur Gletscherzunge des Grey-Gletschers.

Die Cuernos im Torres del Paine

Da wir das „W" schon einmal vor vier Jahren gelaufen sind, wollen wir dieses Mal den „Circuito" in Angriff nehmen, der das Massiv einmal umrundet. Doch am Eingangshäuschen zum Park prangt unübersehbar ein Schild mit der Aufschrift: „Circuito aus Sicherheitsgründen gesperrt". Schneemassen haben in Höhe des John Gardner-Passes, der Schlüsselstelle des gesamten Weges, ein Stück des Hanges mit ins Tal gerissen. Die Refugios und Campingplätze auf der Rückseite des Massivs sind ebenfalls geschlossen.

Dabei ist das Wetter heute bestes: Die Sonne lacht und am Himmel ist nicht einmal der Hauch einer Wolke zu sehen. So schönes Wetter gibt es hier selten. Das muss man ausnutzen.

„In der Schweiz läufst du auch quer über die Alm, da gibt es auch keine Wege", wischt Tobias meine Bedenken weg. Wir stellen gerade die Essensrationen für die nächsten Tage zusammen, als wir Bekanntschaft mit einer Gruppe der britischen Armee machen. Die Engländer sind eben von ihrer zehntägigen Umrundung des Massivs zurückgekommen und haben beschlossen, uns ihr noch übriges Expeditionsessen zu schenken. Als wir nach dem Zustand des Weges fragen, zuckt die Engländerin, die uns das Care-Paket überreicht, nur mit den Schultern. Man käme schon durch, meint sie, aber an einigen Stellen wäre es weglos und ein hartes Stück Arbeit.

Wir starten im Uhrzeigersinn und steigen erst einmal zur Lagune am Fuß der Torres auf. Weiter geht's am Ufer des Lago Nordensjköld entlang, vorbei an knallrot blühenden Büschen.

Je mehr wir uns den Cuernos nähern, desto wechselhafter wird das Wetter. Wolken ziehen auf, ab und zu regnet es, dazwischen scheint immer wieder die Sonne und heizt die Luft innerhalb weniger Sekunden so sehr auf, dass wir eine Schicht nach der anderen ablegen, bis wir schließlich im T-Shirt wandern, nur um eine halbe Stunde später wieder eine Jacke nach der anderen überzuziehen. Als wir ungefähr auf Höhe der Cuernos sind, fängt mein rechtes Knie an zu schmerzen. Mehr auf einem Bein hüpfend als auf beiden Beinen laufend erreiche ich das Valle Francés, in dem wie üblich dunkle Regenwolken hängen. Am nächsten Morgen lässt mir Tobias galant den Vortritt, aber nicht etwa, damit ich mit meinem steifen Knie das Marschtempo bestimmen kann, sondern vielmehr, damit ich nicht sehe, dass auch er Probleme mit seinem Knie hat.

In der patagonischen Steppe

Als wir den Refugio Pehoé erreichen, regnet es in Strömen. Der Wind fegt mit einer Geschwindigkeit von 60 Stundenkilometern über unsere Köpfe hinweg und peitscht das Wasser im See derart auf, dass es aussieht als würde es kochen. Wir verziehen uns erst einmal in den Refugio, kochen Nudeln und warten bis der Sturm vorbei ist. Die nächsten Tage herrscht geradezu Bilderbuchwetter. Perfekte Bedingungen also für die Umrundung des Massivs. Der Grey-Gletscher kalbt friedlich vor sich hin. Am John Gardener-Pass fehlen an einigen Stellen die farbigen Wegmarkierungen – aber der Weg ist auch ohne orangefarbene Pfosten nicht zu verfehlen. Der Lago Dickson ruht friedlich in der Sonne und der Anblick des Dickson-Gletschers blendet so sehr, dass wir selbst hinter der Sonnenbrille noch die Augen zukneifen müssen. Überall blühen Gänseblümchen und Löwenzahn. Auf einmal sind die Schmerzen in den Knien wie weggeblasen. Als wir die vorletzte Tagesetappe beenden und den Campingplatz erreichen, liegen sieben Stunden zügigen Marschierens hinter uns. Es ist fünf Uhr nachmittags. Noch vier Stunden trennen uns vom Parkplatz, auf dem unser Auto steht. Noch fünf Stunden bis Sonnenuntergang. Die Aussicht auf ein bequemes Bett mobilisiert sämtliche Kraftreserven. Wir laufen weiter. Kurz vor 22 Uhr sperrt Tobias die Autotür auf. Ich setze meinen Rucksack ab und habe auf einmal das Gefühl zu schweben.

Ushuaia, die südlichste Stadt der Welt

Bei unserem letzten Besuch in Ushuaia, der nun fast auf den Tag genau vier Jahre zurück liegt, nannte sich Ushuaia noch schlicht und einfach „südlichste Stadt der Welt". Damals war das chilenische Puerto Williams, auf der Isla Navarino gelegen und damit eindeutig südlicher, noch ein Militärstützpunkt mit angrenzenden Wohnhäusern. Mittlerweile ist jedoch auch Puerto Williams längst über den Status einer Militärbasis hinausgewachsen, besitzt Hotels und lockt Touristen an. Damit ein Konflikt gar nicht erst entsteht, nennt sich Ushuaia nun südlichste „City" der Welt, wohingegen Puerto Williams den Titel südlichste „Town" der Welt für sich beansprucht. Das Geschäft mit den Superlativen scheint zu florieren. Ushuaia ertrinkt förmlich im Strom der Touristen, die aber ganz überwiegend per Schiff hierher kommen.

Als die Europäer den Archipel am „Ende der Welt" entdeckt hatten interessierte sich zunächst niemand für das Land und die Bewohner hier. Dabei war Feuerland war bereits seit über 30.000 Jahren besiedelt, nämlich von den Selk'nam, die man später Ona nannte, von den Yámana, die man in Yagan umtaufte, von den Kawéskar, die Alakaluf genannt wurden, und von den Manekeuk, die gemeinhin als Haush bekannt sind. Die Spanier sahen zwar den Rauch von Feuern, gingen aber nicht an Land. Erst Anfang des 19. Jahrhunderts zeigten die Europäer Interesse an den Ureinwohnern Feuerlands. Im Jahre 1830 ließ Kapitän Robert Fitz Roy vier der Ureinwohner auf sein Schiff „Beagle" bringen und verschleppte sie nach Europa. Hinterher, 1860, begann die Erschließung Feuerlands durch die Europäer. 1910 lebten von den ehemals mehreren Tausend Ureinwohnern nur noch etwas mehr als 300 auf der Insel. In nur 50 Jahren hatten es die Weißen geschafft, die ursprünglichen Bewohner Feuerlands praktisch auszurotten. Als Ende der 1990er Jahre schließlich die letzte Nachfahrin der Selk'nam verstarb, starb mit ihr ein ganzes Volk, eine Sprache und eine Tradition. Heute erinnern nur noch verblichene Fotografien in den Museen Ushuaias an die Urbevölkerung Feuerlands. Ushuaia selbst war ursprünglich eine Gefängnisstadt. Anfang des 20. Jahrhunderts waren besonders schwierige Häftlinge hierher überführt worden. Das Gefängnis am Ende der Welt, das Presidio, wurde 1947 geschlossen und ist nun militärisches Gelände. Ein Teil davon wurde in ein Museum umgewandelt. Die Schmalspurbahn, die früher die Häftlinge in den Wald transportierte, damit sie dort Bäume fällten, startet heute mehrmals täglich vom „Bahnhof am Ende der Welt", um Touristen in den Nationalpark Tierra del Fuego zu bringen.

Auch wir fahren in den Park, um dort zu wandern. Das gemäßigte und extrem feuchte Klima hat eine ganz eigene Vegetation geschaffen. Die Bäume, vorwiegend Südbuchen, sind vom ständigen Wind allesamt leicht gekrümmt. Die Äste sind knorrig und von den Zweigen hängen Flechten wie riesige Spinnweben herab. Der weiche Moorboden federt sanft unter unseren Schritten und dämpft jedes Geräusch. Das Wetter wechselt hier innerhalb von Minuten von regnerisch und trübe auf sonnig und warm und wieder zurück. Im Gegensatz zu mir scheinen sich die Biber, die Anfang des 20. Jahrhunderts aus Kanada hierher gebracht worden waren, in der feuchten Luft wohlzufühlen. Überall ragen silbrige, ausgebleichte Überreste abgenagter Baumstämme aus dem dunklen Wasser. Unermüdlich bauen die Biber ihre Dämme, fluten das eine Gebiet, trocknen dafür ein anderes aus. Die Immigranten aus dem Tierreich haben hier auf Feuerland keine natürlichen Feinde und sind deshalb für den Bestand der heimischen Flora zu einer echten Bedrohung geworden.

Auch auf dem riesigen Gelände der Estancia Harberton haben sich die Biber eingenistet. Harberton ist die älteste Estancia in diesem Teil Feuerlands und wurde 1886 von dem Missionar Thomas Bridges gegründet, als Refugio für Ureinwohner, Seefahrer und Wissenschaftler.

Sehnsüchtig stehen wir am Ufer, blicken hinaus auf den Beagle-Kanal und beobachten die Segelschiffe, die im Wind kreuzen. Einige von ihnen steuern den Hafen von Ushuaia an, andere laufen aus und nehmen Kurs auf Kap Hoorn. Obwohl wir nun seit neunzehn Monaten unterwegs sind, verspüre ich Fernweh. Ich kann es kaum erwarten, ins ewige Eis aufzubrechen.

Leuchtturm am Ende der Welt

ANTARKTIS
Ein Traum in Weiß

Terra Incognita, unbekanntes Land. In der Tat war der weiße Fleck im unteren Teil der Landkarten für die Welt lange Zeit unbekanntes Gebiet. Die alten Griechen glaubten an das Gleichgewicht der natürlichen Kräfte und vermuteten, dass tief im Süden ein Land existieren müsse, das eine Art Gegengewicht für die nördlichen Landmassen der Erde darstellte. Sie nannten dieses Land „Ant-Arktis", als Gegenstück zur Arktis. Anders als die Arktis, ein Ozean, der von Landmassen umgeben ist, ist die Antarktis ein echter Kontinent inmitten der südlichen Ozeane. Und während der Nordpol auf Meeresspiegelniveau liegt, befindet sich der Südpol auf einer Höhe von etwa 2800 Metern über dem Meeresspiegel. Die Antarktis nimmt ein Zehntel der Erdoberfläche ein. Mit einer Fläche von 14 Millionen Quadratkilometern ist sie doppelt so groß wie Australien. 99,8 Prozent ihrer Landmasse sind mit Eis bedeckt, das an seiner dicksten Stelle über 4000 Meter stark ist. Und diese gewaltige Eismasse ist in ständiger Bewegung. Unaufhaltsam schiebt sie sich auf die Küste zu, um dort in ein Eisschelf zu münden, das auf dem Meer schwimmt und ebenfalls permanent in Bewegung ist. Im Winter, wenn die Wassertemperatur unter -1,8 °C sinkt, beginnt das Meerwasser zu frieren. Packeis entsteht, und zwar in solchen Mengen, dass es die Ausmaße des Kontinents mal eben verdoppelt. Die niedrigste Temperatur, die jemals auf unserem Planeten gemessen worden ist, stammt aus der Antarktis und beträgt unvorstellbare -89,3 °C. Und obwohl die Antarktis völlig von Schnee und Eis dominiert zu werden scheint, gibt es auf dem Kontinent Regionen, in denen niemals Regen oder Schnee fällt, jene sogenannten „Dry Valleys". Die Antarktis ist also die trockenste und kälteste Wüste der Welt. Trotzdem gibt es Leben in der Antarktis. Einige Meerestiere, Vögel, Insekten, Gräser, Moose und Flechten haben sich den extremen Bedingungen perfekt angepasst.

Wer in die Antarktis will, muss zwangsweise eine der stürmischsten Seen überqueren, den Südozean. Da die Antarktis im offenen

Meer liegt und schützende, vorgelagerte Landmassen fehlen, fegen die Winde ungebremst um den Kontinent herum. Dies musste im 16. Jahrhundert auch der englische Seefahrer Francis Drake erfahren, als er auf seinem Weg vom Atlantischen in den Pazifischen Ozean vom Kurs abkam und in den Südozean verschlagen wurde. Unfreiwillig überquerte er dabei die antarktische Konvergenz, jene Zone, in der warmes, salzhaltiges Meerwasser auf kaltes, salzarmes Meerwasser trifft, was zu vertikalen Wasserverwirbelungen führt, der sogenannten „Salzmühle". Seitdem wird diese Meeresstraße zwischen Südamerika und den Süd-Shetland-Inseln Drake Passage genannt.

Als unser Schiff den ruhigen Beagle-Kanal verlässt und sich anschickt die Drake-Passage zu überqueren, bekommen wir einen ersten Eindruck davon, wie es sich anfühlt, wenn das Meer aufbegehrt: Windstärke sechs auf der Beaufort-Skala lässt das Schiff rollen und uns schwanken. Jeweils um dreißig Grad neigt sich das Schiff mal auf die eine, dann auf die andere Seite. Zwei Tage dauert die Berg- und Talfahrt über die Drake-Passage, dann biegen wir in die Gerlach-Straße ein. Kurz darauf taucht am Horizont die erste Insel auf. Steil ragen die weißen Klippen von Smith Island aus dem Meer auf und im diffusen Licht eines nicht endenwollenden Sonnenuntergangs lässt sich nur erraten, wo die Berge aufhören und die Wolken anfangen. Buckelwale ziehen am Schiff vorbei. Die ersten Eisberge kommen in Sicht, fantasievolle Skulpturen, die von innen heraus in intensiven Blau-, Türkis- und Grüntönen leuchten, so als hätte jemand in ihrem Inneren eine bunte Glühlampe eingeschaltet. Von einigen Eisbergen hängen Eiszapfen wie weiße Vorhänge herab. Andere dagegen sind transparent wie Glas. Wieder andere haben das Übergewicht bekommen und sich zur Seite gerollt. Ab und zu bricht ein Stück vom Eisschelf ab und landet mit einem lauten Platscher im Wasser. Ein neuer Eisberg ist geboren. Doch gleich darauf versinkt die Welt um uns herum wieder in Geräuschlosigkeit. Es ist still hier im ewigen Eis. Nicht nur weil es so gut wie nichts gibt das Lärm machen könnte, sondern auch, weil hier sogar der Mensch aus Ehrfurcht vor der Schönheit und der Perfektion der Natur verstummt.

Und dann ist es soweit: Wir erreichen die Antarctic Peninsula und betreten einen neuen Kontinent. Die Halbinsel des antarktischen Festlandes ragt wie ein Finger in den Ozean hinein und zählt zu den artenreichsten Gebieten der Antarktis. Hier nisten und brüten die meisten Pinguinarten. Die ersten, die uns über den Weg laufen, erkennt unser durch diverse Vorträge inzwischen geschultes Auge sofort als Gentoo-Pinguine. Sie sind etwa 60 Zentimeter groß, haben einen weißen Augenfleck in einem ansonsten schwarzen Kopf und sind furchtbar aufgeregt. In der Gentoo-Kolonie herrscht hektische Betriebsamkeit. Die Vögel nisten nah am Wasser, da sie täglich auf Nahrungssuche gehen und deshalb keine großen Distanzen zurücklegen können. Ihre Nester türmen sie aus kleinen Steinen auf, die sie am Strand finden oder aus dem Nest ihres Nachbarn klauen. Und während der eine Pinguin beim linken Nachbarn einen Stein stibitzt, bestiehlt ihn hinter seinem Rücken der rechte Nachbar. Auf diese Weise werden nicht nur die Steine reihum gereicht, es sind auch alle Pinguine immerzu beschäftigt. Unsere Anwesenheit scheint die Tiere nicht zu stören. Es ist verblüffend, wie menschlich diese flugunfähigen Vögel in ihrem Gebaren wirken. Mit ihrem eleganten, schwarzen Frack, dem aufrechten, leicht schaukelnden Gang sehen sie aus wie alte Herren, die auf dem Weg zu einer wichtigen Verabredung sind und sich beeilen müssen, um nicht zu spät zu kommen.

Die Chinstrap-Pinguine, die mit ihren weißen Gesichtern und dem schwarzen Streifen am Kinn ein bisschen aussehen wie tolpatschige kleine Clowns, sind in Wirklichkeit so etwas wie die

Auf der Peninsula

Bergsteiger unter den Pinguinen. Da sie nur alle paar Tage zum Fischen gehen, können sie sich einen längeren Weg zum Meer erlauben. Ihre Brutplätze liegen oft ganz oben auf den Klippen und Hängen und haben, das muss man ihnen lassen, meist eine fantastische Aussicht.

Während sowohl die Gentoos als auch die Chinstraps permanent beschäftigt sind und es in den Kolonien zugeht wie auf einem lateinamerikanischen Wochenmarkt, sind die Adelie-Pinguine ziemlich entspannt. Und wesentlich neugieriger als ihre Kollegen. Unsere Zodiacs haben noch nicht richtig angelegt, da hüpfen schon die ersten Adelie-Pinguine eilig über die Steine, um zu sehen, was los ist.

Pinguine haben zwei Feinde: den Orca und den See-Leoparden. Und beide haben die Eigenart, ihre Beute nicht einfach nur zu jagen und sie anschließend zu fressen, sondern mit ihr zu spielen. Ein See-Leopard, der einen Pinguin gefangen hat, zieht diesen unter Wasser, lässt ihn wieder frei, schnappt erneut zu, taucht wieder ab und so weiter. Schließlich taucht er auf, hält dabei den Kopf des Pinguins mit seinem reptilienartigen Maul fest umklammert und schlägt den Körper des Pinguins aufs Wasser, um ihn zu häuten und so an das Fleisch zu kommen. Der erste See-Leopard den wir sehen, scheint eine Vorliebe für Schlauchboote zu haben, denn er versucht, ein Stück aus der Gummihülle zu beißen. Als das Zodiac, nachdem es die Passagiere sicher an Land abgesetzt hat, flüchtet, nimmt der See-Leopard die Verfolgung auf. Noch Stunden später dreht er seine Runden in der Bucht.

Waren Robben bisher für uns einfach Robben, so sind wir jetzt in der Lage treffsicher und auf den ersten Blick eine Crabeater-Robbe von einer Wedell-Robbe und einem See-Elefanten zu un-

Wedell-Robbe

terscheiden. Die Crabeater-Robbe hat eine spitz zulaufende Schnauze. Die Wedell-Robbe hat ein rundes Gesicht mit großen Kulleraugen, liegt am liebsten auf dem Rücken und kann stundenlang vor sich hindösen. Die See-Elefanten erkennen wir an ihrem Rüssel oder daran, dass sie gerade ziemlich mitgenommen aussehen. Sie häuten sich. Und da sie mit einem Fell, das in Fetzen herabhängt, nicht richtig schwimmen können, liegen sie meist dicht an dicht an Land oder robben über Kieselsteine, um sich den Pelz abzukratzen. Man sieht ihnen an, dass sie sich nicht wohl fühlen in ihrer Haut. Mürrisch blicken sie in die Runde, greifen schon mal ohne ersichtlichen Grund andere See-Elefanten an, beißen und fauchen.

Dicke Schneeflocken nehmen uns die Sicht, als wir uns auf den Weg zum südlichsten Postamt der Welt machen. Die Station in Port Lockroy auf Goudier Island wurde 1943 während der Operation Tabarin als britischer Stützpunkt gegründet und war bis 1962 besetzt. Als der 1959 aufgesetzte Antarktis-Vertrag die ehemaligen Betreiber geschlossener Stationen vor die Wahl stellte, entweder die Stationen zu entsorgen oder sie in historische Plätze umzuwandeln und entsprechend zu warten, wurde die Station in Port Lockroy renoviert und in ein Museum umgewandelt, in dem man nebenbei auch Postkarten kaufen und aufgeben kann.

Zu dieser Jahreszeit im Dezember sind die Tage in der Antarktis lang. Nicht nur, weil die Sonne nie untergeht und es lediglich zwischen Mitternacht und zwei Uhr Morgens ein bisschen dämmert, sondern auch, weil wir morgens zeitig geweckt werden. Als wir uns

Deception Island nähern, reißt uns der Weckruf bereits um 4.45 Uhr aus unseren Träumen. Doch die Einfahrt in die Bucht ist so spektakulär, dass sich innerhalb weniger Minuten fast alle Passagiere an Deck einfinden. Die Insel ist in Wirklichkeit ein riesiger eingestürzter Vulkankrater, dessen Rand auf einer Seite niedriger ist als auf den anderen, so dass sich der Krater mit Meerwasser füllen konnte und wir direkt in ihn hineinfahren. Am Kraterrand herrscht noch immer seismische Aktivität. Eine ehemalige Walfangstation wurde, nachdem sie den Briten im Zweiten Weltkrieg als Forschungsstation und als Stützpunkt gedient hatte, 1969 durch einen Vulkanausbruch zerstört. Walknochen säumen den schwarzen Strand vor den Überresten der Gebäude. Etwas abseits befindet sich der Friedhof der Station. Zwei Holzkreuze ragen aus dem Boden, daneben ein offener und leerer Sarg. Ein gruseliger Ort.

Eine völlig andere Welt betreten wir, als wir der polnischen Forschungsstation Arctowski einen Besuch abstatten und dort rustikale Gemütlichkeit inmitten des ewigen Eises vorfinden. Das 25-köpfige Forschungsteam freut sich über die Abwechslung, die unser Besuch mit sich bringt. Nicht viele Schiffe halten hier, erzählt man uns, nur etwa eins pro Monat. Die Station ist das ganze Jahr über besetzt. Doch wenn im Mai der antarktische Winter beginnt kehren die meisten Forscher in ihre Heimat zurück. Nur ein paar wenige überwintern im Eis.

Irgendwann ist es auch für uns an der Zeit zurückzukehren. Der letzte Landgang ist zu Ende. Wir werfen einen letzten Blick auf den eisigen Kontinent, bevor unser Schiff Kurs auf die Drake Passage nimmt, die sich dieses Mal von ihrer schönsten Seite zeigt. Kein Wind, keine Wolken, kein Seegang – kaum zu glauben. Entspannt lauschen wir den Vorträgen der Wissenschaftler, kämpfen uns durch die Fachliteratur an Bord und erwischen uns immer wieder dabei, wie wir einfach aufs Meer hinausblicken und uns zurück zu den Eisbergen, Pinguinen und Robben sehnen.

PATAGONIEN
Vom Winde verweht

Zwei Tage nachdem wir von Bord gegangen sind, treffen Liz und Colin in Ushuaia ein. Sie sind nicht die einzigen, die die Weihnachtsfeiertage am Ende der Welt verbringen wollen. Stündlich kommen neue Reisende an, die, obwohl sie das ganze Jahr über die Einsamkeit suchen, Weihnachten lieber mit Fremden als allein feiern. Gespräche unter den Reisenden beginnen in der Regel mit der Frage „woher – wohin?", gehen dann in einen Vergleich der Vor- und Nachteile des jeweiligen Fahrzeugtyps über und enden mit einem Austausch von GPS-Koordinaten und Streckeninformationen. Wir wollen Ushuaia so schnell wie möglich wieder verlassen und Weihnachten irgendwo in der Natur verbringen. Nach einer feuchtfröhlichen Vorweihnachtsfeier, die zwei Tage andauert, verabschieden wir uns mit einem lachenden und einem weinenden Auge von Liz und Colin. Das nächste Mal werden wir uns wohl in Europa treffen. Ein seltsam fremd anmutender Gedanke.

Perlen der Pampa

Der Nationalpark Perito Moreno ist der abgeschiedenste und am wenigsten besuchte Park in ganz Argentinien. Die mühsame Anreise ist nur mit einem eigenen oder gemieteten Fahrzeug möglich. Von El Chaltén, dem Ort am Fuße des Fitz Roy, fahren wir etwa 100 Kilometer zurück zur Ruta 40. Von hier sind es noch einmal 220 Kilometer auf staubiger Schotterpiste bis zum Abzweig in den Park, und erst weitere 100 Kilometer später haben wir den Parkeingang erreicht. Die nächstgrößere Ortschaft ist 200 Kilometer entfernt und bis zur nächsten Stadt sind es etwa 800 Kilometer. Dazwischen nur Steppe,

Sand und Staub. Doch die lange Fahrt lohnt sich. Schon von weitem sehen wir die weißen Bergspitzen des San Lorenzo-Massivs. Und unvermittelt tauchen hinter Hügeln, überzogen mit goldenem Gras und winzigen Blüten in allen Farben, türkisblaue Gletscherseen auf. Nur ein kleiner Teil des 115.000 Hektar großen Parks ist erschlossen, der größte Teil ist wilde, unberührte Natur.

250 Kilometer nördlich des Parks, also sozusagen nur einen Katzensprung entfernt, hat der Río Pintura einen tiefen Canyon in die Landschaft geschnitten und das Tal in eine grüne Oase verwandelt. Hier an den Felswänden und Überhängen befinden sich die „Cuevas de las Manos", die Höhlen der Hände. Von ca. 7500 v. Chr. bis etwa 1000 n. Chr. haben Nomadenvölker das Tal bewohnt und in insgesamt 89 Höhlen entlang des Canyons Wandmalereien, hauptsächlich Guanakos und Jagdszenen, sowie unzählige Negativ-Abdrücke von Händen hinterlassen. Einige der Wände sind über und über voll mit Händen, so dass sich die Abdrücke in den Farben Weiß, Ocker, Rot, Schwarz und Grün sogar in mehreren Schichten überlappen. Wie immer gibt es unterschiedliche Interpretationen, welchen Zweck die Handabdrücke hatten. Die einen halten sie für eine Art Stammbaum, die anderen vermuten ein Initiationsritual dahinter. Vielleicht war der Abdruck der Hand aber auch einfach so etwas wie ein Namensschild an der Haustür, das zeigen sollte: Hier wohne ich, das ist meine Höhle.

Unserem Landy ist der Abstecher zur Höhle nicht bekommen. Mühsam kämpft er sich die Schotterpiste zurück zur Ruta 40. 60 Kilometer vor dem Ort Perito Moreno ist die Ruta 40 asphaltiert. Genau dort, wo

Handabdrücke in den Cuevas de las Manos

der Asphalt anfängt, bleibt der Landy stehen. Nichts geht mehr. Wieder haben wir Glück und finden einen Fahrer, der uns nach Perito Moreno an die Tankstelle schleppt. Dort beginnt das gleiche Spiel wie seinerzeit in San Juan. Tobias baut die externe Dieselpumpe aus.

„Sieht nicht gut aus", grummelt er unter dem Auto hervor. „Was heißt das?", frage ich, obwohl ich mir die Antwort denken kann. Wenn die Dieselpumpe kaputt ist, müssen wir uns aus Deutschland eine neue einfliegen lassen.

„Könnte auch ein elektronischer Defekt sein", überlegt Tobias laut und packt das Messgerät aus.

Die nächste Landrover-Werkstatt ist entweder 2200 Kilometer entfernt in Mendoza oder 2400 Kilometer weit weg in Buenos Aires. Sollten wir einen Abschleppwagen brauchen, dürfte dies ein teurer Spaß werden.

Um uns herum herrscht Hochbetrieb. Die Reifenwerkstatt hat ihre Pforten geöffnet und all die Wochenendausflügler, die auf der Ruta 40 einen Reifen eingebüßt haben, stehen Schlange. Ein Pärchen, das mit einem Mietwagen unterwegs ist, schlendert zu uns herüber und begutachtet neugierig das Nummernschild unseres Landys.

„Habt ihr den Wagen aus Deutschland mitgebracht?", will die deutsche Touristin wissen. „Warum mietet ihr euch nicht hier ein Auto? Das wäre doch sicher viel einfacher."

Ich erzähle in drei Sätzen, dass wir das Auto von Deutschland in die USA verschifft haben und dann durch alle Länder Zentralamerikas und durch fast alle Länder Südamerikas gefahren sind. Die Touristin starrt mich mit weit aufgerissenen Augen an und weicht einen Schritt zurück.

„Ja gibt es denn da keine andere Möglichkeit?", ruft sie entsetzt aus. Ich verstehe nicht. „Na, ich meine, muss man denn wirklich durch all diese Länder fahren, um nach Argentinien zu kommen?"

Nun schaue ich sie mit großen Augen an. Nein, natürlich muss man nicht durch all diese Länder reisen. Aber man kann. Und genau darin liegt doch der Reiz des Reisens. Die beiden verabschieden sich rasch und gehen zu ihrem Wagen zurück. Immer wieder schauen sie verstohlen zu uns herüber, kopfschüttelnd. Ich kann mir ein Schmunzeln nicht verkneifen.

„Okay, versuchen wir es mal", meint Tobias und gibt mir das Zeichen zum Anlassen. Ich drehe den Schlüssel im Schloss und der Motor läuft.

Tobias zuckt die Schultern: „Keine Ahnung, was los war".

20.000 Kilometer liegen zwischen der ersten Panne in San Juan und dieser. Über die Ursache können wir nur Mutmaßungen anstellen. Vielleicht saugt der Motor Luft an. Vielleicht haben wir Dreck im Tank. Vielleicht ist der Kraftstoffregler defekt. Sollen wir auf Nummer sicher gehen und gleich eine Werkstatt aufsuchen?

„Weiter wie geplant", beschließen wir und machen uns auf den Weg zur Grenze, Richtung Carretera Austral.

Straße in die Einsamkeit

Die Grenzlinie zwischen Argentinien und Chile teilt den zweitgrößten See Südamerikas in einen argentinischen Teil mit dem Namen Lago Buenos Aires und einen chilenischen, der Lago General Carrera heißt. Kurz hinter der Grenze ändert sich fast schon schlagartig das Klima und mit ihm die Landschaft. Nebelwolken hängen über den Bergspitzen, die Luftfeuchtigkeit steigt und die Temperatur sinkt um etwa 15 Grad. Statt wie bisher durch trockene Pampa fahren wir nun durch dichte Wälder und saftige Wiesen.

Bei Cruce del Maitén treffen wir auf die Carretera Austral, jene legendäre Straße entlang der Fjord-Küste Chiles. Die Ruta 7 heißt mit vollem Namen „Carretera Longitudinal Austral Presidente Pinochet" und sie wurde auf Anordnung Pinochets vom Militär als Nord-Süd-Achse parallel zur argentinischen Grenze gebaut. Sie beginnt in Puerto Montt und endet derzeit 1200 Kilometer weiter südlich in Villa O'Higgins. Die Carretera Austral gehört zu den Traumstraßen dieser Welt und fehlt auf nahezu keiner Reiseroute eines Südamerika-Fahrers, denn zweifellos führt sie durch einige der schönsten Landstriche Chiles. Nahezu hinter jeder Kurve eröffnet sich dem Reisenden ein neues, großartiges Panorama: schneebedeckte

Berge, tiefblaue, hängende Gletscher, dichter magellanischer Wald, mit Moosen und Flechten überzogene Baumstämme, milchig-weiße Flüsse, kristallklare Wasserfälle, smaragdgrüne Seen, trockene Steppe, felsige Karstlandschaft, verwinkelte Fjorde, schwarze Sandstände, kalter Regenwald. Unermüdlich schlängelt sich die Carretera Austral einen Bergrücken nach dem anderen hinauf, um gleich dahinter wieder steil bis auf Meeresspiegelniveau abzufallen. Wir kommen durch winzige Ortschaften, drei bis vier Straßen im Karree, eine Kirche, eine Gendarmerie, eine Schule, ein Laden und Holzhäuschen mit geklöppelten Gardinen hinter den Sprossenfenstern. Doch die Straße in die Einsamkeit, als die die Carretera Austral oft bezeichnet wird, ist längst nicht mehr so einsam wie manche Bildbände oder Reiseberichte sie darstellen. Schon heute gibt es entlang der Strecke Luxushotels, die sich vorwiegend an zahlungskräftige US-Amerikaner richten. Exklusive und teure Flyfishing-Lodges säumen die Ufer der Seen und Flüsse. In den kleineren Orten werben Herbergen, Bäckereien, Buslinien und Internet-Cafés mit mehrsprachigen Schildern um Kunden. Stundenlang fahren wir an Weidezäunen und Stacheldraht entlang. Oft sind Wälder, Wiesen, Berge, Flüsse, Seen nur im Vorbeifahren zu betrachten. Das Naturerlebnis verkommt zum Road-Movie. Und die große Freiheit hört nicht selten an einem Kuhgatter auf.

Auf der Carretera Austral

Ein modernes Märchen

Zwischen Hornopirén und Chaitén erstreckt sich der Park Puma-lín, ein Privatprojekt, das bei der chilenischen Bevölkerung nicht nur auf Gegenliebe stößt.

Douglas Tompkins, nordamerikanischer Multimillionär und Mit-begründer der Modefirma Esprit, verkaufte eines Tages seine An-teile und beschloss, sich ab sofort um die Erhaltung der Natur zu kümmern. Er kaufte mehrere Tausend Hektar unberührten Regen-wald mit der Absicht, das Land vor Ausbeutung zu schützen. Doch als er das Land der chilenischen Regierung übergeben wollte, lehnte diese es ab, das Gebiet zum Nationalpark zu erklären. Seit 2005 hat der Park den Status eines Naturschutzgebietes und wird von einer eigens ins Leben gerufenen chilenischen Stiftung ver-waltet. Tompkins und seine Frau kaufen weiterhin Land, weitere Parks sind bereits in Planung. Die Chilenen stehen dem Projekt und der privaten Initiative mit Skepsis gegenüber und verstehen nicht, wieso der Staat es zulässt, dass ein Gringo eine so große zu-sammenhängende Fläche erwirbt. Pessimisten befürchten, dass Tompkins irgendwann einen durchgehenden Landstrich von der Küste bis zur Grenze mit Argentinien besitzen wird und dann den Nordteil des Landes vom Südteil abschneidet.

Wir sind beide sehr gespannt auf den Park. Von der einzigen Fahrstraße allerdings, die durch den Park führt und Chaitén mit dem Fähranleger Caleta Gonzalo verbindet, unterscheidet sich der Anblick nicht wesentlich vom Rest des Waldes entlang der Car-retera Austral. Erst als wir uns zu Fuß auf den Weg ins Innere des Parks machen, offenbart sich uns seine volle Schönheit. In dem im-mergrünen, kalten Regenwald ist jeder Zentimeter Boden be-wachsen. An den Stämmen der Bäume klettern Schlingpflanzen empor, haben sich Flechten und Moose angesiedelt. Kleine knall-rote Blüten verstecken sich zwischen den Blättern und verströmen einen honigsüßen Duft, der sich mit dem herben Geruch frischer Kräutern mischt. Kolibris schwirren durch die Luft, Papageien schreien laut von den Ästen herab. Wasserfälle stürzen tosend in die Tiefe und waschen dabei gigantische Schluchten aus. Dort wo der dichte Wald sich lichtet, werden in der Ferne grün bewachsene Vulkankegel und blaue Gletscherzungen sichtbar. Der Wald erinnert mich stark an den Bergnebelwald in Costa Rica, nur mit dem Unterschied, dass man sich hier bedenkenlos an allen Blättern, Ästen und Zweigen festhalten kann, ohne Angst haben zu müssen, dass sie giftig sind oder beißen.

Man merkt sofort, dass der Park nach nordamerikanischen Vorstellungen geplant wurde. Die Wanderwege sind hübsch angelegt und beschildert. Die Infrastruktur ist perfekt und ausgewogen – nicht so viel, dass es aufdringlich oder künstlich wirken würde, aber genug, um einem den Besuch des Parks angenehm zu machen. Obwohl wir schon alle Wege abgelaufen sind, bleiben wir noch einen Tag. Dann noch einen. Und noch einen. Wir verbringen Stunden damit, am Strand von Santa Barbara dem Rauschen der Wellen zu lauschen und den Delphinen in der Bucht beim Jagen zuzusehen.

Der Strand, das Meer, der Regenwald, die Berge, der ganze Park gefällt uns so sehr, dass wir beschließen, auch noch dem Sektor Amarillo ein paar Kilometer weiter im Landesinneren einen Besuch abzustatten. Auf der Wanderung zum gleichnamigen Gletscher müssen wir mehrmals einen Fluss durchqueren. Da das Wasser milchig weiß ist, kann ich den Grund nicht sehen. Als ich auf den Kieselsteinen ausrutsche und ins kühle Nass falle, greift Tobias geistesgegenwärtig zu … und rettet den Foto.

„Du solltest besser aufpassen", mahnt er, während er überprüft, ob die Kamera noch funktioniert. „Das Wasser ist zwar nicht tief. Aber die Strömung reicht aus, um darin zu ertrinken."

Auf dem großzügigen Campingplatz im Sektor Amarillo des Parque Pumalín verbringen wir drei Tage damit, uns im Nichtstun zu üben. Am vierten Tag zwingt uns der Mangel an Essbarem zu einem Ausflug in die Stadt. Als wir wenige Stunden später zurückkehren, sind sämtliche Campingplätze des Sektors geschlossen, alle Tafeln und Schilder mit Zetteln überklebt. Der Aushang der Stadtverwaltung wirft mehr Fragen auf, als er beantwortet: Angeblich hätte der Besitzer der Campingplätze keine Genehmigung zu deren Betrieb, denn, so lesen wir erstaunt, die Plätze befinden sich auf Hanta-Virus-Gebiet und deshalb seien spezielle Vorkehrungen notwendig, um eine Verbreitung des Virus zu vermeiden. Das Dokument, das diese Vorkehrungen bescheinige, sei bislang noch nicht ausgestellt worden. Ein Umstand, den man erst vor drei Tagen, also mehr oder weniger ein Jahr nach Inbetriebnahme der Campingplätze und eine Woche vor Beginn der chilenischen Ferienzeit, bemerkt hat. Wir ignorieren den Aushang, stellen uns auf unseren alten Platz und warten auf den Park-Ranger.

„Der Park dient dem Wohle der Allgemeinheit", klagt dieser uns sein Leid. „Er kostet keinen Eintritt. Die Nutzung der Campingplätze ist ebenfalls kostenlos. Jeden Morgen werden die Mülleimer geleert und die Badehäuser geputzt. Was sollen wir denn noch machen?"

In der Tat ist die komplette Anlage blitzblank. Ich frage vorsichtig, ob denn die privaten Campingplätze entlang der Straße auch kontrolliert werden. Der Park-Ranger legt die Stirn in Falten. Ein tiefer Seufzer entweicht seiner Brust.

„Nein. Den privaten Plätzen ist der Park ein Dorn im Auge. Weil hier der Standard höher ist als bei ihnen und die Leute lieber hier übernachten."

Könnte das womöglich der Grund für die Schließung sein? Der Ranger schweigt. Wir wollen ihn nicht in Schwierigkeiten bringen und ziehen auf den Parkplatz eines Wanderwegs um. Moderne Märchen haben kein Happy End.

Chiles verhaltenes Temperament

Ende Januar ist in Chile die Zeit der Rodeos. Überall in den Orten entlang der Carretera Austral sieht man dann elegant gekleidete Reiter auf geschmückten Pferden in den Rodeo-Ring ziehen. Die Sieger dieser regionalen Wettkämpfe treten im März beim großen nationalen Rodeo-Wettbewerb in Rancagua gegeneinander an.

Wir fahren nach Palena, einem winzigen Ort östlich der Carretera Austral hinter einer Bergkette gelegen, etwa zehn Kilometer von der argentinischen Grenze entfernt. In Palena ist die Welt noch in

Rodeo-Teilnehmer

Ordnung. Es geht, trotz regem Besucheransturm, beschaulich zu. Türen und Fenster der Häuser stehen offen, um wenigstens ein bisschen Luft ins Innere zu leiten. Die Autos parken mit heruntergelassenen Scheiben an der Plaza. Im Schatten unter den Bäumen trifft man sich zum Picknick. Pünktlich um zehn Uhr früh stehen wir vor dem halbmondförmigen Rodeo-Ring, der Medialuna. Mit uns wartet ein alter Mann auf den Beginn des Spektakels. Er sei früher selbst Rodeo geritten, erzählt er uns, aber das sei schon lange her.

„Damals gab es noch keine Regeln. Wir sind einfach über den Platz geritten und haben gezeigt, was wir können."

Ob er aus Palena stamme, will ich wissen.

„Ich bin hier geboren und habe mein ganzes Leben hier zugebracht. Über siebzig Jahre." Er lächelt verlegen.

Sein Sohn dagegen, so berichtet er weiter, sei weggezogen von hier. Nach Valdivia. Der Arbeit wegen.

Gegen elf Uhr bezieht die Jury ihre Plätze. Die ersten Teilnehmer reiten in den Ring. Sie tragen taillenkurze Jacken und darüber kurze

Ponchos, meistens in den Landesfarben Rot, Weiß, Blau, dazu enge schwarze Hosen sowie kniehohe Stiefel mit Sporen und hohen Absätzen. Und natürlich einen breitkrempigen Hut. Anders als beim nordamerikanischen Rodeo treten die Reiter hier nicht einzeln, sondern paarweise an. Gemeinsam müssen sie einen jungen Stier durch die Arena an einen bestimmten Punkt der Bande treiben. Punkte gibt es nicht nur für die Bewältigung der Aufgabe, sondern auch für Stil und Eleganz sowie für harmonisches Zusammenspiel der beiden Reiter. Entwischt ihnen der Stier oder stürzt ein Reiter, gibt's Punktabzug. Für die Teilnehmer ist das Rodeo eine ernste Angelegenheit. Für die Zuschauer scheint es eher eine willkommene Gelegenheit zu sein, um zusammen mit Freunden einen über den Durst zu trinken. Ab und zu geht ein Raunen durch die Menge, doch ansonsten hält sich die emotionale Beteiligung am Geschehen in Grenzen.

Mehr als einmal haben wir uns über die Zurückhaltung der Chilenen gewundert. Oft hatten wir den Eindruck, von den Menschen angestarrt zu werden. Seltener als in anderen Ländern wurden wir angesprochen. Und bei den wenigen Gelegenheiten, in denen sich ein Gespräch ergab, hatten wir oft das Gefühl, dass die Menschen gerne mehr gewusst hätten als sie sich zu fragen trauten.

Chile hat eine schwere Zeit hinter sich. Zwar ging 1988 die Diktatur unter Pinochet zu Ende, doch der Diktator selbst verschwand keineswegs von der Bildfläche. Als Oberbefehlshaber der Streitkräfte und anschließend als Senator auf Lebenszeit war er weiterhin ein Mitglied der Regierung. Die Diktatur unter Pinochet war Kapitalismus in Reinform. Wirtschaftliches Wachstum wurde forciert, ohne dabei für die entsprechende gesellschaftliche Entwicklung zu sorgen. Begründet durch das wirtschaftliche Modell und den Staatsterror kümmerte sich jeder ausschließlich um sich selbst und seine eigenen Belange. Geprägt durch eine Zeit, in der es als Verbrechen galt, arm zu sein, waren alle bestrebt, den äußeren Schein zu wahren und unter allen Umständen als wohlhabend zu gelten. Zeitzeugen berichten davon, dass Menschen im Supermarkt ihre mit teuren Delikatessen gefüllten Einkaufswagen spazieren fuhren, um diese dann in einem unbeobachteten Moment stehen zu lassen und den Supermarkt ohne Einkäufe zu verlassen.

Hauptsache jeder hatte gesehen, was man in den Wagen gepackt hatte. Andere schnitzten sich Handy-Attrappen aus Holz, um damit „telefonierend" beim Autofahren erwischt zu werden. Statussymbole waren wichtig. Und Geld, ob vorhanden oder nicht, wurde ausgegeben für Dinge, die einem den Weg zur Mittel- und Oberschicht ebneten. Heute noch ist es in den Supermärkten üblich, selbst kleinste Beträge auf Raten zu zahlen. Eine Entwicklung, die unweigerlich zu einer Überschuldung des Landes führen muss.

Erst als Pinochet 1998 während eines Aufenthaltes in England verhaftet worden war und in den folgenden Jahren seine Menschenrechtsverletzungen offiziell und öffentlich als Verbrechen anerkannt wurden, begann Chile allmählich, sich vom Gespenst der Vergangenheit zu befreien.

Fiesta Argentina

Sommer in Argentinien. Die Menschen fliehen vor der großen Hitze im Norden des Landes und an der Küste in die kühleren Bergregionen. Sie flüchten sich an die Ufer der kristallklaren Flüsse und türkisblauen Seen in Patagonien. Wo immer ein Weg ans Ufer führt und wo immer ein Baum Schatten spendet wird gebadet, gegrillt, gecampt. Temperaturen zwischen 35 und 45 Grad im Schatten reduzieren die Aktivitäten auf ein Minimum. Mit den Füßen im Wasser und dem Kopf in der Sonne sitzen wir am Ufer – und kommen endlich dazu, all die Bücher zu lesen, die wir schon seit Monaten durch Südamerika fahren. Wir unterbrechen das süße Strandleben nur, um Lebensmittel aufzustocken oder um zur Fiesta in den Ort zu fahren. Denn Sommerzeit in Patagonien ist nicht nur Ferienzeit, sondern auch Feierzeit.

Am ersten Wochenende im Februar findet in Cholila traditionell das Asado-Festival statt. Freitag, Samstag, Sonntag, drei Tage wird gefeiert. Und am Montag wird in Cholila und Umgebung nicht gearbeitet, denn da muss man sich vom Feiern erholen.

In Cholila gibt es Asado im großen Stil. Sechzig Kälber und vierhundert Lämmer fallen dem Fest zum Opfer. Schon etliche Meter vor dem Asado-Platz spüren wir die enorme Hitze, die von den glimmenden Baumstämmen ausgeht, um die herum in Zweierreihen die Spieße aufgestellt sind. Beißender Rauch hängt in der Luft und treibt uns die Tränen in die Augen. Anders als bei der Parilla, dem herkömmlichen Barbecue, liegt das Fleisch nicht auf einem Grillrost direkt über dem

Grillen beim Asado-Festival

Feuer, sondern trocknet, auf großen Kreuzspießen aufgespannt, in einigem Abstand zum Feuer in der Hitze. Langsam aber stetig tropft das Fett aus den kokelnden Kälberhälften, färben sich die Lämmer dunkel.

Es dauert Stunden, bis ein Spieß durch ist. Wer zum Asado geht, braucht vor allem zwei Dinge: Geduld und Hunger. Letzteres ist bei uns immer vorhanden. Normalerweise, so klärt uns eine Gruppe Musiker aus Buenos Aires auf, sei Asado immer Kalb, nur hier in Patagonien gäbe es das typische und ganz spezielle Lamm-Asado. Na, wenn das so ist, dann ordern wir Lamm. Tobias schickt mich zur Essensausgabe. Der Asado-Meister, der meinen Teller füllt, meint es gut mit mir und säbelt mit seinem Fleischermesser ganz besonders zarte und vor allem fettfreie Stücke ab. Tobias grinst, als ich die 2,5-kg-Portion vor ihm abstelle. Er nennt das den „Gringita-Bonus".

Die Argentinier sind Profis in Sachen Fiesta, das merkt man sofort. Mit Klappstühlen, Sonnenschirm, Kühlbox fürs Bier und Thermoskanne für den Mate-Tee rücken sie an und machen es sich auf der Wiese vor der Bühne gemütlich. Denn wie jedes Festival in Argentinien ist auch das Asado-Festival in Cholila im Grunde ein Musik-Festival. Die eigentliche Party beginnt bei Einbruch der Dunkelheit, also gegen 22 Uhr, und dauert bis in die frühen Morgenstunden. Nachts stehen an den Kreuzungen außerhalb des Ortes Polizisten, jedoch nicht, um Alkoholkontrollen durchzuführen, sondern um den Besuchern den Weg nach Hause zu weisen und dafür zu sorgen, dass sie die richtige Abzweigung nehmen.

„Esquel nach links, El Bolsón nach rechts", ruft uns der Polizist routiniert zu.

Als wir in dem Städtchen El Bolsón ankommen, ist gerade Künstlermarkt. Die Straßen sind brechend voll, zwischen Ständen mit allerlei Dingen, die die Welt nicht braucht, schwirren aufgeregte Touristen aus Buenos Aires auf der Suche nach einem Souvenir umher. Auf dem künstlich angelegten Teich, der nicht einmal halb so groß ist wie ein Fußballfeld, fahren Tretboote im Kreis. Auf der Wiese unter den Bäumen spielen Musikbands und buhlen Jongleure und Clowns um die Aufmerksamkeit der Besucher. In der Bäckerei an der Ecke gibt es 30 Sorten Salteñas, darunter auch Teigtaschen gefüllt mit Forelle oder Roquefort-Käse. In der Brauerei am Ortsrand werden Biere mit Erdbeer- oder Chili-Aroma angeboten. Im Hinterland, das wir zur Abwechslung mal mit dem Fahrrad erkunden, haben sich Aussteiger aus aller Welt Traumhäuser jeder Art und Couleur gebaut. Wir müssen gestehen, uns gefällt die Gegend. Hier ließe es sich aushalten. Doch das nächste Fest wartet bereits auf uns. In El Maitén findet das jährliche „Festival del tren a vapor" statt, ein Fest zu Ehren des berühmten Patagonien-Express. Die Schmalspurbahn pendelte einst zwischen Esquel und der Küste hin und her und versorgte die Farmen entlang der Strecke. Heute ist sie Touristenattraktion und fährt in der Hochsaison täglich von Esquel nach El Maitén und zurück. An den drei Tagen des Festivals werden Sonderfahrten in die Umgebung angeboten. Auch im Ort selbst ist die Hölle los. Aus selbstgezimmerten Buden – teilweise sind die Wände nur aus Pappkarton –, werden Empanadas, Hot Dogs, Pommes, Pizzas und Hamburger verkauft. Auf der Plaza steht eine gigantische Bühne. Das Festival ist bekannt dafür, dass hier nationale Bands und Musiker ihre neuen Alben vorstellen. Vom Kleinkind bis zum Uropa ist alles auf den Beinen und putzmunter bis spät in die Nacht. Der letzte Programmpunkt startet mit Verspätung um etwa 1.30 Uhr und dauert eine Stunde. Danach geht's zum großen Tanz in den Gemeindesaal. Wir feiern kräftig mit, essen, trinken, tanzen und geben zum Schluss noch ein Interview für den örtlichen Radiosender.

PARAGUAY

Der Chaco
in Paraguay

Bushaltestelle im Chaco

ARGENTINIEN

Sandstein-Formationen
in Nordargentinien

Von Chile nach
Argentinien über
den Paso de Jama

Bergpanorama im
Nationalpark Leoncito

Im Perito Moreno Nationalpark

Am Vulkan Lanín

Gauchos

FEUERLAND

Wälder und Seen
auf Feuerland

Einsame
Estancia

Rauhe Landschaft an
den Ausläufern der
Darwin-Kordilliere

Wildes Land

Schafscher-Stall der
Estancia Maria Behety

Windgebeugte Bäume
an der Laguna Blanca

Schiff vor Anker im Hafen
von Ushuaia, der südlichsten
Stadt der Welt

ANTARKTIS

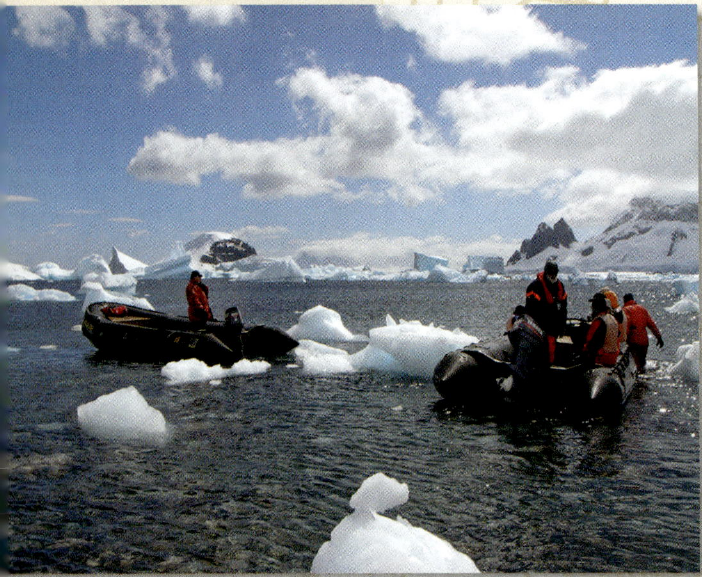

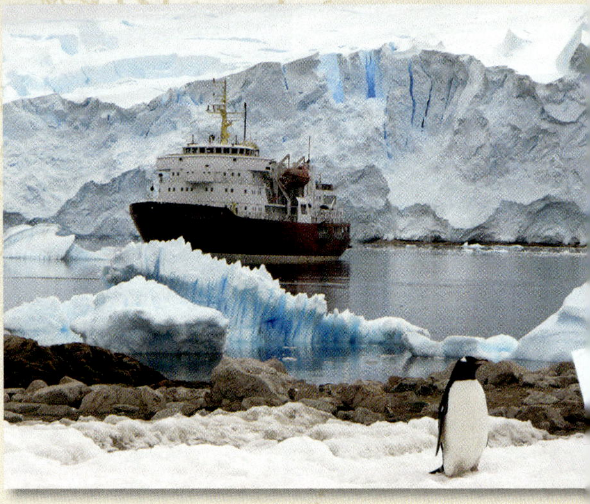

Im ewigen Eis

Skuas in
der Antarktis

Wer beobachtet
hier wen?

Königs-
pinguin

TIERWELT

Ein Tucan in Costa Rica

Kaiman, Bolivien

Pelikane vor der Küste Perus

Capivara

Boa

Hyazinth-Papagei, Brasilien

Jaburu-Storch

Noch etwas müde fahren wir am nächsten Morgen auf der alten Ruta 40 entlang der Bahnlinie durch die patagonische Steppe. Unser nächstes Ziel heißt „Siete Lagos". Die Sieben Seen sind, wenn man genau nachzählt, weit über zehn.

Der Nationalpark Nahuel Huapi und das Seengebiet sind eines der beliebtesten Urlaubsziele der Argentinier. Vor allem die kostenlosen Plätze an den Flüssen und Seen sind oft bis auf den vorletzten Platz belegt. Wieder steht Baden, Lesen, Faulenzen auf dem Programm. Wer glaubt, das Leben am Fluss sei langweilig, der irrt. Stunden und Tage verbringen wir damit, dem bunten Treiben um uns herum zuzusehen. Hier, im Freizeitverhalten, zeigt sich deutlich der Unterschied zwischen der argentinischen Mentalität und der deutschen. Der Argentinier fährt mit seinem meist alten und klapprigen Auto so weit am Flussufer entlang, bis das Auto von selbst stehen bleibt. Nach und nach klettern alle aus dem Fahrzeug, einem normalen Pkw können da schon mal acht bis zehn Personen entsteigen. Kleinkinder und Hunde nicht mitgerechnet. Während die Männer das Zelt aufbauen und den Feuerring des Vorgängers um mindestens einen Meter versetzen – schließlich hat jeder ein Recht auf einen eigenen Feuerring –, sammeln die Frauen Holz fürs Lagerfeuer. Nicht selten kommen sie mit ganzen Baumstämmen zurück. Ist kein umgefallener Baum verfügbar, wird den noch stehenden Bäumen mit Axt und Säge zu Leibe gerückt. Während dann die Frauen das Feuer bewachen, basteln sich die Männer aus Bambusrohren und Schnur eine Angel, stellen sich in die Mitte des Flusses und tun die nächsten Stunden nichts mehr außer ihre Söhne zum Bierholen zu schicken. In der Zwischenzeit starten die Kids ab und zu den Motor des Autos, um die Batterie zu laden, denn ohne Strom keine Musik und ohne Musik nur der halbe Spaß.

Wie es der Zufall will, feiert Junin de los Andes gerade die Fiesta del Puestero und obendrein auch noch seinen 125. Geburtstag als wir in dem kleinen Städtchen ankommen. An der offiziellen Parade nehmen Delegationen aus den umliegenden Städten und Regionen teil, aber auch aus den Nachbarländern. Eine Folklore-Gruppe zeigt traditionelle Tänze. Und nur wenige Meter über den Köpfen der

Zuschauer dreht ein Kunstflieger seine Runden. Zum Schluss reiten die Gauchos auf ihren Pferden durch die Stadt und gleich weiter in den Rodeo-Ring, wo sie beim Zureiten ungezähmter Pferde zeigen, wie sicher sie im Sattel sitzen. Das Publikum feuert die Gauchos lautstark an, doch nicht immer behält am Ende der Reiter die Oberhand über das Tier. Einige der Reiter landen ziemlich unsanft auf dem Rasen, ein paar Mal rücken sogar die Sanitäter aus, und ein Pferd hat entdeckt, dass es kräftesparender ist, sich einfach hinzulegen statt zu springen und zu bocken. Sobald die Leine, mit der es am Pfosten festgebunden ist, gelöst wird, wirft es sich auf den Boden und begräbt den Reiter unter sich. Immer wieder schwingt sich der Reiter in den Sattel und immer wieder legt sich das Pferd auf die Seite. Irgendwann hat die Jury genug und macht dem Spielchen ein Ende. Der Reiter ist disqualifiziert. Das Pferd hat gewonnen.

Irgendwann holt uns die Wirklichkeit ein. Es gilt, eine Entscheidung zu treffen. In den letzten Wochen hatten wir immer wieder darüber diskutiert, was am Ende unserer Reise mit unserem Fahrzeug geschehen solle. Nach Deutschland zurückverschiffen, in Südamerika einstellen oder verkaufen, das waren im Wesentlichen die Optionen. Um uns alle Möglichkeiten offenzuhalten, hatten wir sowohl die Verschiffungskosten bei den in Frage kommenden Reedereien angefragt als auch eine Verkaufsanzeige ins Internet eingestellt. Auf letztere wiederum hatten wir die unterschiedlichsten Reaktionen erhalten. Einige wollten sich das Fahrzeug für die Dauer ihrer eigenen Reise von uns leihen. Andere schlugen vor, ihr eigenes Auto gegen unseres einzutauschen. Und ein paar Wenige schienen tatsächlich an einem Kauf interessiert zu sein, darunter ein Pärchen, das schon seit einigen Monaten mit dem Rucksack in Südamerika unterwegs war. Mit den beiden hatten wir Bilder, Daten, Fakten, Preisvorstellungen ausgetauscht. Und nun ging es darum, Nägel mit Köpfen zu machen. Der Gedanke, unseren treuen Weggefährten in fremde Hände zu geben, bricht mir fast das Herz. Doch am Ende siegt der Verstand über das Gefühl. Wir vereinbaren einen Übergabetermin in der Nähe von Mendoza, damit wir das Auto dort in der Werkstatt noch einmal überprüfen lassen können.

Seit wir wissen, dass wir unser Auto verkaufen, sind wir leicht paranoid. Scheppert da nicht etwas? Woher kommt dieses Klappern? Und war da nicht eben ein lautes Knacken zu vernehmen? Ist dieses Klingeln normal? Auf der Fahrt zum Lago Tromén hören wir plötzlich überall seltsame Geräusche. Während wir eine Runde durch das Hinterland, durch Wüste, Steppe und Araukarienwälder drehen, halte ich immer wieder meinen Kopf aus dem Fenster, um zu lauschen, ob da etwas ist, was nicht sein sollte – um dann letztendlich festzustellen, dass das Problem nicht darin liegt, dass ein Geräusch hinzugekommen ist, sondern dass uns vielmehr eins abhanden gekommen ist. Das leise Surren der Kühlbox fehlt. Der Kompressor hat den Dienst quittiert. Aus der Traum vom kühlen Bier am Abend.

Die Fahrt nach Caviahue erinnert uns an unsere Fahrten über den Altiplano, auch wenn die Straße nur auf etwa 1600 Meter Höhe verläuft. Als wir die Riscos Bayos, faszinierende Canyons aus pyroplastischem Gestein passieren, lassen meterhohe Schneestangen am Wegesrand erahnen, dass die Anfahrt im Winter um einiges beschwerlicher sein dürfte als jetzt im Hochsommer.

Caviahue ist ein beliebtes Skigebiet. Der Ort selbst hat etwa 400 permanente Einwohner und in der Hochsaison zudem etwa zehnmal so viele Touristen. Der Nachbarort, Copahue, ist berühmt wegen seiner Thermalquellen und Heilbäder. Schwefel-, Algen- und Schlammbäder warten auf die Kurgäste. Wir sind auf einen hochorganisierten und exklusiven Kurort gefasst. Doch der winzige Ort hat sich seine Natürlichkeit bewahrt und es geht in gewohnt argentinischer Art und Weise entspannt und gemütlich zu. Wer will, kann im Thermalbadkomplex richtig kuren, mit medizinischen Anwendungen, Massagen und Fango-Packungen. Wer jedoch bereit ist, sich den Fango-Schlamm selbst auf die Haut zu reiben, kann dies nach Lust und Laune an den Lagunen vor dem Thermalbadkomplex tun. Etwas außerhalb des Ortes liegen außerdem die naturbelassenen Quellen Las Maquinatas.

„Dreimal täglich komme ich hierher. Morgens, mittags und abends. Vier Wochen lang", erzählt uns ein Mann, von dem nur noch die Augen zu erkennen sind. Der Rest steckt unter einer zähen, grauen Fango-Schicht.

„Vorbeugung ist alles", pflichtet ihm ein anderer Gast bei und ermuntert uns, ebenfalls ins Schwefelbad einzutauchen.

„Vorbeugung ist wichtig", wiederholt er und fügt hinzu: „Für mich. Bei anderen halte ich nicht allzu viel davon."

„Nein?", frage ich erstaunt.

„Nein", bestätigt mein Gesprächspartner und fügt augenzwinkernd hinzu: „Ich besitze nämlich ein Bestattungsunternehmen."

Der Abstecher in die Berge hat sich gelohnt und uns mal wieder gezeigt, wie abwechslungsreich Patagonien ist. Über El Huecu, Zapala, die Araukarienwälder am Lago Aluminé, den Nationalpark Laguna Blanca und Chos Malal fahren wir zurück auf die Ruta 40. Kurz vor dem Rio Colorado ändert sich die Landschaft. Das trockene, gelbe Pampagras weicht saftigen, grünen Wiesen und Büschen. Am Horizont stehen Ölbohrtürme. Und dann verlassen wir Patagonien. Es ist ein merkwürdig stiller Augenblick als wir die Provinzgrenze passieren. Wir werfen einen letzten Blick zurück. Patagonien, wir werden dich vermissen! Der Tacho zeigt den 100.000sten Reisekilometer.

ARGENTINIEN
Ciao Amigo

Patagonien liegt hinter uns. Der Kompass, der durch den langen Aufenthalt auf der Südhalbkugel noch immer nicht ganz auf Kurs ist, zeigt konstant Süd-Süd-West an, obwohl wir seit geraumer Zeit schon nach Norden fahren. Links von uns liegt die Andenkordillere, rechts von uns ein Naturreservat, vor uns Malargüe. Der Ort besteht im Wesentlichen aus einer breiten, doppelspurigen und ziemlich langen Hauptstraße. Auf dem Campingplatz steht ein quietschgelber Landrover Defender. Wie immer, wenn sich zwei Landy-Fahrer treffen, wird sofort gefachsimpelt und es dauert nicht lange, bis der erste den Schraubenzieher in der Hand hat.

Der geplante Autoverkauf wirft ungeahnte Fragestellungen auf. Wir werden bald mit dem Rucksack unterwegs sein. Was machen wir mit den Sachen, die wir nicht mitnehmen können? Wie kommen diese nach Deutschland? Die Lösung ist blau. Blau wie der Truck von Peter und Isabella. Wir hatten die beiden in Kolumbien und Brasilien getroffen, und ich erinnere mich dunkel, dass sie Ende März nach Deutschland verschiffen wollten. Vorsichtig frage ich per Mail an, ob sie eventuell ein paar Kisten von uns mitnehmen würden. Die Antwort lässt nicht lange auf sich warten.

„Treffen übermorgen in Villa Belgrano", schreibt Isabella.

„Oh nein", stöhnt Tobias. „Ich wollte nie nach Villa Belgrano."

Für Diskussionen bleibt keine Zeit. Wir geben Gas. Die Landschaft zwischen San Rafael und Villa Belgrano erinnert ein bisschen an Süddeutschland im Frühsommer. Obsthaine, grüne Wiesen, Felder, Äcker so weit das Auge reicht. Ab und zu überholen wir einen Heulaster und an der Tankstelle teilen wir uns die Zapfsäule mit einem Traktor. Ländliche Idylle, auch das ist Argentinien.

Villa Belgrano ist eine Siedlung deutscher Auswanderer, in der heute noch ein paar Veteranen des legendären Kriegsschiffes Graf Spee leben. Bekannt unter Einheimischen wie Reisenden ist Villa Belgrano jedoch aus einem anderen Grund, nämlich wegen des alljährlich hier stattfindenden Oktoberfests. Doch jetzt ist es März und die Oktoberfesthalle auf dem Oktoberfestplatz steht leer. Wir hätten ohnehin keine Zeit für derartige Vergnügungen. Wir müssen unser Auto ausräumen. Und das dauert länger als wir dachten. Selbst wir staunen, wie viele Gegenstände doch in den Boxen, Schränken und Staufächern unseres Landys Platz gefunden haben. Einiges von dem, was unsere Umräumaktion ans Tageslicht befördert, hatten wir das letzte Mal in der Hand als wir vor zwei Jahren das Auto einrichteten!

Um etliche Kilo Gepäck und eine große Sorge erleichtert machen wir uns auf den Weg nach Córdoba. Die Stadt mit dem großen spanischen Namen zeigt sich selbst im Stadtkern nur mäßig kolonial. Wir schlendern ein bisschen durch die Fußgängerzone, gehen im Mercado essen, bevor wir unsere Runde durch die Sierra de Córdoba, eine surreal anmutende Landschaft, fortsetzen. Grüne, mit Gras und niedrigem Gestrüpp bedeckte, rollende Hügel zu beiden Seiten des Weges, dazwischen immer wieder riesige runde Granitfelsen, die aussehen wie von Riesenhand modelliert. Dunkle Wolken hängen tief über der Erde. Schlammlöcher auf der Straße zeugen von den Regengüssen der letzten Tage. Über Kilometer hinweg ist kein Mensch, kein Auto, kein Haus zu sehen. Erst als die Sonne untergeht, werden tief unten im Tal die Lichter der Städte Córdoba und Villa Carlos Paz sichtbar. Dort, wo wir stehen, ist es stockfinster. Und still.

Am nächsten Morgen, kurz hinter Tanti, steht auf einmal der auf dieser Strecke ohnehin spärliche Verkehr. Ein Reisebus ist in einer engen und noch dazu schlammigen Kurve ins Schleudern geraten und mit dem Heck voran den Hang hinuntergerutscht. Vor uns rangiert ein Lkw mit Anhänger rückwärts die Serpentinen hinunter. Auch für ihn ist die Kurve zu gefährlich. Unser Auto dagegen ist klein und wendig genug, um die Herausforderung zu meistern. Für uns geht die Fahrt weiter.

In der Sierra Puntana ist, obwohl Wochenende, nicht viel los. Die Flüsse, die laut Werbeprospekt eigentlich kristallklar hätten sein müssen, sind braun und trübe. Seit Tagen regnet es in den Bergen. Als wir La Carolina, eine ehemalige Goldminen-Stadt erreichen, fallen die ersten Tropfen. Kurz darauf prasseln kirschkerngroße

Hagelkörner auf unser Auto herab. Innerhalb von Sekunden steht um uns herum alles unter Wasser. Dort wo eben noch eine Straße war, erstreckt sich nun eine enorme Wasserfläche bis weit in die Wiesen und Felder hinein. Das Wasser schießt über die Straße, reißt Grasbüschel und Erde mit sich. Das Unwetter dauert nur wenige Minuten. Zurück bleiben riesige Pfützen, tiefe Löcher und ein grauer Nebelschleier, der die Landschaft überzieht.

Wie freundlich doch dagegen die Salinas del Bebedero vor den Toren San Luis' wirken. Eine Welt in reinstem Weiß. Meterhohe Salzberge trocknen in der Sonne. Nicht weit davon entfernt erstreckt sich eine Welt ganz in Rot. Die von Erosion geformten Sandsteinfelsen des Nationalparks Las Quijadas glühen förmlich in der Nachmittagssonne. Das Spiel von Licht und Schatten regt die Fantasie an und verleiht den steinernen Formationen immer wieder ein neues Gesicht.

Der Zufall will es, dass wir in der Werkstatt in Mendoza auf Eduardo treffen. Er plant gerade eine dreimonatige Reise mit dem eigenen Fahrzeug durch Peru, Bolivien, Brasilien und Kolumbien. Wir nehmen seine Einladung zum Abendessen an und lernen so eine ganz neue Seite Argentiniens kennen. Eduardo ist Inhaber einer Firma, die sich auf Reparaturen von LCD-Fernsehern, Video- und DVD-Recordern spezialisiert hat. Stolz führt er uns durch die

*Im Nationalpark
Las Quijadas*

Hallen, vorbei an Regalen, die bis unter die Decke voll mit defekten Geräten stehen. Zeit um Urlaub zu machen hat er eigentlich keine, verrät er uns augenzwinkernd. Wir parken unseren Landy in der dreifach alarmgesicherten Lagerhalle und fahren mit Eduardo in sein Stadthaus, das sich, obwohl von außen relativ unscheinbar, innen als ein wahrer Palast entpuppt, mit vier Stockwerken, zwei Wohnzimmern, sieben Schlafzimmern und ebenso vielen Bädern. Wir könnten bleiben, so lange wir wollten, bietet uns Eduardo am nächsten Morgen an.

Keiner von uns beiden ist sonderlich gesprächig als wir zur letzten Fahrt antreten. Ich komme mir wie ein Verräter vor. Dreiundzwanzig Monate lang hat uns der Landy brav über Stock und Stein, bergauf, bergab, durch Wiesen, Felder, Flüsse, über Schnee, Sand und Salz kutschiert. Mehr als einhunderttausend Kilometer haben wir mit ihm zurückgelegt und bis auf die zwei Aussetzer wegen des verstopften Dieselfilters hat er uns nie Probleme bereitet. Und jetzt lassen wir ihn hier in Südamerika zurück.

Tobias hat da seine eigene Philosophie: „Der Landy darf hier bleiben und all die Länder noch einmal bereisen. Ich für meinen Teil würde liebend gern mit ihm tauschen."

Die Details und Formalitäten des Autoverkaufs sind schnell geklärt. Am Ende steht nur noch die Frage im Raum, was mit dem Zolldokument passiert, das zum Fahren im Land berechtigt, aber natürlich noch immer auf meinen Namen lautet. Der herkömmliche Weg bei einem Autoverkauf unter Reisenden ist der Weg über die Grenze. Gemeinsam reist man mit dem Fahrzeug aus dem einen Land aus, der alte Besitzer gibt bei der Ausreise sein Zolldokument ab. Bei der Einreise ins Nachbarland lässt der neue Besitzer das Zolldokument bereits auf seinen Namen ausstellen. Die eigentliche Übergabe des Fahrzeugs findet sozusagen im Niemandsland zwischen den zwei Grenzposten statt. Uns ist dieser Weg zu umständlich. Da wir nicht vorhaben, noch einmal nach Chile einzureisen, wollen wir es anders versuchen. Wir marschieren aufs Zollamt. Der Zollbeamte erweist sich als kooperativ und pragmatisch. Handschriftlich vermerkt er auf der Rückseite des Zolldokuments, dass der Besitzer des Fahrzeugs gewechselt hat. Alle unterschreiben, der Beamte drückt seinen Stempel aufs Papier. Fertig. Das Ganze dauert keine zehn Minuten. Keine Fragen, keine Kosten, kein Stress.

Auf vier Füßen statt vier Rädern unterwegs

Die erste Nacht ohne eigenes Fahrzeug verbringen wir im Nachtbus nach Buenos Aires. Wir sind jetzt Backpacker, Rucksack-Reisende. Und unsere größte Befürchtung bezüglich dieser neuen Art zu reisen sollte sich in den nächsten Tagen als wahr entpuppen: Die reziproke Entwicklung von Lebensstandard und Kosten.

Buenos Aires heißt frei übersetzt so viel wie „gute Lüfte". Doch statt einer duftigen Brise weht uns der Gestank von Urin, Hundekot und Autoabgasen um die Nase. Von den Prunkbauten der Stadt bröckelt der Putz, und auf den Straßen, insbesondere im touristischen Zentrum San Telmo, türmt sich der Müll. In den Toreinfahrten sitzen Obdachlose, die nach Einbruch der Dunkelheit im Wohlstandsmüll nach Verwert- und Essbarem suchen. Es ist Ostern, Semana Santa, und die Stadt platzt aus allen Nähten. Unser erster Gang führt uns zur zentralen Plaza. Seit über 20 Jahren versammeln sich hier jeden Donnerstag die „Mütter der Plaza 25 de Mayo" vor dem Regierungsgebäude zu einem Schweigemarsch. Sie wollen daran erinnern, dass sie noch immer auf Informationen über den Verbleib ihrer unter der Militärdiktatur verschwundenen Söhne warten. Doch zwischen all den Hot-Dog-Buden und fotografierenden Reisegruppen wirken die alten Frauen mit den weißen Kopftüchern seltsam verloren.

Wir besuchen das Grab von Eva Perón. Wir schlendern durch das noble Stadtviertel Recoleta mit seinen vielen Kunstgalerien, Museen und Einkaufszentren. Wir spazieren an den Docks des Neuen Hafens im Viertel Puerto Madero entlang, wo sich alte Segelschiffe in modernen Hochhausfassaden spiegeln. Wir laufen durch die Straßen San Telmos und schauen den Tangotänzern zu.

Jeden Sonntag verwandelt sich San Telmo, das älteste Stadtviertel Buenos Aires, in einen farbenfrohen Flohmarkt und in eine

Bühne für Musiker, Tangotänzer und Künstler aller Art. Neben echten Antiquitäten werden auch Plastikblumen aus Taiwan, bemalte Holzuntersetzer aus Ecuador und bestickte Umhängetaschen aus Bolivien feilgeboten. Ein Mischmasch, der nicht nach jedermanns Geschmack ist.

„Donde está Argentina? – Wo ist Argentinien?", murmelt eine alte Frau im Vorbeigehen.

Wenn man so etwas wie Authentizität in Buenos Aires überhaupt noch findet, dann wohl am ehesten im Stadtteil La Boca. Das Herzstück La Bocas ist die Bonbonera, das blau-gelbe Fußballstadion des berühmtesten Fußballvereins Argentiniens, der „Boca Juniors". Am Ostersonntag haben die Bocas ein Heimspiel gegen Colón. Bereits zwei Stunden vor Spielbeginn ist das gesamte Stadtviertel eine blau-gelb wabernde Masse. Doch wir sind nicht zum Fußballspiel nach La Boca marschiert, sondern der bunten Häuser wegen. „El Caminito" ist eine etwa 100 Meter lange Gasse, gesäumt von buntbemalten Blechhäusern, mit Tangotänzern vor den Restaurants, mit Artesanía-Märkten und Kunstgalerien. Ganz hinten in einer der Galerien hat ein Akkordeonspieler seine Bühne aufgebaut. In einem liebevoll dekorierten Zimmer sitzt er zwischen Pappmaché-Figuren, alten Holzkommoden, Schwarzweiß-Fotografien aus vergangenen Tagen und verzaubert die Besucher mit Tango-Klängen.

Ganz anders und das absolute Kontrastprogramm dazu ist El Tigre. Hier in den verwinkelten Kanälen des Flussdeltas, in dem der Río Paraná in den Río de la Plata fließt, stehen die Wochenendhäuschen der reichen Porteños, wie die Einwohner von Buenos Aires genannt werden. Das Flussdelta ist beliebtes Ziel für alle, die für eine Weile den grauen Steinmauern der Hauptstadt entfliehen möchten. Man trifft sich zum Picknick auf einem der Campingplätze, schlendert über den Artesanía-Markt, isst sein Choripan an einer der vielen Grillbuden, setzt sich mit einem Bier an die Kaimauer im Hafen oder macht eine Bootsfahrt durchs Delta. Unberührte Natur bekommt man auf den Bootsausflügen allerdings nicht geboten, dafür aber jede Menge Einblicke in die Freizeitbeschäftigungen der wohlhabenden Schicht. Im Bikini wird da der Rasen gemäht, der Bootsanlegesteg gestrichen oder das Motorboot repariert.

Nach einer Woche in der Stadt verlangen unsere Lungen dringend nach sauberer Landluft und so steigen wir in den Bus nach Norden. Es geht nach Mercedes und von dort weiter nach Carlos Pellegrini, dem Ausgangspunkt für Touren in die Esteros del Iberá. Das etwa 13.500 Quadratkilometer große Feuchtgebiet ist dem Pantanal in Brasilien ähnlich, nur eben viel kleiner. Per Boot, zu Fuß und hoch zu Ross erkunden wir die Sumpflandschaft. Mit einer Mischung aus Ekel und Faszination beobachten wir mehrere Kaimane dabei, wie sie ein totes Wasserschwein, das in Argentinien nicht Capivara, sondern Carpincho heißt, zerlegen. Ein paar Meter weiter grasen kleine Hirsche mit riesigen Ohren friedlich auf den schwimmenden Inseln, jenen zentimeterdicken Matten aus Wurzeln und Erde, die ohne Kontakt zum Boden einfach auf der Wasseroberfläche treiben. Im Urwald verrenken wir uns die Hälse, um jungen Brüllaffen dabei zuzusehen, wie sie sich um die Früchte einer Palme streiten und aufgeregt und laut schreiend von Ast zu Ast hüpfen. Mehr als 4000 Tier- und Pflanzenarten sind in den Iberá-Sümpfen heimisch. Von den 294 Vogelarten sind 12 vom Aussterben bedroht. Die Ranger tun sich schwer mit dem Artenschutz, denn bislang ist nur ein kleiner Teil des Feuchtgebiets für Besucher zugänglich und wird regelmäßig kontrolliert.

Wieder nehmen wir den Nachtbus und sparen uns somit erneut eine teure Übernachtung im Hostel. Seit wir per pedes unterwegs sind, verbringen wir unverhältnismäßig viel Zeit damit, Transport und Unterkunft zu organisieren. Schon bei unserer Ankunft an einem Busterminal holen wir Informationen darüber ein, mit welcher Busgesellschaft, zu welchen Uhrzeiten in welchen Bussen, wir diesen Ort wieder verlassen. Im Internet suchen wir nach Hostels, prüfen, ob die in Frage kommenden Etablissements zur gewünschten Zeit noch Zimmer frei haben, und reservieren wenn möglich auch gleich online. Anders als früher, tun wir uns schwer, Kontakt zur Bevölkerung zu bekommen. Mit dem Auto konnten wir Orte aufsuchen, die sonst nur von Einheimischen besucht werden. Nun bewegen wir uns im Touristenstrom, also genau dort, wo auch Taschen- und Trickdiebe ihr Unwesen treiben. Denn auch die wissen ganz genau, dass ein Rucksack-Reisender, der schwer beladen auf dem Weg vom oder zum Busterminal unterwegs sind, all sein Hab und Gut bei sich trägt. Hinzu kommt, dass das Leben als Backpacker teuer ist. Seit wir nicht mehr in den großen und günstigen Supermärkten am Stadtrand einkaufen können, mitunter auch gar keine Kochgelegenheit haben, haben sich unsere Lebenshaltungskosten verdoppelt.

Einen Vorteil allerdings hat das Reisen mit dem Bus, speziell auf der Strecke zwischen Buenos Aires und Corrientes. Man erspart sich die Diskussionen mit der Polizei. Die unzähligen Polizeiposten entlang dieser Strecke sind dafür bekannt, dass sie bevorzugt ausländische Fahrzeuge stoppen und von den Fahrern viel Geld für angebliche Verstöße verlangen. Da wir Korruption prinzipiell nie unterstützen, hätten wir auf dieser Strecke sicherlich wenig Spaß gehabt.

Wir erreichen Buenos Aires in den frühen Morgenstunden, rechtzeitig genug, um noch ein Ticket für die 9-Uhr-Fähre nach Uruguay zu erstehen. Oben an Deck werfen wir einen letzten Blick auf Argentinien. Die Skyline von Buenos Aires leuchtet golden in der Morgensonne. Ciao, Argentina.

URUGUAY
Die Schweiz Lateinamerikas

Die Fähre, mit der wir über den Río de la Plata nach Colonia del Sacramento in Uruguay übersetzen, erinnert nur noch äußerlich an ein Schiff. Innen gleicht sie einer Hotelhalle wie man sie zum Beispiel aus Las Vegas kennt. Der rosa Plüschteppich ist farblich perfekt auf die Sessel abgestimmt, in der Ecke stehen Spielautomaten, gegenüber befinden sich Fast-food-Restaurants, es gibt eine Rezeption, einen gläsernen Aufzug aufs Oberdeck und Blumenkästen aus Marmor. Uruguay war einmal ein reiches Land. Aufgrund seines Bankwesens und seines ausgeprägten Bankgeheimnisses wird es auch als die „Schweiz Lateinamerikas" bezeichnet. Zwar ist der Lebensstandard heute noch immer höher und die Infrastruktur besser als in vielen anderen lateinamerikanischen Ländern, doch seine Glanzzeiten hat Uruguay hinter sich. Die Tangokrise, jener berühmt-berüchtigte Devisen-Crash in Argentinien in den Jahren 2001 und 2002, hat auch Uruguay in Mitleidenschaft gezogen.

Was uns angeht, so wähnen wir uns nach dem ersten Abendessen in Montevideo auf dem kulinarischen Tiefpunkt unserer Reise angekommen. Wie in Argentinien ist auch in Uruguay das Nationalgericht Nummer eins inzwischen die Pizza. Mit einer leckeren italienischen Pizza hat das, was auf unserem Teller landet, jedoch weder optisch noch geschmacklich etwas gemein. Das quadratische gelbe Etwas könnte ebenso gut als in Tapetenkleister getauchte Pappmaché-Scheibe durchgehen. Zum Glück entdecken wir kurz darauf die Nationalspeise Nummer zwei: *Chivito,* ein hauchdünnes Steak mit gebratenen Zwiebeln und Ei, wahlweise als Sandwich oder als Tellergericht mit Salat und Pommes. Wir sind gerettet.

Nachdem wir ein paar Runden durch die Altstadt Montevideos gedreht haben, die Küstenstraße auf- und abgelaufen sind, den Mercado Central und den Mercado del Puerto besucht und besichtigt haben, gehen wir ins Gaucho-Museum, um dort von den Sporen über die silberne Gürtelschnalle bis hin zum breitkrempigen

Hut das aufwendige Outfit der Gauchos zu bewundern. Zwei Amerikanerinnen, die mit uns zusammen durch die Ausstellungsräume wandern, bestaunen eine Sammlung von Steigbügeln, von denen einige, allem Anschein nach für Frauen gefertigt, die Form von Pantoffeln haben.

„Was ist das denn?", will die eine wissen.

„Schuhe", antwortet ihre Begleiterin.

„Na klar", entgegnet wiederum die Erste. „Schuhe. Für die Pferde, nicht wahr?"

Tobias und ich stürzen prustend vor Lachen aus dem Raum und sind uns einig, dass es höchste Zeit ist, der Backpacker-Szene den Rücken zu kehren. Noch am selben Tag mieten wir uns ein Auto und sind endlich wieder mobil unterwegs.

„Trés deseos", drei Wünsche, so lautet der Titel des Films, der just an dem Tag in Colonia del Sacramento gedreht wird, als wir dort durch die Straßen flanieren. Eine Prozession, angeführt von einem Schauspieler in Mönchskutte, wartet auf ihr Stichwort. Aber noch ist die Szene mit der Radfahrerin, die sich alle Mühe gibt, bei

Oldtimer-Blumentrog

der Fahrt übers grobe Kopfsteinpflaster das Gleichgewicht zu halten, nicht im Kasten. Zugegeben, die niedrigen, bunt angemalten Häuschen, die schiefen, holperigen Gässchen, die Kirche mit dem Eisengitter davor, all das gibt eine perfekte Filmkulisse ab.

Colonia del Sacramento wurde 1680 aus strategischen Gründen errichtet. Die Spanier hatten sich bereits am Südufer des Río de la Plata niedergelassen, also bauten die Portugiesen am Nordufer des Flusses eine Festungsanlage, das Fort San Miguel.

Uruguay, das neunzehnte Land auf unserer Reise, ist nach Surinam das zweitkleinste Land Südamerikas. Auf einer Fläche etwa halb so groß wie Deutschland leben ca. 26 Millionen Schafe, 9 Millionen Rinder und 3,4 Millionen Menschen. Davon gut die Hälfte in der Hauptstadt Montevideo, entsprechend leer ist der Rest des Landes. Stundenlang fahren wir vorbei an Ackerflächen. Bis zum Horizont blüht alles gelb. Seit der Preis für Soja auf dem Weltmarkt gestiegen ist, müssen auch in Uruguay immer mehr Weideflächen dem Ackerbau weichen. In Ermangelung von Sehenswürdigkeiten im Westteil des Landes machen wir Thermalbad-Hopping und verbringen Abende damit, im heißen Wasser zu entspannen, bevor wir uns auf den Weg Richtung Atlantikküste machen. Je weiter wir nach Osten kommen, desto hügeliger und abwechslungsreicher wird die Landschaft. In der Quebrada de los Cuervos begnügen wir uns nicht damit, von oben einen Blick in die Rabenschlucht zu werfen, sondern steigen, begleitet vom lauten Gekreische der über uns kreisenden schwarzen Vögel, hinunter bis zum Fluss. Unten in der Schlucht herrscht ein subtropisches Mikroklima. Die Vegetation ist dichter, die Luftfeuchtigkeit höher und der Schweiß rinnt schneller. Etwas später, wir sind wieder unterwegs Richtung Küste, fahren wir durch Palmenwälder. Das Bild, das sich uns bietet, kennt man von Postkarten: Kühe grasen friedlich unter Butia-Palmen, während die untergehende Sonne den Horizont in ein Farbenmeer verwandelt.

Die Strände an der Atlantikküste sind kilometerlang und menschenleer. Probeweise tauchen wir die große Zehe ins Wasser, ziehen sie jedoch blitzschnell wieder heraus. Die Temperatur lässt keinen Zweifel daran, dass die Badesaison vorüber ist. An den

Bäumen färben sich bereits die Blätter gelb und nachts wird es in unserem Zelt schon empfindlich frisch.

Unser Weg führt die Küste entlang, vorbei an etlichen Lagunen, vorbei am Surfer-Paradies Punta del Diablo, geradewegs hinein nach Punta del Este. Hier, wo der Río de la Plata in den Atlantik mündet, wo sich Hochhaus an Hochhaus reiht, wo millionenschwere Yachten im Hafen vor Anker liegen, hier machen die Reichen und Schönen aus aller Welt Urlaub. An sich Grund genug, um einen möglichst großen Bogen um diesen Ort zu machen, wenn nicht Onkel Gerd gleich um die Ecke wohnen würde. Er empfängt uns mit den Worten: „Da seid ihr ja endlich. Warum kommt ihr denn erst jetzt?"

Was soll man darauf antworten? Wir hatten einen weiten Weg. Von Nordamerika über Zentralamerika, durch Südamerika, bis ans Ende der Welt und von dort nach Uruguay. Das dauert eben seine Zeit.

Nach zwei Wochen Rundreise sind wir schließlich wieder in Montevideo. 3000 Kilometer haben wir in Uruguay zurückgelegt und dabei vor allem Weideflächen, Ackerbau und Strände gesehen. Nicht nur auf der topografischen Karte, auch was die Sehenswürdigkeiten angeht, fehlt es Uruguay an echten Höhepunkten. Doch wie schon so oft auf unserer Reise sind es auch hier die Menschen, die das Land liebenswert machen. Der Geschäftsmann im Restaurant zum Beispiel, der, als er sieht, dass wir unendlich lange die Speisekarte studieren, von seinem Tisch aufsteht, sich zu uns setzt und fragt, ob er uns helfen kann; der junge Mann, der Arbeitskollegen aus München hat, und sich einfach ein bisschen mit uns unterhalten möchte; die Frau am Campingplatz, die sich mit Umarmungen und Küsschen von uns verabschiedet, als würde sie uns schon seit Jahren kennen; der Tankwart, der sich an seine deutschen Wurzeln erinnert und uns eine „gute Reise" wünscht.

BRASILIEN
Ein Hauch von Afrika

An Allerheiligen, dem 1. November 1501, lief der unter portugiesischer Flagge segelnde Seefahrer Amerigo Vespucci in die größte Bucht Brasiliens ein. Entsprechend dem Tag gab Vespucci der Bucht den Namen „Baía de Todos os Santos", Allerheiligenbucht. Achtundvierzig Jahre später landete der Portugiese Tomé de Sousa an der Küste. Er hatte vom portugiesischen Königshaus den Auftrag erhalten, hier die Hauptstadt der kürzlich entdeckten Neuen Welt zu gründen. Salvador da Bahia, die älteste Stadt Brasiliens, war bis 1763 Hauptstadt und bis 1888 Hauptumschlagplatz der Sklaven, die von den Portugiesen aus Westafrika verschleppt und auf dem Sklavenmarkt von Salvador da Bahia, dem Pelourinho, verkauft wurden. Heute ist Salvador da Bahia mit etwas mehr als drei Millionen Einwohnern nach Rio de Janeiro und São Paulo die drittgrößte Stadt Brasiliens und auf Grund ihrer außergewöhnlichen Architektur Unesco-Weltkulturerbe.

Wir fühlen uns in Salvador von der ersten Sekunde an wohl. Die Straße vom Flughafen in die Stadt führt anfangs durch einen dichten Bambuswald und mündet dann in eine mehrspurige Stadtautobahn. An den Ampeln ist eine Digitalanzeige angebracht, die rückwärts die Sekunden bis zum Umschalten von Rot auf Grün zählt. Bei „drei" spielen die ersten unruhig mit dem Gaspedal und bei „zwei" sind schon alle unterwegs. Auch unser Taxifahrer hat es eilig und überholt mit 100 km/h rechts auf der Standspur. Doch das stört hier niemanden. Die Sonne sticht, die Luftfeuchtigkeit lässt den Schweiß auf der Haut kleben. Die Straßenränder sind voller Menschen, die Dinge des täglichen Lebens kaufen und verkaufen. Es ist laut. Es ist heiß. Es ist chaotisch. Wir sind wieder in den Tropen. Ein schönes Gefühl.

Wir haben uns mitten in der Altstadt einquartiert. Als wir zu unserem ersten Erkundungsgang aufbrechen wollen, lässt es sich der Besitzer des Hostels nicht nehmen, uns ein paar Verhaltensregeln mit auf den Weg zu geben: Wir sollen den bettelnden Kindern kein Geld geben und auch kein Essen kaufen, rät er uns, weil diese die Lebensmittel an der nächsten Ecke gleich wieder gegen Geld für Drogen verhökern würden. Außerdem sollen wir sämtliche Straßen und Viertel rund um Pelourinho meiden und ab Einbruch der Dunkelheit auf keinen Fall mehr die Lacerda benutzen, jenen Aufzug, der die Oberstadt mit der etwa 70 Meter tiefer liegenden Unterstadt verbindet. Wir klemmen uns die Digitalkamera unter den Arm, stecken ein paar Münzen in die Hosentasche und machen uns auf den Weg.

Der Pelourinho ist das historische Zentrum der Stadt. Hier säumen Kolonialhäuser aus der Zeit der portugiesischen Besiedelung, hübsch restauriert und in zarten Pastellfarben gestrichen, die steilen und mit Kopfsteinpflaster ausgelegten Gassen. Damals, als es noch keine Hausnummern gab, diente die Farbe der Fassade zur Identifizierung der Häuser und deren Besitzer. In einer Straße kam deshalb eine Häuserfarbe immer nur ein einziges Mal vor. Allerdings konnte es schon mal passieren, dass ein Haus über Nacht einen neuen Anstrich erhielt, dann zum Beispiel, wenn die Steuern eingetrieben werden sollten.

Wir besuchen die Klosterkirche Ordem Terceira de São Francisco, die gleich mit mehreren Besonderheiten aufwarten kann: Sehenswert ist zum einen die barocke Sandsteinfassade, die es in dieser Art, laut Aussage der Informationsbroschüre, nur viermal auf der Welt gibt. Die kobaltblauen Kacheln an den Wänden des Kreuzgangs erlauben einen Blick in die Vergangenheit. Sie stammen aus Portugal und zeigen das Stadtbild Lissabons wie es vor dem großen und alles vernichtenden Erdbeben im Jahre 1755 ausgesehen hat. Und dann gibt es noch die Orgel oben auf der Empore. Sie kommt aus Bayern und war, so wird erzählt, bisher nur ein einziges Mal im Einsatz. Bei dieser Gelegenheit hatte ihr lauter Klang die gläsernen Kronleuchter zum Bersten gebracht. Seitdem hat das Instrument nun Zwangspause.

Nach der Besichtigung der Klosterkirche wandern wir hinüber zur Kirche São Francisco. Wer diese Kirche nicht gesehen hat, hat Salvador nicht gesehen, sagen die Baíaner. Hinter einer äußerst schlichten Fassade verbirgt sich eine barocke Innendekoration, die einem schier den Atem raubt. Jeder Millimeter an Wand und Decke ist bedeckt mit vergoldeten Schnitzereien aus Jacaranda-Holz. Die schummrige Beleuchtung tut ein Übriges, um die Kirche in ein erdrückendes und düsteres Licht zu tauchen.

Pelourinho ist auch das touristische Zentrum der Stadt. Kein Haus, das nicht ein Hostel, ein Restaurant, eine Bar, ein Internet-Café oder einen Souvenirladen beherbergt. Und kein Haus, vor dem nicht jemand steht und Visitenkarten oder Gutscheine verteilt. Fliegende Händler, über und über beladen mit Ketten und Armbändchen, laufen durch die Straßen auf der Suche nach potenziellen Käufern.

„Hello, big man", schallt es uns entgegen. Gleich am ersten Tag hat Tobias, der mit seinem Gardemaß von zwei Metern alle Baíaner um mindestens einen Kopf überragt, seinen Spitznamen weg. Und ab dem zweiten Tag wissen die Souvenirverkäufer, dass mit uns kein Geschäft zu machen ist und lassen uns in Ruhe.

„He, big man, alles klar?", ruft ein junger Mann, der, wann immer wir hier vorbeikommen, mit einem Drink in der Hand am Laternenpfahl lehnt. Jetzt prostet er Tobias mit einem Caipirinha zu. Tobias antwortet, wie in Brasilien üblich, mit nach oben gestrecktem Daumen. Alles klar. Abgesehen von unseren knurrenden Mägen. Zielstrebig steuern wir direkt auf die Frauen zu, die in baíanischer Tracht gekleidet, mit ausladenden Röcken, Blusen mit Puffärmelchen und riesigen Turbanen, hinter noch riesigeren Kochtöpfen sitzen. *Acarajé*, so heißen jene Knödel aus Bohnenmus, die in Palmöl frittiert, mit Kokosnuss-Shrimpspaste bestrichen und mit Gemüse sowie mit getrockneten Shrimps gefüllt werden. Die Shrimps werden mitsamt der Schale verzehrt. Gewöhnungsbedürftig.

Frau in baíanischer Tracht

Genauso wie *dendê,* das zähe Palmöl, in dem die Knödel frittiert werden, und das ähnlich wie Rizinusöl leicht abführend wirkt. Als Alternative gibt es *abará.* Hier werden die Bohnenmus-Knödel in Bananenblätter gewickelt und gekocht. Natürlich testen wir auch *moqueca,* einen Eintopf aus Fisch und Gemüse in Kokosnussmilch, und *beiju,* eine Art Pizza aus Maniokmehl, die entweder herzhaft mit Käse, Salami, Schinken und Oliven oder süß mit Kokosraspeln, Schokolade und Obst belegt wird. Und schon nach der ersten Pizza steht fest: *beiju* ist unser Favorit.

Mit dem Bus fahren wir ans andere Ende der Stadt, um der Wallfahrtskirche Nosso Senhor do Bonfim und anschließend dem Fort Monte Serrat einen Besuch abzustatten. Auf dem Weg dorthin kommen wir am Mercado São Joaquim vorbei. Hier versorgen sich die Einheimischen mit Fleisch, Fisch, Obst, Gemüse und allem, was man sonst noch so zum Leben braucht. Dünne Fleischstreifen hängen zum Trocknen von der Decke. Innereien liegen zu Türmchen aufgeschichtet auf den Holztresen. Rinnsale von Blut sickern über den Boden. Der süßliche Geruch von frischem Fleisch mischt sich mit den herben Düften frischer Kräuter, dem Aroma überreifer, gärender Früchte und dem Schweiß der Verkäufer. Es ist stickig und dreckig. In einer Schubkarre werden Rinderbeine transportiert. In einer anderen Limetten zum Verkauf angeboten. Alle nur erdenklichen tropischen Früchte türmen sich vor den Geschäften. Wir decken uns mit Vitaminen für ein ganzes Jahr ein und kaufen Papayas, Ananas, Guyabas, Pinhas tütenweise. Unsere ursprüngliche Idee, an einem der Stände etwas Warmes zu Mittag zu essen, verwerfen wir allerdings.

Pelourinho ist außerdem das musikalische Zentrum der Stadt. Während an Wochenenden, wenn die Ausflugsgäste aus den großen Strand-Resorts im Rahmen einer gebuchten Tour in die Stadt kommen, die Musik- und Tanzdarbietungen eher einer gut einstudierten Fernseh-Show gleichen, wenn Capoeira-Gruppen im Fünfminuten-Abstand eine perfekt einstudierte Choreografie ihrer tänzerischen Kampfkunst zum Besten geben, um sich anschließend mit ungelenkigen Touristinnen in gewagten Posen ablichten lassen, gleicht die Stadt an Dienstagen wahrhaftig einem

Hexenkessel. Jeden Dienstagabend wird die Plaza zur Bühne. Dann werden die Samba-Trommeln ausgepackt, Caipirinha-Stände schießen wie Pilze aus dem Boden. Baíaner aus allen Vierteln der Stadt finden sich ein. Denn Dienstagabend ist Party-Time! Dann wird gefeiert bis die Sonne aufgeht.

Gespräch mit den Göttern

Als die Menschen noch in trauter Harmonie mit den Orixás lebten, jenen göttlichen Wesen, die ebenso wie die Menschen vom Schöpfergott Olorún abstammen und diesem bei der Erschaffung des Universums zur Seite gestanden hatten, da war es einfach mit der Kommunikation. Sowohl die Menschen als auch die Orixás konnten zwischen den Welten wechseln und sich gegenseitig besuchen.

Doch dann wagte es einer der Menschen, sich einem Gesetz Olorúns zu widersetzen und brachte damit die göttliche Harmonie aus dem Gleichgewicht. Die Orixás legten ihre materielle Hülle ab und verwandelten sich in Axé, Energie. Als solche müssen sie, um zu den Menschen zu sprechen, erst vom Körper eines auserwählten Gläubigen Besitz ergreifen. Und das wiederum funktioniert nur, wenn dieser Gläubige sich im Zustand heiliger Trance befindet. Das Zauberwort heißt Candomblé. Candomblé vermag die Kluft zwischen Mensch und Gott zu überbrücken und den Kontakt zwischen beiden wieder herzustellen.

Der Begriff Candomblé stammt aus der Sprache der afrikanischen Yoruba und heißt Fest oder Gebet, steht aber auch als Name für jene in Salvador da Bahia weit verbreitete Religion, die ihre Wurzeln in Westafrika hat. Die Afrikaner, die von den Portugiesen als Sklaven an die brasilianische Küste verschleppt worden waren, brachten ihren Glauben, ihre Gottheiten und ihre Priester mit. Während der Kolonialzeit war es den Sklaven untersagt, ihre eigene Religion auszuüben. Sie waren gezwungen, zum Katholizismus zu konvertieren. Und selbst nach Ende der Sklaverei war Candomblé noch lange Zeit verboten. Erst seit den 1970er-Jahren darf die Religion, die nie wirklich aufgehört hatte zu existieren, auch wieder offiziell praktiziert werden.

In Salvador da Bahia gibt es über 1300 Terreiros, Zentren, in denen Candomblé-Zeremonien durchgeführt werden. Einige der Candomblé-Gemeinschaften akzeptieren Besucher. Am Samstag, so erfahren wir vom Besitzer unseres Hostels, findet in einem der Randbezirke eine authentische Candomblé statt, keine extra für Touristen angesetzte Veranstaltung. Diese Gelegenheit lassen wir uns natürlich nicht entgehen. Spät abends fahren wir, begleitet von einem Freund des Hauses, der auf uns aufpassen soll, an den Stadtrand. Unser Begleiter schärft uns ein, das Haus, in dem die Zeremonie abgehalten wird, unter keinen Umständen ohne ihn zu verlassen, schließlich wären wir hier mitten in einer Favela, einer Armen- bzw. Slumsiedlung. Kaum dass wir das Haus betreten haben, werden Tobias und ich getrennt. Frauen sitzen links, Männer rechts. Wie alle anderen Anwesenden sind auch wir hell gekleidet. Dunkle Kleidung ist bei einer Candomblé-Zeremonie nicht erwünscht. Von der Decke hängen weiße Papierstreifen. Die Wände sind in der Farbe der angerufenen Gottheit, des Orixá, bemalt und verziert. In unserem Fall trägt der Orixá die Farbe Gelb, es handelt sich um Oxum, die Göttin des Wassers, der Meere und der Flüsse. Nach und nach füllt sich der Raum. Im ganzen Haus herrscht ein reges Kommen und Gehen. Irgendwann fangen drei junge Männer an, die Trommeln zu schlagen, ein anderer Mann beginnt zu singen und in der Sprache der Yoruba die Götter anzurufen. Dann kommen die Tänzer und Tänzerinnen. Gegen den Uhrzeigersinn tanzen sie im Kreis um ein in den Boden eingelassenes Symbol aus Kauri-Muscheln herum. Sie singen und sie schreien. Hin und wieder werfen sie sich zu Boden, wälzen sich hin und her, um mit ihrer Stirn und ihren Schultern die Erde zu berühren. Immer wieder treten neue Tänzer in den Kreis. Wer neu hinzukommt, begrüßt die anderen, indem er die Hände des Gegenübers ergreift und sie zu beiden Seiten seines Gesichts und an die Stirn führt. Wer den Kreis verlässt, verabschiedet sich auf gleiche Weise. Die Frauen tanzen mit geschlossenen Augen. Sie tanzen sich in Trance, damit die angerufene Gottheit sich ihrer Körper bemächtigen kann, damit die anderen Gläubigen Fragen an die Göttin des Wassers richten können und sie ihnen antworten kann. Die Gesichter der in Trance gefallenen Tänzerinnen wirken seltsam angestrengt und verzerrt, ihre Augenlider zittern, ihre Lippen vibrieren. Von anderen Frauen werden sie aus dem Raum in ein Nebenzimmer geführt. Doch dort bleiben sie nicht lange, sondern kehren zurück, um weiterzutanzen. Ein Priester und eine Priesterin wachen während der gesamten Zeremonie über das Geschehen. Vier Stunden lang wird ohne Unterbrechung getrommelt, gesungen und getanzt. Dann ist die Zeremonie von einer Sekunde auf die andere zu Ende. Der Raum leert sich. Wir machen uns auf den Heimweg. Noch lange klingen die Gesänge in unseren Köpfen nach.

Gestrandet

Salvador da Bahia liegt auf einer Landzunge, umgeben von Wasser und 51 Kilometern Sandstrand. Der schönste der Stadtstrände ist der Strand des Stadtviertels Barra. Sehen und gesehen werden, lautet hier das Motto. Und neben Sonnenbaden besteht die Hauptbeschäftigung darin, Bier zu trinken. Tobias und ich schauen dem bunten Treiben eine Weile von der Strandpromenade aus zu, dann steigen wir in den Bus und fahren raus aus der Stadt, nach Itapoã. Hier beginnen nicht nur die Traumstrände Bahias, hier steppt auch abends der Bär. Wir hatten uns schon gefragt, wo sich wohl die Einheimischen abends auf ein kühles Bierchen treffen. Jetzt wissen wir es: an den Garküchen und Bierbars in Itapoã.

Die Strände nördlich von Itapoã sehen aus wie aus dem Bilderbuch: feiner, gelber Sand, schattenspendende Palmen und malerisch drapierte Felsbrocken, die vom türkisblauen Wasser sanft umspült werden. Drei volle Tage verbringen wir damit, unter Palmen liegend dem Rauschen der Wellen zuzuhören und Sand durch unsere Zehen rieseln zu lassen. Noch ein letztes Mal auf dieser Reise tanken wir Sonne und Energie. Noch ein letztes Mal lassen wir die Blicke über den Horizont schweifen und die Seele baumeln. Dann packen wir ein letztes Mal unsere Rucksäcke.

DEUTSCHLAND
Zwei Jahre später

Landeanflug auf Frankfurt. Folgsam klappe ich den Tisch zurück und bringe mich und meine Lehne in eine aufrechte Position. Dann wage ich einen Blick aus dem Fenster. Deutschland liegt mir zu Füßen. Die ersten Häuser werden sichtbar. Lange Reihen identisch aussehender Steinquader mit roten Ziegeldächern. Daneben breiten sich grüne, gelbe, braune Ackerflächen aus. Deutlich sehe ich die parallelen Ackerfurchen. Ordentlich und aufgeräumt, so wirkt Deutschland. Zumindest aus der Vogelperspektive.

19 Länder haben wir bereist, 19 Kulturen kennengelernt – okay, ich korrigiere: 18, in der Antarktis ist kulturell zum Glück noch nicht allzu viel los. Über 100.000 Kilometer haben wir mit dem eigenen Fahrzeug zurückgelegt. Noch einmal 3000 Kilometer mit dem Mietwagen und ungezählte Kilometer per Flugzeug, Schiff und Bus. Wir haben uns zwischen 48° 51′ nördlicher Breite und 64° 49′ südlicher Breite bewegt und dabei von der Eiswüste bis zum tropischen Regenwald so ziemlich jede mögliche Klimazone erlebt. Was das Höhenprofil angeht, so liegen über sieben Kilometer zwischen dem tiefsten und dem höchsten Punkt unserer Reise. Der tiefste befindet sich 40 Meter unter dem Meeresspiegel, der höchste auf 6088 Meter in den Anden.

Am 736. Tag unserer Reise kehren wir schließlich dahin zurück wo alles begann. Nach Deutschland. Unsere Eltern erkennen uns noch. Und wir sie. Auch unsere Nachbarn halten uns nicht für Einbrecher. Sogar unsere Wohnung sieht aus wie immer. Nein, stimmt nicht, ein guter Geist hat Staub gewischt und die Fenster geputzt. Und auf dem Tisch steht der lang ersehnte Käsekuchen. Der Kühlschrank ist gefüllt. Das Weinregal auch. Der Briefkasten ist leer. Die dringendsten bürokratischen Dinge sind bereits erledigt. Der befürchtete Kulturschock bleibt aus.

Wir nutzen die Zeit nach der Auszeit, um uns mit Input zu füttern. Wir lesen Zeitungen, Magazine, schauen Fernsehreportagen und die Tagesschau, um zu wissen, was die Nation und die Gemüter bewegt. Die Themen sind nicht selten zum Fürchten oder gar zum Heulen. Manchmal auch beides. Aber einiges von dem, was uns vor die Augen kommt, ist zum Brüllen komisch und absurd.

Das Fahrverbot in den Innenstädten für Fahrzeuge, die die neuen Abgasnormen nicht erfüllen, ist so ein Beispiel. Was machen denn die Menschen, die in der Innenstadt wohnen oder arbeiten? Verkaufen die jetzt alle ihre alten Autos und kaufen sich neue? In Bolivien, da sind wir uns ziemlich sicher, würden als Ausdruck des Protests einfach alle so weit in die Innenstädte fahren wie erlaubt und dann die „verbotenen" Fahrzeuge an Ort und Stelle stehen lassen. Straßenblockaden im großen Stil, eine bolivianische Spezialität.

Eine andere Meldung irritiert uns. Der Grenzwert für Dioxin im Lebensmittel „Fisch" sei in der EU um den Faktor 3 hochgesetzt worden, heißt es da. Damit übersteige er jetzt den Richtwert der WHO ums 10fache und sei sogar ums 17fache höher als der Grenzwert für Dioxin im Futtermittel. Aber Hauptsache, die Viecher leben g'sund.

Eine deutsche Tageszeitung hat im Internet ein Forum eingerichtet, in dem man mit Wissenschaftlern und Autoren über den Verfall der deutschen Sprache diskutieren kann. Konsequenterweise trägt das Forum den Namen „Reading Room". Da erübrigt sich doch eigentlich schon jede Diskussion über die Zukunft unseres Sprachguts.

Auch in der Werbung hat sich diesbezüglich nichts zum Positiven verändert. Wasser gibt es neuerdings in den Varianten harmonisierend, beruhigend und belebend. Die Variante „durststillend" sucht man vergebens. Die Margarine schmeckt „olivig". Der Käse ist ein „Leichtgenuss". Vermutlich war „leichter Genuss" einfach zu lang. Auch für die Auflistung der Inhaltsstoffe fehlt scheinbar der Platz auf deutschen Lebensmittelverpackungen. Während in Zentral- und Südamerika auf nahezu allen Lebensmitteln sowohl die enthaltenen Fette als auch der Colesterol-Anteil aufgedruckt waren, gibt es in Deutschland einen anderen Maßstab für gesunde Ernährung: Bio.

Trotzdem haben wir den Eindruck, dass sich etwas verändert hat. Deutschland denkt globaler als noch vor zwei Jahren. Zusammenhänge werden hergestellt, auch mal der Blick über den Tellerrand gewagt. Da wird offen darüber diskutiert, dass der Hunger in der Welt unter anderem aus der verstärkten Nachfrage nach Bio-Sprit resultiert. Und an anderer Stelle werden Rechnungen aufgestellt, wonach siebzig Prozent des gesamten Süßwasserverbrauchs in die Landwirtschaft fließen. Pflanzen brauchen schließlich auch Wasser zum Wachsen, das vergisst man leicht.

„Und, wie war's?", werden wir in der Regel von unseren Mitmenschen gefragt. „Wo hat es euch am besten gefallen?" Was antwortet man auf solche Fragen? Zwei Jahre und 19 Länder lassen sich nicht in drei Sätze packen. Auch nicht in die zweieinhalb Worte: Schön war's.

Wenn wir die Augen schließen, dann sehen wir Bilder, die so lebendig und farbenfroh sind, dass es uns vorkommt, als wären wir erst heute Morgen noch Seite an Seite mit den Pinguinen übers ewige Eis spaziert, als hätten wir erst gestern noch auf einem der vielen Märkte in Guatemala auf einer schmalen Holzbank gesessen und unter den neugierigen Blicken einer ganzen Schulklasse Gallo pinto gegessen, als wären wir erst letzte Woche noch auf der Spitze einer Maya-Pyramide gestanden und hätten, begleitet vom Geschrei der Brüllaffen, von oben auf das undurchdringliche Grün des Dschungels geblickt. Wir können noch immer den patagonischen Wind spüren, der an unseren Haaren zerrt. Wir haben noch immer den Geschmack des bolivianischen Straßenstaubs im Mund. Und den würzigen Duft von Regen, der über der Wüste fällt, in unseren Nasen.

Jedes der 19 von uns bereisten Länder hat seinen eigenen Reiz, seinen ganz persönlichen Charme. Natürlich gibt es Länder, die uns besser gefallen haben als andere. In einigen haben wir uns wohler gefühlt als in anderen. In einigen Ländern war es einfacher zu reisen, in anderen schwieriger. Doch jedes einzelne, jeder Ort, jeder Mensch ist ein wichtiger Teil des Gesamtbilds, ein unersetzbarer Teil unserer Reise.

Es gibt noch eine andere beliebte Frage: „Würdet ihr diese Reise noch einmal machen?"

Die Antwort ist einfach, denn diese Reise ist nicht wiederholbar. Wir könnten noch einmal die gleiche Strecke fahren, mit dem gleichen Auto zur gleichen Jahreszeit und doch wäre vieles anders. Wir würden andere Menschen antreffen, andere Bedingungen vorfinden. Einige der Orte und Länder, durch die wir gekommen sind, sind nicht mehr so wie wir sie kennengelernt haben. Sie haben sich verändert.

Bei Pisco, an der peruanischen Küste, hat ein Erdbeben vielen Menschen ihr Zuhause genommen. Ebenfalls in Peru, in der Nähe von Puno am Titicacasee, hat ein Meteorit ein riesiges Loch in die Erde geschlagen. Hurrikans sind über die Karibikküste gefegt und haben eine Schneise der Zerstörung hinterlassen. In Bogotá hat es gehagelt. In Buenos Aires fiel Schnee. In Chile sind die Vulkane Llaima und Chaitén ausgebrochen. Letzterer spuckte sogar so heftig, dass die umliegenden Orte evakuiert werden mussten. In Nicaragua lahmt die Wirtschaft, die Inflationsrate liegt bei 14 Prozent, Supermärkte und Hotels schließen, der Tourismus wandert ab in die Nachbarländer. Gleichzeitig berichten die Medien von einem Anstieg der Kriminalität in El Salvador, Guatemala und Honduras.

Aber ja, wir würden eine solche Reise jederzeit wieder machen. Nicht nur die Welt hat sich verändert. Auch wir haben uns verändert. Äußerlich sind wir vielleicht die Alten geblieben. Ein paar Lachfalten mehr, ein paar Haare weniger. Doch in unserem Inneren sind wir ruhiger, gelassener und stärker als früher. Vor allem aber sind wir hungriger. Hungrig auf den Rest den Welt.

DANKE

Theoretisch ist alles möglich. Aber mit der Hilfe und der Unterstützung anderer ist eben doch vieles einfacher. Und dafür möchte ich mich bedanken.

Thomas Sellerer und das Team der Werbeagentur 2hoch11 übernahmen die grafische Ausgestaltung unserer Träume und gaben u. a. unserem Maskottchen, dem Pinguin, ein Gesicht.
Peter Hochsieder, Nakatanenga 4x4-Equipment, war als Pannen-Notdienst Tag und Nacht für uns erreichbar, stellte Ferndiagnosen und versorgte uns mit Ersatzteilen.
Helmut Hermann vom Reise Know-How Verlag deckte uns nicht nur mit Reiseliteratur ein, sondern entdeckte in uns auch die Reise-Schriftstellerin und den Reise-Fotografen.
Die Firma Globetrotter ermöglichte uns das Einkaufen in ihrem Hause zu besonders günstigen Konditionen.
Patenkind Leonie glaubte an unseren Traum und steuerte unserem Budget Monat für Monat ihr Taschengeld bei.

Ihnen allen ist unser Dank gewiss!

Bedanken möchte ich mich auch bei all denen, die während dieser Reise für uns da waren. Sei es als Begleiter durch das Abenteuer, als Partner bei Bergbesteigungen, als Beistand in schwierigen Situationen, als Gastgeber in einem fremden Land oder einfach als Freund – sie alle haben einen unschätzbaren Beitrag bei der Erfüllung eines Traums geleistet.

Mein ganz spezieller Dank jedoch gilt jenen fünf Personen, ohne die diese Reise niemals möglich gewesen wäre.

Ohne meinen Mann, **Tobias Groenen,** wäre ich vermutlich gar nicht erst aufgebrochen, jedenfalls, soviel steht fest, wäre ich ohne ihn nie angekommen. Dass wir unbeschadet unseren Weg durch das Labyrinth der Fremde fanden, haben wir weniger meiner Navigationskunst als seiner unendlichen Geduld zu verdanken.

Ohne meine Schwiegereltern, **Irene und Wolfgang Groenen,** hätte uns unterwegs sicher ab und zu die Realität eingeholt. So jedoch konnten wir unsere Auszeit voll und ganz genießen, denn wir wussten, das Back-Office liegt in guten Händen.

Auch ohne meine Eltern, **Annemarie und Hans Ziermann,** hätte es die Reise nie gegeben, denn sie haben mir von allen Geschenken das schönste bereitet: mein Leben. Dafür und für ihr unerschütterliches Vertrauen in mich danke ich ihnen.

Danke. Gracias. Hasta luego – y ciao.
www.pinguino-tour.de

TIPPS & INFOS

Wie kommt das Auto übers Meer? Wer versichert das Fahrzeug im Ausland? Welche Dokumente braucht man an den Grenzen? Wer mit dem eigenen Auto durch Zentral- und Südamerika reisen will, hat meist viele Fragen, auf die er in der herkömmlichen Reiseliteratur nur selten Antworten findet. Dieses Kapitel soll Sie bei Ihren Reisevorbereitungen und auch während der Reise unterstützen.

Das Fahrzeug

Wenn es um die Wahl des Reisefahrzeugs geht, scheiden sich die Geister. Für die einen zählt allein der Komfort, die anderen legen Wert auf eine gute Ersatzteilversorgung vor Ort oder auf ein robustes Fahrzeug mit viel Bodenfreiheit. Hier soll auf die Fahrzeugwahl nur insofern eingegangen werden, als dass eine kurze Übersicht über die anzutreffenden Straßenzustände in Zentral- und Südamerika gegeben wird.

Straßenzustände

Sowohl in Zentralamerika als auch in Südamerika sind viele Sehenswürdigkeiten sowie die meisten Städte über asphaltierte Straßen zu erreichen. Die Panamericana zeichnet sich dadurch aus, dass sie größtenteils asphaltiert und für Fahrzeuge aller Art gut befahrbar ist. Allerdings liegen vor allem in Südamerika viele Naturschönheiten abseits der Hauptstraßen und sind nur über Schotter- oder Sandpisten erreichbar.

In Zentralamerika sind die meisten Straßen und Wege während der Trockenzeit gut befahrbar. Abgesehen von den echten Offroad-Strecken ist ein Fahrzeug mit Allrad nicht unbedingt erforderlich. Gleiches gilt in Südamerika auch für Kolumbien und Uruguay. In den anderen südamerikanischen Ländern ist der Straßenzustand stark von der Jahreszeit abhängig oder variiert mit der Entfernung zur jeweiligen Hauptverkehrsstraße. Auf dem Altiplano sind größere Nebenstraßen häufig geschottert, während kleinere einen Belag aus Sand oder Geröllsteinen haben. In Patagonien überwiegt ein gut befahrbarer Schotterbelag. In tropischen und subtropischen Regionen sind die Nebenstraßen meist Erdpisten, die sich bei Regen schnell in Schlammstrecken verwandeln. In Bolivien sind die unasphaltierten Fernverkehrsstraßen im Hochland und im Tiefland (von der Region um La Paz abgesehen) in relativ schlechtem Zustand. Je nach Jahreszeit (z.B. nach heftigem Regen) kommt man dort oft gar nicht oder nur sehr langsam voran und strapaziert das Fahrzeug. Für lange Strecken auf Schotter und Waschbrett ist in erster Linie ein Fahrzeug mit hoher Bodenfreiheit und einem robusten Fahrgestell wichtig. Dabei ist, wenn man von Ausflügen in das Amazonas-Becken oder von Dschungelfahrten während der Regenzeit einmal absieht, ein Fahrzeug mit Differenzialsperre nicht unbedingt notwendig. Ein Allrad-Antrieb hingegen kann Ihnen auf den steilen Pisten des Altiplano durchaus gute Dienste leisten, genauso wie eine Untersetzung. In vielen Orten Zentral- und Südamerikas herrscht ein Innenstadt-Fahrverbot für Lkw über 5 Tonnen. Und Brücken (insbesondere im Pantanal) sind häufig auf ein Gesamtgewicht von 5–8 Tonnen beschränkt.

Werkstätten und Ersatzteile

In den Hauptstädten der Länder finden sich Niederlassungen der meisten Fahrzeug-Hersteller. Im Rest des Landes werden Sie jedoch oft vergeblich nach einer Markenwerkstatt suchen. Auch sind Ersatzteile nur für die im Land gebräuchlichsten Fahrzeugmodelle erhältlich. Dafür sind viele Mechaniker in diesen Ländern wahre Meister der Improvisation. Am besten, Sie besorgen sich vor Antritt der Reise ein Werkstatt-Verzeichnis des Herstellers.

Common-Rail-Dieselmotoren sind außerhalb der Hauptstädte meist vollkommen unbekannt. Demzufolge gibt es auch keine entsprechenden Computer-Lesegeräte, etc. Für Reparaturen muss dann entweder das Fahrzeug in die Hauptstadt des Landes gebracht oder das entsprechende Werkzeug aus der Hauptstadt eingeflogen werden. Als Autoreisender sollten Sie sich außerdem mit dem Gedanken anfreunden, auch mal selbst am Fahrzeug zu schrauben.

Mein Tipp: Nehmen Sie ein Werkstatt- und Reparaturhandbuch für Ihr Fahrzeug mit, das detaillierte, schematische Zeichnungen enthält. Auch zum Überbrücken sprachlicher Barrieren kann ein solches Handbuch nützlich sein.

Abhängig von Fahrzeugtyp und geplanter Reisedauer müssen Sie entscheiden, ob Sie Service- und Ersatzteile mitführen oder im Reiseland kaufen wollen. Wegen der hohen Einfuhrzölle auf Kfz-Teile sind Ersatzteile in Südamerika allerdings relativ teuer.

Für den Fall, dass Sie Ersatzteile aus Deutschland oder Europa benöti-gen, ist es hilfreich, zu Hause jemanden zu haben, der ebenfalls über Re-paraturinformationen samt Ersatzteil-Listen verfügt und die benötigten Teile bestellen und verschicken kann.

Der Versand von Ersatzteilen nach Zentral- und Südamerika ist möglich, heißt für den Reisenden aber oft, dass er sich in die Hauptstadt des Landes begeben muss, um das Ersatzteil-Paket gegen eine Zollgebühr in Höhe von ca. 80% des Warenwertes aus dem Hauptzollamt auszulösen. Auch wenn weltweite Paket-Expressdienste eine Lieferung samt Zollabwicklung versprechen, ist es häufig notwendig, dass der Reisende persönlich beim Hauptzollamt die Formalitäten erledigt. Theoretisch fallen für Touristen im Transit keine Zollgebühren an, in der Praxis bedarf die Einforderung dieser Regelung allerdings einiges an Beharrlichkeit und Sprachvermögen.

Mein Tipp: Erstellen Sie zusammen mit Ihrer Werkstatt eine Service- und Ersatzteilliste mit kritischen Fahrzeugteilen und entscheiden Sie ge-meinsam, welche Teile Sie mitnehmen.

Treibstoff

Abgesehen von immer wieder auftretenden Versorgungsengpässen sind Diesel und Super-Benzin in allen Ländern flächendeckend verfügbar. In der Regel ist eine Reichweite (bei vollen Tanks) von 600–700 km ausreichend. Will man sich den einen oder anderen Umweg zur nächsten Tankstelle er-sparen, sollte man insbesondere auf dem Altiplano (höherer Kraftstoffver-brauch!) über eine Reichweite von etwa 1000 km verfügen. Der Diesel-kraftstoff in Südamerika entspricht in Qualität und Reinheit nicht europä-ischen Standards. Vielfach ist der Kraftstoff verschmutzt, hat eine schlechtere Verbrennung oder enthält, wie z.B. in Chile und Argentinien, sehr viel Parafin und Schwefel. Je nach Empfindlichkeit des Motors ist die Vorschaltung ei-nes zweiten Kraftstoff-Filters empfehlenswert.

Mein Tipp: Tanken Sie nur an gut frequentierten Marken-Tankstellen.

Der in Bolivien, Chile und Argentinien erhältliche Diesel ist nur bis etwa -8 °C winterfest (auch wenn an den Tankstellen oft anderes behauptet wird). Auf dem Altiplano jedoch können die Temperaturen im Winter nachts schon mal bis auf -20 °C fallen. Um zu verhindern, dass der Diesel versulzt und sich in den Filtern und Düsen ablagert, empfiehlt es sich, je nach Jahreszeit und Fahrzeugtyp, rechtzeitig Vorkehrungen zu treffen – entweder durch das Beimischen von ca. 3% Kerosin oder durch den Einsatz eines Frostschutz-Additivs. Achtung: Moderne Motoren mit elektronischer Einspritzanlage „mögen" die Beigabe von Kerosin allerdings meistens nicht.

Mein Tipp: Die Fahrzeuge der Bergbau-Unternehmen auf dem Altiplano fahren mit einem winterfesten Spezialdiesel, der leider nicht öffentlich zu kaufen ist. Aber fragen kostet nichts, wenn Sie an einem Minen-Stützpunkt vorbeikommen.

Reisedokumente und Vollmachten

Reisepass
Bei längerem Auslandsaufenthalt empfiehlt sich die Mitnahme eines zweiten Passes.

Internationaler Führerschein
Wir sind in den zwei Jahren unserer Reise nie nach dem internationalen Führerschein gefragt worden. Der nationale Führerschein wurde stets ohne Probleme akzeptiert. Teilweise war der nationale Führerschein als fremd aussehendes Dokument von Vorteil und hat die Kontrolle beschleunigt.

Nationaler Fahrzeugschein bzw. Zulassungsbescheinigung
An Grenz- und Kontrollposten wird nur nach einem Papier gefragt, das den Besitz des Fahrzeugs dokumentiert (span.: *el titulo*). Wir haben eine laminierte Farbkopie des Fahrzeugscheins benutzt und hatten damit nie Probleme. Achtung: Wer das Fahrzeug in Deutschland vor der Reise abmeldet, muss auch den Fahrzeugschein abgeben!

Internationale Kfz-Zulassung
Der Internationale Zulassungsschein wird meist nur für die Gültigkeitsdauer eines Jahres ausgestellt und sollte auf jeden Fall mitgenommen werden. Wir sind allerdings nie danach gefragt worden. Bei Fahrzeugkontrollen liegt das Hauptaugenmerk der Polizei auf der Prüfung der Fahrzeug-Eigentumsverhältnisse. Solange ein Dokument (wie z.B. der nationale Fahrzeugsschein) klar den Eigentümer, das Kennzeichen und die VIN (Fahrgestellnummer) enthält, ist es für Kontrollen und Grenzübertritte ausreichend.

Carnet de Passage

Für Reisen durch Zentral- und Südamerika ist kein Carnet de Passage erforderlich! Es genügt, bei der Einreise an der Grenze eine temporäre Einfuhrbescheinigung (Zollformular) für das Fahrzeug auszufüllen und diese bei der Ausreise wieder abzugeben. Bis auf wenige Ausnahmen fallen hierfür keine Kosten an. Mitunter verlangen Reedereien nach einem Carnet de Passage, was jedoch lediglich den Verwaltungsaufwand der lokalen Zollbehörden reduziert, für Sie jedoch bei Verfall der Kaution zu einem hohem finanziellen Risiko führt und daher abgelehnt werden sollte.

Internationaler Impfpass

Er ist eine mehrsprachige, internationale Bescheinigung über erhaltene Impfungen. Für die Einreise nach Brasilien ist der Nachweis einer Gelbfieber-Impfung erforderlich.

Allgemeines zu Dokumenten und Kopien

Für den Fall, dass Sie Ihre Dokumente unterwegs mal aus der Hand geben müssen, z.B. in einer Polizeikontrolle (was man generell versuchen sollte zu vermeiden), sollten Sie gute, evtl. laminierte Kopien der Dokumente dabei haben und diese zuerst vorzeigen. Es ist in vielen Ländern Zentral- und Südamerikas üblich, dass bei Kontrollen zuerst Kopien der Original-Dokumente gezeigt werden. Die meisten Grenzer und Polizisten haben, im Falle einer Nachfrage, durchaus Verständnis dafür, dass die Original-Dokumente sicher und schwer zugänglich im Reisemobil versteckt sind. In der Regel werden die Kopien akzeptiert.

Mein Tipp: Für den Fall, dass Ihnen Dokumente abhanden kommen bzw. abgenommen werden, hilft es, digitale Kopien der wichtigsten Dokumente online abrufbar zu haben – z. B. im Media-Pool oder Mail-Account Ihres e-Mail-Anbieters.

Für die Grenzübertritte in Zentralamerika brauchen Sie Schwarzweiß-Kopien aller Fahrzeug-Dokumente, der Pässe, der Führerscheine und der Zoll-Dokumente. Am besten, Sie erstellen bereits vor dem Grenzübertritt mehrere Sätze Kopien.

Auch die grüne Kfz-Versicherungskarte, obwohl in Amerika nicht gültig, kann unter Umständen nützliche Dienste erweisen, da auf ihr „International Motor Insurance Card" steht. Ferner kann es nützlich sein, einige Passbilder dabei zu haben.

Vollmachten

Für den Fall, dass einer der Reisepartner krank wird oder kurzfristig abreisen muss, kann es hilfreich sein, eine Vollmacht dabeizuhaben, mit der der

Fahrzeug-Eigentümer andere Personen zum Fahren des Fahrzeugs berechtigt. Vordrucke gibt es beim ADAC. In den Zoll-Formularen der südamerikanischen Länder gibt es dafür auch eine extra Rubrik: „Autorizado". Um einem „Back-Office" zu Hause die Arbeit zu erleichtern, sollten Sie vor Ihrer Abreise evtl. benötigte Vollmachten (z.B. für Bank, Post, Versicherungen etc.) ausstellen.

Versicherungen

Kfz-Haftpflicht-Versicherung

Obwohl nicht in allen Ländern Zentral- und Südamerikas eine Kfz-Haftpflicht obligatorisch ist, empfiehlt es sich, für alle Länder, durch die man reist, eine Kfz-Haftpflicht zu haben. Denn oft wird bei einem Unfall einfach per se dem „Gringo" die Schuld zugewiesen.

Für Mexiko, Belize, Nicaragua (hier gibt es widersprüchliche Erfahrungen) und Costa Rica besteht eine Versicherungspflicht durch eine lokale Kfz-Versicherung, die direkt bei der Einreise an der Grenze abgeschlossen werden muss. Andere ausländische Kfz-Versicherungen werden hier nicht anerkannt.

Für Peru, Argentinien, Chile und Uruguay besteht eine generelle Versicherungspflicht, die allerdings auch durch eine ausländische Versicherung gedeckt werden kann. Eine Kfz-Haftpflichtversicherung können Sie entweder vor Ort in dem jeweiligen Reiseland abschließen oder Sie reisen mit einer einmalig abgeschlossenen Gesamtversicherung für Zentral- und Südamerika.

Erstere Variante hat den Vorteil größerer Flexibilität und geringerer Kosten. Zudem ist die lokale Versicherung im Falle eines Schadens direkt vor Ort. Speziell für Südamerika gibt es länderübergreifende Anbieter, wie z.B. San Cristóbal oder Rivadavia in Argentinien. Kostenbeispiel: Eine Kfz-Haftpflicht bei Rivadavia schließt die Länder Argentinien, Chile, Brasilien, Uruguay, Paraguay, Peru und Bolivien ein; die Deckungssumme beträgt drei Millionen argentinische Pesos (ca. 1 Million US-$) und deckt Personen- und Sachschäden des Unfallgegners. Die monatlichen Kosten für ein Fahrzeug (z.B. Landrover, Toyota) beliefen sich 2008 auf 60 Pesos (ca. 15 Euro). Die Versicherung kann monatsweise verlängert werden und gilt für das Fahrzeug – egal, wer hinter dem Steuer sitzt.

Die zweite Variante, eine Gesamtversicherung, hat den Vorteil, dass Sie über eine Kfz-Versicherung für einen bestimmten Zeitraum verfügen und nicht jeweils in den einzelnen Ländern erst vor Ort eine Versicherung abschließen müssen. Auch sie gilt allerdings nicht in den Ländern mit lokaler

Versicherungspflicht. Der Komfort, in jedem Land automatisch versichert zu sein, kostet allerdings höhere Beiträge als die lokalen südamerikanischen Versicherungen. Anbieter sind hier u. a. „Nowag-Versicherungen" und „Tour-Insure GmbH".

Grenzformalitäten

Allgemein gilt für Zentralamerika

Grenzübertritte in Zentralamerika sind etwas weniger gut organisiert und weniger klar im Ablauf als die Grenzübertritte in Südamerika. Vielfach sind die Zollbüros einfache Holzhütten ohne Ausschilderung. Wenn Sie die Grenze erreichen, werden Sie zumeist sofort von Menschen umringt, die anbieten, die Grenzprozedur für Sie zu erledigen bzw. Sie von Büro zu Büro zu führen. Ob Sie die Hilfe dieser, oft minderjährigen, „Tramitadores" annehmen oder nicht, müssen Sie selbst entscheiden. Notwendig zur erfolgreichen Durchführung der Grenzformalitäten ist sie nicht.

Mexiko
Deutsche Staatsbürger benötigen kein Visum. Die maximale Aufenthaltsdauer beträgt 180 Tage. Das Ausstellen der Touristenkarte kostet 20 US-$. Um ein Fahrzeug nach Mexiko einzuführen, müssen Sie eine temporäre Fahrzeug-Importerlaubnis beantragen. Sie brauchen dazu je eine Kopie der Kfz-Zulassung sowie des Reisepasses des Fahrzeughalters. Die Importerlaubnis kann nur auf den Namen des Fahrzeughalters ausgestellt werden und kostet ca. 30 US-$. Der Aufkleber für die temporäre Einfuhrerlaubnis muss deutlich sichtbar an der Windschutzscheibe angebracht werden. Darüber hinaus muss der Fahrzeughalter eine Kaution hinterlegen (nur möglich mit der Kreditkarte des Kfz-Halters!). Sollte das Fahrzeug nicht mehr aus Mexiko ausgeführt werden, wird das Konto mit umgerechnet ca. 400 US-$ Einfuhrsteuer belastet.

Die obligatorische Kfz-Haftpflicht kann man entweder direkt in einem Versicherungsbüro in den Grenzstädten abschließen oder bereits im Vorfeld in den USA (z.B. in einem der AAA-Büros). Die Kosten, abhängig von Aufenthaltsdauer und Deckungsgrad, liegen bei 90–100 US-$ pro Fahrer für 8–10 Wochen.

Bei der Ausreise aus Mexiko müssen Sie die Touristenkarte sowie den Import-Aufkleber zusammen mit dem

Zoll-Dokument beim mexikanischen Zoll abgeben. Sie erhalten eine Bestätigung über die Ausfuhr des Fahrzeugs. Das Ausstellen dieses Dokuments ist wichtig wegen der Kaution. Bei der Ausreise fallen keine Gebühren an. Wer Mexiko an einem Sonntag verlassen will, sollte prüfen, ob der Zoll arbeitet.

Belize

Bei der Einreise über Mexiko (Chetumal) lässt man gleich hinter der mexikanischen Grenze (gegenüber dem Spielcasino) die Reifen desinfizieren. Dies kostet 10 Belize-Dollar. Die Quittung muss später am Grenzposten vorgezeigt werden. In der Abfertigungshalle des belizianischen Grenzpostens werden alle Formalitäten inklusive Fahrzeugeinfuhr erledigt. Die Einreise ist kostenlos. Deutsche Staatsbürger benötigen kein Visum. Das Fahrzeug wird in den Pass des Fahrzeughalters eingetragen und anschließend inspiziert (offiziell dürfen keine Früchte eingeführt werden).

Für Belize ist eine belizianische Kfz-Haftpflicht obligatorisch. Ausländische Versicherungen werden nicht mehr akzeptiert. Gleich hinter der Grenze (Richtung Corozal, an der T-Kreuzung) gibt es mehrere private Versicherungsbüros sowie ein Büro der staatlichen Versicherungsgesellschaft, das auch sonntags geöffnet hat. Folgende Konditionen sind möglich: 12 Belize-Dollar pro Tag, 28 Belize-Dollar pro Woche, 46 Belize-Dollar für 2 Wochen. Im Land gibt es an mindestens zwei Stellen Polizeikontrollen, die eine gültige belizianische Kfz-Versicherung sehen wollen: ca. 2 km hinter der Grenze Richtung Corozal und ca. 1 km östlich von San Ignacio.

Bei der Ausreise aus Belize werden Gebühren in Höhe von 30 Belize-Dollar pro Person fällig, plus 7,50 Belize-Dollar Conservation-Fee pro Person bei einem Aufenthalt von mehr als 24 Stunden. Zur Ausreise muss die Touristenkarte abgegeben und das Fahrzeug aus dem Reisepass ausgetragen werden. Wechseln Sie restliche Belize-Dollar gleich in guatemaltekische Quetzales, da bei der Einreise nach Guatemala noch vor dem Grenzposten Gebühren anfallen.

Guatemala

Bei der Einreise über Belize wird zunächst für 18,60 Quetzales das Auto desinfiziert. Von dort gehen Sie zu Fuß zum Schalter für die Personen-Einreise. Es fallen keine Kosten an. Die Aufenthaltsgenehmigung von 90 Tagen gilt seit *Juli 2006 für Guatemala, El Salvador, Honduras und Nicaragua gleichermaßen.* Bei einem Grenzübergang zwischen diesen vier Ländern muss dann nur noch der Pass vorgezeigt werden, ohne erneute Aus-/Einreiseprozedur („Sistema de la Integración Centroamerica").

Im Gebäude der SAT (guatemaltekische Zoll-Einfuhrbehörde für Fahrzeuge) erhalten Sie am Schalter das entsprechende Zoll-Formular für Ihr Fahrzeug. Es fallen 40 Quetzales Gebühren an, die an der Kasse („Banca") bezahlt werden müssen; eine andere Währung als Quetzales wird nicht akzeptiert. Also am besten vorher bei den Geldwechslern Geld tauschen. Mit der Quittung gehen Sie zurück zum Schalter. Dort erhalten Sie die Papiere sowie einen Aufkleber für die Windschutzscheibe. Das Fahrzeug wird in den Reisepass eingestempelt.

Gleich hinter der Grenze wird Brückenzoll verlangt (ca. 10 Quetzales). An der Grenze selbst existiert keine echte Bank, es gibt jedoch Geldwechsler. Die Ausreise aus Guatemala ist kostenlos. Die Fahrzeugbewilligung muss zurückgegeben werden und das Fahrzeug wird aus dem Pass ausgetragen.

El Salvador Zur Personeneinreise genügt es, die bereits in Guatemala oder Honduras ausgestellte Touristenkarte vorzuzeigen (integrierte Immigration). Zur Fahrzeug-Einfuhr muss ein Zollformular ausgefüllt werden. Es fallen keine Kosten an. Bei der Ausreise wird das Zollformular wieder abgegeben. Es wird mit einem Aufkleber versehen, der die Ausfuhr dokumentiert. Kosten fallen keine an.

Honduras Die Einreise nach Honduras kostet pro Person 3 US-$. Die Einfuhr eines Fahrzeugs kostet 38,50 US-$, die sich im Wesentlichen aus drei Kostenblöcken zusammensetzen: Zollgebühr, Administrationsgebühr und Einfuhrgebühr. Hinzu kommen die Kosten für Kopien der Dokumente. Die großen Grenzübergänge an der Pan- bzw. Interamericana haben einen geregelten und meistens auch schnellen Ablauf. Dort herrscht auch Gebühren-Transparenz in Form von öffentlichen Aushängen in englischer Sprache.

Für die Personen-Einreise gilt das Abkommen zur integrierten Immigration (Guatemala, El Salvador, Honduras,

Nicaragua). Das Fahrzeug wird bei der Einreise in den Pass des Fahrzeughalters eingestempelt und bei der Ausreise wieder ausgetragen. Außerdem erhält man bei der Einreise eine Einfuhrbescheinigung, die im Land bei Polizeikontrollen vorzuzeigen ist. Diese muss bei der Ausreise wieder abgegeben werden. Bei der Ausreise fallen keine Gebühren an.

Nicaragua Die Einreise nach Nicaragua kostet pro Person 7 US-$. Es wird eine Touristenkarte ausgestellt.

Die Einfuhr eines Fahrzeugs ist kostenlos. Das Fahrzeug wird in den Pass des Fahrzeughalters eingetragen. Nicaragua verlangt eine Kfz-Versicherung, die man an der Grenze bei einer nicaraguanischen Gesellschaft abschließen muss (13 US-$ pro Monat). Mit etwas Glück wird auch eine ausländische Versicherungspolice akzeptiert.

Die Ausreise aus Nicaragua kostet 2 US-$ pro Person. Die Ausfuhr des Fahrzeugs ist kostenlos. Das Fahrzeug wird aus dem Pass ausgetragen. Dazu wird das Fahrzeug erst inspiziert, dann erfolgt die Personenausreise durch den Zoll, dann die Fahrzeugausreise durch den Zoll, dann die Fahrzeugausreise durch die Polizei.

Bei der Ausreise aus Nicaragua empfiehlt es sich, übrige Cordobas noch auf nicaraguanischer Seite zu wechseln. An der Grenze gibt es eine Bank.

Costa Rica Gleich hinter der nicaraguanischen Grenze (Grenzübergang Peñas Blancas) fährt man mit dem Fahrzeug durch die Desinfektionsanlage. Hierfür fallen Kosten in Höhe von 3,50 US-$ an.

Für die Personeneinreise geht es zum folgenden Gebäude auf der linken Seite. Hier muss man das Einreiseformular, das man beim Transit der vier Transitländer Guatemala, El Salvador, Honduras und Nicaragua bekommen hat, wieder abgeben. Hat man dieses Dokument nicht mehr, z.B. weil an einer früheren Grenze jemand dieses Dokument aus dem Pass genommen hat (!), so stellt ein Beamter der Transnica-Organisation unentgeltlich ein neues Dokument aus. Für die Personeneinreise fallen keine Kosten an.

Genau gegenüber befindet sich das Zollgebäude für die Fahrzeugeinfuhr. Dort füllt man ein entsprechendes Formular aus und geht mit diesem wieder zurück ins Gebäude der Personeneinreise. Im ersten Büro links kann die obligatorische Kfz-Versicherung abgeschlossen werden (Kosten 13 US-$ pro Monat). Dazu werden Kopien von Reisepass, Fahrzeugschein und Führerschein benötigt, die im gleichen Büro gemacht werden können (Kosten ca. 150 Colones). Mit den Unterlagen geht es zurück auf die andere Straßenseite zum Zollbeamten, der Papiere und Fahrzeug inspiziert. Mit dem Auto und den Dokumenten fährt man dann ca. 1 km weiter bis rechterhand ein Gebäude hinter einer Toreinfahrt auftaucht, die Fahrzeug-Immigration. Dort parkt man im Gelände und lässt sich eine temporäre Fahrzeugeinfuhrerlaubnis ausstellen. Es fallen keine Kosten an.

An der Grenze gibt es eine Bank, aber keinen Geldautomaten.

Bei der Ausreise aus Costa Rica nach Panama muss bei der „Migración" ein Formular für die Personenausreise ausgefüllt werden. Ein paar Schalterfenster weiter, im Querbau, gibt man die Fahrzeugeinfuhrerlaubnis zurück. Es fallen keine Kosten an.

Panama Am Grenzübergang der Interamericana (Paso Canoa) holt man sich am Immigrationsschalter den Einreisestempel für die Personeneinreise. Dann beantragt man am gegenüberliegenden Zollschalter die Einfuhrerlaubnis für das Fahrzeug. Dazu braucht man den Reisepass und die Fahrzeugpapiere. Das Fahrzeug wird in den Reisepass eingestempelt. Mit der Einfuhrerlaubnis geht es zum Zoll gegenüber, der das Fahrzeug inspiziert und die Erlaubnis abstempelt. Am letzten Schalter zahlt man die Gebühren für die folgende Fahrzeug-Desinfektion.

Im Grenzort selbst gibt es Banken, sowie Geldwechsel-Stuben. Eine Personenausreise ohne Fahrzeug (z.B. bei Verschiffung nach Südamerika) ist nur möglich, wenn das Fahrzeug vorher aus dem Reisepass ausgestempelt worden ist oder in Zollverwahrung gegeben wurde. Die Personenausreise erfolgt dann problemlos mit einem einfachen Ausreisestempel (ohne Kosten).

Bei Einreise nach Panama gilt eine Quarantäne-Pflicht für Haustiere.

Allgemein gilt für Südamerika

Die Grenzübertritte in Südamerika sind schnell, einfach, gut strukturiert und verlaufen weitestgehend wie folgt: Jede Person füllt eine Touristenkarte (Einreiseformular) aus. Die bewilligte Aufenthaltsdauer wird in den Pass eingestempelt. Dabei wird der Ausreisestempel des vorigen Landes überprüft. Oft wird ein Durchschlag des Einreiseformulars (Touristenkarte) im Reisepass hinterlegt. Für deutsche Staatsbürger sind die Grenzübertritte kostenlos und ohne ein Visum möglich. Bei der Ausreise wird der Reisepass ausgestempelt und die Kopie der Touristenkarte dem Pass entnommen. Weder bei der Einreise noch bei der Ausreise fallen Gebühren an.

Für das Fahrzeug wird eine zeitlich begrenzte Einfuhrerlaubnis (*Importación Temporal*) erstellt. Hierfür sind der Fahrzeugschein und der Reisepass des Halters notwendig. Bei der Ausreise wird das Zolldokument (Einfuhrerlaubnis) wieder abgegeben. Es fallen keine Gebühren an.

In Chile, Argentinien und Bolivien sind nach dem ersten Grenzübertritt die Daten des Fahrzeugs im Computersystem des Zolls erfasst, jeder weitere Grenzübertritt wird dadurch erleichtert und beschleunigt.

Nicht immer erhält man an der Grenze die maximale Aufenthalts- bzw.-Einfuhrdauer; in diesem Fall kann die Dauer in den großen Städten bei der Policía Migración bzw. dem Zoll (Aduana) verlängert werden. Manchmal ist jedoch eine Aus- und erneute Einreise bedeutend einfacher. Eine unerlaubte Überziehung der genehmigten Zeiträume zieht teilweise empfindliche Geldstrafen nach sich.

Kolumbien	Maximale Aufenthaltsdauer für Personen und Fahrzeuge 60 Tage. Seit 2006 ist der Abschluss einer Kfz-Versicherung Pflicht. Die Versicherungsgesellschaft ist „La Previsa". Der Preis errechnet sich aus der Anzahl der Tage und dem Fahrzeugtyp. Eine Verlängerung bzw. ein Neuabschluss für einzelne Tage ist möglich. Die Versicherungsdokumente werden vor allem im Süden Kolumbiens regelmäßig von der Polizei kontrolliert. Auch eine internationale Kfz-Versicherung wird akzeptiert, sofern diese Kolumbien abdeckt.
Ecuador	Die Aufenthaltsdauer für Personen und Fahrzeuge kann frei gewählt werden: 30, 60 oder 90 Tage. Die Einfuhr eines Fahrzeugs ist problemlos möglich. Es ist kein Carnet de Passage mehr erforderlich. Es wird auch keine notarielle Beglaubigung der Eigentumsrechte am Fahrzeug verlangt.

Peru Die maximale Aufenthaltsdauer für Personen und Fahrzeuge beträgt 90 Tage. Für das Fahrzeug erhält man zusätzlich zum Zollformular einen Aufkleber für die Scheibe, auf dem Name, Aufenthaltsdauer, Grenzübergang und Kennzeichen vermerkt sind.

Bei einer Ausreise nach Chile muss das Formular „*Relación de Pasajeros*" in vierfacher Ausfertigung ausgefüllt werden. Das Formular erhält man an der Grenze.

Bolivien Die maximale Aufenthaltsdauer für Personen beträgt 90 Tage. Allerdings werden an den Grenzen in der Regel nur 30 Tage bewilligt. Die Aufenthaltsdauer lässt sich aber problemlos in jeder größeren Stadt bei der Policía Migración auf 60 bzw. 90 Tage verlängern. Hierzu muss der Pass und die Touristenkarte sowie je eine Kopie beider Dokumente vorgelegt werden.

Die maximale Aufenthaltsdauer für das Fahrzeug beträgt je nach Grenzübergang 60 oder 90 Tage. Bei Grenzübergängen, die mit Computern ausgestattet sind, gibt es spezielle Zoll-Formulare für ausländische Fahrzeuge. Die Einfuhr eines rechtsgesteuerten Fahrzeugs ist nicht möglich. Das Fahrzeug wird von der Sanitación (Fruchtkontrolle) inspiziert. Die Einfuhr von frischen Lebensmitteln ist offiziell untersagt. An den Grenzen finden sporadisch Kontrollen statt.

Brasilien Bei einer Einreise aus Bolivien erfolgt eine Kontrolle der vorgeschriebenen Gelbfieberimpfung. Wer noch nicht gegen Gelbfieber geimpft ist, kann sich direkt an Ort und Stelle impfen lassen. Die Aufenthaltsdauer kann gewählt werden: 30, 60, 90 und maximal 180 Tage sind möglich. Die Verlängerung einer geringeren Dauer auf das Maximum ist möglich, aber manchmal aufwendig. Die für die Einfuhr von Fahrzeugen zuständige Behörde heißt „Fiscales Federales".

Paraguay Die maximale Aufenthaltsdauer für Personen und Fahrzeuge beträgt 90 Tage. Bei einer Ausreise über den Grenzübergang Infante Rivarola (Trans-Chaco, Ruta 9 nach Bolivien) muss die Personenausreise bei der Migración in Mariscal Estigarriba gemacht werden. Der Zoll sitzt allerdings direkt an der

Grenze. Dort gibt man lediglich das Zolldokument des Fahrzeugs ab.

Uruguay   Die maximale Aufenthaltsdauer für Personen beträgt 90 Tage, für Fahrzeuge ein Jahr. Bei Einreise per Fähre von Buenos Aires aus werden die Formalitäten zur Personeneinreise nach Uruguay zusammen mit der Personenausreise aus Argentinien noch in Buenos Aires erledigt. Die Fahrzeugeinreise findet an Bord statt, die Fahrzeugausreise aus Argentinien in Buenos Aires.

Chile   Die maximale Aufenthaltsdauer für Personen und Fahrzeuge beträgt 90 Tage. Die Einfuhr eines rechtsgesteuerten Fahrzeugs ist nicht möglich. Ferner muss jeder Reisende ein Formular der SAG (Lebensmittelkontrolle) ausfüllen und versichern, dass er weder tierische noch pflanzliche Produkte einführt. Das Fahrzeug wird durch die SAG mal mehr, mal weniger gründlich kontrolliert. Kritisch sind vor allem folgende Produkte: Milch bzw. Milchprodukte, Eier, frisches Obst und frisches Gemüse, Honig, Kokosprodukte, Fleisch und Wurstwaren. Als unkritisch haben sich bis jetzt Konserven, Marmeladen, Margarine, Öle, Brot, Tetrapaks (keine Milchprodukte) herausgestellt. Die Geldstrafen für nichtdeklarierte, verbotene Lebensmittel sind sehr hoch.

Argentinien   Die maximale Aufenthaltsdauer für Personen beträgt 90 Tage, für das Fahrzeug 8 Monate. Bei der Einreise hinterlegt der Zoll im Computer das Fahrzeug dem Reisepass des Fahrzeughalters.

Verschiffung von Panama nach Südamerika

Wenn Sie Ihr Fahrzeug von Panama aus nach Südamerika verschiffen wollen, haben Sie zwei Möglichkeiten: über den Pazifik nach Ecuador oder über die Karibik nach Kolumbien. Die Verschiffung von Panama aus ist sehr gut organisiert und bei weitem nicht so kompliziert, wie häufig zu hören ist. Auch ist eine Buchung samt Abwicklung meistens innerhalb von 1–2 Wochen möglich, so dass keine langfristige Vorausplanung oder Reservierung notwendig wird.

Ecuador oder Kolumbien

Panamas Karibikhafen *Colón* ist ca. 2–3 Fahrstunden von Panama City entfernt. Der Hafen für Verschiffungen über den Pazifik ist in der Regel *Balboa* in Panama City. Der Zielhafen in Kolumbien ist in der Regel Cartagena. In Ecuador werden entweder Manta oder Guayaquil angelaufen. Manta ist ein sehr neuer, relativ sicherer und organisierter Hafen. Guayaquil ist das genaue Gegenteil davon.

Die Fahrplandichte auf der Karibikseite war Anfang 2007 etwas höher als auf der Pazifikseite. So ging praktisch jede Woche ein Schiff nach Cartagena, während nach Ecuador nur alle 2 Wochen ein Schiff verfügbar war.

Container oder RoRo bzw. LoRo

Für beide Strecken, sowohl nach Kolumbien als auch nach Ecuador, gilt, dass eine Verschiffung im Container zwar sicherer ist, aber auch mehr Zeit im Zielhafen in Anspruch nimmt (Container-Bereitstellung, Entladung etc.). RoRo (Roll-on, Roll-off) ist deutlich einfacher, aber nur für Fahrzeuge zu empfehlen, deren Fahrerkabine sich sicher vom Wohnraum abtrennen lässt, da das Fahrzeug sowohl im Abgangshafen als auch im Zielhafen vom Hafenpersonal gefahren wird und die Fahrzeugschlüssel bei der Verschiffung abgeben werden müssen.

Für eine Container-Verschiffung stehen zwei Arten von Containern zur Auswahl: ein 20-ft-(foot) Container, in dem meist nur ein Fahrzeug Platz hat, oder ein 40-ft-Container. Der längere 40-ft-Container ist häufig auch gleichzeitig ein High-Cube (HC) und damit höher. Die Tür-Einfahrtshöhe eines 20-ft-Containers liegt bei 2,28 m, die eines 40-ft HC-Containers bei 2,67 m. Auch den 20-ft-Container gibt es als High-Cube – er ist aber unverhältnismäßig teuer.

Sich einen (40-ft) Container mit einem anderen Reisefahrzeug oder Motorrad zu teilen, ist in jedem Fall eine empfehlenswerte Option (so fällt z.B. nur einmal Container-Handlingsgebühr an). Achten Sie darauf, dass für jedes Fahrzeug eine eigene *Bill of Landing* (B/L) erstellt wird, da sonst die Fahrzeuge im Zielhafen nicht auslösbar sind.

Agenten / Reedereien

Es gibt eine Vielzahl von Reedereien bzw. Agenten, die diese Strecken bedienen. Gute Erfahrungen wurden in der Vergangenheit u.a. gemacht mit:

Panama – Kolumbien:
BARWIL AGENCIES
Avenida Balboa, Galerias Balboa Building, Second Floor, Suite 35
Panama City

Phone: 507 263-7755 · www.barwil.com
Ansprechpartner: Sra. Evelyn Batista

Barwil ist der Agent für die Reederei Marfret und organisiert Container-
und RoRo-Verschiffungen.

Panama - Ecuador:
NORTON-LILLY
Edificio Frontenac, Local 2-A, Calle 50 y Esquina 54 Este
Panama City
Phone: 507 269-1613 · www.norton-lilly.com
Ansprechpartner: Sra. Sanchez oder Sr. Mock

Norton-Lilly ist der Agent für CSAV und organisiert Container- und RoRo-
Verschiffungen.

Kartenmaterial

Für die meisten Länder gibt es Karten von Reise Know-How, Nelles oder
ITMB. Da der Maßstab dieser Karten sehr grob ist, sind zusätzliche Karten
hilfreich.

Mexico	„Guia Roji – Atlas Turistico de Carreteras", Maßstab 1:1.000.000. Erhältlich in Buchhandlungen und Supermärkten, ca. 210 Pesos. Der Atlas enthält außerdem Innenstadtpläne der wichtigsten Städte sowie ausführliche Informationen zu Orten und Sehenswürdigkeiten (auf Spanisch).
Honduras	An der Grenze ist eine detaillierte Straßenkarte kostenlos bei der Touristenpolizei erhältlich.
Kolumbien	„Guia de Rutas", Straßenatlas Kolumbien. Er wird an den Mautstellen verkauft, 13.000 Pesos. Er enthält neben detaillierten Straßenkarten auch ausführliche Beschreibungen aller Provinzen und deren Sehenswürdig-keiten sowie Informationen zu Campingmöglichkeiten (auf Spanisch).
Bolivien	Militärkarten des Instituto Geographico Militar im Maßstab 1:250.000. Jede größere Stadt besitzt ein derartiges Institut, das allerdings nur die Kartenausschnitte der jeweiligen Provinz hat. Lediglich im Institut in La Paz sind alle

Karten erhältlich. Für längere Ausflüge über den Salar de Coipasa, den Salar de Uyuni und zu den Lagunen im Südwesten des Landes sind die Militärkarten sehr zu empfehlen. In den Buchläden in La Paz gibt es ebenfalls Kartenmaterial für diese Region.

Brasilien Detailkarten des Transportministeriums (DNIT) im Maßstab 1:1.200.000. Auf diesen Karten sind sämtliche Straßen und Wege verzeichnet. Die Karten gibt es kostenlos im Internet: www.transportes.gov.br. Außerdem ist in Buchläden der Straßenatlas „Quatro Rodas" erhältlich.

Paraguay Für den Chaco existiert eine Detailkarte mit Straßen zwischen den einzelnen Mennoniten-Siedlungen. Erhältlich in den Landbüros bzw. Supermärkten der Mennoniten-Kolonien.

Argentinien Es gibt eine Vielzahl von Straßenkarten für jede einzelne Provinz. Ferner gibt es exzellente, kostenlose GPS–Karten von www.proyectomapear.com.ar. Die argentinische Westseite ist in großen Teilen auch in den chilenischen Turistel-Führern abgebildet.

Chile Von Turistel gibt es für ganz Chile spanischsprachige Führer mit sehr gutem Kartenteil. Unter anderem sind Zustand und Belag der Straßen dargestellt. Auch erhältlich: der Turistel-Camping-Führer.

Wasser und Gas

Sowohl in Zentral- als auch in Südamerika wird mit Gas gekocht und geheizt. Daher existieren fast überall Füllstationen für Gasflaschen. Für europäische Flaschen ist ein Adapter auf die US-amerikanische Norm notwendig. Große Gasfüllstationen befinden sich meist am Ortsrand. Falls das Auffüllen von Flaschen dort nicht möglich ist, erhält man zumindest die Adresse eines Händlers. In Chile und Argentinien gibt es mehrere Gasversorger mit landesweitem Netz (z.B. Lipigaz, Totalgaz, etc.).

Wasser kann an Tankstellen aufgefüllt werden. In den meisten Fällen ist dies jedoch kein Trinkwasser. Trinkwasser *(agua purificada)* gibt es in großen Kanistern überall zu kaufen. In Patagonien ist das Wasser der Seen und Flüsse in der Regel trinkbar. Auf dem Altiplano und in den steppen-artigen Regionen Patagoniens sowie an der patagonischen Atlantikküste ist das Wasser jedoch häufig salzhaltig. In Feuerland sind Seen und Flüsse wegen des hohen Biber-Aufkommens häufig durch Lamblien verunreinigt (Giardiasis-Gefahr!). Vorsicht ist auch in Regionen mit intensiver Bergbau-Tätigkeit geboten.

Übernachtungsplätze

Je nach Land und Region stehen die unterschiedlichsten Übernachtungs-plätze zur Verfügung: Campingplätze, Fernfahrer- bzw. Autohöfe, Tank-stellen, Hostel-/Hotel-Innenhöfe, Aussichtspunkte (Miradores), Parkplätze öffentlicher Einrichtungen (z.B. Krankenhäuser, Schwimmbäder), gute Wohnviertel, Plazas, Parkbuchten vor Polizeistationen und natürlich Campen in freier Natur. Meistens ist es kein Problem, einen geeigneten Übernachtungsplatz zu finden. Je weniger besiedelt ein Landstrich ist, de-sto einfacher findet sich ein geeigneter Platz in der Natur. Ansonsten sind kleinere Ortschaften eine gute Anlaufstelle.

In **Zentralamerika** sind, außer an den Stränden, freie Übernachtungs-plätze in der Natur aufgrund der Besiedelungsdichte meistens nur schwer zu finden. In Dörfern kann man häufig direkt an der Plaza übernachten. Wir haben ausnahmslos positive Erfahrungen damit gemacht, in Orten zur lokalen Polizeidienststelle zu gehen und zu fragen, ob an der Plaza bzw. direkt vor der Polizeistation sicher übernachtet werden kann. In touristi-schen Regionen und Nationalparks gibt es mitunter auch Campingplätze.

Eine weitere, wenn auch häufig teure Alternative, sind Hostel-Innenhöfe. Diese bieten sich vor allem in Regionen an, in denen die Sicherheit auf der Straße nachts nicht gewährleistet ist. (Auch hier gilt: Einheimische oder die Polizei geben gerne Auskunft.)

Insbesondere in **Südamerika** gibt es Autohöfe entlang der Fernverkehrs-Straßen. Die Bandbreite reicht von Null Ausstattung bis hin zu exzellentem Service-Angebot (mit Wäscherei, Restaurant, Werkstatt, etc.). Gerade auf Langstrecken sind die Fernfahrer an den Truckstops zudem eine sehr gute Informationsquelle in Bezug auf Straßenzustände usw.

Die wohl attraktivste Alternative, das Übernachten in freier Natur, ist mit wenigen Ausnahmen fast überall möglich. Generell gilt: je weiter man nach Süden kommt, desto einfacher wird es, einen sicheren Übernachtung-splatz in der Natur zu finden. In Panama, Argentinien und dem brasiliani-schen Inland ist „wildes" Campen außerdem auch unter Einheimischen üblich.

Bei der Wahl eines freien Übernachtungsplatzes sollten Kriterien wie Sicherheit, Fluchtmöglichkeit, Einsehbarkeit von der Straße aus, etc. berücksichtigt werden. Erlaubt die Sicherheitslage wildes Campen, so sollte trotzdem darauf geachtet werden, dass der Übernachtungsplatz, möglichst nicht direkt von der Straße aus einsehbar ist. Die Sicherheit ist umso größer, je weniger bekannt ist, dass man sich dort befindet.

Auf den Webseiten von Reisenden gibt es häufig Listen mit GPS-Daten von Übernachtungsplätzen. Diese sind sehr hilfreich, bergen aber den Nachteil eines schnellen „Verfallsdatums". Außerdem haben sie den Effekt, dass sie u.U. umso schneller an Sicherheit einbüßen, je häufiger diese Stellplätze genutzt werden. Die Listen sind aber eine gute Hilfe in dichtbesiedelten Regionen, sollten aber nicht alleiniger Entscheidungsfaktor sein, zumal die Wahl eines schönen Übernachtungsplatzes ja auch ein wesentlicher Bestandteil der eigenen Reise ist.

Mein Tipp: Falls Sie sich über die Sicherheit im Unklaren sind, fragen Sie bei Privatleuten, ob Sie in deren Hofeinfahrt oder Garten übernachten dürfen. Meistens werden sich die Gefragten über die unerwarteten Gäste freuen.

Campingplätze / Trailerparks und sonstige kostenlose Übernachtungsplätze

Mexiko Es gibt einen ausführlichen Campingplatzführer für Mexiko. Große Städte haben oft Trailer-Parks (z.B. Oaxaca), allerdings sind diese meist unverhältnismäßig teuer und bieten nur eine mäßige Infrastruktur. Die Kosten für Camping werden in der Regel pro Person berechnet und liegen für 2 Personen pro Nacht zwischen 50 und 150 Pesos. Im Auto zu schlafen ist oft günstiger als das Übernachten im Zelt.

Das kostenlose Übernachten auf den Parkplätzen der Pemex-Tankstellen ist problemlos möglich. Ideal sind rund um die Uhr geöffnete Tankstellen an Ein- und Ausfallstraßen. Einige haben nachts einen Sicherheitsdienst. Alle Pemex-Tankstellen haben Toiletten. Einige sogar (kostenlose) Duschen.

Parken über Nacht und Schlafen im Auto ist in Mexiko überall erlaubt und möglich. Es empfiehlt sich, bei der zuständigen Polizei nach sicheren Plätzen zu fragen. Die Polizei nennt in der Regel Plätze, an denen sie nachts mehrmals Streife fährt.

Belize	Campingplätze und Trailer-Parks sind rar. Es gibt in den Wildlife Sanctuarys die Möglichkeit zum Campen. In San Ignacio gibt es mehrere Campingplätze / Trailerparks.

Von wildem Campen in der Umgebung von San Ignacio/Pine Ridge Forest ist auf Grund der Sicherheitslage abzuraten (Stand 2007). Zur Not kann in Douglas da Silva am Militärstützpunkt übernachtet werden.

Guatemala	Campingplätze und Trailer-Parks gibt es nur in Orten mit touristischer Infrastruktur, z.B. am Atitlan-See.

Von wildem Campen ist aus Sicherheitsgründen abzuraten (Stand 2007). Das Übernachten an Plazas oder in den Straßen ist möglich, sofern man vorher mit der Polizei bzw. der Bevölkerung gesprochen hat. Eine gute Anlaufstelle in den Orten sind die Feuerwachen.

El Salvador	Campingplätze und Trailer-Parks gibt es so gut wie keine (Stand 2006).

Es gibt über ein Dutzend „Turi-Centros", über das ganze Land verstreut. Dies sind Anlagen mit touristischer Infrastruktur an landschaftlich schönen Plätzen. Auf den Parkplätzen dieser Centros kann meist gegen eine Gebühr (2–3 US-$) übernachtet werden. Die Turi-Centros sind nachts bewacht.

Von wildem Campen, vor allem an den Stränden in der Region La Libertad, ist aus Sicherheitsgründen abzuraten. Im Land gibt es vier „Centros de Obrero" (vom Staat betriebene Erholungsheime für Regierungsbeamte). Diese befinden sich meist in sehr schöner Lage. Die Nutzung der Anlagen ist kostenlos, allerdings ist offiziell eine schriftliche Genehmigung des Arbeitsministeriums erforderlich. Wir konnten die Anlagen jedoch immer auch ohne diese Genehmigung nutzen

Honduras	Reine Campingplätze und Trailer-Parks gibt es nicht. Campingmöglichkeiten finden sich manchmal auf den Grundstücken von Hostels, z.B. in Omoa, Trujillo und La Ceiba.

Von wildem Campen an der Karibikküste ist aus Sicherheitsgründen abzuraten (Stand 2007). In der jüngeren Vergangenheit kam es wiederholt zu Überfällen auf Touristen und Einheimische, vor allem an den Stränden der Karibikküste. Im Osten und Süden Honduras kann an den Plazas in kleinen Dörfern und an Autohöfen übernachtet werden.

Nicaragua   Trailer-Parks gibt es nicht. Manchmal gibt es in Nationalparks die Möglichkeit zu campen, allerdings verfügen nur die wenigsten über Infrastruktur. In Xiloa und Granada gibt es „Turi-Centros". Eintritt, inkl. Camping, 30 Cordoba pro Fahrzeug.

Es kann kostenlos an Tankstellen übernachtet werden. Die meisten sind 24 Stunden geöffnet und bewacht.

Costa Rica   In der Regel sind in den Nationalparks Campingplätze vorhanden, manchmal allerdings nur „Walk-in-Campsites" für Zelte. Die Infrastruktur ist sehr gut: sanitäre Einrichtungen, Picknick-Tische, Grills. Kosten: Nationalpark-Eintritt + 2 US-$ Campinggebühr pro Person. Einige Nationalparks schließen das Besucherzentrum um 16 Uhr und sind danach frei zugänglich.

In den touristischen Zentren gibt es darüber hinaus oft privat betriebene Campingplätze. Den wahrscheinlich einzigen Trailer-Park des Landes gibt es in San Antonio / Belen zwischen Alajuela und San José.

Wildes Campen ist in Costa Rica möglich. Das Land ist relativ sicher. Stellplätze gibt es entlang der Zufahrtswege zu den Nationalparks, z.B. am Lago Arenal, vor dem Nationalparkeingang Poas etc.

In ländlichen Regionen kann man sich bei einigen Hotels in den Vorgarten oder auf den Parkplatz stellen. Kosten fallen in der Regel nur dann an, wenn man die sanitären Einrichtungen des Hotels nutzen möchte. An den Stränden gibt es oft öffentliche Picknick-Plätze, an denen man auch campen kann. Hier empfiehlt sich jedoch, vorher bei Einheimischen oder der Polizei die Sicherheit bei Nacht zu erfragen.

Panama   An den Stränden gibt es manchmal privat betriebene Campingplätze. Den wahrscheinlich einzigen Trailer-Park des Landes gibt es in Santa Clara.

Wildes Campen ist in Panama problemlos möglich. Das Land ist relativ sicher. Stellplätze gibt es entlang der

Zufahrtswege zu den Nationalparks, an Seen, Stränden, etc. In Panama City gibt es außerhalb der Stadt große Parkplätze bzw. Parkanlagen, die ein freies Übernachten ermöglichen, z.B. die Promenade an der Kanalbrücke in Panama City („Causeway").

Kolumbien Viele Kolumbianer verbringen ihre Freizeit mit Wochenendausflügen und Camping. Entsprechend gibt es in touristischen Orten und an Sehenswürdigkeiten ausreichend Campingplätze und öffentliche Schwimmbäder („Balnearios"), in der Regel mit sehr guter Infrastruktur (heiße Duschen, Picknick-Tische, Grills, Stromanschluss etc.). Die Kosten betragen pro Fahrzeug 7000–12.000 Pesos. In Städten besteht die Möglichkeit, auf bewachten Parkplätzen („Parqueaderos") zu übernachten.

Entlang der Fernverkehrsstrecken ist es möglich, an Truckstops zu übernachten. Diese verfügen teilweise über Duschen sowie ein angeschlossenes Restaurant und werden nachts vom Militär bewacht. Außerdem kann an den Militär-Checkpoints übernachtet werden. Häufig kann auch auf den Parkplätzen von Nationalparks oder touristischen Sehenswürdigkeiten kostenlos übernachtet werden (z.B. an der Salzkathedrale).

Ecuador Campingplätze gibt es meist nur in Nationalparks, allerdings sind diese oft in sehr marodem Zustand. Häufig bieten Hostels die Möglichkeit an, auf dem Grundstück zu campen und die Infrastruktur des Hostels zu nutzen. Die Preise liegen bei 3–4 US-$ pro Person.

Aufgrund der dichten Besiedelung sind freie Stellplätze in der Natur rar (Ausnahme: Chimborazo-Region). Tankstellen mit 24-Stunden-Service eignen sich als Stellplatz. Ansonsten kann in kleineren Orten in ruhigen Nebenstraßen, bei der Feuerwehr und bei der Polizei übernachtet werden. Die sich verschlechternde wirtschaftliche Lage im Norden Ecuadors wirkt sich derzeit negativ auf die Sicherheitslage aus (Stand 2007).

Peru Campingplätze gibt es so gut wie keine. Häufig bieten Hostels die Möglichkeit an, auf dem Grundstück zu campen und die Infrastruktur des Hostels zu nutzen. Die Preise für Camping liegen bei 20 und 26 Soles pro Fahrzeug mit 2 Personen.

Entlang der Panamericana finden sich zahlreiche Tankstellen mit 24-Stunden-Service bzw. Truckstops, an denen meist kostenlos übernachtet werden kann. Die meisten von ihnen verfügen über Toiletten und Restaurants, einige auch über Duschen und Internet-Cafes. Ansonsten kann in kleineren Orten in ruhigen Nebenstraßen, bei der Feuerwehr und bei der Polizei übernachtet werden.

Bolivien

Campingplätze gibt es so gut wie keine, und wenn, dann nur in den Bergsteiger-Regionen der Cordillera Real. Oft bieten Hostels die Möglichkeit an, auf dem Grundstück zu campen und die Infrastruktur des Hostels zu nutzen. Die Preise für Camping liegen bei 20–24 Bolivianos pro Person.

Auf dem Altiplano, an den Salaren, und im Beni-Tiefland finden sich ohne Probleme schöne, freie und sichere Plätze. Außerdem kann gut und kostenlos an Tankstellen (YPFB) übernachtet werden, diese sind oft 24 Stunden besetzt. Entlang der Missionsroute hat fast jedes Dorf einen Stausee, an dessen Ufer kostenfrei übernachtet werden kann.

Brasilien

Es gibt eine Vielzahl an kostenpflichtigen Campingplätzen, in der Nebensaison sind diese jedoch häufig geschlossen. Oft bieten Fazendas im Pantanal ebenfalls Camping an, jedoch zu sehr hohen Preisen.

An den Hauptverbindungsstraßen kann problemlos und kostenlos an den Truckstops übernachtet werden. Diese sind in der Regel sehr gut ausgestattet, mit (kostenlosen) Toiletten und Duschen. Viele von ihnen haben ein Restaurant, manche sogar einen Wäscherei-Service. Außerdem kann kostenfrei und sicher an den meisten Miradores (Aussichtspunkten) im Inland übernachtet werden. Im Pantanal lassen sich problemlos entlang der Transpantaneira Norte und der Estrada Parque schöne Plätze finden.

Paraguay

Es gibt in den verschiedenen Provinzen des Landes etwa 20 Campingplätze. Eine Liste des Tourismus-Ministeriums ist im Internet abrufbar unter www.senatur.gov.py/camping.htm.

Es kann problemlos an Tankstellen übernachtet werden. Entlang der Ruta 9, Trans-Chaco, gibt es zwei Rastplätze, einer davon befindet sich etwa 200 km hinter Asunción (in Fahrtrichtung Bolivien auf der rechten Seite), der zweite bei km 740 und heißt „Cañada el Carmen" (in Fahrtrichtung Bolivien links). Im Chaco selbst kann kostenlos oder sehr günstig in den Freizeitanlagen der Mennoniten übernachtet werden (z.B. in der Kolonie Menno an der Laguna Capitan 1, Laguna Yaraguay und Laguna Bombacha). Eine vorherige Klärung im Museums-Büro in Loma Plata wird empfohlen.

Uruguay   In vielen Orten, insbesondere im Inland, gibt es öffentliche Campingplätze (Camping Municipal). Je nach vorhandener Infrastruktur sind sie mal gratis, mal kostenpflichtig. Die Thermalbäder bieten ebenfalls Camping an. Die Benutzung der Therme ist im Camping-Preis bereits enthalten (80 Pesos in Guichón, 110 Pesos in Guaviyú, jeweils für 2 Personen). Entlang der Küste und der Strände des Río de la Plata gibt es viele kommerzielle Campingplätze.

Im Inland ist es kein Problem, einen Übernachtungsplatz in der Natur zu finden. An der Atlantikküste gibt es kostenlose Übernachtungsplätze etwas abseits der großen Badezentren am Strand.

Chile   Es gibt viele Campingplätze. Eine gute Informationsquelle ist der Turistel Campingführer Chile. Die Infrastruktur der Plätze rechtfertigt häufig allerdings nicht die Kosten.

Es gibt jedoch auch eine Reihe kostenloser Campingplätze, meist ganz ohne Infrastruktur.

Auf dem Altiplano, in den Bergen und im Süden Chiles finden sich ohne Probleme schöne, freie Übernachtungsplätze. Außerdem kann gut und kostenlos an Copec-Tankstellen übernachtet werden, diese sind meist 24 Stunden besetzt. Entlang der Ruta 5 verfügen die Copec-Tankstellen (Copec-Pronto) auch über umfangreiche Infrastruktur (z.B. Duschen, Free Wifi-Internet usw.).

Argentinien   Camping ist in Argentinien sehr beliebt. In vielen Orten gibt es öffentliche Campingplätze (Camping Municipal). In größeren Städten haben sie häufig ein Freibad dabei, in kleineren Ortschaften sind es oft nur Plätze am Straßenrand mit Picknick-Tischen und Grills. Je nach vorhandener Infrastruktur sind die Campingplätze mal gratis, mal kostenpflichtig (9–15 Pesos für 2 Personen mit Auto). In touristischen Regionen bieten viele Hostels und Privatanbieter Camping bzw. Auto-Camping an. Viele private Campingplätze sowie auch die Campingplätze des argentinischen Automobilclubs (ACA) sind allerdings sehr teuer für die angebotene Infrastruktur (25–35 Pesos für 2 Personen mit Auto). Außerdem gibt es in den meisten Nationalparks Campingplätze, viele davon kostenlos.

Auf dem Altiplano, in den Bergen, in Patagonien, an Stauseen, an Flussufern … überall finden sich ohne Probleme schöne, freie Übernachtungsplätze.

Außerdem kann gut und kostenlos an Tankstellen (YPF) übernachtet werden – diese sind oft 24 Stunden besetzt. Viele davon, entlang der Lkw-Routen, verfügen auch über (kostenlose) Duschen.

Länderspezifische Informationen

Bolivien: Fahren auf Salaren

Eine Fahrt über die Salare gehört sicherlich zu den herausragendsten Eindrücken eines Bolivien-Besuchs. Auf den Salaren gibt es weder Wegweiser noch Fahrbahn-Markierungen. Lediglich die wichtigsten Ein- und Ausfahrtsrampen sind durch Steine markiert. Zur Orientierung ist mindestens ein Kompass, besser ein GPS, unerlässlich. Auf den von Tourbussen befahrenen Routen auf dem Salar de Uyuni, wie z.B. die Strecke Colchani – Isla Pescado, kann man auch den schwach sichtbaren Fahrspuren auf dem Salz folgen.

Die Oberfläche der Salare ist hart und eben, das Fahren unproblematisch. Je nach Region und Jahreszeit ist die Salzkruste 1–7 m dick. Allerdings sollten Sie darauf achten, nur auf den weißen Salzflächen zu fahren. Je dunkler das Salz ist, desto feuchter ist es und desto größer die Gefahr, steckenzubleiben bzw. einzubrechen. Dunkelgraue und braune Flächen sollten auf jeden Fall gemieden werden. Das gleiche gilt für die Ränder der Salare und für die Ränder entlang der Inseln auf dem Salar. Hier ist der Untergrund auch in der Trockenzeit nicht fest. Nach Niederschlägen verwandelt sich die Salzkruste auf dem Salar in weichen Matsch. Aufpassen sollte man außerdem auf die sogenannten *ojos* (Augen). Das sind offene

Löcher in der Kruste. Das Wasser in den Ojos kann mehrere Meter tief sein. Eine Ansammlung von Ojos deutet auf eine instabile Salzkruste an dieser Stelle hin und sollte großräumig umfahren werden.

Die Salare sind nicht ganzjährig befahrbar. In der Regenzeit (Dez.–April) stehen sie unter Wasser und werden wieder zu einem See. Von Mai/Juni bis ca. November sind die Salare meistens trocken und können dann auch befahren werden. Die Ein- und Ausfahrtsrampen stehen meist ganzjährig unter Wasser.

Mein Tipp: Schon nach kurzer Zeit auf dem Salar wird Ihr Fahrzeug salzverkrustet sein. In Uyuni gibt es Waschplätze mit Hochdruck-Strahlern, die sich auf die gründliche Reinigung (samt Unterboden) salzverkrusteter Fahrzeuge spezialisiert haben. (Kosten ca. 20 Bolivianos)

Bolivien: Mautpflichtige Straßen

In Bolivien sind fast alle Straßen mautpflichtig, unabhängig von ihrem Zustand. Passen Sie auf, dass Sie entsprechend der richtigen Fahrzeugklasse (Gewicht bzw. Anzahl der Achsen) eingestuft werden. In der Regel stehen an den Mautstellen Hinweistafeln, die die unterschiedlichen (geringen) Tarife aufzeigen. Am Schalter nennt man seinen Zielort und bezahlt gleich für die gesamte Strecke. „Ida" ist dabei die „einfache Strecke", „Ida y vuelta" bedeutet „Hin und zurück". Das Ticket muss an den dazwischen liegenden Mautstellen vorgezeigt und abgestempelt werden. Ein erneutes Zahlen ist dann nicht notwendig. Die maximale Strecke, die man lösen kann, reicht jedoch meist nur bis zur Provinzgrenze („Limite"). Überquert man diese, muss an der nächsten Mautstelle erneut ein Ticket für den folgenden Streckenabschnitt gelöst werden. An den Mautstellen befindet sich auch ein Posten der Policía Nacional, an dem das Fahrzeug registriert wird. Diese Registrierung ist per Gesetz kostenlos. Häufig verlangt der Beamte trotzdem 1–2 Bolivianos, die von den regelmäßig durchkommenden Lkw-Fahrern auch gezahlt werden. Der Fernreisende sollte auf diese Forderungen jedoch nicht eingehen. In der Regel erledigt ein freundliches Ablehnen und Verlassen der Registrierstelle das Problem.

Argentinien: Lebensmittelkontrollen im Land (Fitosanitarias)

Um die Ausbreitung von Schädlingen bzw. die Verbreitung von Tierseuchen zu verhindern, gibt es in Argentinien auch innerhalb des Landes Lebensmittelkontrollen. Der Transport von Obst, Gemüse, Fleisch oder Honig über diese Kontrollpunkte ist untersagt. Die Kontrollen sind mal mehr, mal weniger streng.

Da Patagonien als besonders geschütztes Gebiet gilt, gibt es entlang der gesamten Grenze zu Patagonien (Río Colorado und Río Negro) große Kontrollposten und sorgfältige Kontrollen. Um die Obst- und Weinanbaugebiete Westargentiniens zu schützen, gibt es, insbesondere entlang der Ruta 40 (Provinzen San Juan, Mendoza, La Rioja, San Luis) sowohl an den Provinzgrenzen als auch innerhalb der Provinzen an den Grenzen der Verwaltungsbezirke Kontrollstellen.

Ein offenes Wort zur Korruption

In einigen Ländern Zentral- und Südamerikas kommt es vor, dass man als Reisender von Polizisten oder anderen Staatsbeamten mit der Forderung nach Geld konfrontiert wird – sei es als Strafe („multa") für einen angeblich begangenen Verstoß, aufgrund fehlender Papiere oder einfach nur um eine Prozedur (z.B. Grenzübertritt) zu beschleunigen.

Dazu sollte man wissen, dass nahezu alle lateinamerikanischen Länder derzeit verstärkte Bemühungen zur Eindämmung der Korruption unternehmen, ein Beispiel dafür sind die Anti-Korruptions-Plakate in den Grenzstationen. Für den Reisenden wäre es sicherlich das eine oder andere Mal bequemer, den geforderten Geldbetrag zu zahlen, anstatt sich auf lange Diskussionen mit ungewissem Ausgang einzulassen. Allerdings sollte man sich auch seiner Verantwortung bewusst sein. Nicht nur, dass man als Reisender das eigene Herkunftsland repräsentiert, eine Bezahlung von Korruptionsgeldern untergräbt auch die Anti-Korruptionsbemühungen des jeweiligen Landes. Wer bezahlt, zeigt damit, dass er Korruption akzeptiert und schafft Präzedenzfälle für nachfolgende Reisende. Die wenigsten Reisenden würden Korruption im Heimatland unterstützen, und so gibt es auch keinerlei Rechtfertigung für die Akzeptanz und Unterstützung von Korruption im Ausland.

Die meisten Versuche, dem Reisenden Geld abzuverlangen, lassen sich mit einem bestimmten „Nein" und einem Lächeln klären. Doch was, wenn der Polizist z.B. mit Gefängnis droht oder die Papiere nicht mehr zurückgeben will?

Signalisieren Sie ihm, dass Sie Zeit haben. Er hat irgendwann Dienstschluss und will nach Hause. Lehnen Sie die Zahlung höflich aber bestimmt ab. Notieren Sie seinen Namen, seine Dienstnummer, den Namen seines Vorgesetzten usw. Drohen Sie an, die (kostenlose) Nummer zur Meldung von Korruption anzurufen – und tun Sie dies gleich an Ort und Stelle, wenn nötig. Drohen Sie mit diplomatischen Verwicklungen und spielen Sie auf Zeit. Aber bezahlen Sie nicht. Das großzügige Begleichen kleinerer Forderungen aus Bequemlichkeit hilft weder der wirtschaftlichen Entwicklung des Gastlandes noch stellt es eine großzügige Geste dar. Es diskreditiert eher den Reisenden und sein Herkunftsland.

Besondere Reiserouten

Im Folgenden finden Sie eine Auswahl schöner Auto-Reiserouten, die nicht in jedem Reiseführer genau beschrieben sind bzw. deren Weg nicht immer einfach zu finden ist:

Mexiko: Durch den Kupfercanyon von Choix über Urique nach Divisadero und Creel

Die hier beschriebenen Routen sind eine spannende und abwechslungsreiche Alternative zur Zugfahrt durch den Kupfercanyon. Kommt man aus dem Inland, aus der Region Chihuahua, können der Kupfercanyon und die im Canyon liegenden Orte Urique und Batopilas leicht über gut ausgeschilderte Straßen und Pisten erreicht werden. Nähert man sich jedoch von der Küste, von Los Mochis, so müsste man das Schluchtensystem entweder auf der Nord- oder auf der Südseite auf asphaltierten Straßen umfahren, um sich dann über Creel dem Canyon zu nähern. Eine schöne Alternative ist es jedoch, sich „parallel" zur Zugstrecke einen Weg auf kleinen Pisten durch den Canyon zu suchen.

Variante 1: Choix – La Reforma – El Metate – Cieneguita – Mesa Arturo – Urique – Cerocahui – Divisadero – Creel.

Variante 2: Choix –Tubares – Cieneguita – Mesa Arturo – Urique – Cerocahui – Divisadero – Creel.

Es ist ratsam, sich in Choix bei der Polizei nach der aktuell besten Route und ihrer Passierbarkeit zu erkundigen. Die ganze Sierra Madre ist von einer Vielzahl von Minenstraßen durchzogen, die Routenführung kann sich von Jahr zu Jahr ändern.

Variante 1 ist die am nördlichsten gelegene Route und führt entlang sehr kleiner und teilweise schlechter Pisten von Choix nach Cieneguita und weiter nach Mesa Arturo, zum Abzweig in den Canyon nach Urique. Sie verläuft damit in der Nähe der Strecke, die auch der Zug benutzt.

Von Choix folgt man der gut sichtbaren Piste nach La Reforma. Zur Überquerung des Flusses verkehrt regelmäßig eine Fähre. Sollte sie nicht da sein, kann sie durch Hupen gerufen werden. Nach dem Anlegen am gegenüberliegenden Ufer verläuft der Weg entlang des Flusses bzw. im Flussbett bis nach La Reforma. In La Reforma biegt man kurz vor dem Ort steil bergauf in die alte Minenstraße ein und folgt dieser etwa 70 km lang.

Dabei kommt man an vielen kleinen Gehöften vorbei und quert mehrmals Flüsse bzw. nutzt das Flussbett als Fahrspur. Schließlich erreicht man El Metate. Von dort geht es einen steilen, steinigen Anstieg hoch auf die Sierra und auf besserer Piste weiter nach Cieneguita (ca. 8 Stunden von La Reforma). Von Cieneguita fährt man auf guter Piste weiter nach Mesa Arturo. Dort teilt sich die Straße. Nach Norden führt sie nach Cerocahui und Bahuichivo, wo sie die Bahnlinie wieder trifft, und weiter nach San Rafael. Ab hier ist die Strecke asphaltiert und führt über Divisadero nach Creel. Von Mesa Arturo nach Südosten abzweigend gelangt man auf einer spektakulären Piste hinunter in den Canyon nach Urique.

Variante 2 verläuft etwas weiter östlich und führt von Choix nach Tubares. In wieweit Tubares besser auf direktem Weg von Choix oder von La Reforma aus erreichbar ist, hängt von der Jahreszeit ab und sollte in Choix erfragt werden. In Tubares überquert die Piste auf einer Brücke den Río Fuerte und führt auf guter Strecke kurvenreich nordwärts bis nach Cieneguita. Ab dort folgt sie dem in Variante 1 beschriebenem Verlauf.

Für beide Strecken ist ein Allrad-Fahrzeug erforderlich und beide Strecken sind nur in der Trockenzeit zu befahren. Es gibt mehrere Flussquerungen bzw. Fahrten im Flussbett.

Orientierungspunkte	Koordinaten (hddd°mm'ss.s")
La Reforma	N 26° 56' 50.2" W 108° 10' 18.8"
Cieneguita	N 27° 07' 46.4" W 108° 01' 55.2"
Mesa Arturo	N 27° 13' 44.1" W 107° 59' 53.5"
Urique	N 27° 12' 39.8" W 107° 54' 48.1"
Divisadero	N 27° 32' 06.7" W 107° 49' 23.6"
Tubares – Brücke über den Río Fuerte	N 26° 56' 33.0" W 107° 58' 24.4"

Ecuador: Von Macas durch den Sangay-Nationalpark nach Guamote / Riobamba

Diese Route folgt einem alten Jesuiten- und Salesianerpfad und führt vom tropischen Tiefland entlang der Vulkanhänge des Sangay über die östliche Andenkordilliere nach Riobamba.

Von Puyo nimmt man die Straße südwärts. Die anfänglich noch gute Asphaltstraße wird schnell zu einer aus Flusskieseln bestehenden Geröllpiste und später zu einer schlechten Erdpiste. Durch tropisches Tiefland und durch das Gebiet der Shuar geht es vorbei an kleinen Dörfern bis zum tiefsten Punkt der Route, dem Río Pastaza, mit Zugang ins Amazonasbecken. Man überquert den Fluss auf einer guten Betonbrücke und gelangt auf der ab hier neugebauten und asphaltierten Straße nach Macas. In Macas folgt man nicht weiter der Straße nach Süden, die nach Cuenca führt, sondern biegt südlich von Macas nach Westen in den Sangay Nationalpark ab. Bei S 2° 15' 27.5" / W 078° 08' 52.6" befindet sich ein Campingplatz. Die Straße wird zu einer schlechten, bei Nässe auch schlammigen Geröllpiste und führt kurvenreich die Hänge des Sangay-Vulkans hinauf. Auf halber Strecke muss ein ca. 300 m langer Tunnel durchquert werden, der unter Wasser stehen kann (erkundigen Sie sich vor Abfahrt in Macas bei der örtlichen Polizei und/oder den Busfahrern nach dem Zustand des Tunnels). Die Vegetation wechselt im Verlauf der gesamten Strecke von tropisch zu subtropisch, um letztlich, nach Überquerung des höchsten Punktes, auf der Westseite der Kordilliere zu alpiner Altiplano-Landschaft zu werden. Immer wieder eröffnen sich spektakuläre Ausblicke über das tropische Tiefland.

Die jetzt gute Piste windet sich über andine Wiesen, vorbei an Lagunen, bergab. Bei S 1° 52' 36.8" / W 078° 38' 04.3" gabelt sich die Straße. Der nach Norden abzweigende Weg führt nach Guamote und trifft dort wieder auf die Hauptstraße. Der eher geradeaus dem Tal folgende Abzweig führt nach Riobamba.

Für diese landschaftlich sehr abwechslungsreiche und wenig befahrene Strecke brauchen Sie ein robustes Fahrzeug mit hoher Bodenfreiheit.

Peru: Über Santa Teresa nach Aguas Calientes / Machu Picchu

Der Zugang zu Machu Picchu kann nur über Aguas Calientes im Urubamba-Tal erfolgen. Aguas Calientes ist nicht mit dem eigenen Fahrzeug erreichbar, sondern nur per Zug oder zu Fuß. Es gibt verschiedene Möglichkeiten nach Aguas Calientes zu kommen: Mit dem Zug von Cusco oder Ollanta aus, zu Fuß über den Inkatrail, zu Fuß entlang der Gleise des Urubamba-Tals oder über Santa Teresa, die näheste mit dem eigenen Fahrzeug erreichbare Ansiedelung.

Die Strecke nach Santa Teresa führt durch subtropische Bergtäler in das nördliche Hinterland und ist von Ollanta aus in einem Tag zu bewältigen. Von Santa Teresa geht es dann zu Fuß, mit dem Collectivo oder dem eigenem Fahrzeug weiter bis zum Wasserkraftwerk „Hidroelectrica". Von dort kann man entweder 12 km zu Fuß auf den Bahngeleisen bis Aguas Calientes laufen (ca. 3 Stunden, leicht bergauf) oder den zweimal täglich abfahrenden Zug (8.30 Uhr und 15.30 Uhr) von der Hidroelectrica bis Aguas Calientes nehmen (Ticket 8 US-$ pro Person, einfache Strecke). Einmal täglich, um 12 Uhr, fährt ein Zug von Aguas Calientes zurück zur Hidroelectrica. In Santa Teresa gibt es einen kostenlosen Gemeinde-Campingplatz am Ortseingang.

Mein Tipp: Für die Weiterreise von Santa Teresa nach Machu Picchu kann das Fahrzeug geparkt werden:
- im Centro de Salud in Santa Teresa
- an der neuen Brücke am Weg zur Hidroelectrica (24-Std.- Bewachung)
- bei den Bauern entlang des Weges zur Hidroelectrica (an der Hidroelectrica endet der fahrbare Weg, es gibt dort keine Parkmöglichkeit)

Detail-Info zur Strecke von Ollanta nach Santa Teresa:
Fahrzeit von Ollanta = insgesamt ca. 7,5 Stunden.
Ollanta – Paso Abra Malaga = ca. 1 Stunde
Abra Malaga – Santa Maria = 3,5 Stunden, 85 km
Santa Maria – Chaullay = 5 Min.
Chaullay – Santa Teresa = 2– 2,5 Stunden, 33 km

Von Ollanta folgt man der asphaltierten Straße, es geht kurvenreich den Pass Abra Malaga hoch. Von dort führt eine Schotterpiste in Serpentinen wieder hinab in subtropische Täler.

Weg nach Santa Teresa und zur Hidroelectrica

Koordinaten der Abzweige	(hddd°mm'ss.s")
In Chaullay	links weg nach Santa Teresa bei S 13° 00' 23.4" W 072° 38' 45.3"
Dann	links abbiegen bei S 13° 00' 12.1" W 072° 38' 53.2"
Dann	links abbiegen bei S 13° 00' 32.2" W 072° 39' 00.1"
Dann	links abbiegen bei S 13° 01' 12.8" W 072° 40' 23.3"
Dann	geradeaus (leicht rechts) bei S 13° 02' 19.2" W 072° 38' 37.1"
In Santa Teresa	dem Flusstal folgend zur Hidroelectrica (S 13° 10' 25,4" W 072° 33' 55,4")

Der Weg nach Santa Teresa ist bei trockenen Straßenverhältnissen sicher zu befahren. Andernfalls ist ein Allrad-Fahrzeug zwingend. Wegen der engen und steilen Kehren ist der Weg nur für kleine bis mittelgroßen Fahrzeuge geeignet.

Bolivien: Überquerung des Salar de Coipasa und Salar de Uyuni

Eine interessante, wenig befahrene Route durch kleine Andendörfer und über die Salare. Für Reisende, die die Grenze von oder nach Chile überqueren wollen, ist diese Strecke die direkteste Verbindung zwischen Uyuni und dem Grenzübergang Colchane/Pisiga.

Route von Pisiga Bolivar (Grenze Bolivien/Chile)
nach Coipasa und auf den Salar de Coipasa:

Bei … (Koordinaten hddd°mm'ss.s")

	In Pisiga Bolivar der Straße nach Osten Richtung Sabaya folgen
S 19° 15' 36.6" W 068° 35' 58.4"	rechts abbiegen zum Militärposten in Pisiga Sucre
S 19° 15' 48.5" W 068° 35' 54.7"	den 2. Abzweig links nehmen auf eine Sandpiste
S 19° 15' 52.7" W 068° 35' 00.6"	an der Gabelung links halten

Anmerkung: Fährt man an der Gabelung stattdessen rechts, so gelangt man nach Irpa (am Westrand des Salars): S 19° 26' 24.8" / W 068° 24' 38.7"
Von Irpa führt ein Weg über Tres Cruzes um den Salar de Coipasa herum, der bei Tauca wieder auf die hier beschriebene Route trifft. Der Salar wird dabei nicht überquert, sondern im Westen umfahren.

S 19° 12' 39.8" W 068° 23' 32.0".	ist der Ort Cumuja erreicht
S 19° 12' 16.1" W 068° 22' 36.4"	an der ersten Abzweigung rechts
S 19° 16' 20.7" W 068° 22' 10.0"	danach an der ersten Abzweigung links
S 19° 16' 30.9" W 068° 16' 46.0"	ist Coipasa erreicht
	Die Auffahrt auf den Salar befindet sich genau hinter dem Ort

Route über den Salar de Coipasa
zur nördlichen Auffahrt auf den Salar de Uyuni:

Bei …(Koordinaten hddd°mm'ss.s")

	Den Salar Coipasa in südlicher Richtung überqueren nach Tauca
S 19° 32' 38.8" W 068° 03' 54.5"	ist die Ausfahrtsrampe. Dort östlich halten auf Salz und Sand
S 19° 32' 47.6" W 068° 02' 02.2"	weiter nach Osten Richtung Salinas de Garci Mendoza

S 19° 35' 22.0" W 067° 53' 59.2"	durchquert man den Ort Luca. Dem Straßenverlauf weiter folgen Richtung Salinas de Garci Mendoza
S 19° 38' 14.6" W 067° 40' 38.2"	erreicht man Salinas de Garci Mendoza. Dort südlich halten und den Wegspuren im Salz und Sand folgen
S 19° 45' 24.9" W 067° 41' 20.3".	nach Süden abbiegen Richtung Tahua
S 19° 53' 27.7" W 067° 41' 46.8"	liegt Tahua. In Tahua den Zustand der 3 Auffahrtsrampen auf den Salar de Uyuni erfragen.
S 19° 54' 09.7" W 067° 40' 44.8"	befindet sich die mittlere Hauptrampe.

Salar de Uyuni

Auf dem Salar de Uyuni gibt es zwei Hauptinseln, die die Reiseführer gern verwechseln: Die Isla Inkahuasi (auch Pescadero genannt) mit touristischer Infrastruktur; sie wird von den Touranbietern angesteuert. Und die Isla Pescado, die ca. 20 km nordwestlich der Isla Inkahuasi liegt, ohne Infrastruktur.

Orientierungspunkte auf dem Salar de Uyuni	Koordinaten (hddd°mm'ss.s")
Nordzufahrt bei Tahua (mittlere Rampe)	S 19° 54' 09.7" W 067° 40' 44.8"
Isla Inkahuasi (Pescadero)	S 20° 14' 20.3" W 067° 37' 20.9"
Isla Pescado	S 20° 08' 02.0" W 067° 48' 45.4"
Salzhotel Playa Blanca	S 20° 19' 49.6" W 067° 02' 48.5"
Ausfahrtsrampe in Colchani (für die Fahrt in den Ort Uyuni)	S 20° 18' 58.1" W 066° 58' 52.5"
Ausfahrtsrampe im Süden des Salars	S 20° 34' 59.6" W 067° 33' 38.2"
Colcha K (Villa Martin)	S 20° 45' 19.5" W 067° 39' 01.5"
San Juan	S 20° 53' 44.1" W 067° 45' 49.4"

Bolivien: Die Lagunen im Südwesten (Nationalpark Eduardo Alvaroa)

Die Orientierung in diesem Streckenabschnitt ist vergleichsweise einfach. Man erhält am Nationalpark-Eingang zudem eine kleine Landkarte. Die wichtigsten Wegpunkte sind:

Ort/ Abzweig /Lagune	Koordinaten (hddd°mm'ss.s")	Höhe
Abzweig nach Alota	S 22° 17' 21.0" W 067° 46' 40.4"	4375 m
Villa Alota	S 21° 24' 11.4" W 067° 35' 54.9"	4375 m
Villa Mar	S 21° 45' 34.6" W 067° 28' 43.9"	4033 m
Abzweig zur Laguna Canapa	S 21° 24' 02.0" W 067° 59' 10.6"	4172 m
Abzweig zur Laguna Hedionda	S 21° 26' 44.4" W 067° 50' 38.7"	4354 m
Laguna Canapa	S 21° 30' 07.5" W 068° 00' 28.5"	4151 m
Valle De Rocas	S 21° 32' 10.9" W 067° 34' 24.0"	4081 m
Laguna Hedionda	S 21° 34' 23.8" W 068° 02' 18.7"	4123 m
Laguna Chiar Khota	S 21° 35' 17.5" W 068° 03' 22.3"	4736 m
Laguna Honda	S 21° 37' 22.4" W 068° 03' 36.3"	4127 m
Laguna Ramaditas	S 21° 37' 50.1" W 068° 04' 25.2"	4134 m
Arbol de Piedra	S 22° 03' 09.1" W 067° 52' 58.8"	4212 m
Mirador 1 Laguna Colorada	S 22° 10' 12.9" W 067° 48' 17.6"	4330 m
Mirador 2 Laguna Coloada	S 22° 12' 45.5" W 067° 47' 56.9"	4320 m
Mirador 3 Laguna Colorada	S 22° 14' 30.5" W 067° 44' 33.8"	4296 m
Geysir Sol de Mañana	S 22° 26' 07.8" W 067° 45' 33.1"	4859 m
Bolivianischer Zoll für Grenzübergang Hito Cajón	S 22° 26' 27.0" W 067° 48' 21.4"	5023 m
Laguna Salada	S 22° 31' 14.5" W 067° 38' 45.7"	4350 m
Polques Thermales	S 22° 32' 10.4" W 067° 38' 57.4"	4350 m
Laguna Verde	S 22° 47' 34.7" W 067° 49' 08.5"	4336 m
Grenze Bolivien Hito Cajon	S 22° 52' 50.0" W 067° 47' 53.6"	4475 m

Ein Allrad-Fahrzeug mit hoher Bodenfreiheit ist erforderlich. Der Pistenzustand von/nach Uyuni ist schlecht (starkes Waschbrett).

Chile: Von Arica durch den Nationalpark Lauca und den Salar Surire nach Colchane

Die ab dem Nationalpark Lauca wenig befahrene Strecke führt durch einsame Altiplano-Landschaft entlang schneebedeckter Vulkangipfel und trifft kurz hinter Isluga wieder auf die teilweise asphaltierte Verbindungsstraße von Huara zur chilenisch-bolivianischen Grenze. Entlang der Strecke gibt es mehrere heiße Thermalquellen, die zum Baden einladen.

Von Arica folgt man der asphaltierten Straße über Putre bis in den Nationalpark Lauca und zum Vulkan Parinacota. Die CONAF-Station am Lago Chungará bietet die Möglichkeit zu campen. Die Abzweige auf die Piste A-235 über den Altiplano nach Guallatire und Surire befinden sich ca. 4 km hinter der CONAF-Station bzw. bereits vor der CONAF-Station an der Polizeistation. Die Piste befindet sich bis hinter den Salar Surire in einem sehr guten Zustand. Nach ca. 1–2 Stunden erreicht man den kleinen Ort Guallatire und kann bei S18° 31' 45.9" / W 69° 10' 09.8" am Fluss campen. Auf weiterhin guter Piste erreicht man bei Chilcaya dann den Salar Surire. Diesen kann man auf kurzem Weg am Westufer oder auf längerem Weg entlang der Flamingo-Kolonien am Ostufer umrunden. Bei S18° 54' 45.4" / W 068° 59' 55.8" befinden sich die Termales Polloquere. Die Strecke führt Richtung Süden über die Pampa Surire nach Ajiota. Die Piste wird etwas schlechter und es sind einige Auf- und Abstiege zu bewältigen. Der Weg führt weiter durch ein weites Tal, vorbei an kleinen Dörfern und quert bei Mucomucone einen Fluss (keine Brücke). Im weiteren Verlauf erreicht man die kleinen Andendörfer Enquelca und Isluga, in deren Nähe ebenfalls heiße Thermalquellen liegen. Kurz hinter Isluga trifft der Weg auf die Asphaltstraße. Links geht es nach Colchane zur Grenze (ca. 5 km), rechts zu den Termas de Puchuldiza bei S19° 24' 46.1" / W 068° 57' 33.2" (ca. 70 km), zum Gigante de Atacama (ca. 180 km) und auf die Panamericana bei Huara (ca. 190 km). Für die Flussquerung bei Mucomucone ist ein Allrad-Fahrzeug mit hoher Bodenfreiheit erforderlich.

NOTIZEN

Die Reiseführer von Reise

Know-How auf einen Blick

Die Reiseführer von Reise

Know-How auf einen Blick

Mit PANORAMA neuen Horizonten entgegen

Außergewöhnliche Bilder, lebendige Anekdoten und hautnahe Einblicke wecken Erinnerungen oder Vorfreude auf ein Reiseland. PANORAMA präsentiert sich im handlichen, quadratischen Format (18x18 cm, Hardcover mit Fadenheftung) und luftigen Layout, mit Fotos von atemberaubenden Landschaften, Land & Leuten ...

Rad- und andere Abenteuer aus aller Welt

Edition Reise Know-How

In der Edition Reise Know-How erscheinen außergewöhnliche Reiseberichte, Reportagen und Abenteuerberichte, landeskundliche Essays und Geschichten. Gemeinsam ist allen Titeln dieser Reihe: Sie unterhalten, sei es unterwegs oder zu Hause – auch als ideale Ergänzung zum jeweiligen Reiseführer.

Abenteuer Anden - Eine Reise durch das Inka-Reich.
ISBN 3-89662-307-9 · € 17,50

Auf Heiligen Spuren - 1700 km zu Fuß durch Indien.
ISBN 3-89662-387-7 · € 17,50

Die Salzkarawane - Mit den Tuareg durch die Ténéré.
ISBN 3-89662-380-X · € 17,50

Durchgedreht – Sieben Jahre im Sattel
ISBN 3-89662-383-4 · € 17,50

Myanmar/Burma – Reisen im Land der Pagoden.
ISBN 3-89662-196-3 · € 17,50

Please wait to be seated – Bizzares und Erheiterndes
von Reisen in Amerika. ISBN 3-89662-198-X · € 12,50

Rad ab – 71.000 km mit dem Fahrrad um die Welt.
ISBN 3-89662-383-4 · € 17,50

Südwärts – von San Francisco nach Santiago de Chile.
ISBN 3-89662-308-7 · € 17,50

Suerte – 8 Monate auf Motorrädern durch Südamerika.
ISBN 978-3-89662-366-9 · € 17,50

Taiga Tour – 40.000 km allein mit dem Motorrad von München durch
Russland nach Korea und Japan · ISBN 3-89662-308-7 · € 17,50

USA Unlimited Mileage – Abgefahrene Episoden einer Reise durch
Amerika. ISBN 3-89662-189-0 · € 14,90

Die goldene Insel – Geschichten aus Mallorca
ISBN 3-89662-308-7 · € 10,50

Eine Finca auf Mallorca oder Geckos im Gästebett
ISBN 3-89662-176-9 · € 10,50

Eine mallorquinische Reise – Mallorca 1929
ISBN 3-89662-308-7 · € 10,50

Geschichten aus dem anderen Mallorca
ISBN 3-89662-308-7 · € 10,50

Mallorca für Leib und Seele – Schlange im Schneckensud und andere
Köstlichkeiten · ISBN 3-89662-195-5 · € 14,90

„Rad & Bike"

Fahrrad Weltführer – Das Standardwerk für Fernreiseradler,
2. Aufl., 744 Seiten. ISBN 3-89662-304-4 · € 23,50

BikeBuch USA/Canada – 624 S., über 170 Fotos und 45 Karten
ISBN 3-89662-389-3 · € 23,50

Fahrrad-Europaführer– 3. Auflage, 648 S., über 50 Karten und 200
Fotos und Abb. · ISBN 978-3-89662-384-3 · € 25,00

Das Lateinamerika BikeBuch 696 S., 92 SW- und 32 Farbfotos,
27 Karten · ISBN 978-3-89662-388-1 · € 25,00

Joachim Held

Abenteuer Anden

Eine Radreise durch das Inka-Reich

Ein Jahr mit dem Fahrrad durch die faszinierende Welt der südamerikanischen Anden zwischen Chile und Peru – das sind 10.000 km durch Sturm, Sand und Schnee, über 5000 m hohe Gebirgspässe und staubtrockene Wüstenplateaus. Aber es sind auch 10.000 km durch das alte Inka-Reich, 10.000 packende Kilometer in die Vergangenheit.

Joachim Held entführt den Leser in den geheimnisvollen Zauber eine Kultur, in der noch immer Naturverbundenheit und uralte Mythen das Leben bestimmen. Zahllose Begegnungen verdichten sich zu einem einfühlsamen, vielschichtigen Porträt mit zahllosen historischen und kulturellen Aspekten. Eine aufrichtige Reportage, ein fesselndes Buch.

Reise Know-How Verlag
ISBN 3-89662-307-9 · Hardcover mit Schutzumschlag, 320 S., über 100 Farb- u. s/w-Fotos u. Abb., 5 Karten · € 17,50

Joachim Held

REISE KNOW HOW

ABENTEUER ANDEN

Eine Radreise durch das Inka-Reich

Das Lateinamerika BikeBuch

Raphaela Wiegers

Süd- und Mittelamerika für Tourenradler und Mountainbiker

Ein unentbehrliches Buch für alle, die mit ihrem Bike oder Tourenrad die Länder zwischen Rio Grande in Mexiko und Feuerland an der Südspitze des amerikanischen Kontinents entdecken wollen. Thomas Schröder und Raphaela Wiegers haben mit 18 Co-Autoren auf fast 700 Seiten eine Fülle an Informationen rund um Radreisen auf diesem Kontinent zusammengetragen. Jedes lateinamerikanische Land wird mit möglichen Radtouren und Rad-Besonderheiten vorgestellt. Das Lateinamerika BikeBuch wird ständig aktualisiert und ergänzt auf www.bikeamerica.de.

Reise Know-How Verlag
ISBN 978-3-89662-388-1 · € 25,00 ·
696 Seiten, 150 Abb. und Fotos, 27 Karten

Thomas Schröder
Raphaela Wiegers

REISE KNOW-HOW

Das Lateinamerika BikeBuch

REPUBLICA DE CHILE

empfohlen von:
V·O·X
VOXTOURS

Weltweites

Das Fahrrad-Reisebuch für Süd- und Mittelamerika für Tourenradler und Mountainbike

Suerte

Kirsten Kallinna

8 Monate auf Motorrädern durch Südamerika

Fast 30.000 Kilometer legen Kirsten und Jörg Kallinna in dieser Zeit auf ihren Motorrädern zurück, durchqueren sämtliche Klimazonen und eine Vielzahl von Landschaften, treffen dabei die unterschiedlichsten Menschen. Kirsten Kallinna schildert packend, humorvoll und vor allem sehr persönlich die kleinen und großen Erlebnisse und Herausforderungen eines faszinierenden Abenteuers. Ein Buch, das Lust zum ungebundenen Reisen macht.

Reise Know-How Verlag
ISBN 978-3-89662-366-9 · € 17,50 · 1. Auflage, 216 Seiten, Karten, Fotos und Farbteil

»Suerte, das heißt Glück. Suerte wünscht man sich in Argentinien zum Abschied. Doch bis Argentinien ist es ein langer Weg ...«

Kirsten Kallinna

SUERTE

8 Monate auf Motorrädern durch Südamerika

Rudi und Bettina Kretschmer

Südwärts
durch Lateinamerika

Eine Familie mit Wohnmobil auf ungewöhnlicher Route von San Francisco nach Feuerland.

Hautnah erzählt das Buch von einer fantastischen Reise in die „Neue Welt". Zwischen San Francisco und Santiago de Chile erlebt die Familie mit zwei Kindern den Dschungel Amazoniens, die unendlichen Steppen Patagoniens und die Metropolen ihrer Reiseländer. Zwei Jahre lang führen die vier ein Leben, das einzig dazu bestimmt ist, die nord- und südamerikanische Welt anzusehen und ihre Wunder zu bestaunen. Ein einfühlsamer und spannender Reisebericht mit einem überraschenden Ausgang ...

Reise Know-How Verlag
ISBN 3-89662-308-7 · € 17,50 · Hardcover mit Schutzumschlag, 320 S., 40 Farb- u. 70 s/w-Fotos, 4 Karten

Rudi und Bettina Kretschmer

Südwärts
durch Lateinamerika

Eine Familie mit Wohnmobil auf ungewöhnlicher Route von San Francisco nach Feuerland

Die Salzkarawane

Werner Gartung

ist ein jahrhundertealtes, erprobtes Transportmittel der Tuareg durch die Ténéré.

W. Gartung nimmt den Leser mit auf diese Extremreise durch eine unbarmherzige Sahara-Wüste. Es ist nicht nur ein Abenteuerbericht, sondern beschreibt das Leben und die Kultur der Tuareg, die Begleiter der Karawanen-Schicksalsgemeinschaft und gibt Einblicke in die Tiefen ihrer Seelen: Eine literarische Reisereportage erster Güte, getragen vom Respekt vor der Wüste und den Tuareg, die das »Unbewohnbare bewohnbar machen« ...

Reise Know-How Verlag
ISBN 3-89662-380-X · 2. Auflage
288 Seiten, Hardcover mit Schutzumschlag, über 100 Farb- und s/w-Fotos sowie Abbildungen, Karte · € 17,50

Doris Wiedemann

40.000 km

Taiga Tour

allein mit dem Motorrad von München durch Russland nach Korea und Japan

Typisch Frau: Grenzenlose Neugierde treibt Doris Wiedemann mit ihrem Motorrad immer wieder in die Welt hinaus. Nach Reisen in den USA, rund um Australien und quer durch Afrika verführt eine Einladung zum Kaffeetrinken die Autorin zu einer Reise um die halbe Welt: Mit einer BMW-Enduro fährt sie quer durch Russland nach Wladiwostok. In Soul trinkt sie den versprochenen Kaffee und nimmt von Südkorea aus an der ersten internationalen Motorradtour nach Nordkorea teil. Über Japan führt der Weg wiederum quer durch Russland. Vorboten des Winters verwandeln die Fahrt über die Ural-Berge in gefährliche Rutschpartien ...

Reise Know-How Verlag
ISBN 3-89662-382-6 · Hardcover mit Schutzumschlag, 312 Seiten, über 75 Farb- und s/w-Fotos, Karten · € 17,50

Herbert Lindenberg
Fahrrad Europa Führer

36 Länder für Tourenradler und Mountainbiker

Ein 500-Seiten-Kompendium von Touren-möglichkeiten für ganze Europa – Routen und Regionen von Island bis Zypern, von den Kanaren bis Karelien. Das Buch bietet eine Fülle von Ideen und Anregungen, hilft bei der Auswahl optimaler Radziele, unterstützt mit praxisorientierter Infos die Verwirklichung einer Tourenidee. Mit zahlreichen Berichten von Radlern und Bikern.

„Der Verdienst des Werkes liegt in einem ausführlichen Serviceteil mit radspezifischen Informationen. Interessant für Reise-Routiniers vor allem die Beschreibung, 'exotischer' Ziele!" (TOUR). – „Ideal für alle, die noch nicht so recht wissen, wo's hingehen soll. Toll zu Schmökern!" (MOUNTAIN-BIKE)

Reise Know-How Verlag
ISBN 978-3-89662-384-3 · € 25,00 · 3. Auflage, 648 Seiten, über 50 Karten zu Ländern, Regionen und Routen, über 200 Fotos und Abbildungen

Herbert Lindenberg

Fahrrad Europa führer

empfohlen von: VOX · VOXTOURS · Wolkenlos

Der Reiseführer für alle Radler durch ganz Europa. Touren, Routen und Radregione

---

Helmut Hermann
Fahrrad Weltführer

Der Reiseführer für Fernradler. Alles zur Vorbereitung, Planung und Durchführung für weltweites biken und Tourenradeln durch mehr als 80 Länder in Amerika, Afrika, Asien, Australien und Ozeanien. Ein spezieller Bike-Guide für alle Globe-Treter und Radnomaden, die querweltein auf die lange Meile gehen.

Mit interessanten »on the road«-Berichten und speziellem Touren-Know-How von Co-Autoren, die mit dem Rad in allen Erdgegenden unterwegs waren.

Pressestimmen:
»... wärmstens zu empfehlen. Pflichtlektüre für Radnomaden.« (Radl)
»... die Bibel für Rad-Globetrotter.« (Tour)
»... ein Ratgeber, Muntermacher und toller Schmöker für alle schon-oder erst-noch-Radler!« („Der Trotter", dzg)

Reise Know-How Verlag
ISBN 3-89662-304-4 · € 23,50 · 2. Auflage, 774 Seiten mit 100 Ländern, 160 Fotos und Karten und zahllosen Strecken- und Routeninfos

Ein **Rad- und Bikeführer** für alle „Globe-Treter" und **Radnomaden**, die querweltein auf die „lange Meile" gehen. Das komplette REISE KNOW-HOW für **Touren** durch **100 Länder** in Nord- und Südamerika, Afrika, Australien, Asien und Ozeanien

Fahrrad Weltführer

Helmut Hermann

Der Reiseführer für Fernradler durch Amerika, Afrika, Asien, Australien und Ozeanie

Christian Krug

Auf heiligen Spuren

1700 Kilometer zu Fuß durch Indien

Fünf Monate wandert Christian Krug zu Fuß durch Indien. Das Meer – der Fluss – die Berge: Auf drei Etappen erlebt er alle Gegensätze, die dieses Land zu bieten hat. Von Karnataka bis Mumbai wandert er 800 Kilometer an der paradiesischen Konkanküste. Er sieht die Touristenstrände Goas und kommt zu menschenleeren Buchten in Maharashtra. Am Fluss Narmada im Herzen Indiens taucht er in das ländliche Leben ohne Strom und ohne Straßen ein, wandert bei 40 Grad mit heiligen Männern und trifft Menschen, die seit Jahrhunderten Pilger versorgen. Im Land der Götter, dem „Dev Bhoomi" im Himalaya, sind die Hauptquellflüsse der Ganga seine Weggefährten. Bei Eis, Schnee und Steinschlag erreicht er Gaumukh, das »Kuhmaul« auf 4000 Meter Höhe - Quelle von Indiens heiligstem Fluss.

Indien in *dem* Tempo erleben, das dem Menschen am meisten entspricht – zu Fuß: Erst da erschließt sich dieses unbegreifbare Land, das wie kein anderes die Gegensätze des 21. Jahrhunderts in sich vereint. Mit viel Hintergrundwissen und genauem Blick für das Verborgene erzählt Christian Krug von einem spannenden Weg mit faszinierenden Begegnungen und täglichen Überraschungen.

Erhältlich in der Reisebuch-Edition des Reise-Know How Verlags:
Hardcover mit Schutzumschlag, 360 Seiten, über 100 Farb- und s/w-Fotos, 7 Karten
1. Auflage 2006, ISBN: 3-89662-387-7 · € 17,50 [D]; SFr. 31,10; € 18,00 [A]

www.reise-know-how.de